동양고전연구회

원전에 충실한 주석과 현대적 해석을 통한 동양 고전 출판을 목표로 1992년 6월 출범했다. 한국 철학·선진 유가 철학·송명 유학·청 대 유학·도가 철학을 전공한 연구자들로 구성되어 있으며, 지난 25년 동안 회합하며 고전을 번역하고 주해해 왔다. 우리 전통의 발판 위에 미래 문화를 창달하기 위해 계속해서 번역 작업에 힘쓰고자 한다. 동양고전연구회의 첫 사업으로 간행한 『논어』는 《교수신문》 선정 최고의 번역본으로 꼽혔다.

김병채(金炳采) / 전 한양대 철학과 교수
고재욱(高在旭) / 강원대 철학과 교수
이명한(李明漢) / 중앙대 철학과 명예교수
정상봉(鄭相峯) / 건국대 철학과 교수
이연승(李姸承) / 서울대 종교학과 부교수
안재호(安載晧) / 중앙대 철학과 부교수
김태용(金兌勇) / 한양대 철학과 부교수
이진용(李溱鎔) / 연세대(원주) 철학과 부교수

맹자

孟子

맹자

孟子

동양고전연구회 역주

민음사

일러두기

1. 이 번역은 중국의 한, 당, 송, 명, 청, 현대 중국의 주석 및 조선 유학자들의 주석을 고루 참조하고, 『맹자(孟子)』의 원뜻과 맹자의 사상을 충실히 드러내고자 했다.
2. 이 책은 베이징대학출판사가 펴낸 십삼경주소(十三經注疏, 표점본) 가운데 『맹자주소(孟子注疏)』를 대본으로 하여 역해했다.
3. 이 책은 양보쥔(楊伯峻)의 『맹자역주(孟子譯注)』에 따라 장절을 아라비아 숫자로 표기했다.
4. 이 책은 매 장절에 『맹자』 원문, 번역문, 주해하는 글, 보충 설명하는 글, 그리고 해설하는 글을 실어 역해했다.
5. 원문 해석에서 이설(異說)은 주해와 해설에서 소개했다.
6. 인명, 서명, 지명, 중요 개념은 처음 나올 경우에만 한자와 한글을 병기하고, 그 뒤에는 되도록 한글로 표기했다. 주해의 한자도 필요하면 한자와 한글을 병기했다.
7. 이 책에서는 다음과 같은 부호를 사용하여 인용한 서명과 편명, 글 등을 표기했다.

   서명: 『 』

   편명과 글: 「 」

   인용문: " "

   강조의 뜻: ' '

   원문과 한글을 병기할 때 음이 일치할 경우: ( )

   원문과 한글을 병기할 때 음이 일치하지 않을 경우: [ ]
8. 판본을 지칭할 때는 편의상 주석가의 이름에 근거하여 불렀다.

   예: 황간의 『논어의소(論語義疏)』본 → '황간본'

서문

우리 사회는 지금 세계화와 다문화주의라는 거대한 격랑 속을 흘러가고 있다. 세계화가 제2차 세계 대전 이후 정치·경제·문화 세 방면에서 동시적으로 그리고 상호 연관을 이루며 진행되어 왔다면, 다문화주의는 20세기 내내 주류 문화로 군림해 온 서구 및 백인 문화 중심에서 벗어나 비서구 및 소수 인종의 문화도 동등하게 존중하자는 의미에서 시작되었다. 세계화는 일부 국가와 사회의 경제적·문화적 삶을 향상시켰지만 다른 한편에서는 전쟁·테러·성폭력·빈부 격차 등에 의한 전 지구적 문제를 증대시켰고, 다문화주의 역시 곳곳에서 문화적 충돌을 일으키며 소수 민족, 소수 인종의 아름다운 전통문화가 사라지는 원인이 되기도 했다. 특히 여과 없이 받아들여진 서구 문화는 우리 사회 구석구석까지 파고들어 우리 고유의 정체성과 가치관까지 흔들고 있다.

인류의 우수한 정신 유산과 아름다운 전통문화는 현대 사회에 맞게 계승되고 발전되어야 한다. 세계화와 다문화주의 역시 각 민족의 고유 사상과 문화를 존중하는 바탕 위에서 전개되어야 한다. 우리는 이러한 문제를 함께 고민하면서 고전에서 그 해결의 길을 찾아보자는 데 뜻을 같이

하고 동양고전연구회를 결성했다. 1992년 6월의 일이었다.

우리는 연구회의 사업 목표를 원전에 충실한 주석과 현대적 해석을 통한 동양 고전 출판에 두었다. 그것은 다음과 같은 이유에서였다.

첫째, 우리의 정체성 회복과 올바른 가치관의 확립은 그 뿌리가 되는 고유의 사상이나 문화를 바르게 인식하는 데서 시작해야 한다. 우리는 우리의 전통 사회를 형성한 근본 사상과 문화가 한자 및 사서오경(四書五經)과 불가분의 관계에 있음을 잘 알고 있다. 한자와 함께 들어온 오경은 뒤이어 들어온 불교와 더불어 우리 정신문화의 한 축을 이루어 왔고, 고려 말에 성리학과 같이 전래된 사서는 조선 시대의 정치·사회·문화의 근본이념이 되기도 했다. 이 책들은 지금부터 약 440여 년 전 『논어』 언해본 출판을 필두로 우리말로 번역되기 시작했다. 그동안 적지 않은 번역서들이 나왔지만 일반인들이 이 책들을 고전 이해의 길잡이로 삼기에는 부족했다. 가장 큰 이유는 아마 주요 개념에 대한 부정확한 설명과 고어(古語)적 표현 때문일 것이다. 사실 원전의 의미에 충실한 정확한 주석과 현대적 재해석은 고전 번역 작업의 필수 조건이 되고, 전통 사상과 문화를 올바르게 인식하는 출발점이 될 것이다.

둘째, 우리는 철학적 의미를 담은 주석서(註釋書)를 내고 싶었다. 사실 우리가 이 작업을 시작하던 당시까지 출간된 책 중에는 대부분 송 대(宋代) 주희(朱熹)의 집주(集註)나 현대 중국 학자 혹은 일본 학자들의 책을 대본으로 한 번역서가 많았다. 이 때문에 개념에 대한 정확한 설명이나 철학적 해설의 필요성을 느낀 독자들이 많았으며, 철학이나 유학을 연구하는 사람들도 경전의 정확한 의미를 파악하는 데 어려움이 적지 않았다. 이런 문제들을 직접 겪었던 우리는 주석과 번역에 필요한 자료를 폭넓게 조사하고 고증하여 그것을 바탕으로 세밀하게 주석하고 번역해야 한다고 생각했다.

셋째, 제1차 세계 대전 이후 지금까지 이어지고 있는 심각한 문제 가운데 하나는 도덕성의 타락과 비인간화이다. 특히 현대 사회로 들어오면서 많은 사람들이 동양의 전통문화와 사상은 사회의 민주화에 걸림돌이 된다고 여겨 왔다. 그러나 동양 고전은 도덕성을 바탕으로 한 인본주의 그리고 인간과 자연의 조화에 기초한 인문 세계의 건설에 있다. 우리는 동양 고전이 본질적으로 민주주의나 정의 사회 실현과 어긋나지 않으며 오히려 도움이 된다는 사실을 드러내고 싶었고, 또 독자들이 올바르게 번역된 고전을 읽을 수 있도록 현대화하는 번역 작업에 충분한 가치가 있다고 생각했다.

이러한 생각에서 우리 연구회는 먼저 『논어』, 『중용』, 『대학』, 『맹자』의 순서로 사서 주석서를 내기로 하고 그 첫 사업으로 『논어』를 선정했다. 그 까닭은 이 책이 우리의 전통 사상과 문화에 가장 큰 영향을 끼쳤다고 생각했기 때문이다. 『논어』에 대한 주석은 한 대(漢代)부터 최근에 이르기까지 손꼽을 수 없을 정도로 많다. 그러나 우리나라에서 출간된 『논어』는 그동안 주로 주희의 『논어집주(論語集注)』에 근거해서 해석·번역되어 왔다. 우리는 『논어집주』와 공자의 원뜻 사이에 적지 않은 차이가 있다고 보았다. 그래서 한 대 이후 간행된 책 가운데 중요한 주석서와 참고서를 선정한 후 회원 각자가 한 권씩 분담하여 중요한 개념과 사상적 의미를 정리하기로 했다.

초역 작업에서 우리 번역자들은 먼저 각자가 담당한 한 편씩을 번역하고 각 장마다 필요한 부분에 주석을 달아 모임에서 발표했다. 이렇게 발표된 번역과 주석은 나머지 사람들이 분담한 주석서와의 비교, 토론을 거쳐 정리되었고, 이것이 쌓여서 전체 초역이 완성되었다. 2차 작업은 초역에서 발견된 오역을 바로잡고 또 주석에 근거하지 않은 번역을 주석에 근거한 번역으로 바꾸는 일이었다. 아울러 초역에서 붙인 주해 가운데 지나치게 초보적이거나 또는 문맥의 이해에 직접 도움을 주지 못하는 주석을 솎아 내는 작업도 함께 이루어졌다.

최종 작업은 번역문과 주해를 다듬는 한편 철학적 사유와 개념이나 배경 설명이 필요한 부분을 선정하여 해설을 붙이는 일이었다. 이 작업도 각자가 분담하여 검토와 토론의 과정을 거쳐 이루어졌음은 두말할 나위 없다. 번역 작업을 진행하는 과정에서 우리는 한문의 특성상 여러 가지 뜻으로 옮겨질 수 있는 구절과 마주치곤 했는데, 이때는 항상 유가의 기본 정신에 가장 합당한 뜻이 무엇인가를 염두에 두었다. 또 용어의 선택에서도 요즈음 사람들이 이해하기 쉽도록 현대적 언어로 풀어 쓰는 데 최선을 다했음은 물론이다. 2001년 가을, 우리는 길고 격렬했던 토론의 시간을 마무리했다. 그리고 이듬해인 2002년 4월, 지식산업사에서 우리들의 첫 작품인 『논어』가 출간되었다. 9년여에 걸친 긴 여정이었다. 그러니 그 감회를 어찌 말로 다 표현할 수 있었겠는가?

약 한 학기의 휴식을 가진 뒤 우리는 다시 『중용』과 『대학』의 주석 및 번역 작업에 착수했다. 『중용』과 『대학』의 작업 방법과 절차는 물론 『논어』의 경우와 동일했다. 다만 차이가 있다면 그동안 함께 작업하던 회원 한 사람이 빠지고 대만과 중국에서 막 유학을 마치고 돌아온 젊은 학자 두 사람이 보강되었다는 점이다. 2002년 가을 새 학기가 시작될 즈음 시작한 이 작업은 2011년 가을쯤에 끝났다. 책의 분량에 비해 예상 외로 많은 시간이 걸렸던 것은 중간에 가끔 휴식 기간이 필요해서였다.

마지막으로 『맹자』의 주해와 번역 작업은 2011년 말경에 시작하여 2014년 여름에 끝났다. 『맹자』의 작업도 이전과 같은 방식이었다. 다만 이때도 참여자의 교체가 있었다. 그동안 『논어』, 『중용』, 『대학』의 번역 작업에 참여했던 세 사람이 각자의 사정으로 빠지고 새로 대만과 중국에서 유학을 마치고 돌아온 젊은 학자 두 사람이 참여하게 되었다.

우리 연구회는 한국 철학·선진 유가 철학·송명 유학·청 대 유학·도가 철학 전공자들로 구성되어 있다. 이러한 다양한 전공은 아무래도 주석과 번역의 작업에 단점보다는 장점이 많았다고 할 수 있다. 우리는 각자 자신의 전공에 관련된 기존의 주석서를 조사하고 정리해 왔다. 이로 인해 매우 폭넓은 기초 자료를 바탕으로 다양한 견해를 주고받을 수 있었고 발표와 토론의 내용도 더욱 풍부해졌다.

인공 지능 시대의 도래가 진지하게 논의되는 이 시점에서 2000여 년 전에 나온 고전의 번역 작업은 과연 어떤 의미가 있을까? 한편 지금 사람들은 왜 인문학과 고전에 열광하고 있을까? 이것은 어쩌면 물질적 욕망과 문화적 이상 추구 사이에 있는 인간의 아이러니일지 모른다. 그러나 고개를 들고 지금 지구 상에서 일어나고 있는 일들을 둘러보면 그 답은 자명해진다. 지금 세계 곳곳에서는 인종, 문화, 종교 간 갈등으로 인한 폭력과 성별, 빈부 격차에서 비롯한 충돌이 끊임없이 일어나고 있으며 그 끝은 보이지도 않는다.

1989년 스위스 출신의 로마 가톨릭교회 사제이자 저명한 기독교 신학자 한스 큉(Hans Küng)은 "종교 간의 평화 없이 세계 평화는 없다."라고 말했다. 당시 그는 세계 6대 정신 전통으로 유대교, 기독교, 이슬람교, 힌두교, 불교, 유교를 들고 이들 종교 간의 대화를 이끌며 적극적인 지지를 얻어 냈다. 4년 후인 1993년 그는 시카고에서 열린 세계종교회의에서 「세계 윤리 선언」을 통과시켰다. 이 회의에서는 특히 공자가 말한 "자신이 원치 않는 일을 남에게 베풀지 말 것이다.〔己所不欲, 勿施於人.〕"를 현대적 황금률이라고 표현하면서 「세계 윤리와 종교의 대화」의 서막을 열었다. 서구의 기독교인인 그가 어째서 『논어』를 세계 평화의 길잡이로 선포했을까? 어쩌면 한스 큉도 평등과 평화가 실현되는 세계를 이루어 나가는 데 공자의 정신이 잘 부합한다고 생각한 것이 아닐까? 우리는 이들

선언을 접하면서 우리의 작업이 그다지 쓸데없는 일은 아님을 다시 한 번 확인했다.

우리의 작업은 2014년 여름 『맹자』의 주석과 번역을 끝으로 대단원의 막을 내렸다. 때로는 휴식기도 있었지만 22년가량의 세월이 걸린 이 작업에는 우리의 인내와 땀이 배어 있다. 그렇지만 아직 많은 문제점이 남아 있으리라는 생각은 지울 수가 없다. 우리는 이 책들의 내용이 완전해질 때까지 계속 수정판을 낼 것이며 독자들이 보내 주는 의견들은 연구회의 논의를 거쳐 반드시 반영할 것임을 약속한다. 독자들의 아낌없는 지적과 바른 가르침을 기다린다.

안타깝게도 우리 모임의 주춧돌이시던 김병채 선생께서 책이 출판되기 1년여 전에 대학 해제 초고를 써 놓고 영면에 드셨다. 22년을 함께하며 모임을 이끌어 주시던 선생께서는 사서의 출간을 누구보다 더 기뻐하셨을 것이다. 늘 환하게 웃는 선생의 모습은 영원히 우리의 가슴에 남아 있으리라.

출판계의 어려운 상황에도 불구하고 이미 여러 해 전에 우리 연구회의 사서 완역본 출간을 결심하고 지원해 주신 민음사와 편집부 여러 분께 감사드린다.

역자들을 대신하여

고재욱 삼가 씀

해제

우리는 유학(儒學)을 이야기할 때, 흔히 공맹(孔孟)을 언급한다. 공자는 성인(聖人)이요, 맹자는 아성(亞聖)이라 말한다. 그만큼 맹자는 유학의 전통에서 공자에 버금가는 인물이다. 그러나 그의 생애는 공자와 달리 그다지 분명하게 알려지지 않았다. 일반적으로 43세 이전의 행적은 추측에 맡길 정도로 분명하지 않다. 그러나 사마천(司馬遷)으로부터 청(淸)의 여러 학자들까지 맹자와『맹자』에 대한 연구는 끊이지 않고 계속되었다.

1 맹자의 생애

사마천의『사기(史記)』에 따르면, 맹자의 성(姓)은 맹(孟)이고 이름은 가(軻)이며, 추(鄒 혹은 騶)나라 사람이다. 맹이라는 성씨는, 손석(孫奭)의 소(疏)에 의하면, 원래 노(魯)나라 환공(桓公)의 둘째인 중손(仲孫)씨의 후예를 가리킨다. 사마천은 맹자의 자(字)를 소개하지 않았는데,『한서(漢書)』주(注)에 맹자의 "자는 자거(子車)"라고 하면서 일설에는 "자여(子

興)"라고 한다고 기록했다. 후에 위(魏)의 왕숙(王肅)은 『성증론(聖證論)』에서 『한서』의 설을 따라 맹자의 자가 '자거'라고 주장했고, 진(晉)의 부현(傅玄)은 『부자(傅子)』에서 '자여'라고 주장했다. 그러나 이런 주장은 모두 확실한 근거가 없다.

맹자의 부모에 관해서도 명확한 기록이 전해지지 않는다. 한 대(漢代)의 위서(緯書) 『춘추연공도(春秋演孔圖)』 및 명(明) 진호(陳鎬)의 『궐리지(闕里志)』 등에 의하면, 맹자의 아버지 이름은 격(激)이고 자는 공의(公宜)이며, 어머니는 장(仉)씨라고 하고 일설에는 이(李)씨라고도 하는데, 이 또한 모두 확실한 근거가 없어서 의심스럽다. 전한(前漢) 한영(韓嬰)의 『한시외전(韓詩外傳)』에 실린 "단기(斷機)"와 같은 고사들, 그리고 유향(劉向)의 『열녀전(列女傳)』에서 말한 "맹모삼천(孟母三遷)" 등은 모두 믿을 수 없는 야사(野史)이지만, 맹모의 교육열이 맹자에게 미친 영향이 매우 컸다고 생각할 수는 있다. 또한 『맹자』에 나오는 몇 가지 서술을 종합해 보면[1] 맹자가 어렸을 때 아버지를 여의였다는 것도 의심스럽다. 이 이외에, 『맹씨보(孟氏譜)』와 『속자헌통고(續子獻通考)』에 의하면, 맹자가 전(田)씨를 아내로 맞이하여 아들 역(睪)을 낳았고, 『한시외전』에는 맹자가 아내를 쫓아낸 일이 실려 있으나 역시 믿기 어렵다.

맹자의 향년과 생졸 연대 또한 여러 설이 존재한다. 향년은 대체로 74세, 84세, 94세, 97세 네 가지 설이 있지만, 그중에서 84세설이 일반적으로 받아들여진다. 그러나 그것도 구체적인 연도에서는 차이가 보인다. 1930년대에 후위환(胡毓寶)은 『맹자사적고략(孟子事蹟考略)』에서 모

---

1 예를 들어, 「양혜왕 하」 2-16에 보면, 아버지 상(喪)은 사(士)로 지냈고 어머니 상은 대부(大夫)로 지냈다고 한다. 아버지가 돌아가셨을 때, 맹자는 이미 장성해서 사의 지위에 있었다.

두 7가지 주장을 소개하면서,[2] 원(元) 정복심(程復心)의 『맹자연보(孟子年譜)』 등의 설이 가장 믿을 만하다며, 맹자는 주(周)나라 열왕(烈王) 4년(기원전 372년)에 태어나 난왕(赧王) 26년(기원전 289년) 동짓날에 죽었다고 주장했다. 그러나 현대의 양보쥔(楊伯峻)은 『맹자역주(孟子譯注)』에서 후위환이 소개했던 몇 가지 자료에 근거해서, 맹자가 주나라 안왕(安王) 17년(기원전 385년) 전후에 태어나 난왕 11년(기원전 304년) 전후에 죽었다고 추정했다. 그러나 84세설에 동의하면서 이렇게 추정하는 것은 문제가 있어 보인다. 우리는 후위환의 설을 따르겠다.

사승(師承) 관계에도 이견이 있다. 사마천은 맹자가 자사(子思)의 문인(門人)에게 배웠다고 했는데, 반고(班固)와 조기(趙岐)는 맹자가 자사를 스승으로 모셨다고 주장했다. 주희(朱熹)도 한유(韓愈)의 주장을 이용해서 조기의 설에 동조했다. 그러나 초순(焦循)의 『맹자정의(孟子正義)』에 따르면, 자사가 죽었을 때 시기적으로 맹자는 기껏해야 유아였을 것이다. 따라서 결코 직접 수업을 받을 수 없었다. 맹자 본인도 사숙했다(8-22)고 했는데, 스승이 누구였는지 분명하게 밝히지 않았다. 아마도 대단히 명망 있는 학자는 아니었던 듯싶고, 공자의 적통 자손도 아니었을 것이다. 만일 그랬다면 널리 알려졌을 것이기 때문이다. 그러나 순자는 「비십이자(非十二子)」 편에서 맹자를 자사와 같은 학파로 열거하고 있다. 또한 비록 저자가 불명확하긴 하지만, 자사 계열로 볼 수 있는 『중용(中庸)』은 분명 맹자 사상과 맥을 같이하고 있다. 그리고 『맹자』 7편은 증자(曾子)와 자

---

2 후위환이 검토한 자료는 다음과 같다. 『사기색은(史記索隱)』; 주병중(周炳中), 『사서전고변정(四書典故辨正)』; 위원(魏源), 『맹자연표(孟子年表)』, 『맹씨보(孟氏譜)』; 진사원(陳士元), 『맹자잡기(孟子雜記)』. 주광업(周廣業), 『맹자출처시지고(孟子出處時地考)』; 만사동(萬斯同), 『맹자생졸연월변(孟子生卒年月辨)』. 송상봉(宋翔鳳), 『맹자사적고(孟子事跡考)』. 장용(臧庸), 『배경일기(拜經日記)』 「맹자생졸연월(孟子生卒年月)」; 『성문지(聖門志)』; 『궐리지(闕里志)』. 조지승(曹之升), 『사서척여설(四書撫餘說)』.

사의 일을 많이 기록하고 있고, 그 말은 대부분 그들을 표양하는 경향이 있어서 그 존숭의 뜻을 알 수 있다. 이렇게 볼 때 맹자가 자사 계열을 계승한 것은 분명한 것 같다.

앞에서 말했듯이 맹자의 생애는 43세 이전을 알 수 없고 또한 열국을 편력한 시기와 순서에 대해서도 이견이 분분하다. 그중에서도 특히 맹자가 양(梁)과 제(齊) 중에서 어느 나라에 먼저 갔느냐가 문제가 된다. 사마천은 분명한 시기를 밝히지 않았지만 맹자가 먼저 제나라 선왕(宣王)을 만났으나 뜻을 얻지 못하여 양나라로 갔다고 기록했다. 조기도 이에 근거해 맹자가 늙은 다음에 양나라에 갔다고 주해했다. 그러나 주병중(周柄中)은 『맹자변정(孟子辨正)』에서 맹자가 먼저 양나라에 갔다가 나중에 제나라로 갔다고 주장했고, 염약거(閻若璩)도 『맹자생졸년월고(孟子生卒年月考)』에서 맹자가 만년에 양나라에 갔다가 이어 제나라에서 출사하여 경(卿)이 되었다고 주장했다. 아래에서 우리는 후위환이 『맹자』 7편과 『죽서기년(竹書紀年)』에 근거하여 정리한 맹자의 역정을 소개하겠다.

- 주(周) 신정왕(愼靚王) 원년(元年), 기원전 320년, 맹자 53세: 유학의 도(道)로 혼란한 중국을 통일시키고자 추나라에서 양나라로 들어가 혜왕(惠王)에게 인의(仁義)를 역설했다. 다음 해에 혜왕이 죽었다.
- 신정왕 3년, 기원전 318년, 맹자 55세: 제 선왕이 직하관(稷下館)을 설치하고 현자를 초빙했다. 많은 학자들이 제나라에 모여들었고, 맹자도 양나라를 떠나 제나라로 갔다.
- 신정왕 5년, 기원전 316년, 맹자 57세: 제나라에서 벼슬길에 올랐다.
- 주 난왕 3년, 기원전 312년, 맹자 61세: 제나라를 떠나 송(宋)나라에 갔다. 송경(宋牼)을 석구(石丘)에서 만났다. 등(滕)나라의 문공(文公)은 아직 세자였는데, 초(楚)나라에 갈 때 송나라를 지나며 만났다.

- 난왕 4년, 기원전 311년, 맹자 62세: 송나라에서 설(薛)나라로 향했다.
- 난왕 5년, 기원전 310년, 맹자 63세: 추나라에 머물렀다. 등 정공(定公)이 죽어, 세자인 문공이 상례를 물었다.
- 난왕 6년, 기원전 309년, 맹자 64세: 등나라로 향했다.
- 난왕 8년, 기원전 307년, 맹자 66세: 등나라로부터 노나라에 이르렀고, 우회하여 추나라에 돌아왔다. 유세를 끝냈다.
- 난왕 28년, 기원전 289년, 맹자 84세: 정월(正月) 동짓날에 죽었다.

2 『맹자』와 그 풀이

사마천에 의하면, 맹자 당시 천하는 바야흐로 합종과 연횡에 힘쓰고, 남을 침략하고 정벌하는 것만을 현명하다고 여기는 때였다. 그런데 맹자는 요순과 하·은·주 삼대 성왕(聖王)들의 덕치(德治)만을 부르짖어서, 가는 곳마다 받아들여지지 않았다. 그래서 물러나 제자인 만장(萬章) 등의 무리와 『시경(詩經)』, 『서경(書經)』을 정리하고 공자의 사상을 서술해서 『맹자』 7편을 지었다. 조기도 『맹자제사(孟子題辭)』에서 사마천과 마찬가지로 『맹자』는 본인과 제자들이 함께 지은 것이라고 설명했다.

그러나 위와 달리 『맹자』는 제자들에 의해 저술되었다고 주장하는 학자들도 있다. 당(唐)의 임신사(林愼思)는 『속맹자서(續孟子書)』 2권을 지었는데, 맹자 본인이 스스로 저술한 것이 아니라 그의 사후에 제자들이 그의 언설을 정리하여 기록한 것이라고 했다. 한유도 『창려집(昌黎集)』 「답장적서(答張籍書)」에서 『맹자』는 맹자가 세상을 떠나자 그의 문도인 만장과 공손추(公孫丑) 등이 힘을 합해 선생의 말씀을 기록한 것이라고 주장했다. 또한 송의 조공무(晁公武)는 『군재독서지(郡齋讀書志)』에서

『맹자』에 나오는 제후국 임금들 중 맹자 당시 죽지 않은 자들이 죽은 후에 쓰는 시(諡)로 호칭된 것 등을 들어 한유의 설을 지지했다. 청 대 주광업(周廣業)의 『맹자출처시지고(孟子出處時地考)』와 최술(崔述)의 『맹자사실록(孟子事實錄)』에서도 제자 저술설이 제기되었다.

제자 저술설과는 반대로 맹자 본인이 스스로 저술했다는 주장도 있다. 그 대표는 주희로 『주자전서(朱子全書)』에서 『맹자』의 수미(首尾)가 일체를 이루는 것을 근거로 제시했다. 원(元)의 김이상(金履祥)은 『맹자집주(孟子集注)』에서 맹자가 제 선왕과 문답한 첫 장은 폈다 접었다 하여 변화가 있고, 정신이 뛰어나고 원기가 꿋꿋하니 문인들이 전할 수 있는 바가 아니라고 주장했다. 청의 염약거도 『맹자생졸년월고』에서 『논어』는 문인의 손에서 이루어진 것이기 때문에 성인의 용모를 퍽 자세하게 기록하였지만, 『맹자』 7편은 자기 손에서 이루어진 것이기 때문에 언어나 출처만 기록했을 뿐이며, 죽은 후에 문인에 의해 정리 정착되었기 때문에 제후에게는 모두 시호를 붙였다고 설명했다. 명의 학경(郝敬)과 청의 위원(魏源)도 본인 저작설에 동의한다.

전체적으로 살펴볼 때, 『맹자』 7편은 분명 제자들의 도움이 있었을 것이다. 그러나 맹자 자신이 직접 저술을 주관했다고 보는 것이 타당해 보인다. 그리고 7편의 편명은 시작 부분에서 맹자와 담론하는 사람이나 사건을 표지로 삼은 것일 뿐이어서, 『논어』와 마찬가지로 특별한 의미를 갖는 것은 아니다.

참고로 『한서』 「예문지(藝文志) 제자략(諸子略)」 유가(儒家)에는 『맹자』가 11편으로 소개되어 있다. 즉 7편이 아니라 4편이 더 많은 11편이라는 것이다. 조기는 이 4편을 『외서(外書)』라 부르며, 그 편명을 「성선(性善)」, 「변문(辯文)」, 「설효경(說孝敬)」, 「위정(爲正)」으로 소개했다. 그러나 그가 보기에 그것들의 문장은 넓고 깊지 못해서 7편과 어울리지 못하니,

맹자의 저작이 아니라 후대의 누군가가 가탁한 것이다. 그런데 그마저도 송 왕응린(王應麟)의 『곤학기문(困學紀聞)』에 의하면, 송 대 이전에 이미 없어져 버렸다. 지금 우리에게 『맹자외서』로 전해지는 것은 모두 송 대 이후에 나온 위서(僞書)로, 말하자면 위서의 위서인 것이다.

『맹자』를 풀이한 주석서는 조기의 『장구(章句)』가 가장 우선적으로 꼽히지만, 그 전에도 몇 가지 풀이가 있었다고 전해진다. 예를 들어, 고유(高誘)는 『여씨춘추(呂氏春秋)』 서(序)에서 『맹자장구』를 정정(訂正)한 일이 있었다고 말했고, 『후한서(後漢書)』 「유림전(儒林傳)」에는 정증(程曾)이 『맹자장구』를 지었다는 기록이 있으며, 『수서(隋書)』 「경적지(經籍志)」에서 후한의 정현(鄭玄)과 유희(劉熙)도 각각 『맹자주』 7권을 낸 것으로 기록되어 있다. 그러나 지금은 모두 산실되어 전하지 않는다.

조기는 『맹자제사』에서 이렇게 설명했다. 『맹자』 7편, 261장, 3만 4685자는 천지를 포괄하고 만물을 헤아려 서술되었는데, 인의와 도덕, 성명(性命)과 화복을 찬연(燦然)하게 싣지 않음이 없다. 그래서 조기는 육경(六經)의 뜻에 근거하여 장구를 만들고, 장마다 그 뜻을 설명하여 상하로 나눠 7편을 14권으로 만들었다. 이렇게 해서 『맹자장구』 14권이 이루어졌고, 그것이 오늘날까지 이어져 오고 있다. 오늘날 가장 널리 알려지고 사용되는 주희의 『맹자집주』는 조기의 해석을 대부분 받아들이고 그 밖의 여러 해석들도 정리해서 소개하여 맹자를 이해하는 데 큰 도움을 주었다. 그리고 초순도 조기의 장구에 근거하면서 청 대 유학자들의 여러 해석들을 두루 인용해 가며 고증과 해설을 보여 주었다. 그 작품이 바로 『맹자정의』이다. 이상, 조기와 주희 그리고 초순의 주석은 맹자를 이해하는 데 반드시 참조해야 하는 참고서이다.

전한 문제(文帝) 때에 『맹자』는 『논어(論語)』, 『효경(孝經)』, 『이아(爾雅)』³와 함께 학관(學官)으로 세워져 사박사(四博士)의 하나로 되었다. 그러나 무제(武帝) 때에 사박사는 오경(五經)⁴박사로 대체되었다. 그 후 맹자는 제자서(諸子書)의 하나로 다루어졌는데, 송 신종(神宗) 때에 겸경(兼經)이 되었다가, 정주(程朱)에 의해 사서(四書)의 하나로 표장(表章)되었다. 그 후 진진손(陳振孫)은 「직제서록해제(直齊書錄解題)」에서 『맹자』를 『논어』와 함께 경류(經類)에 편입시켰다. 청 대에 내려와서는 십삼경주소(十三經注疏)에 편입되어, 『맹자』는 이제 경서로서 부동의 지위를 차지하게 되었다.

3 맹자의 사상

맹자의 사상을 소개하기 전에 당시의 시대상을 먼저 살펴보도록 하자. 『맹자』를 통해 볼 때, ① 중앙 정부는 권력이 없고 중국은 통일되지 않았으며, 작은 제후국은 큰 것에, 약한 것은 강한 것에 병탄되었다. ② 그렇기 때문에 서로 공격하는 전쟁이 발발했다. 대국은 패(覇)를 숭상하고 무력을 강조했으며, 소국도 자신을 보호하기 위해 군대를 늘리고 장수를 선발했다. 나아가 한 나라 안에서도 군신 간에, 혹은 부자간에 다툼이 일어났다. 이렇게 해서 전국(戰國)의 국면이 이루어졌다. ③ 전쟁이 빈번해지자 부국강병의 책략이 일어났다. 전쟁은 이겨야 하고 군대는 재물이 필요하다. 그래서 집정자들은 모두 공리를 숭상했고, 세금을 무겁게 부과

---

3 고대 중국의, 자구(字句)를 해석하는 사전과 같은 책으로 13경(經) 중의 하나이다. 작자와 연대는 미상이다.
4 『시경』, 『서경』, 『주역(周易)』, 『예기(禮記)』, 『춘추(春秋)』를 말한다.

했다. 이에 따라 인민들의 생활이 더욱 곤란해져서, 부모를 봉양하거나 처자를 부양할 수조차 없었다. ④ 반면에 모든 나라가 부강을 추구했기 때문에 널리 인재를 구하고자 했다. 그래서 선비를 대접하는 것이 시대적 풍조가 되었고, 선비들은 각자 자신들의 특기를 연마하여 명예를 얻고 군주의 우대를 받고자 했다. ⑤ 그래서 전문적인 학자들이 출현했고 또한 언론의 자유가 보장되어 처사(處士)가 맘대로 논의할 수 있는 기풍이 이루어졌다. 그러나 나쁜 측면에서 본다면, 투기하고 아첨하는 무리가 나타나 기만과 사치의 풍조가 이루어기도 했다.

이러한 상황과 풍토에서 수많은 사상가들이 각양각색의 주장과 술수를 동원하여 여러 제후들을 방문하고 설득하려고 했다. 맹자도 그들 중 하나였고, 비록 제후들이 그가 내세운 왕도정치를 비현실적이고 우활한 것으로 여겨서 받아들이지 않았지만, 맹자는 그래도 인의의 대도(大道)에 입각하여 자신의 주장을 굽히지 않았다. 나아가 다른 주장을 펼치는 이단을 강력하게 비판했는데, 그들은 철두철미한 위아주의(爲我主義)자 양주(楊朱)와 겸애(兼愛)를 주창한 묵가(墨家), 종횡가인 공손연(公孫衍)과 장의(張儀), 스스로 경작해야 한다고 주장하는 농가(農家) 허행(許行)과 진상(陳相) 등등이다. 맹자는 이렇게 많은 이들과 논쟁하면서 자신의 사상을 굳세게 펼쳐 나갔다.

맹자의 사상을 설명할 때, 우리는 반드시 먼저 그의 목표를 명확히 밝혀야 한다. 그는 공자를 계승하여 '수기안인(修己安人)', 즉 스스로는 이상적인 도덕 인격을 완성하고 그것을 바탕으로 인민들이 살 만한 세상을 만드는 것을 목표로 했기 때문에 그의 사상은 두 측면으로 구분하여 살펴보아야 한다. 첫째는 최종 목표인 '안인'을 이루기 위해 제시된 왕도정치사상이고, 둘째는 이런 최종 목표를 달성하기 위한 이론 근거인 '성선

(性善)'설이다.

맹자의 왕도정치사상은 기본적으로 공자의 인정(仁政)사상과 맥을 같이하지만, 단순한 반복은 아니고 일종의 확장과 심화이다. 공자의 인정은 덕치, 즉 폭력이 아닌 예악을 통한 도덕적인 교화로 세상을 다스리는 것이다. 그러나 그것은 아직 그 구체적인 방안들이 선명하지 못했다. 맹자의 왕도정치는, 비록 매우 구체적이지는 못했지만, 공자의 인정보다 한 걸음 더 나아가 그 방안들을 제시했다. 맹자는 정치의 핵심이 민생을 개선하고 교화를 시행하는 데 있다고 생각했다. 다시 말해서, 한 국가의 물질적·경제적 토대와 정신적·문화적 기반을 강화하라라는 주장이다. 그래서 맹자는 분배 정의를 실현할 수 있는 제도라고 생각한 정전제(井田制)를 시행하라(5-3)고 주장했고, 또한 통치자의 도덕적 행위와 솔선수범, 그리고 도덕 교육을 강조했다. 이처럼 맹자는 민생과 교화를 동시에 강조했지만, 그 둘의 관계에 있어서는 '항산(恒産, 일정한 생업)'이 있어야 '항심(恒心, 도덕적인 심성)'이 생긴다(1-7, 5-3)고 주장했다. 즉 민생 문제가 해결되어야 도덕 교화가 가능하다는 뜻이다. 물론 이상적인 인격의 완성을 추구하는 군자는 생계의 문제에 얽매이지 않을 수 있지만, 일반 인민들은 결코 그럴 수 없다는 현실적 인식을 바탕으로 한 사상인 것이다.

이런 왕도정치사상은 중국 고대의 전통적 사상에 힘입은 바 컸는데, 그 전통 사상은 바로 『서경』과 『춘추좌씨전(春秋左氏傳)』 등에 나타난 '민본(民本)'이다. 맹자는 직접적으로 『서경』 「태서(泰誓)」를 인용해서 정권을 부여하는 것은 결국 인민들의 뜻(9-5)이라는 점을 밝혔다. 나아가 이런 의식에 근거해서 임금은 반드시 '여민동락(與民同樂)', 즉 인민들과 함께 즐겨야 한다(1-2, 2-1·2·4·5 등등)고 강조했으며, 백성이 귀중하지 임금이 존귀하지 않다(14-14)고 하여 동성(同姓) 귀족에 의한 왕위 교체(10-9)뿐 아니라, 심지어 역성혁명까지 긍정했다(2-8). 이런 민본 의식이 직접적으로 정치적 조치를 시행하는 뿌리가 되어야만 이른바 덕치에 근거하는 왕도정치가 가능한 것이다.

그렇다면 임금으로 대표되는 통치자들은 도대체 어떻게 해서 위와 같은 '민본' 의식에 근거한 왕도정치를 시행할 수 있는 것인가? 맹자는 그와 같은 정치를 "다른 사람의 고통을 차마 견디지 못하는 정치[不忍人之政]"라고 하면서, 그 근거는 바로 사람이라면 누구나 자연스럽게 지니고 있는 "다른 사람의 고통을 차마 견디지 못하는 마음[不忍人之心]"에 있다고 주장했다(3-6). 이것이 바로 그 유명한 맹자 성선설의 근거가 되는 개념이다.

맹자의 성선설은 흔히 '사람은 태어나면서부터 착하다.' 정도로 이해된다. 그러나 이런 이해는 심각한 오해이다. 이런 오해를 불식시키기 위해서는 우선, 맹자가 말하는 성(性) 개념의 적확한 의미를 파악해야 한다. 일반적으로 말하는 성 개념은 자연속성(自然屬性, nature)을 가리킨다. 그러나 자연속성은 일종의 본능과 같은 것으로, 사실적 측면에서만 사물들을 구분할 수 있지 '가치'의 측면에서는 사람과 다른 존재의 그 어떤 차이점도 설명해 줄 수 없다. 맹자가 파악하고자 했고, 또한 설명하고자 하는 것은 '사람의 본성[人性]'이다. 그래서 그는 성 개념에 있어 '가치'의 의미를 중시했다. 간단하게 말하자면, 맹자는 인성(人性)이라는 개념을 사람이 다른 존재와 구분되는, 사람만이 지닌 특성으로 생각했다. 그런데 그런 특성은 매우 미약하다. 맹자가 보기에 동물들과 구별되는 사람만의 특성은 거의 없는데, 다만 인의(仁義)와 같은 덕성(德性)만이 겨우 다를 뿐이다(8-19). 따라서 맹자의 입장에서 인성이란 자연속성만이 아니라, 반드시 인의와 같은 덕성을 가리켜야 한다.

맹자는 인의와 같은 덕성으로서의 '인성'이 생래적으로 품부되었다고 주장했다. 우리가 흔히 의심하듯, 도덕성이란 후천적인 교육에 의해 '양

육된' 것이 아니라 본래부터 우리에게 주어져 있다는 것이다. 맹자는 이 것을 증명(?)하기 위해 그 유명한 어린아이가 우물에 빠지는[孺子入井] 예를 들었다(3-6). 우리가 다른 사람의 고통이나 불행을 우연히 보게 되었을 때, 아직 어떤 이해타산도 일어나기 전에는 본심(本心)이 고스란히 드러나게 되는데, 이때의 마음은 "깜짝 놀라 측은히 여김[怵惕惻隱]"을 그 내용으로 한다는 것이다. 이처럼 우리의 본래적인 심성(心性)은 도덕적인 정감으로 표현되는 것이기에 선(善)이라는 주장이다.[5] 그래서 맹자는 제자 공도자(公都子)가 자신의 성선설에 관해 물었을 때, 성선설은 '사람은 태어나면서부터 착하다.'는 의미가 아니라, '우리의 본성이 바로 선'이라는 의미를 명확하게 설명했다(11-6). 다만 본성은 잠재되어 있는 것이기 때문에 외부의 영향을 쉽게 받을 수 있고, 그래서 우리 인간은 언제나 도덕적이지 못할 수도 있을 뿐인 것이다.

이상에서 확인할 수 있듯이, 맹자는 공자 인(仁)의 학설을 계승하여 수기안인을 완성하기 위해 성선설에 근거한 왕도정치를 강력하게 주창하였다. 맹자의 이런 주장과 학설은 비록 이상주의(理想主義)적인 모습으로 인해 당시의 군주들에게 받아들여지지 않았고, 오늘날에도 구체적인 정책 등으로 직접 시행되기는 어려울지라도, 그 이상성(理想性)에 근거하여 끊임없이 우리를 격려하고 고양시킬 수 있을 것이다.

역자들을 대신하여
안재호 삼가 씀

---

5 만일 여기에서 학리적인 문제를 이야기한다면 예증의 증명으로서의 의미와 한계 그리고 심과 성의 관계 문제, 이 두 가지를 들 수 있는데, 여기 「해제」에서는 어울리지 않는 내용이기에 생략하도록 하겠다.

차례

1 양혜왕 상
梁惠王上

모두 7장으로 구성된 이 편은 맹자와 양 혜왕, 제 선왕과의 대화를 중심으로 어진 정치[仁政]에 관한 논의를 담고 있다. 맹자의 시대는 제후가 국가의 권력을 장악하여 직접 행사했던 시대로, 당시 제후들은 부국강병 정책을 추진하면서 힘으로 제후국 사이의 관계를 해결하고자 하였다. 맹자는 이를 패도(霸道)로 규정하고, 인의(仁義)에 근거한 왕도(王道)정치를 주장하였다. 이 편에서 맹자는 패도는 전쟁을 좋아하는 군주가 사람을 죽이는 방식으로 천하의 통일과 안정을 이루는 정치라고 비판하면서, 백성들과 희로애락을 함께하는 '여민동락(與民同樂)'을 역설한다. 제 선왕과의 대화에서 나오는 흔종(釁鐘)의 사례처럼 어진 정치를 행하는 군주는 백성의 불행을 가만히 보고만 있을 수 없는 불인인지심(不忍人之心)을 사회적으로 구현하기 때문에, 이러한 군주는 정치적 측면에서 그를 상대할 자가 없게 된다[仁者無敵]. 또한 맹자는 백성들이 일정하고 떳떳한 생업[恒産]이 없으면 변치 않는 떳떳한 마음[恒心]이 없다고 주장하며, 어진 정치의 구체적 실현 방법을 제시한다.

孟子見梁惠王. 王曰: "叟不遠千里而來, 亦將有以利吾國乎?" 孟子對曰: "王何必曰利? 亦有仁義而已矣. 王曰 '何以利吾國? 大夫曰 '何以利吾家?' 士庶人曰 '何以利吾身?' 上下交征利而國危矣. 萬乘之國弑其君者, 必千乘之家; 千乘之國弑其君者, 必百乘之家. 萬取千焉, 千取百焉, 不爲不多矣. 苟爲後義而先利, 不奪不饜. 未有仁而遺其親者也, 未有義而後其君者也. 王亦曰仁義而已矣, 何必曰利?"

梁惠王(양혜왕) 양 혜왕은 위(魏)나라 제후로 이름은 영(罃)이며 혜는 그의 시호이다. 기원전 362년에 위나라의 도읍을 안읍(安邑)에서 대량(大梁)으로 옮기고 왕이라 참칭하였다. 叟(수) 어른이라는 뜻이다. 亦(역) 여기서는 다만이라는 뜻이다. 萬乘之國(만승지국) 승은 네 마리의 말이 모는 군사용 수레를 말한다. 고대에는 이것으로 국가의 경제력과 군사력을 헤아렸다. 弑(시) 고대에서 지위가 낮은 사람이 지위가 높은 사람을 죽이는 것을 지칭한다. 千乘之家(천승지가) 천자 이하의 제후(諸侯)·경(卿)·대부(大夫)의 식읍(食邑) 또는 채지(采地)를 가(家)라고 한다. 그래서 경이나 대부도 가(家)라고 지칭한다. 萬取千焉, 千取百焉(만취천언, 천취백언) 만승의 나라에서 대부는 천승을 소유하며, 천승의 나라에서 대부는 백승을 소유한다는 의미이다. 後義而先利(후의이선리) 여기서 의는 리(利)와 상대되는 도의(道義)를 의미한다. 도의는 구체적인 도덕의 덕목이 아니라 전체적인 도덕 원칙을 말한다. 未有仁而遺其親者也, 未有義而後其君者也(미유인이유기친자야, 미유의이후기군자야) 인과 의는 서로 대비되는 구체적인 도덕적 덕목으로, 인은 친애함이고 의는 의로움을 말한다.

孟子見梁惠王. 王立於沼上, 顧鴻鴈麋鹿, 曰: "賢者亦樂此乎?" 孟子對曰: "賢者而後樂此, 不賢者雖有此, 不樂也. 詩云: '經始靈臺, 經之營之, 庶民攻之, 不日成之. 經始勿亟, 庶民子來. 王在靈囿, 麀鹿攸伏, 麀鹿濯濯, 白鳥鶴鶴. 王在靈沼, 於牣魚躍.' 文王以民力爲臺爲沼. 而民歡樂之, 謂其臺曰靈臺, 謂其沼曰靈沼, 樂其有麋鹿魚鼈. 古之人與民偕樂, 故能樂也. 湯誓曰: '時日害喪? 予及女偕亡.' 民欲與之偕亡, 雖有臺池鳥獸, 豈能獨樂

1-1 　　맹자께서 양 혜왕을 뵈었다. 왕이 말했다. "어른께서 1000리를 멀다 여기지 않고 오셨으니 또한 내 나라를 이롭게 해 주실 수 있겠군요." 맹자께서 대답하셨다. "임금께서는 어찌 꼭 이익을 말씀하십니까? 다만 인의(仁義)가 있을 뿐입니다. 임금께서 '어떻게 하면 내 나라를 이롭게 할까?' 말하면, 대부는 '어떻게 하면 우리 집안을 이롭게 할까?' 말하고, 선비와 백성은 '어떻게 하면 내 자신을 이롭게 할까?' 말할 것입니다. 윗사람과 아랫사람이 서로 이익을 추구하면 국가는 위태로워질 것입니다. 만승의 나라에서 그 군주를 시해하는 자는 분명 천승의 집안이며, 천승의 나라에서 그 군주를 시해하는 자는 분명 백승의 집안입니다. (대부가) 만승의 나라에서 천승을 가지고 있거나 (혹은) 천승의 나라에서 백승을 가지고 있는 것이 많지 않은 것은 아닙니다. 만약 도의를 뒤로하고 이익을 앞세운다면, (왕위를) 빼앗지 않고서는 만족하지 못하는 것입니다. 인(仁)하고서 그 어버이를 버린 자가 없었으며, 의로우면서 그 군주를 뒤로 내친 자가 없었습니다. 임금께서 인의를 말씀하시면 그만이지, 어찌 꼭 이익을 말씀하십니까?"

1-2 　　맹자께서 양 혜왕을 뵈었다. 왕이 연못가에 서서 기러기와 사슴을 돌아보고 말했다. "현인도 이러한 것을 즐기시는지요?" 맹자께서 대답하셨다. "현인이고서야 이것을 즐거워하니 현인이 아니라면 비록 이것들을 가지고 있어도 즐길 수 없습니다. 『시』에서 이르기를 '영대를 처음 세울 때 헤아리고 도모하시니 백성들이 일하여서 하루도 안 되어 완성했

哉?"

詩(시)『시경』「대아(大雅) 영대(靈臺)」를 말한다. 不日(불일) 주희는 '하루가 되지 않다.'라고 풀이하였다. 攸(유) 소(所)와 같은 뜻이다. 牣(인) 가득하다는 뜻이다. 湯誓(탕서)『서경』의 한 편명이다. 害(해) 갈(曷)과 같으니 어찌라는 뜻이다.

梁惠王曰: "寡人之於國也, 盡心焉耳矣. 河內凶, 則移其民於河東, 移其粟於河內. 河東凶亦然. 察鄰國之政, 無如寡人之用心者. 鄰國之民不加少, 寡人之民不加多, 何也?" 孟子對曰: "王好戰, 請以戰喩. 塡然鼓之, 兵刃旣接, 棄甲曳兵而走. 或百步而後止, 或五十步而後止. 以五十步笑百步, 則何如?" 曰: "不可, 直不百步耳, 是亦走也."

河內(하내), 河東(하동) 위나라의 땅 이름이다. 塡(전) 북소리. 兵(병) 여기서는 병사(兵士)가 아니라 병기(兵器)를 말한다. 直(직) 다만이라는 뜻이다.

네. 처음으로 경영하면서 급히 하지 말라고 하였으나 백성들이 (아비 일을 돕는) 자식처럼 왔도다. 왕이 동산에 계시니 암사슴이 엎드려 있네. 암사슴은 윤기가 나고 백조는 깨끗하고 하얗도다. 왕이 영소에 있으니 아 연못 그득하게 물고기가 뛰는구나.'라고 하였습니다. 문왕이 백성의 힘으로 누대와 연못을 만들었는데 백성이 그것을 기뻐하고 즐거워하여 그 누대를 영대라 이르고 그 연못을 영소라 했으며 문왕이 사슴과 물고기·자라를 가진 것을 즐거워했습니다. 옛사람은 백성과 더불어 즐거워했기 때문에 제대로 즐길 수 있었습니다. 「탕서」에서 말하길 '이 태양은 언제 사라지려는고? 내가 너와 함께 없어지리다.'라고 했습니다. 백성이 그와 더불어 함께 없어지려고 한다면 비록 누대와 연못과 사슴과 물고기가 있다 하더라도 어찌 혼자 즐길 수 있겠습니까?"

1-3-1   양 혜왕이 말했다. "과인이 나라를 다스리는 데에 마음을 다하고 있습니다. 하내에 흉년이 들면 그곳의 백성을 하동으로 옮기고 하동의 곡식을 하내로 옮깁니다. 하동에 흉년이 들어도 역시 그렇게 합니다. 이웃 나라의 정사를 살펴보면 과인처럼 마음 쓰는 자가 없습니다. 그런데도 이웃 나라의 백성은 줄어들지 않고 과인의 백성은 늘어나지 않으니 왜 그렇습니까?" 맹자께서 대답하셨다. "임금께서 전쟁을 좋아하시니 전쟁으로 비유해 보겠습니다. 둥둥 북이 울리고 병기가 부딪히자 갑옷을 버리고 병기를 끌면서 도망치는데, 어떤 자는 100보를 간 후에 멈추고 어떤 자는 50보를 간 후에 멈추었습니다. 50보 도망간 자가 100보 도망간 자

曰: "王如知此, 則無望民之多於鄰國也. 不違農時, 穀不可勝食也; 數罟不入洿池, 魚鼈不可勝食也; 斧斤以時入山林, 材木不可勝用也. 穀與魚鼈不可勝食, 材木不可勝用, 是使民養生喪死無憾也. 養生喪死無憾, 王道之始也.

不違農時(불위농시) 나라 일에 백성을 동원하는 데 농번기를 피한다는 뜻이다. 數罟(촉고) 빽빽한 그물, 즉 밀망(密網)을 말한다. 고대에 어종을 보호하기 위해 촉고의 사용을 금지했다. 養生喪死(양생상사) 살아 있는 사람을 봉양하며 죽은 사람을 장사 지내는 것을 말한다.

五畝之宅, 樹之以桑, 五十者可以衣帛矣; 雞豚狗彘之畜, 無失其時, 七十者可以食肉矣; 百畝之田, 勿奪其時, 數口之家可以無飢矣; 謹庠序之敎, 申之以孝悌之義, 頒白者不負戴於道路矣. 七十者衣帛食肉, 黎民不飢不寒, 然而不王者, 未之有也. 狗彘食人食而不知檢, 塗有餓莩而不知發; 人死, 則曰: '非我也, 歲也.' 是何異於刺人而殺之, 曰: '非我也, 兵也.' 王無罪歲, 斯天下之民至焉."

畝(무) 농지를 계산하는 단위이다. 狗彘(구체) 구는 개, 체는 돼지를 말한다. 庠序(상서) 상은 주(周)나라의 교육 기관이고 서는 은(殷)나라의 교육 기관이다. 申(신) 거듭한다는 뜻이다. 黎民(여민) 주희에 따르면 여는 머리가 검다는 뜻으로 젊은 층의 백성을 말한다. 檢(검) 제지하고 단속하는 것을 말한다. 莩(표) 굶어 죽은 시체를 말한다. 發(발) 양식으로 구제하를 비웃는다면 어떻습니까?"(왕이) 말했다. "안 됩니다. 다만 100보가 아닐 뿐이지 그것 역시 도망간 것입니다."

1·3·2 (맹자께서) 말씀하셨다. "임금께서 이를 아신다면 백성이 이웃 나라보다 많기를 바라지 마십시오. 농사지을 때를 어기지 않으면 곡식을 이루 다 먹을 수 없으며, 촘촘한 그물을 웅덩이와 못에 집어넣지 않으면 물고기와 자라를 이루 다 먹을 수 없으며, 자귀와 도끼를 때에 맞게 산림에 들이면 목재를 이루 다 쓸 수 없습니다. 곡식과 물고기·자라를 이루 다 먹을 수 없고 목재를 이루 다 쓸 수 없으면, 이는 백성으로 하여금 산 사람을 봉양하고 죽은 이를 장사 지내는 데 여한이 없게 하는 것입니다. 산 사람을 봉양하고 죽은 사람을 장사 지내는 데 여한이 없는 것이 왕도정치의 시작입니다.

1·3·3 5무 넓이의 집 주위에 뽕나무를 심으면 쉰 넘은 사람이 비단옷을 입을 수 있고, 닭과 돼지와 개를 기르는 데 새끼 치는 시기를 놓치지 않으면 일흔 넘은 사람이 고기를 먹을 수 있습니다. 100무 넓이 땅의 농사일에 그 시기를 빼앗지 않으면 몇 식구의 가족이 굶주리지 않을 수 있습니다. 학교의 교육을 신중하게 하고 효제(孝悌)의 의리를 반복하여 가르치면 반백이 된 사람이 길에서 짐을 지거나 이고 가는 일이 없을 것입니다. 일흔 넘은 사람이 비단옷을 입고 고기를 먹으며 젊은 백성이 굶주리지 않고 추위에 떨지 않게 될 것입니다. 그렇게 하고서도 왕 노릇을 못하는 사람은 아직 없었

는 것을 말한다. 斯(사) '이와 같으면 곧'이라는 뜻이다.

梁惠王曰: "寡人願安承敎." 孟子對曰: "殺人以梃與刃, 有以異乎?" 曰: "無
以異也." "以刃與政, 有以異乎?" 曰: "無以異也." 曰: "庖有肥肉, 廏有肥馬,
民有飢色, 野有餓莩, 此率獸而食人也. 獸相食, 且人惡之. 爲民父母, 行政
不免於率獸而食人. 惡在其爲民父母也? 仲尼曰: '始作俑者, 其無後乎!'
爲其象人而用之也. 如之何其使斯民飢而死也?"

寡人(과인) 덕이 부족한 사람이라는 뜻인데, 고대의 제후가 자신을 겸손하게 일컫는 말이다.
安(안) 기꺼이 또는 기쁘게라는 뜻이다. 以刃與政, 有以異乎?(이인여정, 유이이호) 이 구절
앞에 曰(왈)이 생략된 것은 맹자의 말이 양 혜왕의 말에 바로 이어서 나왔음을 의미한다. 有
以異(유이이), 無以異(무이이) 여기에서 이(以)는 음절을 조절하는 역할을 하는 것으로 뜻은
없다. 仲尼(중니) 공자(孔子)의 자(字). 俑(용) 나무를 깎아 사람 모양으로 만든 인형으로
장례에 사용되었다. 이 구절의 뜻은 공자는 사람의 모형을 순장하는 것도 비판했는데, 어떻게
살아 있는 사람을 죽게 하느냐는 것이다. 한편 양보쥔에 따르면 공자는 용으로 순장하는 것이
생긴 이후에 사람을 순장하는 것이 생겼다고 보아 처음 용을 만든 사람을 비판한 것이라고 해
석하며, 이는 역사적으로 본래 사람을 순장하다가 뒤에 용으로 순장하는 것으로 변화한 사실
을 공자가 명확히 인식하지 못한 것이라고 분석한다.

梁惠王曰: "晉國, 天下莫强焉, 叟之所知也. 及寡人之身, 東敗於齊, 長子

습니다. 개와 돼지가 사람이 먹을 양식을 먹는데도 단속하지 못하고 길에 굶어 죽은 시체가 있어도 창고를 열 줄 모르면서 사람이 죽으면 '내 잘못이 아니오. 흉년 때문이오.'라고 한다면, 이것이 사람을 찔러 죽이고서는 '내가 죽인 것이 아니오. 칼이 그런 것이오.'라고 하는 것과 무엇이 다르겠습니까? 임금께서 흉년을 탓하지 않으시면 곧 천하의 백성이 모여들 것입니다."

1-4　　양 혜왕이 말했다. "과인이 기꺼이 가르침을 받고 싶습니다." 맹자께서 대답하셨다. "사람을 몽둥이로 죽이는 것과 칼로 죽이는 것이 다릅니까?" (왕이) 말했다. "다르지 않습니다." 맹자께서 말씀하셨다. "칼로 죽이는 것과 정사로 죽이는 것이 다릅니까?" (왕이) 말했다. "다르지 않습니다." 맹자께서 말씀하셨다. "임금의 부엌에 살진 고기가 있고 마구간에 살진 말이 있으나, 백성들은 굶주린 기색이 있고 들에는 굶어 죽은 시체가 있다면 이는 짐승을 몰아서 사람을 잡아먹게 한 것입니다. 짐승이 서로 잡아먹는 것도 사람이 싫어하는데 백성의 부모가 되어 정사를 행하면서 짐승을 몰아 사람을 잡아먹게 하는 것을 면치 못한다면 그가 백성의 부모가 된 도리가 어디에 있겠습니까? 중니께서 말씀하시길 '처음 용(俑)을 만든 자는 후손이 없을 것이다.'라고 하였으니, 그가 사람을 모방하여 제사에 썼기 때문입니다. 어떻게 이 백성을 굶주려 죽게 한단 말입니까!"

1-5　　양 혜왕이 말했다. "진(晉)나라가 천하에서 막강한 것은 어

死焉; 西喪地於秦七百里; 南辱於楚. 寡人恥之, 願比死者一洒之, 如之何
則可?" 孟子對曰: "地方百里而可以王. 王如施仁政於民, 省刑罰, 薄稅斂,
深耕易耨. 壯者以暇日修其孝悌忠信, 入以事其父兄, 出以事其長上, 可使
制梃以撻秦楚之堅甲利兵矣. 彼奪其民時, 使不得耕耨以養其父母, 父母凍
餓, 兄弟妻子離散. 彼陷溺其民, 王往而征之, 夫誰與王敵? 故曰: '仁者無
敵.' 王請勿疑!"

晉國(진국) 양 혜왕이 자신의 나라인 위(魏)를 진이라 지칭한 것이다. 왜냐하면 춘추 오패의
하나인 진이 전국 시기에 한(韓)·위(魏)·조(趙)로 분리되었기 때문이다. 焉(언) 여기서는
어시(於是)의 의미, 즉 '이것보다'라는 비교의 뜻으로 쓰였다. 東敗於齊, 長子死焉(동패어
제, 장자사언) 유명한 마릉(馬陵) 전투(기원전 343년)를 말한다. 위나라가 한나라를 공격하
자 한이 제나라에 구원을 청했다. 제나라는 전기(田忌)를 대장(大將)으로 손빈(孫臏)을 군
사(軍師)로 파견했다. 위나라의 양 혜왕은 방연(龐涓)과 태자 신(申)을 장군으로 삼아 대응
하게 하였다. 손빈의 아궁이 숫자를 줄이는 계책에 당한 방연의 위나라가 마릉에서 대패하였
다. 西喪地於秦七百里(서상지어진칠백리) 진나라가 위나라를 몇 차례 패배시키면서 위나라
의 하서(河西)의 땅과 상군(上郡)의 15개 현성(縣城)을 진에 바치게 하였다. 南辱於楚(남
욕어초) 초나라가 양릉(襄陵)에서 위나라를 패배시켰다. 比(비) 위하여라는 뜻이다. 征(정)
주희에 따르면 바로잡는다는 뜻이다.

孟子見梁襄王. 出, 語人曰: "望之不似人君, 就之而不見所畏焉. 卒然問曰:
'天下惡乎定?' 吾對曰: '定于一.' '孰能一之?' 對曰: '不嗜殺人者能一之.'
'孰能與之?' 對曰: '天下莫不與也. 王知夫苗乎? 七八月之間旱, 則苗槁矣.
天油然作雲, 沛然下雨, 則苗浡然興之矣. 其如是, 孰能禦之? 今夫天下之
人牧, 未有不嗜殺人者也, 如有不嗜殺人者, 則天下之民皆引領而望之矣.

른께서 아시는 바입니다. 과인의 때에 이르러 동쪽으로는 제나라에 패하여 큰아들이 죽었고 서쪽으로는 진(秦)나라에 700리의 땅을 빼앗겼으며 남쪽으로는 초나라에게 모욕 당했습니다. 과인이 그것을 부끄러워하여 전사자를 위해 한 번 설욕하고 싶은데 어떻게 하면 되겠습니까?" 맹자께서 대답하셨다. "땅이 사방 100리여도 왕 노릇을 할 수 있습니다. 임금께서 만약 백성에게 인정(仁政)을 베푸시어 형벌을 줄이고 세금 적게 거두어 들이며, (백성들로 하여금) 밭을 깊이 갈고 김을 잘 매도록 한다면, 장성한 자는 틈틈이 효제충신(孝悌忠信)을 닦으며 집 안에 들어가서는 부모와 형을 섬기고 집 밖에 나가서는 어른과 윗사람을 섬길 것이니, 그들에게 몽둥이를 만들게 하여 진과 초의 견고한 갑옷과 날카로운 병기를 든 군사들을 치게 할 수 있을 것입니다. 저들이 그 백성의 농사철을 빼앗아서, 백성들로 하여금 밭 갈고 김매어 그 부모를 봉양하지 못하게 하면, 부모가 추위에 떨고 굶주리며 형제 처자는 흩어질 것입니다. 저들이 그 백성을 궁지에 빠뜨릴 때 임금께서 가서 정벌하신다면 누가 임금께 대적하겠습니까? 그래서 '인자(仁者)는 적이 없다.'라고 하니 임금께서는 의심하지 마십시오!"

1-6   맹자께서 양 양왕을 뵙고 나와 사람들에게 말씀하셨다. "바라보니 군주 같지 않고 가까이 가 보니 두려워할 만한 것이 보이지 않았소. 느닷없이 묻기를 '천하는 어떻게 하면 평정됩니까?' 하기에 내가 '하나로 평정됩니다.'라고 하였소. '누가 통일할 수 있습니까?'라고 물어서 '살인하기를 좋아하지

誠如是也, 民歸之, 由水之就下, 沛然誰能禦之?'"

梁襄王(양양왕) 양 혜왕의 아들로 이름은 사(嗣)이다. 就之(취지) 조기(趙岐)에 따르면 취여지언(就與之言), 즉 '가까이 가서 그와 함께 말하다.'라고 해석하여 망지(望之)와 취지(就之)를 '바라보다'와 '말해 보다'로 구분하고 있다. 惡乎定(오호정) 조기에 따르면 '누가 평정할 수 있는가?'라는 의미이다. 一(일) 조기에 따르면 인정(仁政)을 말한다. 與(여) 이는 귀(歸)와 종(從), 두 가지 뜻으로 해석할 수 있다. 참고로 주희는 귀(歸)로 보았다. 苗(묘) 어느 정도 자란 곡식의 싹을 말한다. 油然(유연) 구름이 무성하게 일어나는 모습을 형용한 말이다. 沛然(패연) 비가 세차게 내리는 것을 형용한 말이다. 浡然(발연) 싹이 우쩍우쩍 솟아나는 것을 형용한 말이다. 人牧(인목) 목은 사람을 기른다는 의미로 인목은 군주를 지칭한다. 由(유) 유(猶)와 같은 말이다.

齊宣王問曰: "齊桓·晉文之事可得聞乎?" 孟子對曰: "仲尼之徒無道桓·文之事者, 是以後世無傳焉. 臣未之聞也. 無以, 則王乎?" 曰: "德何如, 則可以王矣?" 曰: "保民而王, 莫之能禦也." 曰: "若寡人者, 可以保民乎哉?" 曰: "可." 曰: "何由知吾可也?" 曰: "臣聞之胡齕曰, 王坐於堂上, 有牽牛而過堂下者, 王見之, 曰: '牛何之?' 對曰: '將以釁鐘.' 王曰: '舍之! 吾不忍其觳觫, 若無罪而就死地.' 對曰: '然則廢釁鐘與?' 曰: '何可廢也? 以羊易之!' 不識有諸?" 曰: "有之."

齊宣王(제선왕) 제나라 위왕(威王)의 아들로 이름은 벽강(辟疆)이다. 齊桓·晉文(제환·진문) 제환은 제나라의 환공으로 이름은 소백(小白)이고 진문은 진나라의 문공으로 이름은 중이(重耳)이다. 이들이 춘추 오패의 시작이다. 無以(무이) 이(以)는 이(已)의 의미로, 무이는 말을 그만두지 않는다는 뜻이다. 可以王(가이왕) 왕은 왕 노릇 하다, 즉 왕도정치를 실현한다는 뜻이다. 胡齕(호홀) 제나라의 신하이다. 釁鐘(혼종) 종을 새로 만들면 살아 있는 짐승 않는 사람이 통일할 수 있습니다.'라고 하였소. '누가 그를 따르겠습니까?'라고 묻기에 다음과 같이 대답하였소. '천하에 그를 따르지 않을 사람은 없습니다. 임금께서는 모를 아십니까? 칠팔월에 가뭄이 들면 모가 마릅니다. 하늘이 뭉게 뭉게 먹구름을 만들어 비가 시원하게 쏟아져 내리면 모가 우쩍우쩍 올라옵니다. 이와 같은 것을 누가 막을 수 있겠습니까? 지금 천하의 군주 중에 살인을 좋아하지 않는 자가 없습니다. 만약 살인하기를 좋아하지 않는 사람이 있다면 천하의 인민이 모두 목을 길게 빼고서 바라볼 것입니다. 진실로 이와 같다면 인민이 그에 귀의하는 것이 물이 아래로 흘러가는 것과 같을 것이니 세차게 흘러가는 것을 누가 막을 수 있겠습니까?'"

1-7-1   제 선왕이 물었다. "제 환공과 진 문공의 일을 들어 볼 수 있습니까?" 맹자께서 대답하셨다. "중니의 제자들 중에는 제 환공과 진 문공의 일을 말한 사람이 없어서 후세에 전해지지 않았습니다. 신은 아직까지 듣지 못했습니다. 그만두라 하지 않으시면 왕도를 말씀드려 볼까요?" (왕이) 물었다. "덕이 어떠해야 왕 노릇을 할 수 있습니까?" (맹자께서) 대답하셨다. "인민을 보호하여 왕 노릇 하면 아무도 막을 수 없습니다." (왕이) 물었다. "과인 같은 사람이 인민을 보호할 수 있습니까?" (맹자께서) 대답하셨다. "하실 수 있습니다." (왕이) 물었다. "무슨 연유로 내가 할 수 있다는 것을 아십니까?" (맹자께서) 대답하셨다. "신이 호흘에게 다음과 같이 들었습니다. 임금께서 당 위에 앉아 계시는데 소를 끌고 당

을 잡아 그 피를 내어 종의 틈에 바르는 제사 의식이다. 觳觫(곡속) 소가 곧 죽게 되어 몸이 위축되고 두려워하는 모습이다.

曰: "是心足以王矣. 百姓皆以王爲愛也, 臣固知王之不忍也." 王曰: "然. 誠有百姓者. 齊國雖褊小, 吾何愛一牛? 卽不忍其觳觫, 若無罪而就死地, 故以羊易之也." 曰: "王無異於百姓之以王爲愛也. 以小易大, 彼惡知之? 王若隱其無罪而就死地, 則牛羊何擇焉?" 王笑曰: "是誠何心哉? 我非愛其財. 而易之以羊也, 宜乎百姓之謂我愛也." 曰: "無傷也, 是乃仁術也, 見牛未見羊也. 君子之於禽獸也, 見其生, 不忍見其死; 聞其聲, 不忍食其肉. 是以君子遠庖廚也."

隱(은) 아프다는 뜻이다. 無傷(무상) 조기에 따르면 인(仁)에 해가 된다고 자책하지 말라는 뜻이고, 주희에 따르면 백성이 이렇게 오해하는 것을 염려하지 말라는 것이다. 여기서는 주희를 따랐다. 仁術(인술) 인의 실현 방식을 말한다. 제 선왕은 소가 떠는 모습은 보았기 때문에 측은지심이 발동했지만, 양이 떠는 모습은 보지 못했기 때문에 측은지심이 발동하지 않아 소를 양으로 바꾸게 했다는 뜻이다. 君子遠庖廚(군자원포주) 『예기(禮記)』 「옥조(玉藻)」 편에 보인다.

아래로 지나가는 자가 있었습니다. 임금께서 그것을 보시고 물어보시길 '소를 어디로 끌고 가는가?'라고 하시니, 대답하기를 '흔종에 쓰려고 합니다.'라고 하였습니다. 임금께서 말씀하시기를 '그만두어라. 나는 그것이 죄없이 사지로 가는 듯 두려움에 벌벌 떠는 모습을 차마 볼 수 없구나.'라고 하셨습니다. 이에 대해 소를 끌고 가는 자가 '그렇다면 흔종을 폐지할까요?'라고 물으니 대답하시기를 '어찌 폐지할 수 있겠느냐? 양으로 소를 대체하여라.'라고 하셨는데, 그런 일이 있었습니까?" (왕이) 대답하였다. "그런 일이 있었습니다."

1-7-2　　(맹자께서) 말씀하셨다. "이 마음이면 왕 노릇 하기에 충분합니다. 백성은 모두 임금께서 소를 아끼려 했다고 생각할지라도 신은 진실로 임금께서 소의 불쌍한 모습을 차마 볼 수 없었던 것임을 알고 있습니다." 왕이 말했다. "그렇습니다. 진실로 그렇게 생각하는 백성이 있습니다. 제나라가 비록 작지만 내가 어찌 소 한 마리를 아끼겠습니까? 죄 없이 사지로 가는 듯 두려움에 벌벌 떠는 소의 모습을 차마 볼 수 없어서 양으로 바꾼 것입니다." (맹자께서) 말씀하셨다. "백성이 임금께서 소를 아꼈다고 생각하더라도 이상하게 여기지 마십시오. 작은 짐승으로 큰 짐승을 바꾸었으니 저들이 어찌 이유를 알겠습니까? 임금께서 만약 그것이 죄도 없이 사지에 끌려가는 것을 마음 아파하였다면 소와 양을 어찌 가리시겠습니까?" 왕이 웃으며 말했다. "이는 진실로 어떤 마음입니까? 내가 그 재물을 아까워했던 것은 아닙니다. 그런데 소를 양으로 바꾸었으니 백성이 나를 인색하다 평

王說曰: "詩云: '他人有心, 予忖度之.' 夫子之謂也. 夫我乃行之, 反而求之, 不得吾心. 夫子言之, 於我心有戚戚焉. 此心之所以合於王者, 何也?" 曰: "有復於王者曰: '吾力足以擧百鈞, 而不足以擧一羽; 明足以察秋毫之末, 而不見輿薪', 則王許之乎?" 曰: "否." "今恩足以及禽獸, 而功不至於百姓者, 獨何與? 然則一羽之不擧, 爲不用力焉; 輿薪之不見, 爲不用明焉, 百姓之不見保, 爲不用恩焉. 故王之不王, 不爲也, 非不能也."

詩(시) 『시경』「소아(小雅) 교언(巧言)」을 말한다. 戚戚焉(척척언) 조기에 따르면 마음이 감동하는 모양이다. 이는 자신이 몰랐던 것을 깨달았을 때의 마음 상태를 말한다. 百鈞(백균) 1균은 30근으로, 100균은 매우 무거운 무게이다. 許(허) 조기는 신(信)으로 주희는 가(可)라고 보았다. 獨(독) 베이쉐하이(裵學海)의 『고서허자집석(古書虛字集釋)』에 따라 '도대체'로 해석한다.

가하는 것은 당연합니다." (맹자께서) 말씀하셨다. "상심하지
마십시오. 이것이 곧 인술(仁術)입니다. 소는 보셨으나 양은
보지 못하셨기 때문입니다. 군자는 짐승에 대해 살아 있는
것을 보고서 그것이 죽는 것을 차마 보지 못하며, 그것이
죽어 가는 소리를 듣고 차마 그 고기를 먹지 못합니다. 그
래서 군자는 푸줏간을 멀리합니다."

1-7-3   왕이 기뻐하여 말했다. "『시』에서 말하기를 '다른 사람이 가
지고 있는 마음을 내가 헤아린다.'라고 하였는데 선생을 두
고 한 말이군요. 내가 그것을 행하고 나서 돌이켜 무슨 마
음일까 생각해 보았지만 내 마음을 이해하지 못하였습니다.
그런데 선생께서 말씀해 주시니 내 마음 어떤 것인지 알게
되었습니다. 이 마음이 왕 노릇에 부합하는 까닭은 무엇입
니까?" (맹자께서) 말씀하셨다. "임금께 아뢰는 자가 말하기
를 '저의 힘이 100균을 들기에 충분하지만 하나의 깃털을
들기에 부족합니다. 눈이 밝아 추호의 끝도 살필 수 있지만
수레의 땔나무는 보지 못합니다.'라고 한다면 임금께서는 믿
으시겠습니까?" (왕이) 말했다. "아닙니다." (맹자께서 말씀하
셨다.) "이제 임금의 은혜는 금수에까지 이르지만 임금의 공
이 백성에게 이르지 못하는 것은 도대체 무엇 때문입니까?
이렇게 보면 깃털 하나를 들지 못하는 것은 힘을 쓰지 않기
때문이며, 수레의 땔나무를 보지 못하는 것은 눈 밝음을 쓰
지 않기 때문이니, 백성이 보호받지 못하는 것은 은혜를 베
풀지 않기 때문입니다. 그러므로 임금께서 왕도를 실천하지
않는 것은 하지 않는 것이지 할 수 없는 것이 아닙니다."

曰: "不爲者與不能者之形何以異?" 曰: "挾太山以超北海, 語人曰 '我不
能', 是誠不能也. 爲長者折枝, 語人曰 '我不能', 是不爲也, 非不能也. 故王
之不王, 非挾太山以超北海之類也; 王之不王, 是折枝之類也. 老吾老, 以
及人之老; 幼吾幼, 以及人之幼. 天下可運於掌. 詩云: '刑于寡妻, 至于兄
弟, 以御于家邦.' 言擧斯心加諸彼而已. 故推恩足以保四海, 不推恩無以保
妻子. 古之人所以大過人者無他焉, 善推其所爲而已矣. 今恩足以及禽獸,
而功不至於百姓者, 獨何與? 權, 然後知輕重; 度, 然後知長短. 物皆然, 心
爲甚. 王請度之! 抑王興甲兵, 危士臣, 構怨於諸侯, 然後快於心與?" 曰:
"否. 吾何快於是? 將以求吾所大欲也."

挾太山以超北海(협태산이초북해) 태산은 태산(泰山)을 말하고 북해는 발해(渤海)를 말한
다. 折枝(절지) 나뭇가지를 꺾는다는 뜻이다. 참고로 조기는 '안마를 하다'로 보았다. 詩(시)
『시경』「대아 사제(思齊)」를 말한다. 刑(형) 형(型)과 같은 뜻으로 모범을 보인다는 의미이다.

(왕이) 물었다. "하지 않는 것과 할 수 없는 것의 모습은 어떻게 다릅니까?" (맹자께서) 대답하셨다. "태산을 옆에 끼고 북해를 뛰어넘으면서 남에게 '나는 할 수 없다.'라고 말한다면 이는 진실로 할 수 없는 것입니다. 어른을 위해 나뭇가지를 꺾는 것을 남에게 '나는 할 수 없다.'라고 말한다면 이는 하지 않은 것이지 할 수 없는 것이 아닙니다. 그러므로 임금께서 왕 노릇을 하지 않는 것은 태산을 옆에 끼고 북해를 뛰어넘는 일과 같은 것이 아니며 임금께서 왕 노릇을 하지 않는 것은 나뭇가지를 꺾는 일과 같은 것입니다. 나의 노인을 공경하고 그 마음을 미루어 남의 노인까지 공경하며, 나의 어린이를 사랑하고 그 마음을 미루어 남의 어린이까지 사랑한다면 천하를 손바닥에 놓고 운영할 수 있습니다. 『시』에서 말하길 '문왕이 먼저 처자에게 모범이 되어서 그것이 형제에게 미치고, 온 나라 안에 퍼지도록 하도다.'라고 하였습니다. 이는 이 마음을 들어서 다른 곳에까지 넓혀 미치게 한다는 것을 말합니다. 그러므로 은혜를 널리 펴면 사해를 보호할 수 있고 은혜를 널리 펴지 못하면 처자도 보호할 수 없습니다. 옛날 사람이 일반인보다 크게 뛰어난 까닭은 다른 것이 아니라 자기가 하는 바를 잘 미루어 넓혀 간 것일 뿐입니다. 지금 은혜가 금수에게까지도 충분히 이르고 있으나 공은 백성에 미치지 못하는 것은 도대체 무슨 까닭입니까? 저울질하고 나야 경중(輕重)을 알며 자로 재고 나야 장단(長短)을 압니다. 물건이 모두 그러한데 마음은 더 심하니 임금께서는 이 점을 헤아려 주시기 바랍니다. 임금께서는 전쟁을 일으켜서 군사와 신하들을 위태롭게 하고 제후

曰: "王之所大欲可得聞與?" 王笑而不言. 曰: "爲肥甘不足於口與? 輕煗
不足於體與? 抑爲采色不足視於目與? 聲音不足聽於耳與? 便嬖不足使令
於前與? 王之諸臣皆足以供之, 而王豈爲是哉?" 曰: "否. 吾不爲是也." 曰:
"然則王之所大欲可知已. 欲辟土地, 朝秦楚, 莅中國而撫四夷也. 以若所爲
求若所欲, 猶緣木而求魚也." 王曰: "若是其甚與?" 曰: "殆有甚焉. 緣木求
魚, 雖不得魚, 無後災. 以若所爲, 求若所欲, 盡心力而爲之, 後必有災."

便嬖(편폐) 늘 가까이에 두고 총애하는 사람을 말한다. 否(부) 부정의 물음에 대하여 부정
으로 답한 것이므로 우리말에서는 긍정으로 표현한다. 朝(조) '상대로 하여금 조회하게 하
다.'라는 의미로 쓰였다. 莅中國(리중국) 중원을 차지하여 천하의 맹주 노릇을 한다는 의미
이다. 以若所爲求若所欲(이약소위구약소욕) 여기서 약은 조기에 따르면 순(順)이고 주희에
따르면 여차(如此)이다. 여기서는 주희를 따른다. 즉 이와 같은 방법으로 원하는 바를 얻으려
고 하는 것이라는 의미이다. 군대를 일으키고 제후와 원한을 맺으면서 부국강병의 국가가 되
고자 하는 것을 말한다. 緣木而求魚(연목이구어) 연목구어(緣木求魚)라는 사자성어가 여
기서 유래되었다.

와 원한을 맺은 뒤에야 마음이 통쾌하시겠습니까?" (왕이) 대답하였다. "아닙니다. 내가 어찌 그것에 통쾌하겠습니까? 장차 내가 크게 원하는 것을 얻으려고 하기 때문입니다."

1·7·5 (맹자께서) 말씀하셨다. "임금께서 크게 원하시는 것을 들을 수 있겠습니까?" 왕이 웃으며 말하지 않았다. (맹자께서) 말씀하셨다. "살지고 감미로운 음식이 잡수시기에 부족하고, 가볍고 따뜻한 의복이 몸에 걸치기에 부족하기 때문입니까? 아니면 주위의 채색이 눈으로 보기에 만족스럽지 않고, 주위의 음악이 귀로 듣기에 만족스럽지 않으며, 늘 곁에서 시중드는 사람을 가까이에 두고 부리기에 만족스럽지 않아서입니까? 임금의 여러 신하가 모두 충분히 이것들을 제공하고 있으니 임금께서 어찌 이것 때문에 그러하시겠습니까?" (왕이) 말했다. "그렇습니다. 나는 그것 때문이 아닙니다." (맹자께서) 말씀하셨다. "그렇다면 왕께서 크게 원하시는 바를 알 수 있습니다. 토지를 넓히고 진나라와 초나라가 조공 바치게 하고 중원을 차지하여 사방 오랑캐를 안정시키고자 하는 것입니다. 이와 같은 방법으로 원하시는 바를 얻으려고 하는 것은 나무에 올라 물고기를 구하는 것과 같습니다." 왕이 물었다. "그것이 이렇게 심합니까?" (맹자께서) 대답하셨다. "이보다 더 심한 것이 있습니다. 나무에 올라 물고기를 구하려는 것은 비록 물고기를 얻지 못해도 뒤에 재앙은 없습니다. 그런데 이와 같은 방법으로 원하시는 바를 얻고자 하여 마음과 힘을 다해 그것을 한다면 뒤에 반드시 재앙이 있을 것입니다."

曰: "可得聞與?" 曰: "鄒人與楚人戰, 則王以爲孰勝?" 曰: "楚人勝." 曰: "然則小固不可以敵大, 寡固不可以敵衆, 弱固不可以敵彊. 海內之地方千里者九, 齊集有其一. 以一服八, 何以異於鄒敵楚哉? 蓋亦反其本矣. 今王發政施仁, 使天下仕者皆欲立於王之朝, 耕者皆欲耕於王之野, 商賈皆欲藏於王之市, 行旅皆欲出於王之塗, 天下之欲疾其君者皆欲赴愬於王. 其若是, 孰能禦之?"

鄒(추) 원래 춘추 시대의 주(邾)나라인데, 노나라 목공(穆公) 시대에 나라 이름을 추로 바꾸었다. 당시 노나라에 인접해 있었다. 여기서는 영토가 매우 작은 나라를 가리킨다. 海內(해내) 천하를 의미한다. 齊集有其一(제집유기일) 제나라의 영토를 다 모으면 사방 1000리의 국가가 되는데, 이러한 국가가 천하에 아홉이므로 그중에 하나를 소유했다고 한 것이다. 商賈(상고) 이는 행상(行商)과 좌고(坐賈)를 의미한다. 其(기) 장차〔將〕라는 뜻이다. 『서경』「미자(微子)」의 "금은기륜상(今殷其淪喪)"에서 그 용례를 찾아볼 수 있다.

王曰: "吾惛, 不能進於是矣. 願夫子輔吾志, 明以敎我. 我雖不敏, 請嘗試之." 曰: "無恒産而有恒心者, 惟士爲能. 若民, 則無恒産, 因無恒心. 苟無恒心, 放辟邪侈, 無不爲已. 及陷於罪, 然後從而刑之, 是罔民也. 焉有仁人在位, 罔民而可爲也? 是故明君制民之産, 必使仰足以事父母, 俯足以畜妻子, 樂歲終身飽, 凶年免於死亡. 然後驅而之善, 故民之從之也輕. 今也制

(왕이) 물었다. "무슨 말씀인지 들어 볼 수 있겠습니까?" (맹자께서) 되물으셨다. "추나라 사람이 초나라 사람과 싸운다면 임금께서는 누가 이긴다고 생각하십니까?" (왕이) 대답하였다. "초나라 사람이 이깁니다." (맹자께서) 말씀하셨다. "그렇다면 작은 나라는 실로 큰 나라에 대적할 수 없고 인구가 적은 나라는 실로 인구가 많은 나라에 대적할 수 없으며 국력이 약한 나라는 실로 국력이 강한 나라에 대적할 수 없습니다. 세상에서 사방 1000리가 되는 나라가 아홉인데 제나라의 땅을 모두 합해도 그 아홉 중에 하나일 뿐입니다. 하나를 가지고 여덟을 복종시키는 것이 어찌 추나라가 초나라에 대적하는 것과 다르겠습니까? 역시 왕도의 근본으로 돌아가야 합니다. 이제 임금께서 정치를 하는 데 인(仁)을 베풀어 천하의 벼슬하는 사람들로 하여금 모두 왕의 조정에 서고 싶게 하고, 농사짓는 사람들로 하여금 모두 왕의 들에서 밭 갈고 싶게 하며, 상인들로 하여금 모두 왕의 저자에서 물건을 재어 두고 싶게 하고, 나그네들로 하여금 모두 왕의 길을 다니고 싶게 하신다면, 천하에 그 군주를 질시하는 자가 모두 임금께 달려와 하소연하고 싶을 것이니, 장차 이와 같다면 누가 막을 수 있겠습니까?"

왕이 말했다. "나는 사리에 어두워서 인정(仁政)에 나아갈 수 없습니다. 선생께서 나의 뜻을 도와 분명하게 나를 가르쳐 주시길 원합니다. 내가 비록 명민하지 못하지만 한번 시험해 보겠습니다." (맹자께서) 말씀하셨다. "일정한 생업[恒産]이 없지만 변함없는 마음[恒心]이 있는 것은 오직 선비만

民之産, 仰不足以事父母, 俯不足以畜妻子, 樂歲終身苦, 凶年不免於死亡. 此惟救死而恐不贍, 奚暇治禮義哉? 王欲行之, 則盍反其本矣. 五畝之宅, 樹之以桑, 五十者可以衣帛矣; 雞豚狗彘之畜, 無失其時, 七十者可以食肉矣; 百畝之田, 勿奪其時, 八口之家可以無飢矣; 謹庠序之敎, 申之以孝悌之義, 頒白者不負戴於道路矣. 老者衣帛食肉, 黎民不飢不寒, 然而不王者, 未之有也."

恒産(항산), 恒心(항심) 항(恒)은 상(常)의 의미로 일정하고 떳떳하다는 뜻이다. 즉 항산은 일정하고 떳떳한 생업이고 항심은 변치 않고 떳떳한 마음이다. 若(약) 지어(至于), 즉 '~에 있어서'라는 뜻이다. 放辟邪侈(방벽사치) 방탕하고 간사하다는 뜻이다. 罔(망) 망(網)을 말한다. 終身(종신) 1년 내내라는 뜻이다. 盍(합) '어찌 아니[何不]'의 뜻이다.

이 할 수 있습니다. 만약 백성이라면 일정한 생업이 없으면 그로 인해 변함없는 마음이 없어집니다. 진실로 변함없는 마음이 없으면 방탕하고 간사한 짓을 못하는 것이 없을 것입니다. 그런데 그들이 죄에 빠지고 난 뒤에 그에 따라서 형벌을 가한다면 이는 백성을 그물질하여 잡는 것입니다. 어찌 어진 사람이 왕위에 있으면서 백성을 그물질하여 잡는 것을 할 수 있겠습니까? 그래서 현명한 군주는 백성의 생업을 마련해 주어 반드시 위로는 부모를 충분히 섬길 수 있게 하고 아래로는 처자를 충분히 기를 수 있게 하여, 풍년에는 항상 배부르며 흉년에는 죽음을 면하게 합니다. 그러한 뒤에 그들을 인도하여 선(善)으로 가게 합니다. 그러므로 백성이 그것을 따라가기가 쉬울 것입니다. 지금은 백성의 생업을 마련해 주지만 위로는 부모를 섬기기에 부족하고 아래로는 처자는 기르기에 부족하며, 풍년에도 늘 고생스럽고 흉년에는 굶어 죽는 것을 면하지 못합니다. 이것은 다만 죽음을 구제하기에도 부족할까 두려운데 어느 겨를에 예를 닦고 의를 행하겠습니까? 임금께서 이것을 행하고자 하신다면 어찌 근본으로 돌아가지 않습니까? 5무 넓이의 집 주위에 뽕나무를 심으면 쉰 넘은 사람이 비단옷을 입을 수 있고, 닭과 돼지와 개를 기르는 데 새끼 치는 시기를 놓치지 않으면 일흔 넘은 사람이 고기를 먹을 수 있습니다. 100무 넓이의 땅의 농사일에 그 시기를 빼앗지 않으면 몇 식구의 가족이 굶주리지 않을 수 있습니다. 학교의 교육을 신중하게 하고 효제의 의리를 반복하여 가르치면 반백이 된 사람이 길에서 짐을 지거나 이고 가는 일이 없을 것입니다. 일흔 넘은

사람이 비단옷을 입고 고기를 먹으며 젊은 백성이 굶주리지 않고 추위에 떨지 않게 될 것입니다. 그렇게 하고서도 왕 노릇을 못하는 사람은 아직 없었습니다."

2 양혜왕 하
梁惠王下

이 편은 모두 16장으로 구성되어 있고, 맹자와 제 선왕, 추 목공, 등 문공 사이의 대화를 중심으로 어진 정치[仁政]에 관한 여러 논의가 실려 있다. 이 편의 전반부에서는 어진 정치의 의미를 정치 방면의 다양한 문제를 중심으로 설명한다. 맹자는 많은 백성과 희로애락을 함께하는 '여민동락(與民同樂)'을 정치의 원칙으로 여기며, 이를 위해 기본적으로 백성들의 생업을 보장해야 한다고 하였다. 이러한 여민동락의 정신은 백성들을 위해 나라 곳곳을 순수(巡狩)하는 것, 군주가 욕망을 충족하는 데 있어서도 항상 백성과 함께해야 하는 점, 사회의 약자를 배려해야 하는 것, 올바른 인재를 등용하는 방법 등의 구체적 방식으로 설명되고 있다. 이 편 후반부에서는 당시 제후국 사이의 외교 관계에 대한 맹자의 견해가 드러난다. 구체적으로 맹자는 무도한 제후국을 정벌하여 그 나라의 백성들을 위해 어진 정치를 펼치는 방식, 약소국인 등나라가 강대국과의 관계 아래 정치하는 방식을 설명하고 있다.

莊暴見孟子, 曰: "暴見於王, 王語暴以好樂, 暴未有以對也." 曰: "好樂何如?" 孟子曰: "王之好樂甚, 則齊國其庶幾乎!" 他日, 見於王曰: "王嘗語莊子以好樂, 有諸?" 王變乎色, 曰: "寡人非能好先王之樂也, 直好世俗之樂耳." 曰: "王之好樂甚, 則齊其庶幾乎! 今之樂猶古之樂也." 曰: "可得聞與?" 曰: "獨樂樂, 與人樂樂, 孰樂?" 曰: "不若與人." 曰: "與少樂樂, 與衆樂樂, 孰樂?" 曰: "不若與衆."

莊暴見孟子, 曰暴見於王(장포견맹자, 왈포현어왕) 장포(莊暴)는 제나라의 신하이다. 앞 구절의 見은 '견'으로 읽지만 뒷 구절의 見은 '현'으로 읽으니 즉 알현한다는 뜻이다. 曰好樂何如(왈호악하여) 여기서 왈은 대화가 잠시 정지되며 화제가 바뀌었음을 나타낸다. 庶幾(서기) 가깝다는 말로 잘 다스려질 것이라는 뜻이다. 莊子(장자) 장포를 말한다.

"臣請爲王言樂: 今王鼓樂於此, 百姓聞王鐘鼓之聲, 管籥之音, 擧疾首蹙頞而相告曰: '吾王之好鼓樂, 夫何使我至於此極也? 父子不相見, 兄弟妻子離散.' 今王田獵於此, 百姓聞王車馬之音, 見羽旄之美, 擧疾首蹙頞而相告曰: '吾王之好田獵, 夫何使我至於此極也? 父子不相見, 兄弟妻子離散.' 此

장포가 맹자를 뵙고 말했다. "제가 임금을 뵈었는데 임금께서 저에게 음악을 좋아한다고 말씀하셨으나, 제가 어떻게 대답해야 할지 몰랐습니다." (장포가 또) 말하기를 "(임금께서) 음악을 좋아한다고 하시는데, 어떻게 생각하십니까?" 맹자께서 말씀하셨다. "임금께서 음악을 매우 좋아하신다면 제나라는 거의 다스려질 것이다." 다른 날 맹자께서 왕을 뵙고 말씀하셨다. "임금께서 장포에게 음악을 좋아한다고 말씀하셨다는데, 그런 일이 있습니까?" 왕이 얼굴빛이 바뀌며 말했다. "과인은 선왕의 음악을 좋아하는 것이 아니라 다만 세속의 음악을 좋아할 뿐입니다." (맹자께서) 말씀하셨다. "임금께서 음악을 매우 좋아하시니 제나라는 거의 다스려질 것입니다. 지금의 음악이나 옛 음악이나 같습니다." (왕이) 말했다. "(그 까닭을) 들을 수 있겠습니까?" (맹자께서) 말씀하셨다. "홀로 음악을 즐기는 것과 다른 사람과 더불어 즐기는 것 중 어느 것이 더 즐겁겠습니까?" (왕이) 말했다. "다른 사람과 더불어 즐기는 것이 더 좋습니다." (맹자께서) 말씀하셨다. "적은 사람과 더불어 음악을 즐기는 것과 많은 사람과 더불어 즐기는 것 중 어느 것이 더 즐겁겠습니까?" 왕이 말했다. "많은 사람과 더불어 즐기는 것이 더 좋습니다."

"신이 임금께 음악에 대해 설명하고자 합니다. 지금 임금께서 여기서 음악을 연주하는데, 백성이 임금의 종과 북의 소리와 피리의 음률을 듣고 모두 머리가 아프고 미간이 찌푸려지며 서로 말하기를 '우리 임금이 음악 연주를 좋아하는

無他, 不與民同樂也. 今王鼓樂於此, 百姓聞王鐘鼓之聲, 管籥之音, 舉欣
欣然有喜色而相告曰:'吾王庶幾無疾病與? 何以能鼓樂也?' 今王田獵於
此, 百姓聞王車馬之音, 見羽旄之美, 舉欣欣然有喜色而相告曰'吾王庶幾
無疾病與? 何以能田獵也?' 此無他, 與民同樂也. 今王與百姓同樂, 則王
矣."

鐘鼓之聲, 管籥之音(종고지성, 관약지음) 종고는 종과 북이고 관약은 입으로 불어서 소리를
내는 악기이다. 성은 장단이 없는 소리이고, 음은 적절한 비례를 이루는 고저장단의 소리 즉
음률을 말한다. 舉(거) 모두라는 뜻이다. 疾首蹙頞(질수축알) 질수는 머리가 아프다는 뜻
이고 축알은 미간을 찌푸린다는 뜻이다. 至於此極(지어차극) 여기서 극은 곤궁함을 말한다.
그래서 '이 지경까지 이르다'로 번역한다. 與民同樂(여민동락) 백성과 더불어 함께 즐긴다는
뜻이다.

齊宣王問曰: "文王之囿方七十里, 有諸?" 孟子對曰: "於傳有之." 曰: "若
是其大乎?" 曰: "民猶以爲小也." 曰: "寡人之囿方四十里, 民猶以爲大, 何
也?" 曰: "文王之囿方七十里, 芻蕘者往焉, 雉兔者往焉, 與民同之. 民以
爲小, 不亦宜乎? 臣始至於境, 問國之大禁, 然後敢入. 臣聞郊關之內有囿

데 어찌 나로 하여금 이 지경에까지 이르게 한단 말인가? 부자간에 서로 보지 못하고 형제와 처자식이 흩어지는구나.'라고 합니다. 지금 임금께서 여기서 사냥을 하는데, 백성이 임금의 수레와 말의 소리를 듣고 깃발과 깃대의 아름다움을 보면 모두 머리가 아프고 미간이 찌푸려지며 서로 말하기를 '우리 임금이 사냥을 좋아하는데 어찌 나로 하여금 이 지경에까지 이르게 한단 말인가? 부자간에 서로 보지 못하고 형제와 처자식이 흩어지는구나.'라고 합니다. 이는 다름이 아니라 백성과 더불어 즐기지 않아서 그런 것입니다. 이제 임금께서 여기서 음악을 연주하는데, 백성이 왕의 종과 북의 소리와 피리의 음률을 듣고 모두 흐뭇해서 기쁜 낯으로 서로 말하기를 '우리 임금께서 아마도 질병이 없는가 보다. (그렇지 않다면) 어찌 음악을 연주할 수 있는가?'라고 합니다. 이제 임금께서 여기서 사냥을 하는데, 백성이 임금의 수레와 말의 소리를 듣고 깃발과 깃대의 아름다움을 보면 모두 흐뭇하여 기쁜 낯으로 서로 말하기를 '우리 임금께서 아마도 질병이 없는가 보다. (그렇지 않다면) 어찌 사냥할 수 있는가?'라고 합니다. 이는 다름 아니라 백성과 더불어 즐기기 때문일 것입니다. 이제 임금께서 백성과 더불어 즐기신다면 훌륭한 임금이 되실 것입니다."

2·2 제 선왕이 물었다. "문왕의 사냥터는 사방 70리라 하는데 정말 그런 일이 있었습니까?" 맹자께서 대답하셨다. "옛일을 전하는 책에 그런 말이 있습니다." (왕이) 말했다. "그 크기가 그렇게 큽니까?" (맹자께서) 말씀하셨다. "백성들은 오히

方四十里, 殺其麋鹿者如殺人之罪. 則是方四十里, 爲阱於國中. 民以爲大, 不亦宜乎?"

文王之囿(문왕지유) 『설문해자(說文解字)』에 따르면 유는 초목과 금수를 기르던 사냥터 중에서 경계 표시를 위한 울타리가 없는 것을 말한다. 울타리가 있는 것은 원(苑)이라 한다. 傳(전) 옛일을 기록한 책이다. 大禁(대금) 엄격한 금지 사항들을 말한다. 郊關(교관) 한 국가의 수도 밖 100리를 교라 하는데 교의 밖에 관문(關門)이 있다. 阱(정) 땅을 파서 짐승을 빠지게 하는 것인데, 여기서는 백성을 죽음에 빠지게 한다는 뜻이다.

齊宣王問曰: "交鄰國有道乎?" 孟子對曰: "有. 惟仁者爲能以大事小, 是故湯事葛, 文王事昆夷; 惟智者爲能以小事大, 故大王事獯鬻, 句踐事吳. 以大事小者, 樂天者也; 以小事大者, 畏天者也. 樂天者保天下, 畏天者保其國. 詩云: '畏天之威, 于時保之.'"

湯(탕) 은나라 시조인 탕임금을 말한다. 葛(갈) 옛날의 나라 이름이다. 지금의 허난성(河南省) 닝링현(寧陵縣) 북쪽 근처이다. 昆夷(곤이) 주나라 초기 서융(西戎)의 나라 이름이다. 大王(대왕) 태왕이라고도 한다. 문왕의 조부인 고공단보(古公亶父, 古公亶甫)이다. 獯鬻(훈육) 춘추 전국 시기의 북방 소수 민족인 흉노를 가리킨다. 句踐(구천) 월나라 임금으로, 유명한 고사 와신상담(臥薪嘗膽)의 주인공이다. 吳(오) 옛날의 나라 이름이다. 詩(시) 『시경』 「주송(周頌) 아장(我將)」을 말한다.

려 작다고 여겼습니다." (왕이) 물었다. "과인의 사냥터는 사방 40리에 지나지 않는데, 백성들은 오히려 크다고 여기니, 어째서 그렇습니까?" (맹자께서) 말씀하셨다. "문왕의 사냥터는 사방 70리였지만, 꼴 베고 나무하는 자도 그곳에 들어갈 수 있었고, 꿩이나 토끼 잡는 자도 그곳에 들어갈 수 있었으니, 백성들과 그곳을 함께 사용한 것입니다. 백성이 작다고 여기는 것도 당연하지 않습니까? 신이 처음 국경에 이르러 제나라의 엄격한 금지 사항들을 물어 확인한 후에야 감히 입국하였습니다. 신이 듣기에 제나라 수도 교외에 사방 40리의 사냥터가 있는데 그곳에서 사슴 죽이는 것이 사람 죽이는 죄와 같다고 합니다. 이는 사방 40리를 나라 안의 함정으로 만든 것이니, 백성들이 크다고 생각하는 것 역시 당연하지 않습니까?"

<u>2-3-1</u> 제 선왕이 물었다. "이웃 나라와 교류하는 데에 원칙이나 방법이 있습니까?" 맹자께서 대답하셨다. "있습니다. 오직 어진 임금만이 큰 나라로써 작은 나라를 섬길 수 있습니다. 그래서 탕임금은 갈국을 섬겼고, 문왕은 곤이국을 섬겼습니다. 오직 지혜로운 임금만이 작은 나라로써 큰 나라를 섬길 수 있습니다. 그러므로 태왕은 훈육을 섬겼고, 구천은 오국을 섬겼습니다. 큰 나라로 작은 나라를 섬기는 임금은 천도(天道)를 즐겨 따르는 것이요, 작은 나라로 큰 나라를 섬기는 임금은 천도를 경외하는 것입니다. 천도를 즐겨 따르는 임금은 천하를 보전할 수 있고, 천도를 경외하는 임금은 자신의 나라를 보전할 수 있습니다. 『시』에서 말하길 '하늘의

王曰: "大哉言矣! 寡人有疾, 寡人好勇." 對曰: "王請無好小勇. 夫撫劍疾視曰, '彼惡敢當我哉!' 此匹夫之勇, 敵一人者也. 王請大之! 詩云: '王赫斯怒, 爰整其旅, 以遏徂莒, 以篤周祜, 以對于天下.' 此文王之勇也. 文王一怒而安天下之民. 書曰: '天降下民, 作之君, 作之師. 惟曰其助上帝寵之. 四方有罪無罪, 惟我在, 天下曷敢有越厥志?' 一人衡行於天下, 武王恥之, 此武王之勇也. 而武王亦一怒而安天下之民. 今王亦一怒而安天下之民, 民惟恐王之不好勇也."

寡人有疾, 寡人好勇(과인유질, 과인호용) 제 선왕이 용기 부리기를 자신의 결점이라 한 것은 그 때문에 자신이 크든 작든 다른 나라를 섬길 수 없다고 생각하였기 때문이다. 赫斯(혁사) 혁연(赫然)이라는 말과 같으니 분노하는 모습을 말한다. 爰(원) 조기에 따르면 '어시(於是)', 즉 '이에'라는 뜻이다. 徂莒(조려) 려는 당시의 제후국의 하나이다. 주희는 밀인(密人)에서 완(阮)나라를 침략하기 위해서 공(共) 땅으로 가는 무리라고 하였다. 양보쥔은 여국을 침략하는 적을 저지하는 것으로 해석하였다. 惟曰其助上帝寵之, 四方有罪無罪(유왈기조상제총지, 사방유죄무죄) 주희는 이 구절에 대해 다음과 같이 구두점을 찍었다. 惟曰其助上帝, 寵之四方. 有罪無罪. 그러나 본문은 조기의 주석을 따랐으며 현대의 양보쥔 등도 이와 같이 해석한다. 한편 총지(寵之)에 대해 주희는 "하늘이 군주와 스승을 만들어 주는 것은 군주와 스승이 상제를 돕기 때문에 사방에서 특별히 총애해서이다."라고 풀이하였다. 조기에 따르면 군주와 스승이 상제를 도와 인민을 총애한다는 뜻이 된다. 또한 유죄무죄(有罪無罪)에 대해 주희는 백성들의 선악이 모두 나에게 달려 있다는 뜻으로 보았다. 공영달(孔穎達)은 『상서정의(尙書正義)』에서 "신하가 임금을 토벌하는 것이 죄가 있는가 없는가."라고 풀이하였다. 惟我在(유아재) 나에게 책임이 있다는 뜻이다.

위엄을 경외하여 이에 보전한다.'라고 하였습니다."

2-3-2   왕이 말했다. "대단히 훌륭하군요. 선생의 말씀이여! 과인
은 결점이 있으니, 용기 부리기를 좋아하는 것입니다." (맹자
께서) 대답하였다. "임금께서는 조그만 용기를 좋아하지 마
시기 바랍니다. 어떤 사람이 칼을 만지작거리며 눈을 부릅
뜨고 '저 사람이 어찌 나를 당할쏘냐?'라고 하면, 이런 필
부의 용기는 겨우 한 사람만 대적할 뿐입니다. 임금께서는
큰 용기를 내십시오. 『시』에 이르기를 '문왕이 크게 노하고
서 그 군대를 정돈하여 여국을 침략하는 무리를 저지했으
니 주나라의 복을 돈독하게 하고 천하의 기대에 부응하였
네.'라고 하니, 이는 문왕의 큰 용기입니다. 문왕은 한 번 노
하여 천하의 백성을 편안하게 하였습니다. 『서』에 이르기를
'하늘이 백성을 낳고 그들을 위해 군주를 세우고 스승도 마
련해 주니, 이는 오직 상제를 도와 백성을 사랑하라는 것이
다. 사방의 백성 중에 죄가 있고 없음이 오직 나(무왕)에게
달려 있으니, 천하 사람들이 어찌 내 뜻을 거역할 수 있으리
오!'라 하였습니다. 한 사람(주왕)이 천하를 멋대로 어지럽히
자 무왕은 이를 부끄러워했습니다. 이것이 무왕의 큰 용기
입니다. 그런데 무왕 또한 한 번 노하여 천하의 백성을 편안
하게 하였습니다. 이제 임금께서 또한 한 번 노하여 천하의
백성을 편안하게 하신다면, 백성들은 오직 임금께서 용기를
좋아하지 않을까 두려워할 것입니다."

해설   이 구절에 언급된 『서경』 원문은 다음과 같다. "天佑下民, 作之君, 作之師,

齊宣王見孟子於雪宮. 王曰: "賢者亦有此樂乎?" 孟子對曰: "有人不得, 則非其上矣. 不得而非其上者, 非也; 爲民上而不與民同樂者, 亦非也. 樂民之樂者, 民亦樂其樂; 憂民之憂者, 民亦憂其憂. 樂以天下, 憂以天下, 然而不王者, 未之有也. 昔者齊景公問於晏子曰: '吾欲觀於轉附·朝儛, 遵海而南, 放于琅邪, 吾何脩而可以比於先王觀也?' 晏子對曰: '善哉問也! 天子適諸侯曰巡狩, 巡狩者巡所守也; 諸侯朝於天子曰述職, 述職者述所職也. 無非事者. 春省耕而補不足, 秋省斂而助不給. 夏諺曰: '吾王不遊, 吾何以休? 吾王不豫, 吾何以助? 一遊一豫, 爲諸侯度.' 今也不然: 師行而糧食, 飢者弗食, 勞者弗息. 睊睊胥讒, 民乃作慝. 方命虐民, 飮食若流. 流連荒亡, 爲諸侯憂. 從流下而忘反謂之流, 從流上而忘反謂之連, 從獸無厭謂之荒, 樂酒無厭謂之亡. 先王無流連之樂, 荒亡之行. 惟君所行也.'

雪宮(설궁) 제 선왕의 이궁(離宮)이다. 궁 안에 동산이 있고 연못과 누대가 있으며 여러 동물들이 있다. 이궁은 별장에 해당된다. 有人不得(유인부득) 내각본(內閣本)에서 '有, 人不得'으로 끊어 읽었는데 내용상의 큰 차이는 없다. 여기서 부득은 '임금에게 발탁되어 자기 뜻

惟其克相上帝, 寵綏四方. 有罪無罪, 予曷敢有越厥志?"(『서경』 「주서(周書) 태서(泰誓) 상」) 이 문장을 공영달의 『상서정의』에 따라 번역하면 다음과 같다. "하늘은 인민을 보우하사 그들이 피해를 당하지 않게 하려고 나에게 명하여 임금이 되어 다스리고 스승이 되어 가르치게 했다. 임금이 되고 선생이 됨은 하늘의 뜻이니 어길 수 없다. 나는 이제 하늘을 도울 수 있음에, 사방의 인민을 사랑하고 편안하게 하여 환란을 면하게 할 것이다. 지금 (폭군) 주가 폭압적이어서 임금과 스승의 도리를 잃었다. 그래서 이제 나는 그를 토벌하러 간다. 죄를 토벌하는 일이 죄가 되는지 모르겠지만, 죄가 되든 되지 않든 뜻은 반드시 토벌함에 있으니, 내가 어찌 감히 그 본래의 뜻을 멀리하여 토벌하지 않겠는가?"

2·4·1   제 선왕이 맹자를 설궁에서 보았다. 왕이 말했다. "현자도 또한 이러한 즐거움이 있습니까?" 맹자께서 대답하셨다. "사람은 이러한 즐거움을 얻지 못하면 윗사람을 비난합니다. 얻지 못했다고 해서 윗사람을 비난하는 것은 잘못입니다만, 백성의 윗사람이 되어 백성과 더불어 즐거워하지 못하는 것 또한 잘못입니다. 백성의 즐거움을 자신의 즐거움으로 여기면 백성 또한 그 군주의 즐거움을 자신의 즐거움으로 여깁니다. 백성의 근심을 자신의 근심으로 여기면 백성 또한 그 군주의 근심을 자신의 근심으로 여깁니다. 천하 사람과 함께 즐거워하고 천하 사람과 함께 근심하고서도 왕 노릇을 하지 못한 자는 아직 없었습니다. 옛날에 제 경공이 안자에게 물었습니다. '내가 전부산과 조무산을 둘러보고 바닷가를 따라 남쪽으로 가서 낭야에 이르고 싶은데, 내가 어떻게 해야 선왕의 순시에 비견할 수 있겠습니까?' 안자가 대답

을 펼 수 있는 기회를 얻지 못하다.'라고 해석할 수도 있다. 齊景公(제경공) 춘추 시기 제나라의 임금이다. 제 경공은 강씨(姜氏)인데 맹자가 만난 제나라의 선왕은 전씨(田氏)이다. 기원전 403년 진(晉)나라가 한(韓)·위(魏)·조(趙)로 분리된 후 전씨가 강씨의 제나라를 찬탈하였기 때문이다. 晏子(안자) 제나라의 신하로 이름은 영(嬰)이다. 觀(관) 유관(游觀)이라는 뜻으로 일종의 순시(巡視)이다. 轉附·朝儛(전부·조무) 모두 제나라의 산 이름이다. 放(방) '어디에 이르다'라는 뜻이다. 琅邪(낭야) 제나라의 동남쪽 경계에 있는 지역이다. 夏諺(하언) 하나라 때의 속담을 말한다. 이 속담에 나오는 유(游) 역시 유관(游觀)이라는 뜻인데 여기서는 속담이어서 유람으로 번역하였다. 一遊一豫(일유일예) 한 번 유람하고 한 번 즐긴다는 것은 봄에 천자가 유람하며 밭 가는 것을 살피고 가을에 천자가 가을걷이를 살핀다는 뜻이다. 모두 유람이 일없이 멋대로 노는 것이 아님을 의미한다. 今也(금야) 안자가 생존한 당시를 말한다. 師(사) 2500명을 가리키는데 군대라는 의미도 있다. 여기서는 군대를 포함한 수행원 전체로 보았다. 睊睊(견견) 흘겨본다는 뜻이다. 方命(방명) 방은 조기는 방기한다는 뜻으로 보았고 주자는 어긴다는 뜻으로 보았다. 명은 조기는 선왕의 명으로 보았고 주희는 왕명(王命)으로 보았으며 양보쥔은 천의(天意)로 보았다. 여기서는 조기를 따랐다. 爲諸侯憂(위제후우) 주희에 따르면, 여기서의 제후는 부용(附庸)의 나라와 현읍(縣邑)의 장(長)을 말한다.

景公說, 大戒於國, 出舍於郊. 於是始興發, 補不足. 召大師曰: '爲我作君

하였습니다. '좋은 질문입니다! 천자가 제후국에 가는 것을 '순수'라고 하니 순수는 각 제후들이 관장하는 지역을 순시하는 것입니다. 제후가 천자에게 가서 조회하는 것을 '술직'이라고 하니 술직은 자신이 맡은 임무를 보고하는 것입니다. 그러니 어느 하나 업무와 관련되지 않은 일이 없습니다. 봄에는 밭 가는 것을 살펴 (물자가) 부족함을 보충해 주고 가을에는 가을걷이를 살펴서 (인력이) 부족한 것을 도와줍니다. 하나라 속담에 '우리 왕이 유람하지 않으면 내가 어찌 쉬겠는가? 우리 왕이 즐기지 않으면 우리가 어찌 도움 받겠는가! 한 번 유람하고 한 번 즐김이 제후의 법도가 된다.'라고 하였습니다.

지금은 그렇지 않습니다. 대국의 왕이 유람할 때 많은 무리가 수행하여 백성의 양식을 먹어 치워서 주린 자가 먹지 못하고 수고로운 자가 쉬지 못합니다. 백성들이 모두 눈을 흘기며 비방하고 사특한 짓을 하게 됩니다. 선왕의 명을 방기하고 백성을 학대하며 먹고 마시기를 마치 물이 끊임없이 흐르듯 합니다. 유연하고 황망해서 제후의 근심이 됩니다. 물길 따라 내려가서 돌아오기를 잊는 것을 유(流)라 하고 물길 따라 올라가서 돌아오기를 잊는 것을 연(連)이라 하며, 사냥에 빠져서 싫증내지 않는 것을 황(荒)이라 하고 술에 빠져서 싫증내지 않는 것을 망(亡)이라 합니다. 선왕은 유연의 즐거움과 황망의 행실이 없었으니 오직 임금님 하시기에 달려 있습니다.'라고 하였습니다.

2·4·2   경공이 기뻐하여 (안자의 말에 따라) 나라에 크게 (방비하라

臣相說之樂!' 蓋徵招角招是也. 其詩曰: '畜君何尤?' 畜君者, 好君也.''

戒(계) 조기는 '비(備)'라고 보았고 주희는 '명령을 내리다[告命]'라고 보았다. 여기서는 '나라를 잘 방비하라는 명령을 내린다.'라고 풀었다. 大師(대사) 고대에 음악을 담당한 악관(樂官)의 장(長)이다. 태사라고도 한다. 徵招角招(치소각소) 소는 순임금의 음악인 소(韶)와 같은 의미이다. 치와 각은 각각 오성(五聲)의 하나이다. 畜君(축군) 조기는 임금을 기쁘게 한다는 뜻으로 보았다. 주희에 따르면 임금의 욕심을 그치게 한다는 뜻이다.

齊宣王問曰: "人皆謂我毀明堂. 毀諸? 已乎?" 孟子對曰: "夫明堂者, 王者之堂也. 王欲行王政, 則勿毀之矣." 王曰: "王政可得聞與?" 對曰: "昔者文王之治岐也, 耕者九一, 仕者世祿, 關市譏而不征, 澤梁無禁, 罪人不孥. 老而無妻曰鰥. 老而無夫曰寡. 老而無子曰獨. 幼而無父曰孤. 此四者, 天下之窮民而無告者. 文王發政施仁, 必先斯四者. 詩云: '哿矣富人, 哀此煢獨.''' 王曰: "善哉言乎!" 曰: "王如善之, 則何爲不行?"

明堂(명당) 조기에 따르면 이는 태산에 있는 명당으로, 주나라 천자가 동쪽으로 순수하면서 제후에게 조회를 받던 곳이다. 일반적으로 군주의 조회, 제사, 교육 등이 여기서 거행된다. 岐(기) 지명이다. 주 문왕의 조부인 고공단보가 이곳에서 주나라의 기틀을 닦았다. 九一(구일) 정전제(井田制)를 말한다. 하나의 정(井)은 900무이고 여덟 가구가 각 100무를 사전(私田)으로 가지며 중앙의 100무를 공전(公田)이라고 하여 여덟 가구가 공동 경작하는 것으로, 9분의 1을 세금으로 내는 제도이다. 世祿(세록) 벼슬하는 자의 자손에게 봉록을 세습하는 것이다. 대개 당시의 대부 이상의 관직에 해당되는 제도이다. 澤梁(택량) 택은 저수지이고 량은 어량을 말한다. 어량은 물을 한곳으로 흐르게 하고 통발을 놓아 고기를 잡는 장치를 말한다. 不孥(불노) 노는 본래 처자식을 말하는데 여기서 불노는 자신의 죄가 처자식에게까지 미치지 않는다는 뜻이다. 詩(시) 『시경』 「소아 정월(正月)」을 말한다. 哿(가) 가(可)의 뜻이다. 煢(경) 주희는 피곤한 모습으로 보았다. 양보쥔은 홀로라는 뜻으로 보았다. 哿矣富人, 哀此煢獨(가의부인, 애차경독) 두 가지 해석이 가능하다. 하나의 해석은 '부자들은 행복하지만 가는) 명령을 내리고 교외로 나가 머물렀습니다. 그러고 나서 창고를 열어 곤궁한 백성을 도와주었습니다. (악사인) 대사를 불러 '나를 위하여 군신이 서로 기뻐하는 음악을 만들어라.' 라고 하였으니, 치소·각소가 그것입니다. 그 가사에 '군주의 욕심을 그치게 하는 것이 무슨 허물인가?'라고 하였으니 군주의 욕심을 그치게 하는 것은 군주를 좋아하는 것입니다."

2·5·1   제 선왕이 물었다. "사람들이 모두 나에게 명당을 허물라고 하는데 허뭅니까? 그대로 둡니까?" 맹자께서 대답하셨다. "명당은 참다운 왕의 당입니다. 임금께서 왕도정치를 행하고자 하신다면 허물지 마십시오." 왕이 말했다. "왕도정치에 대하여 들을 수 있겠습니까?" (맹자께서) 대답하셨다. "옛날에 문왕이 기(岐)를 다스릴 때, 경작자는 9분의 1의 세금을 내었고, 벼슬하는 자는 대대로 녹을 받았으며, 관문과 시장은 기찰하였지만 세금을 매기지는 않았으며, 저수지에서 고기 잡이와 어량 설치를 금지하지 않았으며, 죄인을 처벌하되 처자식까지 처벌하지는 않았습니다. 늙어서 아내가 없는 것을 환(鰥)이라 하고, 늙어서 남편이 없는 것을 과(寡)라고 하며, 늙어서 자식이 없는 것을 독(獨)이라 하고, 어려서 부모가 없는 것을 고(孤)라고 합니다. 이 넷은 세상에서 제일 가련한 사람으로 하소연할 곳이 없는 이들입니다. 문왕이 정치를 펴서 인(仁)을 베풀 때 반드시 이 네 부류의 사람을 먼저 배려하였습니다. 『시』에 '아름답도다, 부유한 이들이여! 이 가련한 사람들을 애처롭게 여기는구나.'라고 하였습니다." 왕이 말했다. "좋은 말씀입니다!" (맹자께서) 말씀하

련한 사람들은 애달프다.'라는 것이다. 또 하나는 '아름답도다, 부유한 이들이여! 이 가련한 사람을 애처롭게 여기는구나.'라는 것이다.

王曰: "寡人有疾, 寡人好貨." 對曰: "昔者, 公劉好貨, 詩云: '乃積乃倉, 乃裹餱糧, 于橐于囊. 思戢用光. 弓矢斯張, 干戈戚揚, 爰方啓行.' 故居者有積倉, 行者有裹糧也, 然後可以爰方啓行. 王如好貨, 與百姓同之, 於王何有?"

公劉(공유) 후직(后稷)의 증손이다. 詩(시) 『시경』 「대아 공유(公劉)」를 말한다. 倉(창) 여기서는 창고에 쌓는다는 뜻으로 쓰였다. 餱糧(후량) 마른 양식을 말한다. 于橐于囊(우탁우낭) 탁과 낭은 모두 물건을 담는 그릇이다. 탁은 전대이고 낭은 주머니이니 전대에 넣고 주머니에 넣는다는 뜻이다. 思戢用光(사집용광) 주희는 사(思)를 생각하다, 집(戢)을 편안히 모으다라고 보아 '백성을 편안히 모아서 국가를 빛낼 것을 생각하다.'라고 풀었다. 戚揚(척양) 모두 도끼를 의미한다. 何有(하유) 하난지유(何難之有), 즉 '무슨 어려움이 있겠는가?'라는 뜻이다.

王曰: "寡人有疾, 寡人好色." 對曰: "昔者大王好色, 愛厥妃. 詩云: '古公亶甫, 來朝走馬, 率西水滸, 至于岐下. 爰及姜女, 聿來胥宇.' 當是時也, 內無怨女, 外無曠夫. 王如好色, 與百姓同之, 於王何有?"

詩(시) 『시경』 「대아 면(綿)」을 말한다. 滸(호) 물가를 말한다. 姜女(강녀) 태왕의 비를 말한다. 聿(율) 여기서는 뜻이 없다. 胥宇(서우) 집터를 살펴본다는 뜻이다. 內無怨女, 外無曠夫(내무원녀, 외무광부) 고대에 남자는 밖에 거처하고 여자는 안에 거처했기 때문에 내외라고 하였다. 원녀는 성년인데 남편이 없는 여자이고, 광부는 성년인데 아내가 없는 남자이다. 王如好色, 與百姓同之(왕여호색, 여백성동지) 제 선왕이 말하는 호색은 여러 여자를 거느린다는 뜻이다. 맹자가 말하는 호색은 자기 부인을 매우 사랑한다는 뜻이다. 그래서 맹자는 고공단보가 부인과 함께 집터를 본 것을 호색의 예로 제시하였고, 그 당시에는 남녀가 모두 배우셨다. "임금께서 좋게 여기신다면 어찌하여 실행하지 않으십니까?"

2-5-2 왕이 말했다. "과인은 나쁜 버릇이 있는데 재물을 좋아하는 것입니다." (맹자께서) 대답하셨다. "옛날에 공유가 재물을 좋아하였습니다. 『시』에 '(곡식을) 노천에 쌓고 창고에 쌓아 두며, 마른 양식을 싸서 전대와 자루에 넣었도다. 백성을 편하게 하여 나라를 빛나게 하도다. 활과 화살을 마련하고 방패와 창과 도끼를 가지고 비로소 행군을 시작한다.'라고 하였습니다. 그러므로 남아 있는 자는 노천과 창고에 쌓은 곡식이 있고 이동하는 자는 전대와 자루에 싼 양식이 있는 뒤에야 행군을 시작할 수 있습니다. 왕께서 재물을 좋아하신다 해도 백성과 더불어 함께하시면 왕 노릇 하는 데 무슨 어려움이 있겠습니까?"

2-5-3 왕이 말했다. "과인은 나쁜 버릇이 있는데 호색하는 것입니다." (맹자께서) 대답하셨다. "옛날에 태왕이 호색하여 왕비를 사랑하였습니다. 『시』에 '고공단보가 아침에 말을 타고 서쪽 물가를 따라 기산 아래에 이르러 강녀와 함께 집터를 살펴보았다.'라고 하였으니, 이때에는 안에는 원망하는 여자가 없고 밖에는 홀아비가 없었습니다. 임금께서 호색하신다 해도 백성과 더불어 함께하시면, 왕 노릇 하는 데 무슨 어려움이 있겠습니까?"

자를 갖게 된 것이 바로 호색하되 백성과 함께한다는 뜻이라고 주장한 것이다.

孟子謂齊宣王曰: "王之臣有託其妻子於其友, 而之楚遊者. 比其反也, 則凍餒其妻子, 則如之何?" 王曰: "棄之." 曰: "士師不能治士, 則如之何?" 王曰: "已之." 曰: "四境之內不治, 則如之何?" 王顧左右而言他.

比(비) 급(及)의 의미이다. 士師不能治士(사사불능치사) 사사는 옥관(獄官)으로 고대의 사법관을 말한다. 치사(治士)의 사(士)는 사법관 아래의 부하 관리를 말한다.

孟子見齊宣王曰: "所謂故國者, 非謂有喬木之謂也, 有世臣之謂也. 王無親臣矣, 昔者所進, 今日不知其亡也." 王曰: "吾何以識其不才而舍之?" 曰: "國君進賢, 如不得已, 將使卑踰尊, 疏踰戚, 可不愼與? 左右皆曰賢, 未可也; 諸大夫皆曰賢, 未可也; 國人皆曰賢, 然後察之; 見賢焉, 然後用之. 左右皆曰不可, 勿聽; 諸大夫皆曰不可, 勿聽; 國人皆曰不可, 然後察之; 見不可焉, 然後去之. 左右皆曰可殺, 勿聽; 諸大夫皆曰可殺, 勿聽; 國人皆曰可殺, 然後察之; 見可殺焉, 然後殺之. 故曰, 國人殺之也. 如此, 然後可以爲民父母."

世臣(세신) 전대로부터 남아 있는 신하로 국가와 운명을 함께하는 자를 말한다. 親臣(친신) 임금이 가깝게 여기어 신뢰할 수 있는 신하를 말한다. 昔者所進, 今日不知其亡也(석자소진, 금일부지기망야) 예전에 등용된 신하가 지금 떠나갔는데 임금은 그 사실을 모른다는 뜻으로, 이는 세신과 친신이 없다는 의미이다. 將使卑踰尊, 疏踰戚(장사비유존, 소유척) 인재를 관리로 등용하는 데 있어 때로는 높은 자와 친한 자가 현명하지 못한 경우가 있다. 그러면 소원하고 낮은 자 중에서 현명한 자를 발탁해야 한다는 뜻이다.

2-6 맹자께서 제 선왕에게 말씀하셨다. "임금의 신하 중에 처자식을 자기 벗에게 맡기고 초나라에 가서 놀던 자가 있었는데, 돌아와 보니 그 처자식이 추위에 떨고 굶주린다면 어떻게 하시겠습니까?" 왕이 말했다. "관계를 끊습니다." (맹자께서) 말씀하셨다. "사법관이 자기 부하를 다스리지 못하면 어떻게 합니까?" 왕이 말했다. "그만두게 합니다." (맹자께서) 말씀하셨다. "나라 안이 다스려지지 않으면 어떻게 합니까?" 왕이 좌우를 돌아보며 화제를 바꾸었다.

2-7 맹자께서 제 선왕을 뵙고 말씀하셨다. "이른바 역사가 유구한 나라는 오래된 큰 나무가 있음을 말하는 것이 아니라, 여러 대에 걸쳐 공훈을 세운 신하가 있음을 말합니다. 임금께서는 신뢰할 만한 신하가 없습니다. 예전에 등용된 자가 오늘 없어진 것을 (임금께서) 알지 못합니다." 왕이 말했다. "내가 어떻게 (미리) 재능이 없음을 알아서 등용하지 않을 수 있겠습니까?" (맹자께서) 말씀하셨다. "군주가 현자를 등용하는데, 만일 부득이해서 비천한 자를 존귀한 자보다 높이고 소원한 자를 친한 자보다 높인다면 신중하지 않을 수 있겠습니까? 좌우에서 모두 현명하다고 해도 아직 안 되고, 여러 대부가 모두 현명하다고 해도 아직 안 되며, 나라 사람이 모두 현명하다고 한 뒤에 (직접) 살펴보고 현명함을 보고 나서 등용합니다. 좌우에서 모두 안 된다고 해도 듣지 말고, 여러 대부가 모두 안 된다고 해도 듣지 말며, 나라 사람

齊宣王問曰: "湯放桀, 武王伐紂, 有諸?" 孟子對曰: "於傳有之." 曰: "臣弑
其君可乎?" 曰: "賊仁者謂之賊, 賊義者謂之殘, 殘賊之人謂之一夫. 聞誅
一夫紂矣, 未聞弑君也."

湯放桀(탕방걸) 방은 치(置)의 뜻으로, 먼 곳으로 추방하는 것을 말한다. 하(夏)나라의 걸
(桀)이 포학하여 탕임금이 그를 남소(南巢)에 추방하였다. 武王伐紂(무왕벌주) 무왕은 주
(周)나라를 개국한 군주이다. 은나라의 마지막 왕인 주(紂)를 무왕이 정벌하였다. 臣弑其君
可乎(신시기군가호) 걸과 주는 천자였고 탕과 무는 그 신하인 제후였기 때문에 이렇게 묻는
것이다. 一夫(일부) 필부라는 뜻으로 독부(獨夫)라고도 한다. 천하가 귀의하면 천자가 되고
천하가 배반하면 독부가 되는 것이다. 즉 많은 백성이 떠나가서 고립된 군주를 지칭하는 말
이다.

孟子見齊宣王曰: "爲巨室, 則必使工師求大木. 工師得大木. 則王喜, 以爲
能勝其任也. 匠人斲而小之, 則王怒, 以爲不勝其任矣. 夫人幼而學之, 壯
而欲行之. 王曰 '姑舍女所學而從我', 則何如? 今有璞玉於此, 雖萬鎰, 必
使玉人彫琢之. 至於治國家, 則曰 '姑舍女所學而從我', 則何以異於敎玉人
彫琢玉哉?"

巨室(거실) 실은 궁(宮)의 의미이다. 고대에는 실과 궁이 같은 의미로 쓰이는 경우가 있었다.

이 모두 안 된다고 한 뒤에, (직접) 살펴보고 안 될 만한 점을 보고 나서 버립니다. 좌우에서 모두 죽일 수 있다고 해도 듣지 말고, 여러 대부가 모두 죽일 수 있다고 하더라도 듣지 말며, 나라 사람이 모두 죽일 수 있다고 한 뒤에, (직접) 살펴보고 죽일 수 있는 점을 보고 나서 죽입니다. 그러므로 나라 사람이 죽였다고 말하는 것입니다. 이와 같은 뒤에야 백성의 부모가 될 수 있습니다."

2·8 제 선왕이 물었다. "탕임금이 걸(桀)을 추방하고 무왕이 주(紂)를 정벌하였다는데 그러한 일이 있었습니까?" 맹자께서 대답하셨다. "기록에 있습니다." (제 선왕이) 물었다. "신하가 그 임금을 시해해도 됩니까?" (맹자께서) 대답하셨다. "인(仁)을 해치는 자를 적(賊)이라 하고 의(義)를 해치는 자를 잔(殘)이라 합니다. 잔적한 사람을 일부(一夫)라 합니다. 일부인 주를 살해했다고 들었지 임금을 시해했다고는 듣지 못했습니다."

2·9 맹자께서 제 선왕을 뵙고 말씀하셨다. "큰 궁궐을 지으려면 반드시 대목장으로 하여금 큰 나무를 구하게 합니다. 대목장이 큰 나무를 구하면 임금께서 기뻐하여 큰 집 짓는 임무를 감당할 수 있다고 여기실 것입니다. 장인이 깎아서 작게 하면 임금께서 노하여 그 임무를 감당할 수 없다고 여기실 것입니다. 사람이 어려서 (선왕의 도를) 배우는 것은 장성

工師(공사) 장인의 우두머리를 말한다. 學之(학지) 조기에 따르면 선왕의 도를 배우는 것이다. 璞玉(박옥) 돌 가운데 있는 옥을 말한다. 萬鎰(만일) 1일은 20냥이니 만일은 값비싸다는 뜻이다. 일설에는 1일이 24냥이라고도 한다. 彫琢(조탁) 옥을 쪼고 다듬는 것을 말한다. 何以異於敎玉人彫琢玉哉(하이이어교옥인조탁옥재) 이 구절은 조기에 따르면 "임금께서 옥공에게 (자신의 방법에 따라) 옥을 조탁하게 하는 것과 어찌 다르겠습니까?"라는 의미이다. 이와 달리 "(나라 통치하는 것을) 옥인으로 하여금 옥을 조탁하게 하는 것과 어찌 다르게 하십니까?"라고 해석할 수도 있다.

齊人伐燕, 勝之. 宣王問曰: "或謂寡人勿取, 或謂寡人取之. 以萬乘之國伐萬乘之國, 五旬而舉之, 人力不至於此. 不取, 必有天殃. 取之, 何如?"孟子對曰: "取之而燕民悅, 則取之. 古之人有行之者, 武王是也. 取之而燕民不悅, 則勿取. 古之人有行之者, 文王是也. 以萬乘之國伐萬乘之國, 簞食壺漿, 以迎王師. 豈有他哉? 避水火也. 如水益深, 如火益熱, 亦運而已矣."

齊人伐燕, 勝之(제인벌연, 승지)『사기(史記)』를 보면 연(燕)나라 왕인 쾌(噲)가 재상인 자지(子之)에게 나라를 양보하자 연나라가 크게 혼란해졌다. 제나라가 이 틈을 타 공격하여 크게 승리하였다. 文王是也(문왕시야) 문왕이 천하의 3분의 2를 소유하였지만 은나라를 정벌하지 않았음을 가리킨다. 簞食壺漿(단사호장) 단은 밥을 담은 대그릇이고 사는 밥이며, 호는 병이고 장은 쌀을 삶아 만든 신 즙을 말한다. 고대에는 이 장으로 술을 대신하였다. 運(운) 주희는 백성들이 마음을 바꾸어 다른 군주를 찾는다는 의미로 보았다.

齊人伐燕, 取之. 諸侯將謀救燕. 宣王曰: "諸侯多謀伐寡人者, 何以待之?"

하여 그 도를 실행하기 위함입니다. 임금께서 '우선 네가 배운 바를 버리고 나를 따르라.'라고 하시면 어찌 그러겠습니까? 지금 여기에 박옥이 있다면 비록 매우 값비싼 것일지라도 반드시 옥공에게 조탁하게 시키실 것입니다. 국가를 다스리는 데에 이르러 '우선 네가 배운 바를 버리고 나를 따르라.'라고 하시니, 임금께서 옥공에게 (자신의 방법에 따라) 옥을 조탁하게 하는 것과 어찌 다르게 하십니까?"

2·10 제나라 사람이 연나라를 공격하여 승리하였다. 선왕이 물었다. "누구는 과인에게 점령하지 말라 하고 누구는 과인에게 점령하라고 합니다. 만승의 나라로 만승의 나라를 공격하여 50일에 정복할 수 있었던 것은 사람의 힘으로 여기에 이른 것이 아닙니다. 점령하지 않으면 반드시 하늘의 재앙이 있을 것입니다. 점령하는 것이 어떻겠습니까?" 맹자께서 대답하셨다. "점령하여 연나라 백성이 기뻐하면 점령하십시오. 옛사람 중에 이렇게 실행한 이가 있으니 무왕이 그렇습니다. 점령하여 연나라 백성이 기뻐하지 않으면 점령하지 마십시오. 옛사람 중에 이렇게 실행한 이가 있으니 문왕이 그렇습니다. 만승의 나라로 만승의 나라를 공격하는데 대그릇에 담긴 밥과 병에 담긴 장으로 왕의 군대를 환영하였으니 어찌 다른 이유가 있겠습니까? 물과 불 같은 재난을 피하려는 것입니다. 만약 물이 더욱 깊어지고 불이 더욱 뜨거워지면 또 다른 곳으로 옮겨 갈 뿐입니다."

2·11 제나라 사람이 연나라를 공격하여 점령하였다. 여러 제후

孟子對曰: "臣聞七十里爲政於天下者, 湯是也. 未聞以千里畏人者也. 書曰: '湯一征, 自葛始. 天下信之. 東面而征, 西夷怨; 南面而征, 北狄怨. 曰奚爲後我? 民望之, 若大旱之望雲霓也. 歸市者不止, 耕者不變. 誅其君而弔其民, 若時雨降, 民大悅.' 書曰: '徯我后, 后來其蘇.' 今燕虐其民, 王往而征之. 民以爲將拯己於水火之中也, 簞食壺漿, 以迎王師. 若殺其父兄, 係累其子弟, 毀其宗廟, 遷其重器, 如之何其可也? 天下固畏齊之疆也. 今又倍地而不行仁政, 是動天下之兵也. 王速出令, 反其旄倪, 止其重器, 謀於燕衆, 置君而後去之, 則猶可及止也."

書(서) 인용된 두 번의 서는 모두 조기에 따르면 유실된 내용으로 현행본에서는 확인되지 않는다. 信之(신지) 조기에 따르면 탕임금의 덕을 믿는 것을 말한다. 주희는 탕임금의 뜻이 인민들을 구원하는 데에 있다는 것을 인민들이 믿었다고 해석하였다. 霓(예) 무지개를 말한다. 誅(주) 죄 있는 사람을 죽인다는 뜻이다. 徯(혜) 기다린다는 뜻이다. 蘇(소) 다시 살아난다는 뜻이다. 拯(증) 구원한다는 뜻이다. 係累(계누) 묶어 가둔다는 뜻이다. 重器(중기) 나라의 보물을 말한다. 旄倪(모예) 모는 여든 넘은 노인을 말하고, 예는 어린아이를 말한다.

들이 장차 연나라를 구원하려고 하였다. 선왕이 말했다. "제후 중에 과인을 공격하려는 자가 많으니 어떻게 대처해야 합니까?" 맹자께서 대답하셨다. "신이 듣기에 사방 70리 땅으로 천하를 다스린 것은 탕임금이 그렇습니다. 사방 1000리 땅을 가지고 있으면서 남을 두려워한다는 것은 듣지 못했습니다. 『서』에 '탕임금이 처음 갈나라로부터 공격을 시작하자 천하가 (탕의 덕을) 믿어서, 동쪽을 향해 정벌을 하면 서쪽의 사람들이 원망했고 남쪽을 향해 정벌을 하면 북쪽의 사람들이 원망하며 "어찌 우리를 뒤로 미루는가?"라고 말했다. 백성이 (자기 나라를 공격해 주기를) 바라는 것이 마치 큰 가뭄에 구름과 무지개를 바라듯이 하였다. 그래서 시장에 오가는 자가 그치지 않았고 밭 가는 자가 하던 일을 계속하였다. 그 군주를 벌주고 그 백성을 위로하니 마치 때맞춰 단비가 내리는 듯 백성이 크게 기뻐하였다.'라고 하였습니다. (그래서) 『서』에 '우리 임금님을 기다리니, 임금님이 오시면 우리가 다시 살아나겠지.'라고 하였습니다.

지금 연나라가 그 백성을 학대하는데 임금께서 가서 공격하시면 백성이 물과 불 같은 재난 중에 자신을 건져 내는 것으로 여겨서 대나무에 담긴 밥과 병에 담긴 장으로 임금의 군대를 환영할 것입니다. 만약 그 부형을 죽이고 그 자제를 잡아 가두며 그 종묘를 허물고 나라의 보물을 옮겨 간다면 어찌 옳겠습니까? 천하의 제후들은 진실로 제나라의 강대함을 두려워하는데, 이제 또 (연나라를 점령하여) 땅을 배로 확장하고서도 인정(仁政)을 실행하지 않는다면, 이는 천하 제후들의 군대를 움직이게 하는 것입니다. 임금께서는 속히

鄒與魯鬨. 穆公問曰: "吾有司死者三十三人, 而民莫之死也. 誅之, 則不可勝誅; 不誅, 則疾視其長上之死而不救, 如之何則可也?" 孟子對曰: "凶年饑歲, 君之民老弱轉乎溝壑, 壯者散而之四方者, 幾千人矣; 而君之倉廩實, 府庫充, 有司莫以告, 是上慢而殘下也. 曾子曰: '戒之戒之! 出乎爾者, 反乎爾者也.' 夫民今而後得反之也. 君無尤焉. 君行仁政, 斯民親其上·死其長矣."

鬨(홍) 싸운다는 뜻이다. 穆公(목공) 추나라의 군주이다. 饑歲(기세) 기근이 든 해를 말한다. 轉(전) 굶주리며 전전하다가 죽는 것을 말한다. 溝壑(구학) 구는 도랑을 학은 골짜기를 뜻한다. 曾子(증자) 공자의 제자인 증삼(曾參)을 말한다. 夫民今而後得反之也(부민금이후독반지야) 관리가 백성에게 잔인하게 하자 백성도 보복했다는 말로, 앞에 나온 증자의 "너에게서 나온 것은 너에게로 돌아간다."라는 말을 설명한 것이다.

滕文公問曰: "滕, 小國也, 間於齊楚, 事齊乎? 事楚乎?" 孟子對曰: "是謀非吾所能及也. 無已, 則有一焉: 鑿斯池也, 築斯城也, 與民守之, 效死而民弗去, 則是可爲也."

滕文公(등문공) 등은 주나라의 작은 제후국이고, 문공은 등나라의 군주이다. 鑿(착) 판다는 명령을 내리시어 노인과 어린이를 돌려보내시고 나라의 보물을 옮기지 못하게 하시고 연나라 사람들과 상의하여 (현명한) 군주를 세워 준 뒤에 떠나신다면, 오히려 제후들이 군대 동원하는 것을 막을 수 있을 것입니다."

2·12   추나라가 노나라와 전쟁하였다. (추) 목공이 물었다. "우리 관리는 죽은 자가 서른세 명인데 그들을 구하다가 죽은 백성은 없습니다. 주살하자니 이루 다 주살할 수 없고 주살하지 않자니 윗사람과 어른이 죽는데 보고만 있고 구하지 않으니 어떻게 하면 좋겠습니까?" 맹자께서 대답하셨다. "흉년 들어 굶주리는 해에 임금의 백성 중에서 노약자는 도랑과 골짜기에 굶어 죽어 뒹굴고, 장성한 자는 사방으로 떠난 이가 몇천 명입니다. 그런데 임금의 곡식 창고는 꽉 찼고 재물 창고는 가득 찼는데 백성의 실상을 보고하는 관리가 없습니다. 이것은 윗사람이 오만하여 아랫사람을 잔인하게 대한 것입니다. 증자께서 말씀하셨습니다. '경계하고 경계하라! 너에게서 나온 것은 너에게로 돌아간다.' 백성이 지금에서야 되돌려 준 것이니 임금께서는 허물하지 마십시오. 임금께서 인정(仁政)을 실행하면 곧 백성이 윗사람을 친히 여기고 어른을 위해 죽을 것입니다."

2·13   등 문공이 물었다. "등나라는 작은 나라입니다. 제나라와 초나라의 사이에 있으니 제나라를 섬겨야 합니까? 초나라를 섬겨야 합니까?" 맹자께서 대답하셨다. "그러한 일에 관한 계책은 제가 생각해 낼 수 있는 것이 아닙니다. 부득이하다

뜻이다. 池(지) 성 밖으로 둘러 판 못인 해자(垓字)를 말한다. 效(효) 바친다는 뜻이다. 是可爲(시가위) 조기에 따르면, 덕의를 베풀어 백성을 기르는 것이 바탕이 되어야 가능하다고 보았다.

滕文公問曰: "齊人將築薛, 吾甚恐. 如之何則可?"孟子對曰: "昔者大王居邠, 狄人侵之, 去之岐山之下居焉. 非擇而取之, 不得已也. 苟爲善, 後世子孫必有王者矣. 君子創業垂統, 爲可繼也. 若夫成功, 則天也. 君如彼何哉? 彊爲善而已矣."

薛(설) 주나라 초기의 작은 나라 이름이다. 뒤에 제나라가 그 땅을 탈취하고 성을 쌓았다. 邠(빈) 태왕이 살던 지역 이름이다. 태왕은 여기를 떠나 기(岐)로 가게 된다. 狄人(적인) 「양혜왕 하」 2-3-1에 나온 훈육(獯鬻), 즉 흉노를 말한다. 垂統(수통) 본래는 굳건한 국가 체계를 건립하여 후대에 전해 준다는 의미인데, 여기서는 간단히 '좋은 전통을 남긴다.'라고 번역하였다. 彊(강) 힘쓴다는 뜻이다.

滕文公問曰: "滕, 小國也. 竭力以事大國, 則不得免焉. 如之何則可?"孟子對曰: "昔者大王居邠, 狄人侵之. 事之以皮幣, 不得免焉; 事之以犬馬, 不得免焉; 事之以珠玉, 不得免焉. 乃屬其耆老而告之曰: '狄人之所欲者, 吾土地也. 吾聞之也: 君子不以其所以養人者害人. 二三子何患乎無君? 我將去之.' 去邠, 踰梁山, 邑于岐山之下居焉. 邠人曰: '仁人也, 不可失也.' 從之者如歸市. 或曰: '世守也, 非身之所能爲也. 效死勿去.' 君請擇於斯二者."

免(면) 침략과 병탄의 위험을 면하는 것을 말한다. 屬(속) 모은다는 뜻이다. 耆老(기로) 『예기』「곡례(曲禮)」에 60세를 기(耆)라 하였고 『설문해자』에서는 70세를 노(老)라 하였다. 조기는 장자(長老)라고 보았다. 모두 연로한 사람을 일컫는 말이다. 所以養人者(소이양인자)

면 한 가지가 있습니다. 못을 파고 성을 쌓아 백성과 함께 지키는데 백성이 죽는다 하더라도 떠나지 않는다면, 이는 해 볼 만한 일입니다."

2-14 등 문공이 물었다. "제나라 사람이 장차 설 땅에 성을 쌓으려 해서 제가 매우 두렵습니다. 어떻게 하면 좋겠습니까?" 맹자께서 대답하셨다. "옛날에 태왕이 빈에 거주할 때 적인이 침략하자 그곳을 떠나 기산의 아래에서 거주하였습니다. (스스로) 선택해서 취한 것이 아니라 부득이한 것이었습니다. 만약 선(善)을 실천한다면 (비록 그 땅을 잃는다 하더라도) 후세의 자손 중에 반드시 왕 노릇 할 사람이 나올 것입니다. 군자가 창업하여 좋은 전통을 남기는 것은 계속 이어가기 위해서입니다. 성공 여부는 하늘에 달린 것입니다. 임금께서 제나라에 대하여 어떻게 하겠습니까? 힘껏 선을 실천할 뿐입니다."

2-15 등 문공이 물었다. "등은 작은 나라입니다. 힘을 다해 대국을 섬겨도 화를 면할 수 없으니 어떻게 하면 좋겠습니까?" 맹자께서 대답하셨다. "옛날에 태왕이 빈에 거주할 때 적인이 침략하자 가죽과 폐백을 바쳤지만 화를 면하지 못했습니다. 개와 말을 바쳤지만 화를 면하지 못했습니다. 주옥을 바쳤지만 화를 면하지 못했습니다. 이에 그 원로들을 모셔 놓고 고하였습니다. '적인이 원하는 것은 우리의 토지입니다. 제가 들으니 군자는 사람을 살 수 있게 하는 것으로 사람을 해치지 않는다고 하였습니다. 여러분들은 어찌 임금이 없음

사람을 살 수 있게 하는 것이라는 의미로 곧 토지를 말한다. 梁山(양산) 태왕이 빈을 떠나 양산을 넘어서 기에 도달하였다. 빈에서 기까지 약 250리인데 양산은 그 중간인 130리 정도에 있다. 身(신) 자기 자신을 말한다.

魯平公將出. 嬖人臧倉者請曰: "他日君出, 則必命有司所之. 今乘輿已駕矣, 有司未知所之. 敢請." 公曰: "將見孟子." 曰: "何哉? 君所爲輕身以先於匹夫者, 以爲賢乎? 禮義由賢者出. 而孟子之後喪踰前喪. 君無見焉!" 公曰: "諾." 樂正子入見, 曰: "君奚爲不見孟軻也?" 曰: "或告寡人曰, '孟子之後喪踰前喪', 是以不往見也." 曰: "何哉? 君所謂踰者, 前以士, 後以大夫; 前以三鼎, 而後以五鼎與?" 曰: "否. 謂棺槨衣衾之美也." 曰: "非所謂踰也, 貧富不同也." 樂正子見孟子, 曰: "克告於君, 君爲來見也. 嬖人有臧倉者沮君, 君是以不果來也." 曰: "行或使之, 止或尼之. 行止, 非人所能也. 吾之不遇魯侯, 天也. 臧氏之子焉能使予不遇哉?"

魯平公(노평공) 노 경공(魯景公)의 아들로 이름은 숙(叔)이다. 嬖人(폐인) 총애받는 신하를 말한다. 臧倉(장창) 사람 이름이다. 乘輿已駕(승여이가) 여기서 승은 탄다라는 뜻이 아니라 승여가 한 단어로 군주의 수레를 의미한다. 이가는 이미 멍에를 맸다는 말로 '승여이가'는 수레가 갈 준비가 되었다는 뜻이다. 君所謂踰者(군소위유자) 여기서 유는 넘었다는 뜻인데, 다름 아니라 맹자의 모친상이 부친상보다 성대하였음을 의미한다. 前以士, 後以大夫(전이사, 후이대부) 사(士)의 예(禮)로 아버지의 상례를 치르고 대부의 예로 어머니 상례를 치른 것을 말한다. 前以三鼎, 而後以五鼎(전이삼정, 이후이오정) 정(鼎)은 동물류의 제물을 담는 그릇이다. 삼정은 사의 제례이고 오정은 대부의 제례이다. 棺槨衣衾(관곽의금) 관(棺)은 안을 걱정하십니까? 저는 떠나겠습니다.'라고 하였습니다. 빈을 떠나 양산을 넘어 기산의 아래에 성읍을 정하고 거주하였습니다. 빈의 사람들이 '어진 사람이다. 잃을 수 없다.'라하고 그를 따르는 자가 마치 시장에 모여드는 것 같았습니다. 어떤 사람은 '토지는 대대로 지킨 것이니 내가 마음대로할 수 있는 바가 아니다. 목숨을 바칠지라도 떠나지 말라.'라고 합니다. 임금께서는 이 두 가지 중에서 선택하십시오."

2-16 노 평공이 출타하려는데 총애받는 장창이라는 자가 말했다. "평소에 임금께서 출타하실 때는 반드시 관리에게 가시는 곳을 알려 주셨습니다. 지금은 수레가 이미 갈 준비가되었는데도 관리가 가시는 곳을 알지 못합니다. 어디 가시는지요?" 공이 말했다. "맹자를 보러 가려고 한다." (장창이) 말했다. "왜 가시려 하십니까? 군주가 자신을 낮추어서 필부에게 먼저 가시는 것은 (그가) 현명하다고 여겨서 그러한 것입니까? 예의는 현자로부터 나오는데 맹자는 뒤에 치른 모친상이 먼저 치른 부친상보다 성대했습니다. 임금께서는 만나지 마십시오." 공이 말했다. "알았다."

악정자가 들어가 뵙고 말하였다. "임금께서는 어찌하여 맹가(孟軻, 맹자)를 만나지 않으셨습니까?" (공이) 말했다. "누군가 과인에게 고하기를 '맹자는 뒤에 치른 모친상이 먼저 치른 부친상보다 성대했다.'라고 해서 가서 만나지 않았습니다." (악정자가) 말했다. "왜 그러셨습니까? 임금께서 말씀하시는 성대하다는 것은, 먼저 치른 부친상은 사(士)의 예로하고 뒤에 치른 모친상은 대부(大夫)의 예로 하였기 때문입쪽 관이고 곽(槨)은 바깥 쪽 관이다. 고대에 사 이상은 두 겹의 관목(棺木)을 썼다. 의금(衣衾)은 죽은 사람을 싸는 옷을 말한다. 貧富不同(빈부부동) 빈부가 같지 않다는 것은 사와 대부의 차이를 말한다. 즉 관곽과 의금이 아름다운 것은 대부의 예에 합당하다는 의미이다. 樂正子(악정자), 克(극) 악정자는 맹자의 제자이며 극은 그의 이름이다. 沮(저) 막는다는 뜻이다. 果(과) 일이 미리 기대한 것과 서로 부합하는 것을 말한다. 尼(니) 저지한다는 뜻이다.

니까? (다시 말해) 먼저는 삼정(三鼎)으로 하고 뒤에서는 오정(五鼎)으로 했기 때문입니까?" (공이) 말했다. "아닙니다. 관곽과 의금의 아름다움을 말하는 것입니다." (악정자가) 말했다. "이는 성대하다고 할 것이 아닙니다. 빈부가 같지 않아서입니다."

악정자가 맹자를 뵙고 말했다. "제가 임금에게 고하여 임금이 와서 보려고 했는데, 총애받는 장창이라는 자가 임금을 저지해서 오지 않았습니다." (맹자께서) 말씀하셨다. "실행되는 것은 무엇인가가 그렇게 시키는 것이고, 실행되지 못하는 것은 무엇인가가 저지하기 때문이다. 실행되고 안 되고는 사람이 할 수 있는 일이 아니다. 내가 노나라 제후를 만나지 못한 것은 하늘의 뜻이니, 장씨의 아들이 어찌 나로 하여금 만나지 못하게 할 수 있겠는가!"

3 공손추 상
公孫丑上

이 편은 모두 9장으로 구성되어 있다. 제자인 공손추가 질문하는 내용으로 첫 장이 시작하는 데서 편명을 따왔다. 전체 내용은 크게 세 가지로 정리할 수 있다. 첫째, 왕도정치에 대한 설명으로 3장에서 왕도와 패도를 덕에 의한 정치와 힘에 의한 정치로 분명하게 대비시키고 있다. 둘째, 유명한 부동심(不動心)과 호연지기(浩然之氣) 등이 2장에 등장하는데, 전자는 스스로 반성해서 떳떳함에 근거하고 후자는 정당함과 도리에 의해 길러진다고 설명하고 있다. 마지막으로 성선설의 현상적 근거가 되는 불인인지심(不忍人之心), 즉 다른 사람의 고통을 차마 견디지 못하는 마음으로부터 왕도정치가 가능하다고 주장한다. 그리고 모든 사람이 불인인지심을 생래적(生來的)으로 지니고 있음을 통해 '성선'설을 강조한다.

公孫丑問曰: "夫子當路於齊, 管仲·晏子之功, 可復許乎?"

公孫丑(공손추) 성은 공손, 이름은 추. 맹자의 제자로 제나라 사람이며, 정사를 잘 처리했다고 하는데 자세한 내용은 전해지지 않는다. 夫子(부자) 선생님을 말하는데, 여기서는 맹자를 가리킨다. 當路(당로) 조기와 초순은 벼슬을 하는 것(當仕路)으로 풀었고, 주희는 요지를 차지하는 것(居要地)으로 풀었다. 管仲·晏子(관중·안자) 관중의 이름은 이오(夷吾)이고 춘추 시대 제 환공(齊桓公)의 재상이다. 소년 시절부터 평생토록 변함이 없었던 포숙아와의 깊은 우정은 '관포지교'라 하여 유명하다. 환공을 도와 군사력의 강화, 상업·수공업의 육성을 통하여 부국강병을 꾀하였다. 공자는 그의 업적을 높이 평가하면서도, 그의 사람됨은 굉장히 폄하했다. 안자의 이름은 영(嬰)이고 자(字)는 평중(平仲)이며, 역시 뛰어난 재상으로 제나라를 부강하게 만들었다. 許(허) 조기와 초순은 '일으키다(興)'로 풀었고, 주희는 '기대하다(期)'로 풀었다.

孟子曰: "子誠齊人也, 知管仲·晏子而已矣. 或問乎曾西曰: '吾子與子路孰賢?' 曾西蹵然曰: '吾先子之所畏也.' 曰: '然則吾子與管仲孰賢?' 曾西艴然不悅曰: '爾何曾比予於管仲! 管仲得君如彼其專也, 行乎國政如彼其久也, 功烈如彼其卑也, 爾何曾比予於是!'" 曰: "管仲, 曾西之所不爲也, 而子爲我願之乎?"

誠(성) 실(實)과 같아서 '진정', '진실로' 등의 뜻이다. 曾西(증서) 조기는 증자(曾子, 증삼(曾參))의 손자라고 했지만, 주희 이후 대부분 증자의 아들로 이해한다. 蹵然(축연) 조기는 축적(蹴踖)과 같다고 하여 '삼가다'의 뜻으로 풀었고, 주희는 '불안한 모습(不安貌)'이라고 설명했다. 艴然(불연) 화가 나서 낯빛이 변하는 모습이다. 烈(열) 주희에 따르면 광(光)과 같아서 빛난다는 의미이다.

曰: "管仲以其君霸, 晏子以其君顯. 管仲·晏子猶不足爲與?"

3-1-1 공손추가 물었다. "선생님께서 제나라에서 높은 벼슬에 오른다면 관중과 안자의 공적을 다시 일으킬 수 있겠습니까?"

3-1-2 맹자께서 말씀하셨다. "그대는 진정 제나라 사람이군. 관중과 안자만 알 뿐이니. 어떤 사람이 증서에게 '그대와 자로는 누가 현명한가?'라고 물었다. 증서가 불안해하며 '그는 내 아버님께서 경외하던 분이다.'라고 말했다. '그렇다면 그대와 관중은 누가 현명한가?'라고 물었다. 증서는 곧바로 불쾌해하며 '당신은 어떻게 나를 관중과 비교하는가! 관중은 그렇게나 임금에게 총애를 받고 그렇게나 오랫동안 나라의 정권을 잡았는데도, 공적의 빛남은 그처럼 비루하다. 당신은 어찌 나를 그 사람과 비교하는가!'라고 말했다." (맹자께서 덧붙여) 말씀하셨다. "관중은 증서도 되고 싶지 않던 인물이다. 그대는 내가 그렇게 되기를 바란다고 생각하는가?"

3-1-3 (공손추가) 말했다. "관중은 임금을 패왕이 되게 했고, 안자

顯(현) 주희에 따르면 명성을 드러내는[顯名] 것이다. 爲(위) '실행하다'라는 뜻으로도 이해할 수 있지만 '본받다'라는 의미가 더 적절하다.

曰: "以齊王, 由反手也."

由(유) 유(猶)와 통해서 '같다' 혹은 '마찬가지'의 뜻이다.

曰: "若是則弟子之惑滋甚. 且以文王之德, 百年而後崩, 猶未洽於天下. 武王·周公繼之, 然後大行. 今言王若易然, 則文王不足法與?"

滋(자) 익(益)과 같아서 '더욱'이라는 의미이다. 且(차) 본문에서는 특별히 해석하지 않았지만, 더 나아갔다는 의미를 나타내는 부사이다. 즉 문왕을 앞에서 말한 관중·안자와 비교한다면 훨씬 훌륭하다는 의미를 포함한다. 洽(흡) 편(遍)과 같아서 '두루 미치다'의 뜻이다.

曰: "文王何可當也! 由湯至於武丁, 賢聖之君六七作, 天下歸殷久矣, 久則難變也. 武丁朝諸侯, 有天下, 猶運之掌也. 紂之去武丁未久也, 其故家遺俗, 流風善政, 猶有存者. 又有微子·微仲·王子比干·箕子·膠鬲, 皆賢人也, 相與輔相之, 故久而後失之也. 尺地莫非其有也, 一民莫非其臣也, 然而文王猶方百里起, 是以難也. 齊人有言曰: '雖有智慧, 不如乘勢; 雖有鎡基, 不如待時.' 今時則易然也. 夏后殷周之盛, 地未有過千里者也, 而齊有其地矣. 雞鳴狗吠相聞, 而達乎四境, 而齊有其民矣. 地不改辟矣, 民不改聚矣, 行仁政而王, 莫之能禦也. 且王者之不作, 未有疏於此時者也; 民之憔悴於虐政, 未有甚於此時者也. 飢者易爲食, 渴者易爲飮, 孔子曰: '德之流行, 速於置郵而傳命.' 當今之時, 萬乘之國行仁政, 民之悅之, 猶解倒懸也, 故事半古之人, 功必倍之, 惟此時爲然."

當(당) 조기는 "문왕의 시기에는 공을 이루기 어려웠으니 어떻게 감당할 수 있었겠는가?"라는 임금의 명성을 드높였습니다. (그런데도) 관중과 안자는 오히려 본받기 부족합니까?"

3-1-4 (맹자께서) 말씀하셨다. "제나라로써 왕도를 실행하는 것은 손을 뒤집는 것과 같(이 쉽)다."

3-1-5 (공손추가) 말했다. "이와 같다면, 제자의 의혹은 더욱 심해집니다. 문왕은 덕을 100년 동안이나 베푼 후에야 돌아가셨는데도 오히려 아직 천하에 두루 미치지 못했고, 무왕과 주공이 그것을 이은 다음에야 크게 실행되었습니다. 이제 왕도가 그렇게 쉽다고 말씀하시니, 문왕 또한 본받기 부족합니까?"

3-1-6 (맹자께서) 말씀하셨다. "문왕이 어떻게 (쉽게) 감당할 수 있었겠는가! 탕에서 무정까지 현명한 군주는 모두 예닐곱이 일어났다. 세상 사람들이 은에 귀순한 지 오래되었다. 오래되면 변하기 어렵다. 무정은 제후들의 조회를 받아 세상을 소유하였는데, 손바닥에 놓고 운용하는 것과 같았다. 주(紂)는 무정으로부터 오래되지 않았다. 그 당시의 훈구세가와 남겨진 습속, 훌륭한 기풍과 선량한 정치는 여전히 남아 있었다. 또한 미자와 미중, 왕자 비간과 기자, 교격은 모두 현인인데 함께 주를 보필했다. 그래서 오래 지난 다음에 은나라를 잃었다. 한 뼘의 땅도 그의 것 아닌 것이 없었고, 한 명의 백성도 그의 신하 아닌 사람이 없었다. 그러나 문왕은 사방 100리(의 땅)에서 일어났기 때문에 어려웠다. 제나라

고 풀었다. 이에 근거하여 초순은 주희 등이 '맞서다[敵]' 혹은 '비교하다'의 뜻으로 해석하는 것에 반대했다. 武丁(무정) 은나라의 임금으로, 시호는 고종(高宗)이다. 부열(傳說)을 재상으로 등용해서 세력을 확장하고 은나라를 부흥시켰다. 故家(고가) 초순에 따르면, 훈구세가(勳舊世家)를 말한다. 微子·微仲·王子比干·箕子·膠鬲(미자·미중·왕자비간·기자·교격) 미자는 주(紂)의 서형(庶兄)으로 이름은 계(啓)이다. 비간, 기자와 함께 은나라의 세 현인으로 일컬어졌다. 폭군 주에게 간언했지만 듣지 않아서 은나라를 떠났다. 미중은 미자의 동생으로 이름은 연(衍)이다. 왕자 비간은 주의 숙부로 여러 차례 간언하다가 죽임을 당했다. 기자 또한 주의 숙부인데, 비간이 살해당하자 미친 척했다. 교격은 주의 신하이다. 乘勢(승세) 조기에 따르면, 부귀한 형세를 타는 것이다. 雞鳴狗吠相聞, 而達乎四境(계명구폐상문, 이달호사경) 조기에 따르면 백성들의 가옥이 서로 마주 볼 만큼 많다는 뜻이다. 주희에 따르면 수도로부터 사방 국경에 이르기까지 인구 밀도가 높다는 것이다. 改(개) 경(更)과 같아서 '더욱'의 뜻이다. 王(왕) 본문에서는 모두 왕도로 풀었지만, 원래는 동사로 '왕 노릇을 하다'라는 의미이다.

公孫丑問曰: "夫子加齊之卿相, 得行道焉, 雖由此霸王, 不異矣. 如此, 則動心否乎?"

加(가) 거(居)와 같아서 자리에 있다는 의미이다. 異(이) 본문은 주희를 따라 풀이했다. 그러나 조기는 "비록 신하의 자리에서 임금이 도덕을 실행하는 것을 보필하지만, 또한 옛 패왕의 임금과 다르지 않다."라고 설명했다. 動心(동심) 조기에 따르면 "마음이 흔들리고 두렵고 어려워서 자연스럽게 실행할 수 없지 않을까?" 하는 공손추의 뜻을 표현한 것이다. 주희에 따르에 '총명함이 있어도 유리한 기회를 장악하는 것만 못하고, 좋은 괭이가 있더라도 농사의 시기를 기다리는 것만 못하다.'라는 속담이 있다. 지금의 시기는 (왕도를) 쉽게 이룰 수 있다. 하·은·주가 가장 번영했을 때에도 사방 1000리를 넘은 적이 없는데, 제나라는 그만한 땅을 가지고 있다. 닭 울음과 개 짖는 소리를 서로 들을 수 있는 상황이 사방 국경에까지 이른다. 제나라는 그만한 백성들을 가지고 있다. 땅은 더 개척할 필요가 없고, 백성들은 더 모을 필요가 없다. 인정을 실행하여 왕도를 이루려 한다면 막을 수가 없다. 게다가 왕도가 이루어지지 않은 것이 지금과 같이 드문 적이 없었다. 백성들이 학정 때문에 초췌해짐이 지금처럼 심한 적이 없다. 굶주린 사람은 먹이기 쉽고, 목마른 사람은 마시게 하기 쉽다. 공자께서는 '덕이 두루 흘러 나아감은 역참으로 명령을 전달하는 것보다 빠르다.'라고 말씀하셨다. 지금 이때, 만승의 나라가 인정을 실행한다면 백성들의 기쁨은 마치 거꾸로 매달린 것으로부터 풀려나는 것과 같다. 그러므로 일은 옛사람의 반이지만 공은 두 배가 되는데, 오직 지금 이때만이 그럴 것이다."

3·2·1 공손추가 물었다. "선생님께서 제나라의 재상이 되어 도를 실행할 수 있다면, 그것으로부터 패업이나 왕업을 이루는 것은 이상할 것이 없습니다. 그렇게 된다면, 마음이 흔들리지 않겠습니까?"

면 "임무가 크고 책임이 막중하여 두렵고 의혹이 일어날 것이니 마음이 흔들리지 않겠는가?" 라는 의미이다.

孟子曰: "否! 我四十不動心."

不動心(부동심) 조기와 주희 모두 『예기』「곡례」에 "마흔은 '강하다.'라고 말하는데, 출사해야 한다."라는 내용을 인용하여, 조기는 지(志)와 기(氣)가 모두 확정되었다고 풀었고, 주희는 군자의 도가 밝혀지고 덕이 세워지는 시기이며 공자의 불혹 또한 부동심이라고 설명했다. 이들의 설명은 또한 모두 공영달의 『예기정의(禮記正義)』에 근거한다. 공영달에 따르면 서른아홉 이전에는 모두 건장하다(壯)고 말하는데 건장함이 오래되면 강하게 된다. 강함에는 불혹처럼 지혜와 사려가 강함이 있고, 기력이 강함도 있다.

曰: "若是, 則夫子過孟賁遠矣."

孟賁(맹분) 고대의 혈기 왕성한 용사(勇士)이다. 위(衛)나라 사람, 혹은 제나라 사람으로 알려져 있다. 소의 생뿔을 뽑을 수 있었고, 맹수나 교룡(蛟龍)과의 싸움도 피하지 않았다고 전한다. 맹열(孟說)이라고도 한다.

曰: "是不難, 告子先我不動心."

告子(고자) 이름은 불해(不害)로, 묵자에게 가르침을 받은 적이 있다. 또한 『맹자』의 편명으로도 등장하는데, 맹자와 주로 인성(人性)에 대해 토론한 내용이 실려 있다.

曰: "不動心有道乎?"

曰: "有. 北宮黝之養勇也, 不膚橈, 不目逃, 思以一豪挫於人, 若撻之於市朝, 不受於褐寬博, 亦不受於萬乘之君; 視刺萬乘之君, 若刺褐夫, 無嚴諸侯, 惡聲至, 必反之. 孟施舍之所養勇也, 曰: '視不勝, 猶勝也. 量敵而後

3-2-2   맹자께서 말씀하셨다. "아니다! 나는 마흔에 부동심했다."

3-2-3   (공손추가) 말했다. "그렇다면 선생님은 맹분을 크게 뛰어넘 습니다."

3-2-4   (맹자께서) 말씀하셨다. "그것은 어렵지 않다. 고자가 나보다 먼저 부동심했다."

3-2-5   (공손추가) 말했다. "부동심하는 방법이 있습니까?"

3-2-6   (맹자께서) 말씀하셨다. "있다. 북궁유는 이렇게 용기를 길렀 다. (누군가가 칼로 그를 찌르려 해도) 피부조차 움츠러들지 않 았고, (눈을 찌르려 해도) 깜빡이지 않았다. 남에게 조금이라

進, 慮勝而後會, 是畏三軍者也. 舍豈能爲必勝哉? 能無懼而已矣.' 孟施舍
似曾子, 北宮黝似子夏. 夫二子之勇, 未知其孰賢, 然而孟施舍守約也. 昔者
曾子謂子襄曰: '子好勇乎? 吾嘗聞大勇於夫子矣. 自反而不縮, 雖褐寬博,
吾不惴焉; 自反而縮, 雖千萬人, 吾往矣.' 孟施舍之守氣, 又不如曾子之守
約也."

北宮黝(북궁유) 성이 북궁이고 이름이 유이다. 분명하게 알 수 없는 인물이다. 挫(좌) 욕(辱)
과 같아서 모욕이라는 뜻이다. 市朝(시조) 본문에서는 사람이 많은 시장으로 번역했지만, 여
러 의미로 해석되기도 한다. 고염무(顧炎武)는 시장에 늘어선 행렬이 조정과 같다고 했고, 염
약거(閻若璩)는 사람을 죽여서 시체를 늘어놓는 곳이라고 풀이했으며, 유월(兪樾)은 시장의
조정 즉 경찰서로 풀이했다. 褐寬博(갈관박) 갈은 거친 옷이고, 관박은 닳아서 늘어진 옷이
다. 가난한 사람은 옷이 한 벌이라 그것이 거칠고 늘어졌다는 의미로 이해할 수 있다. 嚴(엄)
조기는 존(尊)이라 해서 존엄하게 여긴다는 뜻으로 풀이했다. 주희는 외탄(畏憚), 즉 두려워
하고 꺼린다는 의미로 해석했다. 孟施舍(맹시사) 성은 맹이고 이름은 사이다. 시는 발어사
이다. 자세히 알 수는 없다. 會(회) 주희는 합전(合戰), 즉 교전하는 것으로 풀었다. 曾子(증
자), 子夏(자하) 조기에 따르면 증자는 효에 뛰어났는데 효는 모든 것의 근본이다. 자하는 이
해하는 것이 많았지만 증자의 효만큼 위대하지 못했다. 그래서 맹자는 맹시사를 증자에, 북
궁유를 자하에 비유했다. 守約(수약) 약은 요(要)와 통한다. 따라서 용기를 기르는 요점, 요
령을 파악한 것이다. 子襄(자양) 증자의 제자이다. 夫子(부자) 선생님, 즉 공자이다. 縮(축)
조기는 의(義)라고 보았고, 주희는 직(直)이라고 보았다. 모두 떳떳하다는 의미로 볼 수 있다.
惴(췌) 조기와 주희 모두 두려워한다는 의미로 풀었다. 그러나 본문은 세 가지 의미로 해석되
기도 한다. ① '비천한 사람을 두렵게 하지 않는다.'라는 의미(조기, 주희) ② '불(不)'을 뜻이 없
는 발어사로 보아 '비천한 사람일지라도 두려워하다.'라는 의미(왕인지(王引之), 『경전석사(經
傳釋詞)』) ③ 반어문으로 '어찌 두려워하지 않겠는가?'라는 의미(염약거, 『사서석지(四書釋
地)』) 또 다른 해석도 있다. 췌는 천(遄)과 통해서, '나아가다'의 뜻이다. 그다음에 나오는 왕
(往)과 호응한다.(장보첸(蔣伯潛), 『맹자독본(孟子讀本)』)

도 모욕을 당하면 마치 (사람 많은) 시장에서 몽둥이로 맞은 것처럼 생각했다. 비천한 사람에게 모욕을 당하지 않았고, 또한 큰 나라의 임금에게도 모욕당하지 않았다. 큰 나라의 임금 죽이는 일을 비천한 사람 죽이는 것처럼 여겼고, 제후들을 두려워하지 않았으며 (누군가 자신을) 욕하면 반드시 반격했다. 맹시사는 용기를 기르는 방법에 대하여 이렇게 말했다. '이길 수 없는 적도 이길 수 있다고 간주(하여 용감하게 도전)한다. 적(의 수)을 헤아린 다음 나아가고, 승패를 고려한 다음 교전하는 것은 많은 적을 두려워하는 것이다. 내가 어떻게 반드시 이길 수만 있겠는가? 두려워하지 않을 따름이다.' 맹시사는 증자와 같고 북궁유는 자하와 같다. 두 사람의 용기는 누가 더 나은지 알지 못한다. 그러나 맹시사는 핵심을 파악했다. 예전에 증자는 자양에게 말했다. '자네는 용기를 좋아하는가? 나는 일찍이 선생님께 위대한 용기에 대해 가르침을 받았다. 스스로 반성해서 떳떳하지 못하다면 비록 비천한 사람일지라도 두렵지 않겠는가? 스스로 반성해서 떳떳하다면 비록 천군만마일지라도 나는 나아갈 것이다.' 맹시사가 용기를 지키는 것은 또한 증자가 핵심을 파악하는 것만 못하다."

曰: "敢問夫子之不動心, 與告子之不動心, 可得聞與?"

"告子曰: '不得於言, 勿求於心; 不得於心, 勿求於氣.' 不得於心, 勿求於氣, 可. 不得於言, 勿求於心, 不可. 夫志, 氣之帥也. 氣, 體之充也. 夫志至焉, 氣次焉. 故曰持其志, 無暴其氣."

不得(부득) 조기는 남의 선언(善言)과 선심(善心)을 얻지 못하는 것으로 풀이했다. 주희는 말에 꿰뚫지 못하는 것이 있고, 마음에 편안하지 않은 것이 있다고 해석했다. 그러나 양보쥔은 『맹자역주(孟子譯注)』에서 앞의 부득은 (말로) 이길 수가 없음을, 뒤의 부득은 (마음속으로) 그 이치를 이해하지 못함으로 해석해야 한다고 하였다. 求(구) 조기는 '취(取)하다'의 뜻으로 풀었고, 주희는 '돌이켜 찾고[反求] 더욱 애써 찾는다[更求]'는 의미로 풀이했다. 氣(기) 조기는 형체를 가득 채워 희로(喜怒)가 되는 것으로, 주희는 사람의 몸을 가득 채우는 것으로 풀었다. 양보쥔은 조기가 '기에서 구한다'를 '곧장 화낸다'로 풀이한 것을 보면 기는 감정의기(感情意氣)를 가리킨다고 하였다. 志(지) 조기는 마음이 염려하는 것[心所念慮]으로, 주희는 마음이 가는 바[心之所之]라고 풀이했다. 至(지), 次(차) 조기와 주희는 모두 '지극함'과 '그다음'으로 풀이했다. 그러나 모기령(毛奇齡)은 『일강전(逸講箋)』에서 "지는 래지(來至)의 지이다. 뜻이 이른 곳에 기가 그것을 좇아 멈춘다."라고 해석했다.(초순, 『맹자정의(孟子正義)』)

3-2-7 (공손추가) 말했다. "감히 여쭙겠습니다. 선생님의 부동심과 고자의 부동심에 대해 들을 수 있겠습니까?"

3-2-8 (맹자께서 말씀하셨다.) "고자는 '말에서 얻지 못하면 마음에서 구하지 말고, 마음에서 얻지 못하면 기(氣)에서 구하지 말라.'라고 말했다. 마음에서 얻지 못하면 기에서 구하지 말라는 것은 괜찮다. 말에서 얻지 못하면 마음에서 구하지 말라는 것은 안 된다. (마음이 향하는) 뜻은 기의 통솔자이고, 기는 몸을 채우는 것이다. 뜻이 이르면 기가 따른다. 그래서 '그 뜻을 견지하고 그 기를 어지럽히지 말라.'라고 말한다."

해설 이 구절은 이론이 가장 많은 부분이다. 상세하게 논의하자면, 고자의 말이 어디까지이고 맹자의 평가는 어디까지인가 등등의 문제도 있다. 그러나 아직까지의 정설은 본문에서 새긴 내용을 따른다. 그래서 여기에서는 조기와 주희의 해석을 소개하는 정도로 정리하겠다.

조기: 고자는 용기는 있지만 사려가 없다. 남이 자신을 욕하면 그에게 좋은 마음이 있는 것은 신경 쓰지 않고 곧장 화를 낸다. 그래서 맹자가 안 된다고 말했다. 고자는 남이 나쁜 마음이 있는 것을 알게 되면 그가 비록 자기에게 좋은 말을 하더라도 또한 곧장 화를 냈다. 맹자는 이렇게 하는 것은 괜찮다고 말했다.

주희: 말하는 것에 모르는 내용이 있으면, 마땅히 버려두어야지 그 이치를 마음에서 구할 필요는 없다. 마음에 불안한 것이 있으면, 마땅히 힘써 그 마음을 제어해야지 기에로 나아가 도움을 구할 필요는 없다. 이렇게 하면 그 마음을 굳게 지켜 흔들리지 않게 할 수 있다. 뒤 구절은 근본에 재빨리 힘쓰고 말단은 천천히 대하는 것이니 그런대로 괜찮다. 그러나 앞 구절은 밖에서

"旣曰志至焉氣次焉, 又曰持其志, 無暴其氣者, 何也?"

曰: "志壹則動氣, 氣壹則動志也. 今夫蹶者趨者, 是氣也, 而反動其心."

壹(일) 조기는 지(志)와 기(氣)가 막혀서 일이 된다고 했는데, 초순은 이를 일(噎)과 통하여 '목이 메다'의 뜻이라고 설명했다. 그러나 또한 주희와 마찬가지로 전일(專一)함의 뜻으로 풀이하기도 한다. 蹶者趨者(궐자추자) 궐은 뒤집힌다 혹은 넘어진다는 의미이고, 추는 달린다는 뜻이다. 조기는 '가다가 넘어지는' 것으로 풀이했는데, 주희는 몸이 '기울어 넘어지려 해서 달려가는' 뜻으로 설명했다.

잃게 되다 보니 결국 그마저 놓쳐 버리는 격이므로 결코 옳지 않다.

3-2-9 (공손추가 말했다.) "이미 '뜻이 이르면 기가 따른다.'라고 말했는데, 또 '그 뜻을 견지하고 그 기를 어지럽히지 말라.'라고 말한 것은 왜입니까?"

3-2-10 (맹자께서) 말씀하셨다. "뜻이 전일하게 되면 기를 움직이고, 기가 전일하게 되면 뜻을 움직인다. 예를 들어, 넘어지려 해서 뛰게 되는 것은 기인데 오히려 그 마음을 움직이게 한다."

해설 초순의 설명을 따라 이 구절을 해석하면 다음과 같이 이해할 수 있다. 북궁유와 맹시사의 부동심은 기가 전일한 것이요, 증자의 부동심은 뜻이 전일한 경우이다. 그런데 뜻은 기를 통솔하여 몸을 채우며, 뜻이 이르면 기도 그에 따라 이른다. 이것이 "기에서 구하지 말라."라는 주장은 괜찮고, "마음에서 구하지 말라."라는 주장은 안 되는 이유이다. 마음에서 구하는 것은 뜻을 견지한다는 말이다. 그런데 "그 기를 어지럽히지 말라."라는 말은 또한 기에서 구하는 것처럼 보인다. 그래서 공손추가 질문한 것이다. 기실 마음에서 얻지 못한다는 말은 무언가 마음에 어그러지는 것이 있다는 뜻이다. 이때 그 뜻을 견지할 수 있다면, 그 가부(可否)를 헤아려 정당함 여부를 알 수 있다. 정당하다면 내 기를 펼쳐서 나아갈 것이요, 정당하지 못하다면 내 기를 굽혀 물러날 것이다. 이것이 뜻을 견지하여 기를 통솔하는 방법이다. 만일 뜻을 견지할 수 없어서 그 가부를 헤아릴 수 없고 정당한지 아닌지 알 수 없는데, 오로지 내 기를 펼치는 것을 위주로 한다면 이는 기를 전일하게 한 것이요, 결국 뜻을 견지하지 않고 그 기를 어지럽히는 것이 된다. 그런데도 이를

"敢問夫子惡乎長?"

曰: "我知言, 我善養吾浩然之氣."

知言(지언) 조기에 따르면 남의 말을 들었을 때 그것이 의미하는 바를 이해할 수 있다는 의미이다. 주희에 따르면 마음을 다하고 본성을 깨달아〔盡心知性〕세상의 모든 언설(言說)에 대해 그 이치를 전부 궁구(窮究)하고 그 시비득실의 까닭을 논의하는 것이다. 浩然(호연) 조기는 크다는 의미로, 주희는 성대하게 유행한다는 의미로 풀었다.

"敢問何謂浩然之氣?"

曰: "難言也. 其爲氣也, 至大至剛, 以直養而無害, 則塞于天地之間. 其爲氣也, 配義與道. 無是, 餒也. 是集義所生者, 非義襲而取之也. 行有不慊於心, 則餒矣. 我故曰: 告子未嘗知義, 以其外之也. 必有事焉而勿正, 心勿忘, 勿助長也. 無若宋人然. 宋人有閔其苗之不長而揠之者, 芒芒然歸, 謂其人曰: '今日病矣! 予助苗長矣.' 其子趨而往視之, 苗則槁矣. 天下之不助苗長者寡矣. 以爲無益而舍之者, 不耘苗者也; 助之長者, 揠苗者也. 非徒無益, 而又害之."

直(직) 조기는 의(義), 즉 정당함과 통한다고 풀었다. 配(배) 조기는 호연지기와 도의(道義)가 서로 짝이 되어 함께 운행하는 것으로 풀었다. 주희는 부합하여 도움이 된다고 설명했다. 集義(집의) 조기는 집을 잡(雜)이라 풀이했는데, 초순은 그것들이 모두 합(合)의 뜻이라고 설

부동심으로 여긴다면, 기가 어지러워지면 마음이 흔들린다는 사실을 모르는 것이요, 따라서 진정한 부동심이 될 수 없는 것이다.

3-2-11   (공손추가 물었다.) "감히 여쭙겠습니다. 선생님은 무엇에 뛰어나십니까?"

3-2-12   (맹자께서) 말씀하셨다. "나는 (남의) 말을 이해하고, 나의 호연지기를 잘 기른다."

3-2-13   (공손추가 말했다.) "감히 여쭙겠습니다. 무엇을 호연지기라고 말합니까?"

3-2-14   (맹자께서) 말씀하셨다. "설명하기 어렵다. 그 기는 지극히 크고 지극히 강하다. 곧음[直]으로 길러 다치지 않게 한다면 천지 사이에 가득할 것이다. 그 기는 정당함[義] 그리고 도리[道]에 합치해야 한다. 그것에 합치하지 않는다면 위축된다. 이는 정당함을 모아서 생기는 것이지, 어쩌다 정당한 일을 행한다고 해서 얻게 되는 것이 아니다. 행동이 마음에 흡족하지 못하면 (그 기는) 위축된다. 나는 그래서 고자가 정당함을 알지 못한다고 말했다. 그것을 바깥의 것으로 여기기 때문이다. 반드시 일삼아야 하지만 특정한 목적을 가져서는 안 된다. 마음이 잊지 말아야 하고, 조장하지도 말

명했다. 주희는 적선(積善)을 말하는 것과 같아서, 모든 일을 정당성에 근거하여 실천해 나가는 것이라고 풀었다. 襲(습) 조기는 소리를 죽이고 적을 치는 것으로 풀었고, 주희는 몰래 치는 것으로 설명했다. 참고로 『춘추좌전(春秋左傳)』 장공(莊公) 29년에서 "군대에 종과 북이 있는 것은 정벌[伐]이고 없으면 침략[侵]이며, 가벼우면 습격[襲]"이라고 했다. 또 『춘추공양전(春秋公羊傳)』 희공(僖公) 33년 주(注)에서는 "가볍게 다니고 재빨리 이르러 경계하지 않을 때 쳐들어가는 것을 습격이라 한다."라고 말했다. 愧(겸) 조기와 주희 모두 쾌(快), 즉 '상쾌하다' 혹은 '만족스럽다[足]'의 뜻으로 풀었다. 正(정) 주희는 『춘추공양전』 희공 26년의 "전부정승(戰不正勝)"에 근거하여 '예기(預期)하다'로 해석했다. 초순은 조기의 '단(但)'이라는 풀이와 『시경』 「패풍(邶風) 종풍(終風) 서(序)」 정현(鄭玄) 전(箋)에 근거하여 '지(止)'로 해석했다. 그에 따르면 "반드시 정당함을 모으는 일이 있으니 그칠 수 없다."라는 의미가 된다. 그러나 왕부지(王夫之)는 『맹자패소(孟子稗疏)』에서 「사혼례(士昏禮)」의 "필유정언(必有正焉)"에 근거하여 "불러들이는 기준이요 목적"이라고 풀이했다. 본문의 해석은 왕부지를 따랐다.

"何謂知言?"

曰: "詖辭知其所蔽, 淫辭知其所陷, 邪辭知其所離, 遁辭知其所窮. 生於其心, 害於其政; 發於其政, 害於其事. 聖人復起, 必從吾言矣."

詖辭(피사) 초순의 해석에 따르면 조기는 '아첨하는[險詖=佞諂] 말'이라고 풀었고, 주희는 '치우친[偏陂] 말'이라고 설명했다. 蔽(폐) 『순자(荀子)』 「해폐(解蔽)」 편과 같은 뜻으로, 양경(楊倞)은 "설명이 분명하지 않고 한쪽에 막혀서 마치 어떤 물건에 막힌 것과 같다."라고 주석했다. 淫辭(음사) 초순의 해석에 따르면 조기는 '믿기지 않는 교묘한[淫美不信=巧言不信] 말'이라 했고, 주희는 '방탕한 말'이라고 해석했다. 공영달에 따르면, '지나친[過] 말'이다. 陷(함) 어떤 일이든 지나치면 나락으로 떨어진다는 뜻으로 이해할 수 있다. 邪辭(사사) 조기아야 한다. 송나라 사람처럼 하지 말아야 한다. 송나라에는 벼가 자라지 않음을 걱정해서 그것을 (살짝) 뽑아 올린 사람이 있었다. (그는) 매우 피곤해하며 집으로 돌아와 가족들에게 말했다. '오늘 피곤하구나! 내가 벼를 자라게 도왔다.' 그 아들이 달려 나가 살펴보니 벼들은 말라 버렸다. 세상에는 벼를 자라게 돕지 않는 사람이 적다. (호연지기를) 무익하다고 생각하여 버려두는 사람은 경작하지 않는 자이다. (그러나 그것을) 조장하는 사람은 뽑아 올리는 자이다. 무익할 뿐만 아니라 또한 그것을 다치게 한다."

3-2-15   (공손추가 물었다.) "(남의) 말을 이해하는 것이란 무엇입니까?"

3-2-16   (맹자께서) 말씀하셨다. "편벽된 언사에서 그 가려짐을 알고, 과장된 언사에서 그 빠져 버림을 알며, 사특한 언사에서 그 벗어남을 알고, 회피하는 언사에서 그 궁색함을 안다. (이런 언사들이) 그 마음에 생기면 그 정치를 해칠 것이고, 그 정치에 드러나면 국가의 사업들을 해칠 것이다. 성인이 다시 일어나도 반드시 나의 주장에 동의할 것이다."

와 주희 모두 '한쪽으로 치우쳐 바르지 않은[邪辟不正] 말'이라고 해석했다. 離(리) 정도에서 벗어났다는 말이다. 遁辭(둔사) 조기는 '본래의 의도를 숨기는[隱遁] 말'이라 했고, 주희는 '회피하는[逃避] 말'이라고 해석했다. 窮(궁) 도망쳐 숨다가 결국 궁지에 몰리게 된다는 의미이다.

"宰我·子貢善爲說辭, 冉牛·閔子·顔淵善言德行, 孔子兼之, 曰: '我於辭命, 則不能也.' 然則夫子旣聖矣乎?"

宰我·子貢(재아·자공), 冉牛·閔子·顔淵(염우·민자·안연) 모두 공자의 제자이다. 재아의 이름은 여(予)이고, 자공의 성은 단목(端木) 이름은 사(賜)이다. 염우의 이름은 경(耕) 자는 백우(伯牛)이고, 민자의 이름은 손(損) 자는 자건(子騫)이며, 안연의 이름은 회(回)이다. 辭命(사명) 조기는 "언사명교(言辭命敎)"라고 풀었는데, 초순은 사(辭)가 곧 언(言)이고 명(命)이 곧 교(敎)라고 설명하여 말로 가르친다는 의미로 해석했다. 일반적으로는 사령(辭令), 즉 남에게 응대하는 말이라고 풀이한다.

曰: "惡, 是何言也! 昔者子貢問於孔子曰: '夫子聖矣乎?' 孔子曰: '聖則吾不能, 我學不厭而敎不倦也.' 子貢曰: '學不厭, 智也. 敎不倦, 仁也. 仁且智, 夫子旣聖矣.' 夫聖, 孔子不居, 是何言也!"

惡(오) 조기는 불안할 때의 감탄사로, 주희는 놀라는 감탄사로 이해했다.

"昔者竊聞之: 子夏·子游·子張, 皆有聖人之一體, 冉牛·閔子·顔淵則具體

(공손추가 말했다.) "재아와 자공은 말을 잘했고, 염우와 민자 그리고 안연은 덕행에 뛰어났습니다. 공자께서는 그것을 겸했는데도 '나는 응대하는 언사를 잘하지 못한다.'라고 말씀하셨습니다. 그렇다면 선생님은 이미 성인이십니까?"

해설   공손추는 지언(知言)이 곧 말을 잘하는 것이고 양기(養氣)가 곧 덕행에 뛰어난 것으로 생각했다. 맹자는 이미 지언과 양기에서 뛰어나다고 말했으니 공자보다 훌륭한 것이라고 생각하여 이렇게 물었던 것이다.

3·2·18   (맹자께서) 말씀하셨다. "어허, 이게 무슨 말이냐! 예전에 자공이 공자께 여쭈어 말했다. '선생님은 성인이십니까?' 공자께서 대답하셨다. '성인은 내가 할 수 없다. 나는 배움에 싫증내지 않고 가르침에 게을리하지 않을 뿐이다.' 자공이 말했다. '배움에 싫증내지 않음은 지혜이고, 가르침에 게을리하지 않음은 인(仁)입니다. 인하고 지혜로우시니, 선생님은 이미 성인이십니다.' 무릇 성인은 공자께서도 자처하지 않았거늘, (그런데도 나에게 성인을 운운하다니) 이게 무슨 말이냐!"

3·2·19   (공손추가 물었다.) "예전에 저는 이렇게 들었습니다. '자하와

而微. 敢問所安."

子夏·子游·子張(자하·자유·자장) 자하는 복상(卜商)의 자이고, 자유는 언언(言偃)의 자
이며, 자장은 전손사(顓孫師)의 자이다. 모두 공자의 제자이다. 安(안) 조기는 안비(安比)로
풀었는데 이는 안비(案比), 즉 견주어 헤아린다는 뜻이다. 주희는 처(處)와 거(居), 즉 거처한
다는 의미로 해석했다.

曰: "姑舍是."

舍(사) 사(捨)와 통하여 버린다는 뜻이다. 여기에서는 언급하지 말자는 의미이다.

曰: "伯夷·伊尹何如?"

伯夷(백이) 은나라 말엽 고죽군(孤竹君)의 큰아들이다. 동생 숙제(叔齊)와 서로 양위하다
주(紂)를 피해 도망가서 북해의 해변에서 살았다. 주나라 무왕(武王)이 주를 토벌하고 나라
를 세우자 수양산(首陽山)에서 굶어 죽었다. 伊尹(이윤) 성이 이(伊), 이름이 지(摯)이고 어
릴 적 이름은 아형(阿衡)이다. 탕임금을 도와 하(夏) 왕조의 걸(桀)을 몰아내고 은(殷)이라
는 새로운 왕조를 개창한 현명한 재상[賢相]이다.

曰: "不同道. 非其君不事, 非其民不使, 治則進, 亂則退, 伯夷也. 何事非
君, 何使非民, 治亦進, 亂亦進, 伊尹也. 可以仕則仕, 可以止則止, 可以久
則久, 可以速則速, 孔子也. 皆古聖人也, 吾未能有行焉. 乃所願, 則學孔子
也."

止(지) 조기는 '처(處)'로 풀었는데, 은거한다는 의미로 이해할 수 있다. 오늘날 처사라는 의미
도 이와 같다. 久(구) 조기는 '유(留)'로 풀었다. 오래 남아서 일을 한다는 의미이다. 速(속)
조기는 '질거(疾去)'라고 말했는데, 급하게 떠난다는 말이다.

자유, 자장은 모두 성인의 일부분을 가졌고, 염우와 민자, 안연은 모두를 갖췄지만 미약했다.' 감히 묻건대 선생님은 어디에 해당된다고 생각하십니까?"

3-2-20 (맹자께서) 말씀하셨다. "잠시 그것을 내버려 두자."

3-2-21 (공손추가) 물었다. "백이와 이윤은 어떻습니까?"

3-2-22 (맹자께서) 말씀하셨다. "(처세하는) 방법이 달랐다. 섬길 만한 임금이 아니면 모시고 않고 부릴 만한 백성이 아니면 부리지 않으며, 다스려지면 나아가고 어지러워지면 물러나는 이가 백이다. 내가 모시는 누가 임금이 아니고 내가 부리는 누가 백성이 아니며, 다스려져도 나아가고 어지러워도 나아가는 이가 이윤이다. 벼슬할 수 있으면 하고 그쳐야 하면 그치며, 오래할 수 있으면 오래하고 빨리 가야 하면 빨리 가는 이가 공자이다. 모두 옛 성인들인데, 나는 아직 그

"伯夷·伊尹於孔子, 若是班乎?"

班(반) 조기와 주희 모두 '가지런하고 동등한 모습[齊等之貌]'이라고 해석했다.

曰: "否! 自有生民以來, 未有孔子也."

曰: "然則有同與?"

曰: "有, 得百里之地而君之, 皆能以朝諸侯·有天下; 行一不義·殺一不辜
而得天下, 皆不爲也: 是則同."

曰: "敢問其所以異?"

曰: "宰我·子貢·有若, 智足以知聖人, 汙不至阿其所好. 宰我曰: '以予觀
於夫子, 賢於堯舜遠矣.' 子貢曰: '見其禮而知其政, 聞其樂而知其德, 由百
世之後, 等百世之王, 莫之能違也. 自生民以來, 未有夫子也.' 有若曰: '豈

렇게 실행할 수 없다. 내가 바라는 것이 있다면 공자를 본받는 것이다."

3-2-23 (공손추가 말했다.) "백이와 이윤은 공자와 그렇게 비슷합니까?"

3-2-24 (맹자께서) 말씀하셨다. "아니다! 인류가 생긴 이래로 아직 공자만 한 분은 없었다."

3-2-25 (공손추가) 물었다. "그렇다면 (백이·이윤과 공자에게) 공통점이 있습니까?"

3-2-26 (맹자께서) 말씀하셨다. "있다. 사방 100리의 땅을 얻어서 임금이 된다면, (그들은) 모두 제후들이 와서 조회하도록 하여 천하를 갖게 될 것이다. (그러나) 하나라도 정당하지 않은 일을 하고 한 사람이라도 무고한 이를 죽여서 천하를 얻는다고 하면, (그들은) 모두 하지 않을 것이다. 이것이 공통점이다."

3-2-27 (공손추가) 말했다. "감히 여쭙겠습니다. 그들이 다른 점은 무엇입니까?"

3-2-28 (맹자께서) 말씀하셨다. "재아와 자공, 유약은 총명하여 성인을 알 수 있었다. 그들이 설령 비루하더라도 좋아하는 사람에게 아부하는 데까지 이르지는 않았을 것이다. 재아는

惟民哉! 麒麟之於走獸, 鳳凰之於飛鳥, 泰山之於丘垤, 河海之於行潦, 類也. 聖人之於民, 亦類也. 出於其類, 拔乎其萃, 自生民以來, 未有盛於孔子也.'"

有若(유약) 공자의 제자로 노나라 사람이다. 汙(오) 조기와 주희 모두 '하(下)'로 보았다. 비루하다는 의미이다. 賢(현) 조기에 따르면 공자가 요순보다 현명한 이유는 비록 성인이지만 임금이 아니었는데도 소왕(素王)의 도를 제작했기 때문이다. 정이(程頤)는 현명한 것이 사공(事功)을 말한다고 설명했다. 等(등) 조기는 같다는 의미로 보았지만, 주희는 차등 즉 등급을 매긴다는 의미로 보았다. 莫之能違(막지능위) 조기는 지(之)를 공자의 도라고 풀었고, 주희는 이 문장을 "임금들이 자신들의 실제 모습을 감출 수 없어서 공자보다 못함을 드러낸다."라고 해석했다.

孟子曰: "以力假仁者霸, 霸必有大國. 以德行仁者王, 王不待大. 湯以七十里, 文王以百里. 以力服人者, 非心服也, 力不贍也. 以德服人者, 中心悅而誠服也, 如七十子之服孔子也. 詩云: '自西自東, 自南自北, 無思不服.' 此之謂也."

霸(패) 원래 제후들 중에서 우두머리가 된다는 의미이다. 王(왕) 왕도정치를 베푸는 임금을 가리킨다. 詩(시) 『시경』「대아 문왕유성(文王有聲)」이다.

孟子曰: "仁則榮, 不仁則辱. 今惡辱而居不仁, 是猶惡溼而居下也. 如惡之,

말했다. '내가 선생님을 보건대, 요순보다 훨씬 현명하시다.'
자공이 말했다. '그들의 전장 제도를 보면 그 정치를 알고,
그들의 악곡을 들으면 그 품덕을 이해한다. 백대 이후에 백
대 이래의 임금을 평가하더라도 이 기준을 벗어날 수 없다.
인류가 생긴 이래로 아직 선생님만 한 분은 없었다.' 유약
이 말했다. '어찌 인민들에게 그치겠는가! 들짐승에서의 기
린과 날짐승에서의 봉황, 흙더미에서의 태산과 괸 물에서의
강과 바다는 같은 종류이다. 인민들에서의 성인 또한 같은
종류이다. (그러나) 그 종류에서 출중하고 그 무리에서 드높
으니, 인류가 생긴 이래로 아직 공자만큼 위대한 분은 없었
다.'"

3·3   맹자께서 말씀하셨다. "힘으로 인을 가장하는 것은 패자
(覇者)인데, 패자에게는 반드시 큰 나라가 있어야 한다. 덕
으로 인을 행하는 것은 왕자(王者)인데, 왕자는 큰 나라를
필요로 하지 않는다. 탕임금은 70리로 (그렇게) 했고, 문왕
은 100리로 (그렇게) 했다. 힘 때문에 남에게 복종하는 것
은 진심으로 복종하는 것이 아니다. 힘이 부족하기 때문이
다. 덕 때문에 남에게 복종하는 것은 마치 70제자가 공자
에게 복종하는 것처럼, 마음속으로 기뻐서 진정으로 복종
하는 것이다. 『시』에서 말하기를 '서쪽에서 동쪽에서, 남쪽
에서 북쪽에서 누구도 마음속으로 복종하지 않음이 없다.'
라고 했는데, 바로 이런 뜻이다."

3·4   맹자께서 말씀하셨다. "인정을 베풀면 영예로울 것이요, 인

莫如貴德而尊士, 賢者在位, 能者在職, 國家閒暇, 及是時明其政刑, 雖大國必畏之矣. 詩云: '迨天之未陰雨, 徹彼桑土, 綢繆牖戶. 今此下民, 或敢侮予!' 孔子曰: '爲此詩者, 其知道乎? 能治其國家, 誰敢侮之.' 今國家閒暇, 及是時, 般樂怠敖, 是自求禍也. 禍福無不自己求之者. 詩云: '永言配命, 自求多福.' 太甲曰: '天作孽, 猶可違. 自作孽, 不可活.' 此之謂也."

閒暇(한가) 조기에 따르면 이웃 나라의 걱정이 없어서 무사태평하다는 의미이다. 政刑(정형) 조기는 정교(政敎, 현실의 정치적 도덕규범)와 형벌이라고 풀었다. 여기서는 이를 응용해서 해석했다. 詩(시) 첫 번째는 『시경』 「빈풍(豳風) 치효(鴟鴞)」편이다. 빈국의 임금이 올빼미만도 못하다는 내용이다. 두 번째는 『시경』 「대아 문왕(文王)」편이다. 般樂(반락) 조기에 따르면 크게 즐기는 것이요, 주희에 따르면 욕심대로만 하는 것이다. 言(언) 조기는 나, 즉 주나라를 가리킨다고 했고, 주희는 염두에 둔다는 의미로 풀었다. 양보쥔은 문장 가운데 쓰이는 어조사로 의미가 없는 것으로 해석했다. 여기서는 양보쥔을 따랐다. 太甲(태갑) 은나라의 임금이고, 『서경』의 편명이기도 하다. 孽(얼) 조기와 주희 모두 요얼(妖孽, 재앙 혹은 화(禍))로 풀었다.

孟子曰: "尊賢使能, 俊傑在位, 則天下之士皆悅, 而願立於其朝矣. 市廛而不征, 法而不廛, 則天下之商皆悅而願藏於其市矣. 關譏而不征, 則天下之旅皆悅而願出於其路矣. 耕者助而不稅, 則天下之農皆悅而願耕於其野矣. 廛無夫里之布, 則天下之民皆悅而願爲之氓矣. 信能行此五者, 則鄰國之

정을 베풀지 않는다면 모욕을 당할 것이다. 이제 모욕을 싫어하지만 인정을 베풀지 않는 것은 마치 축축한 것을 싫어하지만 (웅덩이가 있는) 낮은 곳에 있는 것과 같다. 만일 모욕을 싫어한다면, 덕을 귀하게 여기고 선비를 존경하는 것이 가장 좋다. 현명한 사람이 (마땅한) 자리에 있고 능력 있는 사람이 (그에 합당한) 직무를 담당하여 나라가 태평무사하고, 이런 시기를 이용해서 그 국가적 규범과 형벌 제도를 분명하게 정리한다면 비록 강대국이라도 그를 두려워할 것이다. 『시』에서 이르기를 '하늘이 아직 비를 내리기 전에 뽕나무 뿌리의 껍데기를 벗겨 내 둥지를 고치리라. 이제 저 아래의 인간들이 어찌 감히 나를 모욕하겠는가!'라고 했다. 공자께서는 '이 시를 지은 사람은 도를 아는가? 자신의 나라를 다스릴 수 있다면, 누가 감히 그를 모욕하겠는가?'라고 말했다. 나라가 태평무사한데, 쾌락만 추구하고 게을러 놀기만 하는 것은 스스로 화를 부르는 것이다. 화와 복은 자신이 부르지 않는 것이 없다. 『시』에서 이르기를 '영원히 천명을 따르도록 함이 스스로 많은 복을 구함이니라.'라고 했다. 「태갑」에서는 '하늘이 내린 재앙은 오히려 피할 수 있지만, 스스로 재앙을 짓는다면 살아날 수가 없다.'라고 말했는데, 이것을 말한다."

3·5   맹자께서 말씀하셨다. "현명한 이를 존경하고 능력 있는 사람을 부리며 걸출한 인물들이 관직을 갖는다면, 세상의 선비들은 모두 기뻐하며 그 조정에서 벼슬하려 할 것이다. 시장에서 점포세만 받고 물건세는 받지 않거나 혹은 법에 근

民, 仰之若父母矣. 率其子弟, 攻其父母, 自生民以來, 未有能濟者也. 如此,
則無敵於天下. 無敵於天下者, 天吏也, 然而不王者, 未之有也."

俊傑(준걸) 조기에 따르면 준은 훌륭한 재주가 출중한 사람이고 걸은 만 명보다 출중한 것을
말한다. 주희에 따르면 재덕(才德)이 특별한 사람을 가리킨다. 廛而不征, 法而不廛(전이부
정, 법이부전) 정현은『예기』「왕제(王制)」에서 "화물을 시장에 저장한 것에는 세금을 부과하
지 않지만, 점포에 오래 적체시키면 법에 따라 세금을 걷는다."라고 주석하기도 했다. 譏(기)
정현의 위 주석에 따르면, 수상한 점을 살피는 것이다. 廛(전) 이는 점포가 아니라 민간 가옥
을 말한다. 夫里之布(부리지포) 포는 돈을 가리킨다. 부포는 남에게 고용되어 공역에 나올
수 없는 사람에게 부여하는 세금이고, 리포는 상마(桑麻)를 기르지 않는 가구에 부과하던 세
금이다. 그런데 전국 시대에는 대부분 일률적으로 거둬들였다. 이것은 기타 잡세라고 할 수 있
다. 信(신) 성(誠)과 통하여 '진실로', '참으로' 등의 뜻이다. 天吏(천리) 조기는 정치는 마땅
히 하늘이 부리는 것이라는 의미에서 천사(天使)라고 풀었고, 주희는 여씨(呂氏, 여대림(呂大
臨))를 인용해서 천명을 봉행하는 것이라고 해석했다.

孟子曰: "人皆有不忍人之心, 先王有不忍人之心, 斯有不忍人之政矣. 以不
忍人之心, 行不忍人之政, 治天下可運之掌上. 所以謂人皆有不忍人之心
者, 今人乍見孺子將入於井, 皆有怵惕惻隱之心, 非所以內交於孺子之父母
也, 非所以要譽於鄉黨朋友也, 非惡其聲而然也. 由是觀之, 無惻隱之心,
非人也; 無羞惡之心, 非人也; 無辭讓之心, 非人也; 無是非之心, 非人也.
惻隱之心, 仁之端也; 羞惡之心, 義之端也; 辭讓之心, 禮之端也; 是非之
心, 智之端也. 人之有是四端也, 猶其有四體也. 有是四端, 而自謂不能者,
自賊者也. 謂其君不能者, 賊其君者也. 凡有四端於我者, 知皆擴而充之矣.
若火之始然, 泉之始達. 苟能充之, 足以保四海; 苟不充之, 不足以事父母."

거해 물건세만 받고 점포세를 받지 않는다면, 세상의 상인들은 모두 기뻐하며 물건을 그 시장에 쌓아 둘 것이다. 관문에서 인적 사항만 조사할 뿐 세금을 걷지 않는다면, 세상의 여행자들은 모두 기뻐하며 그 도로를 통과하려 할 것이다. 경작하는 데 있어 공전을 경작하게 하면서 (사전에 대해) 세금을 걷지 않는다면, 세상의 농부들은 모두 기뻐하며 그 들에서 경작하려 할 것이다. 각 가구에게 기타 잡세를 거둬들이지 않는다면, 세상의 인민들은 모두 기뻐하며 그곳에 거주하려 할 것이다. 진정으로 이 다섯을 실행할 수 있다면, 이웃나라의 인민들은 부모처럼 우러를 것이다. (이때 이웃 나라의 임금이) 그 자제(와 같은 인민)들을 이끌고 부모(와 같은 그 임금)를 공격한다면, 인류가 생긴 이래로 이런 일은 성공할 수 있던 적이 없다. 이와 같다면, 세상에 적수가 없을 것이다. 세상에 적수가 없는 자는 천(명을 봉행하는 관)리이다. 그런데도 왕업을 이루지 못한 자는 아직 없었다."

3·6 　　맹자께서 말씀하셨다. "사람에게는 모두 다른 사람(의 고통)을 견디지 못하는 마음이 있다. 옛 제왕들은 다른 사람(의 고통)을 견디지 못하는 마음이 있어서 인민들(의 고통)을 견디지 못하는 정치를 베풀었다. 다른 사람(의 고통)을 견디지 못하는 마음으로 인민들(의 고통)을 견디지 못하는 정치를 실행하니, 세상을 다스림은 손바닥 위에서 운용할 수 있다. 사람에게 모두 다른 사람(의 고통)을 견디지 못하는 마음이 있다고 말하는 까닭은 다음과 같다. 이제 어떤 사람이 아장아장 걷는 아이가 우물에 들어가는 것을 느닷없이 보게 된

不忍人之心(불인인지심), 不忍人之政(불인인지정) 조기는 남을 해치는 것을 견디지 못하는 마음과 인민을 상하게 함을 견디지 못하는 마음이라 풀었다. 乍(사) 조기는 '잠(暫)', 주희는 '홀(忽)'이라 했는데, 모두 '갑자기'라는 뜻이다. 의식하지 않고 있다가 우연히 아기가 우물에 들어가는 것을 보았다는 의미로 이해할 수 있다. 孺子(유자) 조기는 아직 아는 것이 없는 어린아이로 보았고, 초순은 비로소 걸을 수 있게 되었지만 아직 지식이 없어서 우물에 빠지면 죽는다는 것을 모르는 어린아이로 해석했다. 怵惕(출척) 조기는 경해(驚駭), 즉 몹시 놀라는 모습이라 풀었는데, 초순은 경해를 두려워하는[恐懼] 것이라고 해석했다. 惻隱(측은) 주희에 따르면 측은 몹시 불쌍히 여기는 것이고 은은 매우 아파하는 것이다. 聲(성) 어린아이의 울음소리라는 해석이 일반적이지만, 주희나 초순은 '명(名)'이라 하여 나쁜 평판이라고 해석했다. 羞惡(수오) 주희에 따르면 수는 자신의 선하지 못함을 부끄러워하는 것이요 오는 남의 선하지 못함을 미워하는 것이다. 辭讓(사양) 주희에 따르면 사는 자신을 버리는 것이요 양은 남에게 주는 것이다. 是非(시비) 주희에 따르면 시는 그 선함을 알아서 옳게 여기는 것이고 비는 그 악함을 알아서 그르게 여기는 것이다. 端(단) 단서, 즉 실마리로 새싹과 같다. 이 새싹은 무성하게 자라날 잠재성을 지니고 있는 것이다.

다면 모두 깜짝 놀라 측은히 여기는 마음이 생길 것이다. (이는) 그 아이의 부모와 교제하기 위한 것도 아니고, 마을 친구들에게서 명예를 얻기 위한 것도 아니며, 그 소리가 싫어서 그런 것도 아니다. 이것으로부터 볼 때 측은해하는 마음이 없으면 사람이 아니고, 부끄러워하고 미워하는 마음이 없으면 사람이 아니며, 사양하는 마음이 없으면 사람이 아니고, 시비를 판단하는 마음이 없으면 사람이 아니다. 측은해하는 마음은 인의 단서이고, 부끄러워하고 미워하는 마음은 의의 단서이며, 사양하는 마음은 예의 단서이고, 시비를 판단하는 마음은 지의 단서이다. 사람에게 이런 네 가지 단서가 있는 것은 마치 그에게 사지가 있는 것과 같다. 이런 네 가지 단서를 가지고 있는데 스스로 할 수 없다고 말하는 사람은 자신을 해치는 자이다. 그 임금이 할 수 없다고 말하는 사람은 그 임금을 해치는 자이다. 네 가지 단서가 나에게 있으니, 모든 사람이 그것을 전부 확충할 줄 안다면, 마치 불이 막 일어나듯 하고 샘이 비로소 흘러내리듯 할 것이다. 확충할 수 있다면 세상을 충분히 안정시킬 수가 있겠지만, 확충하지 못한다면 부모님조차 섬기지 못할 것이다."

해설

이 문단은 맹자의 성선설을 설명할 때 자주 인용되는 내용이다. 여기에서 우리가 주의해야 하는 점은 두 가지이다. 첫째, '느닷없이 본다.'라는 조건이다. 주의하고 있다가 본 것이 아니라 다른 일을 하다가 우연히 아이가 우물에 들어가려는 것을 본 것이다. 이때는 이른바 본심(本心)이 자신의 의지와는 상관없이 드러나게 된다. 그 본심이 바로 "깜짝 놀라 측은히 여기는 마음"이다. 이 마음을 통해 인간의 본질이 선(善)임을 주장한 것이다. 부모와 교제

孟子曰: "矢人豈不仁於函人哉! 矢人唯恐不傷人, 函人唯恐傷人. 巫匠亦然, 故術不可不愼也. 孔子曰: '里仁爲美. 擇不處仁, 焉得智?' 夫仁, 天之尊爵也, 人之安宅也, 莫之禦而不仁, 是不智也. 不仁不智, 無禮無義, 人役也. 人役而恥爲役, 由弓人而恥爲弓, 矢人而恥爲矢也. 如恥之, 莫如爲仁. 仁者如射, 射者正己而後發, 發而不中, 不怨勝己者, 反求諸己而已矣."

巫匠(무장) 무당과 목수인데, 무당은 무의(巫醫)라 하여 병을 고치는 사람이고 목수는 관 짜는 사람을 가리킨다. 孔子曰(공자왈) 공자의 말은 『논어(論語)』「이인(里仁)」 편에 보인다. 由(유) 주희는 유(猶), 즉 '~와 같다'라고 풀이했다.

하려거나 명예를 얻으려 하거나 울음소리가 싫어서 아이를 구하려는 마음은 본심이 아니다. 이미 여러 가지를 고려한 이후의 마음이다. 둘째, "단서"는 결코 미약한 일단을 의미하지 않고, 가장 이상적인 경지를 자신 안에 담고 있는 잠재성을 가리킨다. 잠재성은 비록 현실적인 존재는 아닐지라도 필연성을 지니는 것이기 때문에 단순한 '부분'과는 다르다. 예를 들어, 도토리는 무성한 참나무가 될 수 있다. 물론 다람쥐가 먹어 버린다든지 바위 위에 떨어져 말라 버린다든지 혹은 물속에서 썩어 버릴 수도 있지만, 적절한 조건이 갖춰지기만 하면 반드시 참나무가 되지 밤나무나 단풍나무가 되지 않는다. 그래서 맹자는 사람이라면 누구나 성인이 될 수 있지만, 반드시 조건을 갖추어야 하기 때문에 확충이라는 공부(工夫)가 필요하다고 역설했던 것이다.

3.7   맹자께서 말씀하셨다. "화살 만드는 자가 어째서 갑옷 만드는 자보다 어질지 못하겠는가? (그러나) 화살 만드는 자는 오직 사람을 상하게 하지 못할까 걱정하고, 갑옷 만드는 자는 오직 사람을 상하게 할까 걱정한다. (병을 고치는) 무당과 (관을 만드는) 목수 또한 이와 같다. 그러므로 생업의 방법은 신중하(게 선택하)지 않을 수 없다. 공자께서 말씀하셨다. '인한 사람의 마을에 사는 것이 좋으니, 인한 사람의 마을을 가려서 살지 않으면 어찌 지혜롭다고 할 수 있겠는가?' 인이란 하늘의 존귀한 작위이자 사람의 편안한 주택이다. 제지하는 사람이 없는데도 인하지 못하다면 지혜롭지 못한 것이다. 인하지 않고 지혜롭지 못하며, 예의도 없고 정당하지도 못하다면 다른 사람의 노역자가 될 것이다. 다른 사람의 노역자이면서 노역하는 것을 부끄러워하는 것은 활 만드

孟子曰: "子路, 人告之以有過則喜, 禹聞善言則拜. 大舜有大焉, 善與人同, 舍己從人, 樂取於人以爲善, 自耕稼陶漁以至爲帝, 無非取於人者. 取諸人以爲善, 是與人爲善者也. 故君子莫大乎與人爲善."

善與人同(선여인동) 손석(孫奭)에 따르면 자신의 선은 남의 선과 같고 남의 선은 자신의 선과 같이 여기는 것이다. 주희에 따르면 세상의 선을 공적인 것으로 여겨 사사로운 것이 되지 않게 한다는 뜻이다. 자신이 아직 선하지 않다면 자신을 버리고 남을 따르며, 자신이 선하다면 억지로 기다리지 않고 자신에게서 취한다. 이것이 선여인동의 요점이다. 與人爲善(여인위선) 주희는 여를 '일으키다〔許〕', '돕다〔助〕'라는 의미로 해석했다. 그에 따르면, 다른 사람의 선을 내가 실천하게 되면 그는 더욱 선을 실천하는 데 매진할 것이요, 이는 그가 선을 실천하도록 내가 돕는 것이 된다.

孟子曰: "伯夷, 非其君不事, 非其友不友, 不立於惡人之朝, 不與惡人言. 立於惡人之朝, 與惡人言, 如以朝衣朝冠坐於塗炭. 推惡惡之心, 思與鄕人立, 其冠不正, 望望然去之, 若將浼焉. 是故諸侯雖有善其辭命而至者, 不受也. 不受也者, 是亦不屑就已. 柳下惠, 不羞汙君, 不卑小官, 進不隱賢, 必以其道. 遺佚而不怨, 阨窮而不憫. 故曰: '爾爲爾, 我爲我, 雖袒裼裸裎於我側, 爾焉能浼我哉?' 故由由然與之偕而不自失焉, 援而止之而止. 援而止之而止者, 是亦不屑去已." 孟子曰: "伯夷隘, 柳下惠不恭. 隘與不恭, 君子不由

는 사람이 활 만드는 것을 부끄러워하고, 화살 만드는 사람이 화살 만드는 것을 부끄러워하는 것이다. 만일 부끄럽게 여긴다면 인을 실행하는 것만 못하다. 인이란 활을 쏘는 것과 같다. 활 쏘는 사람은 자신을 바로 한 다음에 쏜다. 쏘아서 적중하지 않으면 자기를 이긴 사람을 원망하지 않고 돌이켜 자신에게서 원인을 찾을 뿐이다."

3-8 ─── 맹자께서 말씀하셨다. "자로는 다른 사람이 그의 잘못을 지적하면 기뻐했고, 우임금은 훌륭한 말을 들으면 (그에게) 절했다. 위대한 순임금은 (이들보다) 더욱 뛰어났으니, 선행을 다른 사람과 더불어 함께했고 자신(의 잘못)을 버리고 남(의 훌륭함)을 따랐으며, 남(의 장점)을 즐거이 받아들여 선행을 했다. 그가 농사를 짓고 그릇을 만들며 고기를 잡던 때부터 천자가 되었을 때까지 다른 사람의 장점을 받아들이지 않은 것이 없다. 남에게서 그것을 받아들여 선행을 하는 것은 남들과 함께 선행을 하는 것이다. 그러므로 군자에게 남들과 함께 선행을 하는 것보다 더 중대한 일은 없다."

3-9 ─── 맹자께서 말씀하셨다. "백이는 섬길 만한 임금이 아니면 섬기지 않았고 사귈 만한 친구가 아니면 사귀지 않았으며, 악인의 조정에는 서지 않았고 악인과 말하지 않았다. 악인의 조정에 서고 악인과 말하는 것을 마치 예복과 예모를 쓰고 진흙이나 숯 더미에 주저앉은 것처럼 여겼다. 악인을 싫어하는 마음을 미루어, 고을 사람과 함께 서 있다가도 그 모자가 바르지 않으면 마치 (자신이) 더러워질 것처럼 고개도

也."

其君(기군), 其友(기우) 그 임금과 친구란 이상적인 임금과 친구를 말한다. 塗炭(도탄) 조기에 따르면, 도는 진흙·진창(泥)이고 탄은 먹(墨)이다. 초순은 탄을 나무가 탔지만 아직 재가 되지 않은 상태로, 하얀 것을 더럽힐 수 있는 것이라 설명했다. 望望然(망망연) 조기는 부끄러워하는 모습이라 풀었고, 주희는 돌아보지 않고 떠나는 모습이라고 해석했다. 屑(설) 조기와 주희 모두 '깨끗하다(絜=潔)'로 풀었다. 柳下惠(유하혜) 노나라의 공족(公族) 대부(大夫)로, 성은 전(展) 이름은 금(禽), 자는 계(季)이다. 유하(柳下)에서 살아서 그것을 호로 삼았고, 시호가 혜(惠)이다. 遺佚(유일) 주희는 '내치다(放棄)'로 풀었고, 초순은 유하혜가 현인이기 때문에 노나라가 그를 얻지 못한 것은 잃은 것과 같다고 해서 유실(遺失)이라 풀었다. 袒裼(단석) 주희에 따르면 어깨를 드러내는 것이다. 裸裎(나정) 주희에 따르면 몸을 드러내는 것이다. 由由然(유유연) 조기는 드넓은 모양으로 풀었고, 주희는 자득(自得)하는 모습이라 해석했다. 양보쥔은 『한시외전(韓詩外傳)』에 근거하여 기뻐하는 모습으로 풀이했다. 不自失(부자실) 조기와 주희 모두 자신의 올바른 마음 혹은 올바름을 잃지 않은 것으로 풀었다. 援而止(원이지) 붙잡고 만류한다는 뜻이다.

돌리지 않고 떠나 버렸다. 그래서 제후들이 비록 듣기 좋은 소리로 모시려 해도 받아들이지 않았다. 받아들이지 않은 까닭은, 또한 (그들의 관직에) 취임하는 것을 달갑게 여기지 않았기 때문이다. 유하혜는 더러운 임금을 부끄러워하지 않았고 작은 관직을 비천하게 생각하지 않았으며, (관직에) 나아가면 자신의 재주를 감추지 않았지만 반드시 자신의 원칙대로 처리했으며, 파직을 당해도 원망하지 않았고 곤궁하게 되어도 걱정하지 않았다. 그래서 그는 '너는 너고 나는 나다. 비록 내 옆에서 옷을 벗어 몸을 드러낸다 하더라도 네가 어찌 나를 더럽힐 수 있겠는가?'라고 말했다. 그래서 그는 드넓게 어떤 사람과도 함께하였지만 스스로 (자신의 뜻을) 잃지 않았고, 그를 붙잡고 만류하면 머물렀다. 그를 붙잡고 만류하면 머물렀던 까닭은 또한 떠나는 것을 달갑게 여기지 않았기 때문이다." 맹자께서 말씀하셨다. "백이는 (마음 씀이) 좁고 유하혜는 공경스럽지 않다. 군자는 (마음 씀이) 좁고 공경스럽지 않은 것을 따르지 않는다."

4 공손추 하
公孫丑下

이 편은 모두 14장으로 구성되어 있다. 전편과 달리 공손추의 말로 시작하지 않지만, 원래 한 편인 것을 조기가 장구(章句)를 지을 때 상하로 나눴기 때문에 이런 편명이 붙여졌다. 이 편에서는 주로 정치에 관한 맹자의 생각을 드러내고 있다. 전체 구성원들의 화합이 그 어떤 것보다 중요하다거나(1장) 임금일지라도 신하에게 배움을 청하는 자세를 가져야 함을 강조하기도 하고(2장) 관료로서의 책임(5장)과 목민관(牧民官)의 자세(4장) 등을 밝히며, 큰 기대를 안고 찾아왔던 제나라에서 임금에게 실망하고 떠나면서 보여 주는 안타까움(10~12장)과 세상이 아직 태평성세를 이루기 위한 준비가 되지 않았음을 한탄하는 심정이 표현되고 있다(13장).

孟子曰: "天時不如地利, 地利不如人和. 三里之城, 七里之郭, 環而攻之而不勝. 夫環而攻之, 必有得天時者矣, 然而不勝者, 是天時不如地利也. 城非不高也, 池非不深也, 兵革非不堅利也, 米粟非不多也, 委而去之, 是地利不如人和也. 故曰域民不以封疆之界, 固國不以山谿之險, 威天下不以兵革之利. 得道者多助, 失道者寡助. 寡助之至, 親戚畔之. 多助之至, 天下順之. 以天下之所順, 攻親戚之所畔, 故君子有不戰, 戰必勝矣."

天時(천시) 조기와 주희 모두 시기적으로 도움이 되는 경우와 도움이 되지 않는 경우〔時日支干孤虛王相〕라 생각했고, 장보첸은 점을 쳐서 길일을 선택하는 것이라 했는데, 양보쥔은 공격하는 데 직접적으로 영향을 주는 날씨, 흐림과 맑음, 추위와 더위 등을 가리킨다고 해석했다. 地利(지리) 지형의 유리함이다. 人和(인화) 사람들의 화합이다. 域民(역민) 조기는 거민(居民) 즉 주민이라 했지만, 주희는 역을 계한(界限) 즉 경계 짓는다는 의미로 풀었다. 得道者(득도자) 왕도를 실천하는 사람을 말한다. 畔(반) 반(叛)과 통하여 배반하다의 뜻이다.

孟子將朝王, 王使人來曰: "寡人如就見者也, 有寒疾, 不可以風, 朝將視朝, 不識可使寡人得見乎?"

就見(취견) 제나라 왕이 가서 맹자를 만나 보는 것이다. 朝將視朝(조장시조) 주희는 앞의 조 자가 본래 뜻〔如字〕이라 해서, 다음 날 아침을 가리키는 것으로 풀이했다.

對曰: "不幸而有疾, 不能造朝." 明日, 出弔於東郭氏. 公孫丑曰: "昔者辭以

맹자께서 말씀하셨다. "천시(天時)는 지리(地利)만 못하고, 지리는 인화(人和)만 못하다. (예를 들어) 사방 3리의 성과 7리의 외성을 둘러싸서 공격하는데도 이기지 못하는 경우가 있다. 둘러싸서 공격할 때 분명 천시를 얻는 경우가 있다. 그런데도 이기지 못하는 것은 천시가 지리만 못하기 때문이다. 성벽은 높지 않은 것이 아니고 해자는 깊지 않은 것이 아니며, 병기는 견고하고 날카롭지 않은 것이 아니고 군량미는 많지 않은 것이 아니다. (그런데도) 버리고 도망가는 것은 지리가 인화만 못하기 때문이다. 그래서 인민의 범위를 정하는 데 나라의 국경으로 하지 않고, 나라를 보호하는 데 산천의 험난함으로 하지 않으며, 세상에 위엄을 보이는 데 병기의 예리함으로 하지 않는다고 말한다. 도를 얻은 이는 돕는 사람이 많고, 도를 잃은 이는 돕는 사람이 적다. 돕는 사람이 줄어들면 마침내 친척마저 그를 배반할 것이요, 돕는 사람이 늘어나면 마침내 세상 사람들이 (모두) 그를 따를 것이다. 세상 사람들이 따르는 바로써 친척마저 배반하는 자를 공략한다. 그러므로 군자는 전쟁을 일으키지 않지만, 전쟁을 하면 반드시 이긴다."

맹자께서 왕을 알현하려 했는데, (마침) 왕이 사람을 보내 말했다. "과인이 마땅히 만나러 와야 했으나 감기가 걸려 바람을 맞을 수 없습니다. 조정에 나와 주신다면 저도 뵈러 나가겠습니다. 과인이 뵐 수 있을지 모르겠습니다."

(맹자께서) 대답하여 말씀하셨다. "불행하게도 병이 있어서

病, 今日弔, 或者不可乎?"

造(조) 장보첸은 부(赴), 즉 나아간다는 뜻으로 풀이했다. 東郭氏(동곽씨) 제나라 대부 집안
이다.

曰: "昔者疾, 今日愈, 如之何不弔?"

王使人問疾, 醫來. 孟仲子對曰: "昔者有王命, 有采薪之憂, 不能造朝. 今
病小愈, 趨造於朝, 我不識能至否乎?"

孟仲子(맹중자) 조기에 따르면, 맹자의 종형제로 맹자에게 배웠다. 采薪之憂(채신지우) 조
기는 '우'가 병이라 했다. 주희는 원래 병이 나서 나무를 하지 못하는 근심인데, 이는 자기 병
에 대해 겸손하게 말하는 것이라고 풀었다.

使數人要於路曰: "請必無歸而造於朝!"

不得已而之景丑氏宿焉.

景丑氏(경추씨) 제나라의 대부 집안이다.

景子曰: "內則父子, 外則君臣, 人之大倫也. 父子主恩, 君臣主敬. 丑見王之
敬子也, 未見所以敬王也."

조정에 들어갈 수가 없습니다." 다음 날 (대부) 동곽에게 조문가려 했다. 공손추가 말했다. "어제는 병을 핑계로 (알현을) 사양했는데, 오늘은 조문하려 하시니 혹 옳지 못한 것 아닌지요?"

4-2-3 (맹자께서) 대답하셨다. "어제는 아팠지만 오늘은 나았으니, 어찌 조문하지 않겠는가?"

4-2-4 왕이 사람을 보내 문병하게 하였고, 의원을 오게 하였다. 맹중자가 그에게 말했다. "어제 왕명이 있었지만 가벼운 병이 생겨서 조정에 들지 못하셨습니다. 오늘은 조금 나아져서 곧바로 조정에 드셨는데, 도착하셨는지 모르겠습니다."

4-2-5 (그러고 나서) 여러 명을 보내 길에서 맹자를 붙잡고 말하게 했다. "부디 집에 돌아오지 말고 조정에 드십시오."

4-2-6 (맹자는 입조하기도 싫어서) 어쩔 수 없이 (대부) 경추에게 가서 묵었다.

4-2-7 경추가 말했다. "안으로는 부자가, 밖으로는 군신이 사람에게 중요한 윤리적 관계입니다. 부자에게는 사랑이 중요하고, 군신에게는 공경이 중요합니다. 저는 임금께서 선생을 공경함은 보았지만, (선생이) 임금을 공경하는 것은 아직 보지 못했습니다."

曰: "惡! 是何言也! 齊人無以仁義與王言者, 豈以仁義爲不美也? 其心曰 '是何足與言仁義也!'云爾, 則不敬莫大乎是. 我非堯舜之道不敢以陳於王前, 故齊人莫如我敬王也."

惡(오) 조기는 깊게 탄식하는(深嗟嘆) 것으로 풀었다.

景子曰: "否, 非此之謂也. 禮曰: '父召, 無諾.' '君命召, 不俟駕.' 固將朝也, 聞王命而遂不果, 宜與夫禮若不相似然."

諾(낙) 느리게 하는 대답을 가리킨다. 유(唯)가 보다 빠르게 대답하고 움직이는 것이다. 『예기』「곡례」에 "아버지께서 부르시면 느리게 대답하지 않고 선생님께서 부르시면 느리게 대답하지 않고, 즉각 대답하고는 일어난다."라고 했다. 果(과) 조기는 능(能), 즉 할 수 있다는 의미라고 말했지만, 양보쥔은 일이 생각한 대로 되는(事之合於豫期者) 것이라고 설명했다. 宜(의) 조기는 '마땅히'로 풀었지만, 왕녑손(王念孫)은 '아마', '대개(殆)'의 뜻으로 풀었다.(왕인지, 『경전석사』)

曰: "豈謂是與? 曾子曰: '晉楚之富, 不可及也. 彼以其富, 我以吾仁; 彼以其爵, 我以吾義. 吾何慊乎哉?' 夫豈不義而曾子言之? 是或一道也. 天下有達尊三: 爵一, 齒一, 德一. 朝廷莫如爵, 鄕黨莫如齒, 輔世長民莫如德. 惡得有其一以慢其二哉? 故將大有爲之君, 必有所不召之臣, 欲有謀焉, 則就之, 其尊德樂道, 不如是不足與有爲也. 故湯之於伊尹, 學焉而後臣之, 故不勞而王. 桓公之於管仲, 學焉而後臣之, 故不勞而霸. 今天下地醜德齊, 莫能相尙, 無他, 好臣其所敎, 而不好臣其所受敎. 湯之於伊尹, 桓公之於

4-2-8   (맹자께서) 말씀하셨다. "어허! 그게 무슨 말씀이오! 제나라 사람은 임금에게 인의를 말하는 사람이 없지만, 어떻게 인의를 아름답지 않게 여기겠습니까? (사실) 그(들은) 마음속으로 '어찌 (우리 임금과) 함께 인의를 말할 수 있겠는가?'라고 생각할 뿐입니다. 그러니 불경함이 이보다 더할 수는 없습니다. 나는 요순의 도가 아니면 감히 임금 앞에서 진술하지도 않습니다. 그러므로 제나라에는 나만큼 임금을 공경하는 사람이 없습니다."

4-2-9   경추가 말했다. "아닙니다. 그것을 말하는 것이 아닙니다. 『예(禮)』에서 이르기를, '아버지께서 부르시면 느리게 대답하지 않고, 임금님께서 부르시면 가마를 기다리지 않는다.'라고 했습니다. (선생은) 본디 조정에 들려 했지만, 왕명을 듣고는 오히려 가지 않았습니다. (이는) 아마도 『예』와 서로 맞지 않는 듯싶습니다."

4-2-10   (맹자께서) 말씀하셨다. "(내가) 어찌 그런 것을 말했겠습니까? 증자께서 말씀하셨습니다. '진나라와 초나라의 부유함은 미칠 수가 없다. 그들이 자신의 부유함으로 나를 대하면 나는 나의 인으로 대응하며, 그들이 그 벼슬로 대하면 나는 나의 의로써 대응하니, 내가 어찌 부족하겠는가?' 어찌 정당하지 않은데도 증자가 그것을 말씀하셨겠습니까? 이 또한 하나의 도리입니다. 세상에는 존귀한 것으로 공인되는

管仲, 則不敢召. 管仲且猶不可召, 而況不爲管仲者乎?"

慊(겸) 조기는 소(少), 즉 적다는 의미로 풀었다. 醜(추) 조기와 주희 모두 류(類), 즉 유사하다는 의미로 풀었다. 『방언(方言)』에서는 '같다(同)'로 보았다.(대진(戴震), 『방언소증(方言疏證)』) 尙(상) 조기는 절(絶), 즉 뛰어나다는 의미로 풀었고, 주희도 '뛰어넘다(過)'라는 의미로 해석했다. 伊尹(이윤) 이윤은 "천하의 중책을 자임하고", "하나라를 정벌하고 백성을 구하는" 일이 자기 책임이라고 생각했다. 그렇게 해서 천하 백성이 요순 때와 같은 행복을 누리지 못한다면, 자신이 그들을 구렁텅이로 빠뜨리는 것이나 마찬가지라고 생각했다.(『맹자』「만장 상」) 그의 재능은 은나라 시조 탕임금의 눈에 들기 전부터 벌써 나라 밖까지 알려져 있었다. 탕임금은 "우리나라에 이윤이 있다는 것은 훌륭한 의사와 좋은 약에 비유할 수 있다."(『묵자(墨子)』「귀의(貴義)」)라고 말하기도 했다.

陳臻問曰: "前日於齊, 王餽兼金一百而不受, 於宋, 餽七十鎰而受, 於薛, 餽五十鎰而受. 前日之不受是, 則今日之受非也. 今日之受是, 則前日之不受非也. 夫子必居一於此矣."

陳臻(진진) 맹자의 제자인데, 알려져 있는 바가 거의 없다. 兼金(겸금) 조기에 따르면 값이 보통 금보다 두 배 비싼 좋은 금이다.

세 가지가 있습니다. 작위가 그 하나이고, 나이가 그 하나이며, 도덕이 그 하나입니다. 조정에서는 작위가 가장 중요하고, 고을에서는 나이가 가장 중요하며, 세상을 돕고 인민들을 기르는 데는 도덕이 가장 중요합니다. 어찌 그 작위 하나를 가졌다고 해서 나머지 둘을 지닌 사람을 경시할 수 있겠습니까? 그러므로 큰일을 하려는 임금에게는 반드시 불러들일 수 없는 신하가 있습니다. 도모하려는 일이 있으면 그에게 갑니다. 그가 도덕을 존중하고 도를 즐김이 이와 같지 않다면 함께 큰일을 할 수 없습니다. 그래서 탕임금은 이윤에게 배운 다음 신하로 삼아서 힘들이지 않고 왕자가 되었습니다. 제 환공은 관중에게 배운 다음 신하로 삼아서 힘들이지 않고 패자가 되었습니다. 오늘날 세상은 (대부분의 나라가) 국토의 크기가 비슷하고 정치적 수준이 고만고만하여 서로 능가할 수 없는데, (여기에는) 다른 이유가 없습니다. 자신이 가르칠 사람을 신하로 삼는 것을 좋아하지, 자신이 가르침을 받을 사람을 신하로 삼는 것은 좋아하지 않기 때문입니다. 탕임금은 이윤을, 제 환공은 관중을 감히 불러들이지 않았습니다. 관중도 오히려 불러들일 수 없었는데, 하물며 관중처럼 하려고 하지 않는 사람은 어떻겠습니까?"

4-3-1 진진이 물었다. "전날 제나라에서 왕이 좋은 금 100일을 보냈는데 받지 않았습니다. 송나라에서는 70일을 보냈는데 받았습니다. 설나라에서는 50일을 보냈는데 받았습니다. 전날 받지 않은 것이 옳다면, 오늘 받은 것은 옳지 않습니다. 오늘 받은 것이 옳다면, 전날 받지 않은 것은 옳지 않습

孟子曰: "皆是也. 當在宋也, 予將有遠行, 行者必以贐, 辭曰'餽贐', 予何爲
不受? 當在薛也, 予有戒心. 辭曰'聞戒', 故爲兵餽之, 予何爲不受? 若於
齊, 則未有處也. 無處而餽之, 是貨之也. 焉有君子而可以貨取乎?"

贐(신) 조기와 주희 모두 떠나는 사람에게 선물하는 예라고 풀었다. 그러나 양보쥔은 재화로
보아 여비라고 설명했다. 戒(계) 조기에 따르면 경계하므로 근심하지 않는 마음이다. 당시에
어떤 악한이 맹자를 해치려 했기 때문에 맹자가 경계했다고 한다. 未有處(미유처) 조기에 따
르면 아무 일도 없어서 정당함에 거처할 바가 없다, 즉 받아들일 이유가 없다는 뜻이다.

孟子之平陸, 謂其大夫曰: "子之持戟之士, 一日而三失伍, 則去之否乎?"

平陸(평륙) 제나라의 읍 이름이다. 大夫(대부) 평륙의 읍재(邑宰)로 공거심(孔距心)을 가
리킨다. 持戟之士(지극지사) 창을 가진 병사. 去(거) 조기와 주희 모두 죽인다는 뜻으로 풀
었다.

曰: "不待三."

"然則子之失伍也亦多矣. 凶年饑歲, 子之民老羸轉於溝壑·壯者散而之四
方者幾千人矣."

轉(전) 초순에 의하면 죽어서 장사 지내지 못하고 버려져 도랑과 골짜기로 굴러 들어간 것이다.

니다. 선생님께서는 반드시 이 중 하나에 처해야 합니다."

4·3·2   맹자께서 말씀하셨다. "모두 옳다. 송나라에 있을 때 나는
          장차 멀리 여행하려 했다. 여행하는 사람에게는 반드시 여
          비를 보내 준다. (송나라 임금이) 말하기를 '여비를 보낸다.'라
          고 하니, 내가 어째서 받지 않겠는가? 설나라에 있을 때 나
          는 경계하는 마음이 있었다. (설나라 임금이) 말하기를 '듣자
          하니 경계하신다고요.' 하며, 병기를 마련하라고 보낸다 하
          니, 내가 어째서 받지 않겠는가? (그러나) 제나라에서는 아
          무 일도 없었다. 아무 일이 없는데도 금을 보내는 것은 매수
          하려는 것이다. 어찌 군자를 매수할 수 있겠는가?"

4·4·1   맹자께서 평륙에 가서 그 대부에게 말씀하셨다. "당신의 전
          사가 하루에 세 번 대오를 이탈했다면, 그를 죽이지 않겠는
          가?"

4·4·2   (대부가) 대답했다. "세 번을 기다리지 않을 것입니다."

4·4·3   (맹자께서 말씀하셨다.) "그렇다면 당신이 대오를 이탈한 것
          또한 많다. 흉년이 들어 배고픈 시절에 당신의 인민들 (중)
          에서 늙고 허약한 사람(의 시체)은 도랑과 골짜기에 뒹굴고,
          건장한 젊은이는 사방으로 도망쳤는데, 거의 수천 명이나
          된다."

曰: "此非距心之所得爲也."

曰: "今有受人之牛羊而爲之牧之者, 則必爲之求牧與芻矣. 求牧與芻而不得, 則反諸其人乎, 抑亦立而視其死與?"

曰: "此則距心之罪也."

他日, 見於王曰: "王之爲都者, 臣知五人焉. 知其罪者惟孔距心." 爲王誦之.

王曰: "此則寡人之罪也."

孟子謂蚳䵷曰: "子之辭靈丘而請士師, 似也, 爲其可以言也. 今旣數月矣, 未可以言與?"

蚳䵷(지와) 제나라의 대부이다. 靈丘(영구) 제나라의 한 읍성이다. 士師(사사) 조기와 주희 모두 형벌과 감옥을 감독하는 관리로 설명했다. 그런 관리는 도성에 있기 때문에 형벌이 적절하지 않으면 임금에게 간언할 수 있다고 한다. 일설에는 직접적으로 간언하는 벼슬이라고도 한다.(장보첸)

蚳䵷諫於王而不用, 致爲臣而去.

4-4-4   (대부가) 말했다. "그것은 제가 할 수 있는 것이 아닙니다."

4-4-5   (맹자께서) 말씀하셨다. "이제 다른 사람의 소와 양을 받아서 그를 위해 키워 주는 사람이 있다면, 반드시 그것들을 위해 목장과 초원을 찾을 것이다. 목장과 초원을 찾다가 못 찾았다면 그것들을 주인에게 돌려주어야 하겠는가, 아니면 그냥 서서 그것들이 죽어 가는 것을 보아야 하겠는가?"

4-4-6   (대부가) 말했다. "이는 저의 죄입니다."

4-4-7   다른 날 (맹자께서) 왕을 알현하고 말씀하셨다. "임금께서 파견하여 읍성을 다스리도록 한 사람 중에서 신은 다섯 사람을 압니다. (그중에서) 자신의 죄를 아는 이는 오직 공거심뿐입니다." (그러고는) 왕에게 그 일을 알려 주었다.

4-4-8   왕이 말했다. "이는 과인의 죄입니다."

4-5-1   맹자께서 지와에게 말씀하셨다. "당신이 영구현의 현장을 사양하고 간관이 되고자 한 것은 이치에 맞는 것 같다. 왕에게 간언할 수 있기 때문이다. 이제 이미 수개월이 지났는데, 아직 간언할 수 없는가?"

4-5-2   지와는 왕에게 간언했는데 받아들여지지 않아서 사직하고

致(치) 주희는 돌아가다[還]로 풀었다. 『국어(國語)』의 주(注)에서도 돌아가다[歸]로 설명했다. 일반적으로 치는 벼슬을 떠난다는 의미이다.

齊人曰: "所以爲蚳鼃則善矣, 所以自爲則吾不知也."

公都子以告.

曰: "吾聞之也, 有官守者, 不得其職則去, 有言責者, 不得其言則去. 我無官守, 我無言責也, 則吾進退豈不綽綽然有餘裕哉?"

綽綽然有餘裕(작작연유여유) 조기는 작과 유(裕) 모두 넓다[寬]는 의미로 설명했다. 주희는 작작을 넓은 모습으로, 유를 여유 있는 마음[寬意]으로 풀었다.

孟子爲卿於齊, 出弔於滕, 王使蓋大夫王驩爲輔行. 王驩朝暮見, 反齊·滕之路, 未嘗與之言行事也.

蓋(개) 제나라의 한 읍성이다. 王驩(왕환) 개읍의 대부로 아첨꾼이다. 왕에게 총애를 받아 나중에 우사(右師, 이조 판서)가 되었다. 輔行(보행) 조기와 주희 모두 부사(副使)로 설명했다. 反(반) 주희에 따르면 갔다가 돌아오는 것을 가리킨다. 行事(행사) 주희는 사신의 일[使事]이라고 설명했다.

公孫丑曰: "齊卿之位, 不爲小矣. 齊·滕之路, 不爲近矣. 反之而未嘗與言行

떠났다.

4·5·3

제나라 사람이 말했다. "(맹자가) 지와에게 말해 준 것은 훌륭했다. (그런데) 자신에게 한 것은 어떤지 나는 모르겠다."

해설

맹자를 비아냥거리는 말이다. 지와로 하여금 간언을 하게 했는데, 맹자 자신은 간언도 하지 않고 또한 사직하지도 않은 사실을 말하는 것이다.

4·5·4

공도자가 (이 이야기를 맹자에게) 알렸다.

4·5·5

(맹자께서) 말씀하셨다. "나는 이렇게 들었다. 관직이 있는 사람이 그 직분을 다할 수 없다면 떠난다. 간언하는 책임이 있는 사람은 간언이 받아들여지지 않는다면 떠난다. 나는 관직도 없고 간언의 책임도 없다. 그러니 나의 진퇴에 어찌 널찍하니 여유가 있지 않겠는가?"

4·6·1

맹자가 제나라에서 경이 되어 등나라에 조문을 가게 되었다. 왕이 개읍의 대부 왕환으로 하여금 사행을 보필하게 했다. 왕환은 아침저녁으로 (맹자를) 보러 왔지만, (맹자는) 제나라와 등나라를 왕복하는 동안 사행에 대해 그와 이야기하지 않았다.

4·6·2

공손추가 말했다. "제나라 경의 자리는 작지 않습니다. 제나

事, 何也?"

曰: "夫既或治之, 予何言哉?"

孟子自齊葬於魯, 反於齊, 止於嬴. 充虞請曰: "前日不知虞之不肖, 使虞敦
匠, 事嚴, 虞不敢請. 今願竊有請也: 木若以美然."

嬴(영) 제나라 남쪽의 읍성이다. 充虞(충우) 맹자의 제자이나, 자세히 알 수 없다. 敦匠(돈
장) 조기에 따르면 관을 두껍게 만드는 것이다. 주희는 돈(敦)을 '처리할 줄 아는 것'으로 설명
했다. 嚴(엄) 조기에 따르면 장사 치르는 일이 급하다는 뜻이다. 請(청) 질문하다의 뜻이다.
以(이) 조기와 주희 모두 '너무', '지나치게'라는 의미로 해석했다.

曰: "古者棺槨無度. 中古, 棺七寸, 槨稱之. 自天子達於庶人, 非直爲觀美
也, 然後盡於人心. 不得不可以爲悅, 無財不可以爲悅, 得之爲有財, 古之
人皆用之, 吾何爲獨不然? 且比化者, 無使土親膚, 於人心獨無恔乎? 吾聞
之[也], 君子不以天下儉其親."

度(도) 두껍고 얇은 치수를 가리킨다. 中古(중고) 주공이 예를 제작한 이후를 가리킨다. 槨
稱之(곽칭지) 조기에 따르면 관의 두께가 7촌이면 곽은 관보다 얇아서 서로 조화를 이룬다
는 말이다. 두껍게 하는 것은 단지 보기 좋게만 하는 것이 아니라, 잘 썩지 않아서 자식의 마
음이 조금이라도 덜 불편하기 때문이다. 爲(위) 왕념손의 『독서잡지(讀書雜志)』에 의하면
여(與)와 같아서 병립한다는 뜻이다. 比(비) 주희에 따르면 위(爲)와 같아서 '위하여'라는 뜻
이다. 化者(화자) 조기는 시체의 변화를, 주희는 죽은 사람을 가리킨다고 풀었다. 恔(교) 쾌
(快)와 같아서, 마음이 놓인다는 의미이다.

라와 등나라의 길은 가깝지 않습니다. 두 곳을 왕복하는 동안 사행에 대해 함께 이야기하지 않으시니 어찌 된 일입니까?"

4-6-3

(맹자께서) 말씀하셨다. "이미 어떤 이가 그것을 처리하니, 내가 무슨 말을 하겠는가?"

4-7-1

맹자가 제나라에서 노나라로 가서 장사를 치렀다. 제나라로 돌아오는 중에 영읍에 머물렀다. 충우가 여쭈어 말했다. "전날 (선생님께서) 저의 불초함을 모르시고 저로 하여금 관곽 만드는 일을 감독하게 하셨습니다. (당시에는) 일이 급해 제가 감히 여쭙지 못했습니다. 이제 여쭙고 싶습니다. 관의 나무가 너무 좋은 것 아닙니까?"

4-7-2

(맹자께서) 말씀하셨다. "옛날에는 관곽에 일정한 규칙이 없었다. 조금 지나서 관의 두께는 7촌으로 하고 곽의 두께는 그에 어울리게 하였다. 천자로부터 일반인에 이르기까지 단지 아름다움을 위해서만이 아니라, 그래야만 사람의 마음을 다하기 때문이다. (신분 때문에 좋은 목재를) 쓸 수 없다면 기쁘지 않을 것이요, 재력이 없어 (그런 목재를 쓸 수 없어)도 기쁘지 않을 것이다. (신분적으로도) 쓸 수 있고 재력도 있다면, 옛사람들은 모두 (그런 목재를) 사용했다. 어찌 나만 홀로 그렇게 하지 않겠는가? 하물며 돌아가신 분을 위해 (관곽을 두껍게 하여) 흙으로 하여금 그 피부에 닿지 못하게 한다면 사람의 마음에 어찌 안위가 되지 않겠는가? 나는 이

沈同以其私問曰: "燕可伐與?"

沈同(심동) 제나라의 대신이다.

孟子曰: "可. 子噲不得與人燕, 子之不得受燕於子噲. 有仕於此, 而子悅之, 不告於王而私與之吾子之祿爵, 夫士也亦無王命而私受之於子, 則可乎? 何以異於是!"

子噲(자쾌), 子之(자지) 자쾌는 연나라 임금이고, 자지는 재상이다. 자쾌는 천자의 허락도 없이 연나라를 자지에게 선양했고, 자지 또한 천자의 허락 없이 연나라를 양도받았다.

齊人伐燕. 或問曰: "勸齊伐燕, 有諸?"

曰: "未也. 沈同問燕可伐與? 吾應之曰可. 彼然而伐之也. 彼如曰: 孰可以伐之? 則將應之曰: 爲天吏, 則可以伐之. 今有殺人者, 或問之曰: 人可殺與? 則將應之曰: 可. 彼如曰: 孰可以殺之? 則將應之曰: 爲士師則可以殺之. 今以燕伐燕, 何爲勸之哉!"

天吏(천리) 조기는 하늘이 부리는 바로, 왕 노릇 할 이가 하늘의 뜻을 받은 것이라고 말했다. 장보첸은 천명을 받은 왕이라고 풀었다.

렇게 들었다. 군자는 세상 때문에 그 부모에게 인색하지 않다."

4·8·1 심동이 사적으로 물었다. "연나라는 토벌해도 됩니까?"

4·8·2 맹자께서 말씀하셨다. "된다. 자쾌는 다른 사람에게 연나라를 주지 못하고, 자지는 자쾌로부터 연나라를 받을 수 없다. 여기에 벼슬하는 사람이 있는데, 당신이 그를 좋아해서 왕에게 고하지 않고 사적으로 당신의 봉록과 작위를 그에게 주고, 그는 또한 왕의 임명도 없이 사적으로 당신에게서 그것을 받는다면, 괜찮겠는가? 이것과 무엇이 다르겠는가!"

4·8·3 제나라 사람들이 연나라를 토벌했다. 어떤 사람이 물었다. "제나라가 연나라를 토벌하도록 권유한 적이 있습니까?"

4·8·4 (맹자께서) 말씀하셨다. "없다. 심동이 연나라를 토벌해도 되냐고 물어서 내가 된다고 대답했다. 그들은 그래서 토벌했다. 그가 만일 누가 토벌할 수 있냐고 물었다면, 천리(天吏)가 토벌할 수 있다고 대답했을 것이다. 여기에 살인자가 있다고 하자. 어떤 사람이 물어 말하길 (살인한 이) 사람을 죽여도 되냐고 한다면 된다고 대답할 것이다. 그가 만일 누가 죽일 수 있냐고 묻는다면, 법률을 집행하는 관리가 그를 죽일 수 있다고 대답할 것이다. 이제 연나라로 연나라를 토벌했으니, 어찌 그것을 권했겠는가!"

燕人畔, 王曰: "吾甚慙於孟子."

畔(반) 초순에 의하면 반(叛)과 같아서 위배된다는 뜻이다. 제 선왕은 연나라를 차지하고 싶었다. 그런데 맹자는 연나라의 임금을 세우라고 권했다. 제 선왕이 머뭇거리는 동안 연나라 사람들이 공자(公子) 평(平)을 옹립했다. 그러므로 연나라 사람들은 제나라로 귀순하지 않은 것이다.

陳賈曰: "王無患焉. 王自以爲與周公孰仁且智?"

陳賈(진가) 제나라의 대부이다.

王曰: "惡是何言也?"

曰: "周公使管叔監殷, 管叔以殷畔. 知而使之, 是不仁也; 不知而使之, 是不智也. 仁·智, 周公未之盡也, 而況於王乎? 賈請見而解之."

管叔(관숙) 무왕의 아우이자 주공의 형이다.

見孟子, 問曰: "周公何人也?"

曰: "古聖人也."

曰: "使管叔監殷, 管叔以殷畔也, 有諸?"

연나라 사람들이 항거했다. 왕이 말했다. "나는 맹자에게 매우 부끄럽다."

4-9-2 진가가 말했다. "임금께서는 걱정하지 마십시오. 임금께서는 스스로 주공과 (견주어) 누가 더 인후하고 지혜롭다고 생각하십니까?"

4-9-3 왕이 말했다. "어허! 이게 무슨 말인가?"

4-9-4 (진가가) 말했다. "주공은 관숙으로 하여금 은을 감독하도록 했는데, 관숙은 은으로써 반역했습니다. (주공이) 알고도 시켰다면 인후하지 않은 것이고, 모르고 시켰다면 지혜롭지 못한 것입니다. 인후와 지혜에 있어 주공도 다하지 못함이 있는데, 하물며 왕께서야! 제가 뵙기를 청하여 해결하겠습니다."

4-9-5 (진가가) 맹자를 만나 물었다. "주공은 어떤 분입니까?"

4-9-6 (맹자께서) 말씀하셨다. "옛 성인이다."

4-9-7 (진가가) 말했다. "관숙으로 하여금 은을 감독하도록 했는데, 관숙은 은으로써 반역했다고 하니, 그런 적이 있습니까?"

曰:"然."

曰:"周公知其將畔而使之與?"

曰:"不知也."

"然則聖人且有過與?"

曰:"周公弟也, 管叔兄也, 周公之過, 不亦宜乎. 且古之君子, 過則改之; 今之君子, 過則順之. 古之君子, 其過也如日月之食, 民皆見之, 及其更也, 民皆仰之; 今之君子, 豈徒順之, 又從爲之辭."

宜(의) 주공은 관숙의 동생으로 형님을 공경해서 나랏일을 맡겼으니, 친친(親親)의 은혜이다. 주공이 이 때문에 과오를 범했다면, 또한 옳지 못할 것이 없다. 유가의 사상은 기본적으로 인지상정에 기초함을 여기에서 다시 확인할 수 있다. 順之(순지) 조기에 따르면 과오를 따라 옳지 못함을 수식하고 그것을 위해 변명하는 것이다. 주희는 순을 수(遂), 즉 순응하는 것으로 풀었다.

孟子致爲臣而歸.

王就見孟子曰:"前日願見而不可得, 得侍同朝, 甚喜. 今又棄寡人而歸, 不識可以繼此而得見乎?"

侍(시) 조기는 맹자가 찾아와서 객경(客卿)이 되었다고 설명했다. 그 이유에 대해 초순은 조기가 시를 임(臨), 즉 찾아오는 것으로 이해했기 때문이라고 말했다.

4-9-8   (맹자께서) 말씀하셨다. "그렇다."

4-9-9   (진가가) 말했다. "주공은 그가 반역할 것을 알고 그에게 시켰습니까?"

4-9-10   (맹자께서) 말씀하셨다. "몰랐다."

4-9-11   (진가가 말했다.) "그렇다면 성인 또한 과오가 있습니까?"

4-9-12   (맹자께서) 말씀하셨다. "주공은 동생이고 관숙은 형이다. 주공의 과오는 또한 마땅하지 않은가? 게다가 옛 군자는 과오가 있으면 개선했다. 오늘날의 군자는 과오가 있으면 그것을 따른다. 옛 군자는 그 과오가 마치 일식이나 월식 같아서 인민들이 모두 그것을 볼 수 있었다. 그것을 개선했을 때, 인민들은 모두 그를 우러렀다. 오늘날의 군자는 다만 그것(과오)을 따를 뿐 아니라 또한 그것을 위해 변명한다."

4-10-1   맹자가 신하 노릇을 그만두고 돌아가려 했다.

4-10-2   왕이 가서 맹자를 만나 말했다. "전날 뵙고 싶었지만 뵐 수 없었습니다. (나중에) 같은 조정에서 모실 수 있어서 매우 기뻤습니다. 이제 과인을 버리고 돌아가신다니, (이후로도) 계속해서 만나 뵐 수 있을지 모르겠습니다."

對曰: "不敢請耳, 固所願也."

他日, 王謂時子曰: "我欲中國而授孟子室, 養弟子以萬鍾, 使諸大夫國人皆有所矜式, 子盍爲我言之."

時子(시자) 제나라의 신하이다. 中國(중국) 나라의 중앙으로, 조기는 나라 안 어디에서나 거리가 같다고 설명했다. 萬鍾(만종) 좋은 양(量)을 측정하는 기구로, 만 종은 많은 봉록을 뜻한다. 矜(긍) 조기와 주희 모두 경(敬), 즉 공경하다라고 풀었다. 式(식) 조기와 주희 모두 법(法), 즉 본보기로 풀었다. 盍(합) 조기와 주희 모두 하불(何不), 즉 '어째서 ~하지 않는가?'라는 의미로 풀었다.

時子因陳子而以告孟子. 陳子以時子之言告孟子, 孟子曰: "然. 夫時子惡知其不可也? 如使予欲富, 辭十萬而受萬, 是爲欲富乎? 季孫曰: '異哉! 子叔疑. 使己爲政, 不用, 則亦已矣. 又使其子弟爲卿.' 人亦孰不欲富貴, 而獨於富貴之中, 有私龍斷焉. 古之爲市也, 以其所有易其所無者, 有司者治之耳. 有賤丈夫焉, 必求龍斷而登之, 以左右望而罔市利, 人皆以爲賤, 故從而征之. 征商自此賤丈夫始矣."

陳子(진자) 맹자의 제자 진진(陳臻)을 말한다. 季孫(계손), 子叔疑(자숙의) 조기는 둘 다 맹자의 제자로 맹자가 왕의 제안을 받아들이기를 희망했다고 설명했다. 그러나 주희는 둘 다 어느 시기 사람인지 모른다고 말했다. 또한 조기는 '자숙'이 의심했다고 했는데, 주희는 '자숙의'가 이름이라고 보았다. 龍斷(용단) 용은 곧 농(壟)이다. 조기는 '흙더미가 끊겨져 높은 곳〔堁斷而高者〕'이라 풀었고, 주희는 '언덕의 한쪽이어서 높다〔岡壟之斷而高〕'로 해석했다. 이 구절에서 이익이나 권리를 독차지한다는 뜻의 '농단'이 유래했다. 罔(망) 조기와 주희 모두 시장의 이익을 망라(網羅)하여 취하는 것으로 해석했다.

4-10-3   (맹자께서) 대답했다. "감히 청하지 못할 뿐, 진실로 원하는 바입니다."

4-10-4   다른 날 왕이 시자에게 말했다. "나는 나라의 중앙에 맹자에게 집을 장만해 주고 만 종으로 제자를 길러, 모든 대부와 나라 사람들로 하여금 전부 본받도록 하고자 한다. 당신은 어째서 나를 위해 (맹자에게) 그것을 말하지 않는가?"

4-10-5   시자는 진진에게 부탁하여 이를 맹자에게 알렸다. 진진은 시자의 말을 맹자에게 고하였다. 맹자께서 말씀하셨다. "그렇구나. (그러나) 시자가 그것은 안 되는 일임을 어찌 알겠는가? 만일 나로 하여금 치부하게 한다면, 10만 (종)을 사양하고 만 (종)을 받는 것이 치부하려는 것이겠는가? 계손이 말했다. '자숙의는 이상하구나. 자신으로 하여금 정치를 하게 하지만 (남이 그를) 등용하지 않으면 그만두어 버린다. (그런데) 또 그 자제로 하여금은 경이 되게 한다.' 사람은 또한 누구인들 부귀하고 싶지 않겠는가? 그런데 (사람은) 홀로 부귀 가운데 있으면 사사롭게 농단을 부린다. 옛날의 시장이란 자신에게 있는 것과 없는 것을 바꾸는 곳이었다. 관리하는 사람은 그것을 다스릴 뿐이다. 어떤 비루한 사내가 있어서 반드시 높은 곳을 찾아 올라가 좌우를 살펴보고 시장의 이익을 독차지하려 했다. 사람들이 모두 (그의 탐욕을) 비루하

孟子去齊, 宿於晝. 有欲爲王留行者, 坐而言, 不應, 隱几而臥.

晝(주) 제나라 서남의 읍성이다.　坐(좌) 조기는 '조심스럽게 앉다〔危坐〕'로 풀었다.

客不悅, 曰: "弟子齊宿而後敢言, 夫子臥而不聽, 請勿復敢見矣."

齊宿(재숙) 조기는 평소의 존경하는 마음으로 풀었지만, 주희는 밤새 재계한 것으로 보았다.

曰: "坐! 我明語子: 昔者魯繆公無人乎子思之側, 則不能安子思, 泄柳·申詳無人乎繆公之側, 則不能安其身. 子爲長者慮, 而不及子思. 子絶長者乎? 長者絶子乎?"

子思(자사) 공자의 손자로 이름은 급(伋)이다.　泄柳(설류) 노나라의 현자이다.　申詳(신상) 자장(子張)의 아들이다.　長者(장자) 노자(老者), 즉 '늙은이'로 맹자 자신을 가리킨다.　絶 (절) 기절(棄絶), 즉 관계를 끊어서 내버린다는 뜻이다.

孟子去齊, 尹士語人曰: "不識王之不可以爲湯·武, 則是不明也. 識其不可, 然且至, 則是干澤也. 千里而見王, 不遇故去, 三宿而後出晝, 是何濡滯也! 士則茲不悅."

尹士(윤사) 제나라 사람인데, 자세히 알려지지 않았다.　干(간) 조기와 주희 모두 '구하다 〔求〕'로 보았다.　澤(택) 조기는 봉록으로, 주희는 은택으로 풀었다.　濡滯(유체) 조기는 '머무르다〔稽〕'의 뜻으로 보았고, 주희는 '오래 머물다〔遲留〕'로 풀었다.

게 여겨 그에게서 세금을 걷었다. 상인에게 세금을 걷는 것은 이 비루한 사내로부터 비롯되었다."

4-11-1   맹자가 제나라를 떠나 주읍에 묵었다. 왕을 위해 (맹자를) 만류하려는 사람이 (공손히) 앉아서 말했는데, (맹자는) 대꾸하지 않고 책상에 기대어 졸고 있었다.

4-11-2   손님이 불쾌해하며 말했다. "제자는 밤새 재계한 후에 감히 말씀을 드리는데, 선생님께서는 졸면서 듣지 않으시니 이후로 감히 선생님을 뵙지 않겠습니다."

4-11-3   (맹자께서) 말씀하셨다. "앉으시오. 내 그대에게 분명히 알려 주리라. 옛날 노나라 목공은 자사의 옆에 아무도 없으면 자사를 편안하게 해 드리지 못했다고 여겼고, 설류와 신상은 목공 옆에 아무도 없으면 그 자신을 편안히 할 수 없었소. 그대는 이 늙은이를 염려하지만 자사에게 미치지 못하니, 그대가 늙은이를 버린 것이오, 늙은이가 그대를 버린 것이오?"

4-12-1   맹자가 제나라를 떠나자 윤사가 다른 사람에게 말했다. "(맹자가 우리) 임금이 탕임금이나 무왕이 될 수 없음을 알지 못했다면 현명하지 못한 것이요, 될 수 없음을 알면서도 왔다면 봉록을 추구한 것이다. 1000리(나 떨어진 먼 곳)에서 와서 왕을 알현하고 (의견이) 맞지 않는다는 이유로 떠났다. (그런데) 사흘이나 머문 후에 주읍을 나섰으니, 어찌 그리 꾸물거리는가! 나는 이 점이 못마땅하다."

高子以告.

高子(고자) 조기에 따르면, 제나라 사람으로 일찍이 맹자에게서 배웠다. 도를 좇아 공부하였으나 깨닫지 못하고 맹자를 떠나 다른 학문을 배웠다.

曰: "夫尹士惡知予哉? 千里而見王, 是予所欲也. 不遇故去, 豈予所欲哉! 予不得已也. 予三宿而出畫, 於予心猶以爲速, 王庶幾改之. 王如改諸, 則必反予. 夫出畫而王不予追也, 予然後浩然有歸志. 予雖然, 豈舍王哉? 王由足用爲善, 王如用予, 則豈徒齊民安? 天下之民擧安. 王庶幾改之, 予日望之. 予豈若是小丈夫然哉! 諫於其君而不受, 則怒, 悻悻然見於其面, 去則窮日之力而後宿哉!"

改(개) 조기는 반복(反復)으로 풀었는데, 주희는 글자 그대로 고친다는 뜻으로 보았다. 그래서 고친다는 것은 분명 특정한 일을 가리키는데, 그것이 무엇인지는 알 수 없다고 했다. 反(반) 조기는 돌아오라고 부르는[招還] 것으로 해석했다. 浩然(호연) 주희에 따르면 물의 흐름처럼 막을 수 없는 것이다. 悻悻然(행행연) 성내는 모습이다.

尹士聞之曰: "士誠小人也!"

孟子去齊, 充虞路問曰: "夫子若有不豫色然. 前日虞聞諸夫子曰: '君子不怨天, 不尤人.'"

고자(高子)가 이를 고하였다.

(맹자께서) 말씀하셨다. "윤사가 나를 어찌 알겠는가? 1000리 (나 떨어진 곳)에서 와서 임금을 알현한 것은 내가 하고자 한 바이다. (의견이) 맞지 않는다는 이유로 떠난 것이 어찌 내가 하고자 한 바이겠는가! 나는 부득이했다. 나는 사흘을 머문 후에 주읍을 나섰는데, 내 마음에는 오히려 빠르다고 생각 했다. 임금이 (생각을) 바꿨을지도 모른다. 임금이 만일 바꿨 다면 반드시 나를 (다시) 불러들일 것이다. 주읍을 나섰는데 도 임금이 나를 쫓지 않았다. 나는 그런 다음 아무 미련 없 이 돌아갈 생각을 가졌다. 비록 그렇더라도 내가 어찌 임금 을 버리겠는가? 임금은 충분히 선정을 베풀 수 있다. 임금 이 만일 나를 등용한다면, 어찌 다만 제나라 백성만 편안하 겠는가, 세상의 인민들이 모두 편안할 것이다. 임금이 (생각 을) 바꿀지도 모른다고 나는 매일 바랐다. 내가 어찌 속 좁 은 사내 같겠는가! 자기 임금에게 간언했지만 받아들이지 않아 화를 내고 온 얼굴에 화난 표정을 지으며, 떠나게 되면 온종일 힘을 다해 간 뒤에야 머물겠는가!"

윤사는 이 말을 듣고 말했다. "나는 정말 소인이구나!"

맹자가 제나라를 떠났다. 충우가 길에서 물었다. "선생님은 즐겁지 않은 낯빛인 것 같습니다. 예전에 저는 선생님께 '군

豫(예) 조기와 주희 모두 기뻐하는[悅] 것으로 풀었다. 不怨天, 不尤人(불원천, 불우인) 원래 공자의 말인데, 맹자가 학생들에게 말해 주었을 뿐이다. 『논어』 「헌문(憲問)」에 보인다.

曰: "彼一時, 此一時也. 五百年必有王者興, 其間必有名世者. 由周而來, 七百有餘歲矣, 以其數則過矣, 以其時考之, 則可矣. 夫天未欲平治天下也, 如欲平治天下, 當今之世, 舍我其誰也? 吾何爲不豫哉."

彼一時, 此一時也(피일시, 차일시야) 초순에 따르면 '피'는 '이전'으로 성현이 출현했던 때이고 '차'는 '지금'으로 맹자가 제나라를 떠나는 시기이다. 세상이 어수선하여 근심 어린 표정일 수밖에 없다. 名世(명세) 조기에 따르면 성인 다음가는 인재로, 사물을 정비할 수 있고 한 세대를 바로잡을 수 있는 자인데 성인들 사이에 태어난다. 주희에 따르면 고요(皐陶)나 직(稷), 이윤과 같이 덕성과 공업(功業)을 한 세대에 널리 떨쳐 왕자를 보필할 수 있는 사람이다. 數 (수) 주희에 따르면 500년의 시기를 가리킨다. 時(시) 주희에 따르면 혼란이 지극하여 다스림을 생각하게 되는데 이것을 이루기 위한 행동을 할 수 있는 시기를 가리킨다.

孟子去齊, 居休. 公孫丑問曰: "仕而不受祿, 古之道乎?"

曰: "非也. 於崇, 吾得見王. 退而有去志, 不欲變, 故不受也. 繼而有師命, 不可以請; 久於齊, 非我志也."

變(변) 조기는 괴상한 행동으로 풀었지만, 주희는 그 뜻이 변하는 것으로 해석했다. 師命(사명) 조기와 주희 모두 사여지명(師旅之命), 즉 전쟁이라는 뜻으로 풀었다. 여는 500명의 군사이고, 사는 5여 즉 2500명의 군사를 말한다.

자는 하늘을 원망하지 않고 사람을 탓하지 않는다.'라고 들었습니다."

4·13·2 (맹자께서) 말씀하셨다. "그때는 그때고 지금은 지금이다. 500년이면 반드시 왕자가 일어나고, 그 가운데 반드시 세상에 명망 있는 사람이 생겨난다. 주나라로부터 지금까지 700여 년이 되었으니, 그 햇수로 치자면 이미 지났지만, 그 시기(의 형세)로 살핀다면 가능하다. 하늘은 아직 세상을 평안하게 다스리고 싶지 않(은 것 같)다. 만일 세상을 평안하게 다스리려 한다면, 오늘날의 세상에서 나를 제외하고 그 누가 있겠는가? 내가 어찌 즐겁지 않겠는가!"

4·14·1 맹자가 제나라를 떠나 휴읍에 거처했다. 공손추가 물었다. "벼슬을 하지만 봉록을 받지 않는 것이 옛 도리입니까?"

4·14·2 (맹자께서) 말씀하셨다. "아니다. 숭읍에서 나는 임금을 알현할 수 있었는데, 물러나와 떠날 마음을 가졌다. (그 마음이) 변하지 않아서 (봉록을) 받지 않았다. 이어서 (얼마 지나지 않아) 전쟁이 일어나 (물러나기를) 청할 수 없었다. 제나라에 오래 머문 것은 나의 뜻이 아니다."

5 등문공 상
滕文公上

이 편은 모두 5장으로 이루어져 있고, 등나라 문공과 관련된 이야기를 담고 있다. 맹자는 등 문공에게 인정(仁政)을 말하면서 세 가지 방법을 일깨워 준다. 첫째, 반드시 백성들이 일정한 생업[恒産]이 있게 하고, 일정한 법제에 따라 백성에게 세금을 거둬야 한다고 말했다. 둘째, 하·은·주 삼대의 정전제(井田制)를 회복하되, 은나라의 조법(助法)을 취하는 것이 가장 좋다고 하였다. 셋째, 상(庠)·서(序)·교(校)·학(學)을 설립하여 인륜을 밝힘으로써 '위로는 인륜이 밝고 아래로는 백성이 친해지게' 해야 한다고 하였다. 여기서 인륜은 부자유친(父子有親), 군신유의(君臣有義), 부부유별(夫婦有別), 장유유서(長幼有序), 붕우유신(朋友有信) 등이다. 또한 맹자는 농가의 설을 비판하면서 대인과 소인, 노심(勞心)자와 노력(勞力)자로 사람의 사회적 역할을 나누었고, 묵가의 절장(節葬)·겸애(兼愛)설 등을 비판하였다.

滕文公爲世子, 將之楚, 過宋而見孟子. 孟子道性善, 言必稱堯舜.

滕文公(등문공) 조기에 따르면 등은 나라 이름이고 문은 시호이며 공은 나라 사람이 군주를 존경하여 부르는 호칭이다. 孟子道性善, 言必稱堯舜(맹자도성선, 언필칭요순) 주희에 따르면 도는 말함이다. 성은 사람이 하늘에게서 받고 태어난 이(理)이니, 지극히 선하여 악함이 있지 않다. 그래서 일반인과 요순이 처음에는 조금도 다름이 없었다. 그러나 일반인들은 사욕에 빠져 이것을 잃었고, 요순은 사욕에 가리어짐이 없어 그 본성을 다했다. 그러므로 맹자는 세자와 대화할 때에 매번 성의 선함을 말하면서 반드시 요순을 칭하여 실증한 것이다. 인의(仁義)는 밖에서 구하는 것이 아니라 모든 사람이 본성에 따라 노력해서 이를 수 있다는 것을 알게 하여, 배우고 익힘에 게을리하지 않게 하고자 한 것이다.

世子自楚反, 復見孟子. 孟子曰: "世子疑吾言乎? 夫道一而已矣. 成䁲謂齊景公曰: '彼丈夫也, 我丈夫也, 吾何畏彼哉?' 顏淵曰: '舜何人也? 予何人也? 有爲者亦若是.' 公明儀曰: '文王我師也, 周公豈欺我哉!' 今滕絕長補短, 將五十里也, 猶可以爲善國. 書曰: '若藥不瞑眩, 厥疾不瘳.'"

成䁲(성간) 조기에 따르면 용감하고 과감한 사람이다. 彼(피) 조기는 존귀(尊貴)한 사람을 가리킨다고 하고, 주희는 성현을 이른다고 한다. 有爲者(유위자) 노력하는 사람 혹은 훌륭한 일을 하는 사람을 말한다. 公明儀(공명의) 노나라의 현인으로 증자의 제자이다. 文王我師(문왕아사) 조기에 따르면 문왕을 스승으로 삼고 주공을 신뢰한다는 것은 모범으로 삼아야 할 바를 안다는 말이다. 맹자는 세자에게 도는 두 가지가 없음을 말하고, 다시 세 가지 말을 인용하여 밝혔다. 이는 세자가 독실하게 믿고 힘써 행함으로써 성현을 스승으로 삼게 하고 다시 다른 말을 구하지 않게 하고자 한 것이다. 絕長補短(절장보단) 긴 쪽을 잘라 짧은 쪽을 보충한다는 뜻으로 당시 토지 면적을 계산하기 위해 정리하는 방식이다. 五十里(오십리) 조기에 따르면 자작(子爵), 남작(男爵)의 나라인데 제후국 중에 가장 작은 것이다. 書(서) 『서경(書經)』「상서(商書) 열명(說命)」을 말한다.

등 문공이 세자일 때, 초나라로 가는 길에 송나라를 지나면서 맹자를 만났다. 맹자께서는 성선(性善)을 말씀하셨고, 말씀하실 때마다 요와 순을 거론하셨다.

세자가 초나라에서 돌아오다가 다시 맹자를 만났다. 맹자께서 말씀하셨다. "세자께서는 나의 말을 의심합니까? 무릇 도는 하나일 뿐입니다. 성간이 제 경공에게 말하기를 '그 사람도 장부이고 나도 장부인데 내가 무엇 때문에 그를 두려워하겠습니까?'라고 했습니다. 안연은 '순임금은 어떤 사람이고 나는 어떤 사람인가? 훌륭한 일을 한 사람이라면 또한 순임금과 같아질 것이다.'라고 했습니다. 공명의는 '문왕은 나의 스승이다. 주공께서 어찌 나를 속였겠는가?'라고 했습니다. 지금 등나라는 긴 쪽을 잘라내어 짧은 쪽에 붙여서 정방형으로 만들면, 대략 각 변이 50여 리밖에 되지 않지만, 그래도 좋은 나라가 될 수 있습니다. 『서』에서 말하기를 '약을 먹고 나서 어찔어찔하지 않으면 그 병이 낫지 않을 것이다.'라고 했습니다."

滕定公薨. 世子謂然友曰: "昔者孟子嘗與我言於宋, 於心終不忘. 今也不幸至於大故, 吾欲使子問於孟子, 然後行事."

滕定公(등정공) 조기에 따르면 문공의 아버지이다. 然友(연우) 조기에 따르면 세자의 스승이다. 大故(대고) 조기는 대상(大喪)이라 하고, 손석은 아버지의 상이라는 큰 변고라고 한다. 事(사) 주희에 따르면 상례(喪禮)를 말한다.

然友之鄒, 問於孟子.

孟子曰: "不亦善乎! 親喪固所自盡也. 曾子曰: '生, 事之以禮; 死, 葬之以禮, 祭之以禮: 可謂孝矣.' 諸侯之禮, 吾未之學也. 雖然, 吾嘗聞之矣: 三年之喪, 齊疏之服, 飦粥之食, 自天子達於庶人, 三代共之."

曾子曰(증자왈) 『논어』 「위정(爲政)」에 "맹의자가 효에 관하여 물으니 선생님께서 말씀하셨다. '예를 어기지 마라.' 번지가 선생님을 수레로 모셨을 때 선생님께서 그에게 말씀하셨다. '맹손이 나에게 효를 묻기에 나는 '예를 어기지 말라'고 하였다. 번지가 '무슨 말씀입니까?' 하고 물으니 선생님께서 말씀하셨다. '부모가 살아 계실 때에는 예로써 섬기고, 돌아가시면 예로써 장사 지내고 예로써 제사 지낸다.'"라고 되어 있는데, 맹자는 이것이 증자의 말이라고 생각한 것 같다. 三年之喪(삼년지상) 주희에 따르면 삼년상을 하는 것은 자식이 태어난 지 3년이 지난 뒤에 부모의 품을 면하므로 부모의 상을 반드시 3년으로 하는 것이다. 齊疏(자소) 조기에 따르면 자최(齊衰)이다. 주희에 따르면 자는 옷의 아랫단을 꿰맨 것이니, 꿰매지 않은 것을 참최(斬衰)라 하고 꿰맨 것을 자최라 한다. 소는 거칢이니, 거친 삼베이다. 飦粥(전죽) 미음과 죽이다. 상례에 따르면 부모가 죽은 지 3일이 지나야 비로소 죽을 먹고, 장례를 치르고서야 거친 밥을 먹었다.

然友反命, 定爲三年之喪. 父兄百官皆不欲也, 故曰: "吾宗國魯先君莫之行, 吾先君亦莫之行也. 至於子之身而反之, 不可. 且志曰: '喪祭從先祖.'" 曰:

5-2-1   등 정공이 죽었을 때 세자가 (스승인) 연우에게 말했다. "지난번에 나는 송나라에서 맹자와 함께 이야기를 나누었는데, 마음에서 끝내 잊히지가 않습니다. 이제 불행하게도 부친상을 당하게 되었으니, 나는 스승님으로 하여금 맹자에게 자문하게 한 후에 장례를 치르고자 합니다."

5-2-2   연우가 추나라에 가서 맹자에게 자문했다.

5-2-3   맹자께서 말씀하셨다. "(상례에 대해 자문하니) 훌륭하지 않은가! 어버이의 상은 진실로 자신의 효심을 극진하게 다해야 하는 것이다. 증자가 말하기를 '어버이가 살아 계실 때에는 예로써 섬기고 돌아가시면 예로써 장사를 지내며 예로써 제사를 지내야 효도를 다했다고 할 수 있다.'라고 했다. 제후의 예는 내가 배운 적이 없다. 비록 그렇지만 나는 일찍이 들은 것이 있다. 삼년상을 지내는 데 거친 상복을 입고 미음과 죽을 먹는 것은 천자로부터 일반 백성에 이르기까지 (하·은·주) 삼대 이래로 공통적으로 지켜 왔다."

5-2-4   연우가 돌아와 보고하자 세자는 삼년상으로 결정했다. 그러나 동성(同姓)과 이성(異姓)의 모든 관리들이 그렇게 하기를

"吾有所受之也."

反命(반명) 결과를 보고하는 것이다. 父兄百官(부형백관) 조기는 등나라의 문공과 동성(同姓)이나 이성(異姓)의 모든 신하를 말한다고 하고, 주희는 동성의 나이 든 신하를 말한다고 한다. 宗國(종국) 조기에 따르면 등나라와 노나라는 동성으로 모두 문왕에 뿌리를 두고 있다. 노나라는 주공의 후손이고 등나라는 숙수(叔繡)의 후손이다. 성인을 공경하기 때문에 노나라를 종국으로 한다. 주희에 따르면 등나라와 노나라는 모두 문왕의 후손인데 노나라의 시조인 주공이 형님이니, 형제간에 그를 어른으로 삼았다. 이 때문에 등나라가 노나라를 일러 종국이라 한 것이다. 양보쥔에 따르면 주나라 조정에서는 종법을 중시했는데, 노나라 등나라 등 여러 나라에 처음으로 봉해졌던 시조는 모두 주 문왕의 아들들이었으나 노나라에 봉해진 주공의 항렬이 비교적 높았기 때문에 그 나머지 희씨 성을 가진 여러 나라는 모두 노나라를 종국으로 삼았다. 志(지) 조기에 따르면 기록[記]이다. 吾有所受之(오유소수지) 조기에 따르면 우리들이 전수받은 바가 있기 때문에 자신에게서 홀로 그것을 바꿀 수 없다는 뜻이다.

謂然友曰: "吾他日未嘗學問, 好馳馬試劍. 今也父兄百官不我足也, 恐其不能盡於大事, 子爲我問孟子."

不我足(불아족) 주희에 따르면 내가 하는 일을 그들이 만족하게 여기지 않는 것이다. 其(기) 세자 자신을 가리킨다. 조기에 따르면 부형과 백관을 가리킨다.

然友復之鄒問孟子.

孟子曰: "然, 不可以他求者也. 孔子曰: '君薨, 聽於冢宰. 歠粥, 面深墨, 卽位而哭, 百官有司莫敢不哀, 先之也.' 上有好者, 下必有甚焉者矣. 君子之德, 風也, 小人之德, 草也. 草上之風必偃. 是在世子."

不可以他求(불가이타구) 조기에 따르면 다른 일을 이용해 구할 필요가 없으니, 상례는 슬픔

원치 않으며 말했다. "우리의 종국(宗國) 노나라의 선군(역대 군주)도 삼년상을 치르지 않았고, 우리 선군도 그것을 시행하지 않았는데, 그대의 시대에 이르러 이것을 뒤집는 것은 불가합니다. 또한 기록에 따르면 '상례와 제례는 선조의 것을 따라야 한다.'라고 하였는데, 이는 '우리에게 물려받은 것이 있다.'라는 것을 말합니다."

5-2-5   (세자가) 연우에게 말했다. "나는 지난날에 일찍이 학문을 하지 않고 말달리기와 칼 쓰기를 좋아했습니다. 그래서 지금 동성과 이성의 모든 관리들은 나를 부족한 자라고 여겨서 내가 부친상을 극진히 하지 못할까 걱정하는 것 같습니다. 그대가 나를 위해 맹자에게 자문해 주십시오."

5-2-6   연우가 다시 추나라에 가서 맹자에게 물었다.

5-2-7   맹자께서 말씀하셨다. "그럴 수 있겠다. 다른 것을 구할 필요가 없다. 공자께서는 '군주가 죽으면 그 세자는 나랏일을 재상에게 위임하고, (세자는) 죽을 마시며 짙게 검어진 얼굴로 상주의 자리에 나아가 곡을 해야 한다. 그러면 모든 관

〔哀〕을 높이기 때문에 오직 마땅히 슬퍼함〔哀戚〕으로 그들을 감동시킬 뿐이다. 주희에 따르면 마땅히 자신에게 요구해야 한다는 것이다. 冢宰(총재) 주희에 따르면 육경(六卿)의 우두머리이다. 歠(철) 마신다는 뜻이다. 深墨(심묵) 조기에 따르면 심은 '심하다'이고, 묵은 '검다'이다. 草上之風(초상지풍) 초상지풍(草尚之風)이다. 조기는 상(尚)을 '가(加)하다'라고 하고, 주희는 『논어』 「안연(顔淵)」에 상(上)으로 되어 있으니, 옛 글자〔古字〕에는 통용되었다고 한다.

然友反命.

世子曰: "然, 是誠在我."

五月居廬, 未有命戒. 百官族人可謂曰知. 及至葬, 四方來觀之, 顔色之戚, 哭泣之哀, 弔者大悅.

五月居廬(오월거려) 조기에 따르면 제후는 5개월 만에 장사를 지내니, 장사를 지내기 전에는 중문(中門)의 안에 있는 의려(倚廬, 임시로 만든 여막)에 거처한다. 주희에 따르면 중문의 밖에 있는 의려에 거처한다. 『춘추좌씨전』에 따르면 천자는 7개월, 제후는 5개월, 대부는 3개월 동안 여막에 거처한다. 未有命戒(미유명계) 주희에 따르면 거상(居喪) 중에는 말하지 않았으므로, 명령과 교계(教戒)를 내리지 않는 것이다. 可謂曰知(가위왈지) 조기에 따르면 세자가 예를 행할 수 있음을 알았다는 것이다. 주희에 따르면 궐문(闕文)이나 오자(誤字)가 있는 듯하니 "모두들 세자가 예를 안다고 말하였다."라는 것이다.

滕文公問爲國.

리들이 감히 슬퍼하지 않을 수 없으니, 이는 세자가 먼저 슬피 울었기 때문이다.'라고 했다. 윗사람이 무엇을 좋아한다면 아랫사람들은 반드시 더욱 좋아하게 된다. 군자의 덕은 바람과 같고 소인의 덕은 풀과 같다. 풀 위로 바람이 불면 풀은 (바람이 부는 쪽으로) 반드시 쓰러진다고 했다. 그러므로 이런 일은 세자에게 달려 있는 것이다."

5-2-8   연우가 돌아와서 보고하였다.

5-2-9   세자가 말했다. "그렇지요. 이 일은 참으로 나에게 달려 있는 것이군요."

5-2-10   (그래서 세자는) 다섯 달 동안 여막에 거처하고 정사에 관한 명령이나 금지령을 내리지 않았다. 그러자 모든 관리들과 친족들이 세자는 예를 아는 사람이라고 하였다. 장사 지내는 날이 되니 사람들이 사방에서 몰려와 참관했는데, 세자가 비통한 얼굴색을 하고 애통하게 소리 내어 우니 조문하러 온 사람들이 매우 흡족해하였다.

5-3-1   등 문공이 (맹자에게) 나라를 다스리는 것(국가의 운영)에 대해 물었다.

孟子曰: "民事不可緩也. 詩云: '晝爾于茅, 宵爾索綯. 亟其乘屋, 其始播百穀.' 民之爲道也, 有恒産者有恒心, 無恒産者無恒心. 苟無恒心, 放辟邪侈, 無不爲已. 及陷乎罪, 然後從而刑之, 是罔民也. 焉有仁人在位, 罔民而可爲也? 是故賢君必恭儉禮下, 取於民有制. 陽虎曰: '爲富不仁矣, 爲仁不富矣.'

民事(민사) 주희에 따르면 농사를 말한다. 그러나 백성의 일은 농사에 국한되지 않고, 이 문장에서 농사뿐 아니라 백성에 관한 여러 일을 언급했기 때문에 민사를 '백성의 일'로 해석했다. 詩(시) 『시경』 「빈풍 칠월(七月)」을 말한다. 恒産(항산) 일정한 생업을 뜻한다. 恒心(항심) 변함없는 마음을 뜻한다. 罔民(망민) 백성을 그물질한다는 말로, 군주가 백성들을 해친다는 뜻이다. 賢君必恭儉禮下, 取於民有制(현군필공검예하, 취어민유제) 조기는 옛날의 현명한 군주는 몸과 행실이 공손하고 검소하며, 예로써 대신(大臣)을 대하고 백성에게 세금을 거두어들임에 십일(十一, 생산량의 10의 1을 취하는 것)의 법도를 넘지 않았다고 했다. 주희는 공손하면 예로써 아랫사람을 대할 수 있고, 검소하면 백성들에게 취하는 것을 제한할 수 있다고 하였다. 陽虎(양호) 조기에 따르면 노나라 계씨의 가신이다.

夏后氏五十而貢, 殷人七十而助, 周人百畝而徹, 其實皆什一也. 徹者, 徹也. 助者, 藉也. 龍子曰: '治地莫善於助, 莫不善於貢.' 貢者, 校數歲之中以爲常. 樂歲粒米狼戾, 多取之而不爲虐, 則寡取之. 凶年糞其田而不足, 則必取盈焉. 爲民父母, 使民盻盻然, 將終歲勤動不得以養其父母, 又稱貸而益之, 使老稚轉乎溝壑, 惡在其爲民父母也? 夫世祿, 滕固行之矣. 詩云: '雨我公田, 遂及我私.' 惟助爲有公田. 由此觀之, 雖周亦助也.

夏后氏(하후씨) 우(禹)임금의 나라 이름이다. 후(后)는 군(君)인데, 우임금은 선양받았기 때문에 하(夏)는 후라 부른다. 반면 은(殷)과 주(周)는 인심(민심)에 따라 정복했기 때문에 인(人)이라 말한다. 貢(공), 助(조), 徹(철) 하·은·주 삼대의 토지 제도를 말한다. 공법은 하나

5-3-2

맹자께서 말씀하셨다. "백성들의 일을 느슨히 할 수 없습니다. 『시』에 '낮에는 띠를 베고 밤에는 새끼 꼬아, 서둘러 지붕을 손질하고 비로소 백곡을 파종한다.'라고 했습니다. 백성들이 살아가는 도리는 일정한 생업이 있으면 사람은 변함없는 마음을 가지게 되고 일정한 생업이 없는 사람은 변함없는 마음이 없게 됩니다. 만약 변함없는 마음이 없으면 방탕하고 편벽되며 간사하고 사치한 행동을 하지 않음이 없게 됩니다. 그들이 죄를 저지른 후에 (그 죄에) 따라서 처벌한다면, 그것은 백성을 해치는 것입니다. 어떻게 어진 사람이 군주의 지위에 있으면서 백성들을 그물질해 잡는 일을 할 수 있단 말입니까? 그러므로 현명한 군주는 반드시 공손하고 검소(검약)하며 신하들을 예로써 대하고, 백성들에게 세금을 거두어들이는 데에는 일정한 법제가 있습니다. 양호는 '부자가 되려고 하면 인(仁)할 수 없고, 인하려고 하면 부자가 될 수 없다.'라고 말했습니다.

5-3-3

하나라는 50무씩 나누어 주고 공법을 시행했고, 은나라는 70무씩 나누어 주고 조법을 시행했으며, 주나라는 100무씩 나누어 주고 철법을 시행했는데, 그 실질은 모두 수확량의 10분의 1을 세금으로 거두는 것이었습니다. 철은 통한다는 뜻이고, 조는 빌린다는 뜻입니다. 용자는 '토지의 세금을 매기는 데 조법보다 더 좋은 것이 없고 공법보다 더 나쁜 것이 없다.'라고 말했습니다. 공이란 여러 해의 수확의 중간치를 비교하여 일정한 세액을 확정하는 것입니다. 풍년에는 양식이 도처에 남아돕니다. 세금을 많이 거두더라도라, 조법은 은나라, 철법은 주나라에서 시행되었다. 주희에 따르면 하나라 때에는 한 가장(家長)이 토지 50무를 받고, 가장마다 5무의 수입을 계산하여 바치게 했다. 은나라 사람이 처음으로 정전(井田)의 제도를 만들어, 630무의 토지를 가지고 구획하여 아홉 구역으로 만들었는데, 한 구역이 70무였다. 한가운데는 공전(公田)이 되고 그 바깥은 여덟 집에 각기 한 구역을 주어, 단지 그 힘을 빌려서 공전을 도와 경작하게 하고 다시 그 사전(私田)에는 세금을 부과하지 않았다. 주나라 때에는 한 가장이 토지 100무를 받는데 시골에는 공법(貢法)을 써서 10부(夫, 1부는 100무)에 구(溝)가 있었고, 도회에서는 조법(助法)을 써서 여덟 집이 정(井)을 함께하여, 경작하게 되면 노동력을 통하여 일하고, 수확하게 되면 이랑 수를 계산하여 분배하였다. 그러므로 철(徹)이라고 이른 것이다. 그 실제는 모두 10분의 1을 떳떳한 수로 삼았고, 오직 조법은 바로 9분의 1 세법이나, 은나라 제도는 상고할 수 없으며, 주나라 제도는 공전 100무 가운데 20무를 여막[廬舍]으로 만들었으니 1부(夫)가 경작하는 공전이 실제로 계산하면 10무이다. 사전 100무를 통틀어 계산하면 11분의 1을 취함이 되니, 이는 또 10분의 1보다 가벼운 것이다. 은나라 제도 역시 마땅히 이와 같아서 14무를 여막으로 삼아 일부가 실제로 공전 7무를 경작했을 것이니, 그렇다면 이 역시 10분의 1에 불과하다. 龍子(용자) 주희에 따르면 옛 현인이다. 校(교) 비교하는 것을 뜻한다. 樂歲(낙세) 조기에 따르면 풍년이다. 狼戾(낭려) 주희에 따르면 낭자(狼藉)와 같으니, 많음을 말한다. 盻盻(혜혜) 조기에 따르면 쉬지 않고 부지런히 힘쓰는 모습이다. 稱貸而益之(칭대이익지) 주희에 따르면 칭은 듦이요, 대는 빌림이니, 남에게 물건을 취하고 이자를 내어 상환하는 것이다. 익지는 정해진 세액을 다 취한다는 것이다. 世祿(세록) 주희에 따르면 세록은 토지를 주어서 그로 하여금 그 공전의 수입을 먹게 하는 것이다. 조법과는 서로 표리가 되니, 군주와 소인으로 하여금 각기 일정한 생업이 있게 해서 상하가 서로 편안하게 하는 것이다. 詩(시) 『시경』 「소아 대전(大田)」을 말한다.

設爲庠序學校以敎之, 庠者養也, 校者敎也, 序者射也. 夏曰校, 殷曰序, 周曰庠, 學則三代共之, 皆所以明人倫也. 人倫明於上, 小民親於下. 有王者起,

포악함이 되지 않는데도 적게 거둬 갑니다. 흉년이 든 해에
는 밭에 거름을 주기에도 부족한데 반드시 정해진 세액을
다 채워서 거둬 갑니다. 백성들의 부모가 되어서, 백성들이
1년 내내 쉬지 않고 부지런히 힘써 일했는데도 그들이 부모
조차 제대로 봉양할 수 없게 합니다. 빚을 내어서 정해진 세
액을 채워 내도록 하여 노인과 어린아이들은 굶겨 죽여 구
덩이에 뒹굴게 한다면, 어찌 그가 백성의 부모가 될 수 있겠
습니까? 자손 대대로 봉록을 받는 것은 원래 등나라가 시행
하고 있는 것입니다. 『시』에서 '우리 공전에 비 내리고 드디
어 우리 사전에도 내린다.'라고 했습니다. 오직 조법에 공전
이 있는 것인데, 이 시를 통해서 볼 때 주나라도 역시 조법
을 시행했습니다.

5·3·4 상과 서, 학과 교를 설치해서 백성을 가르쳐야 합니다. 상
은 기른다는 뜻이고, 교는 가르친다는 뜻이며, 서는 활쏘

必來取法, 是爲王者師也.

養(양) 주희에 따르면 봉양한다는 뜻이다. 爲王者師(위왕자사) 주희에 따르면 등나라는 좁고 작아 비록 어진 정치를 시행한다고 하더라도 반드시 왕의 사업을 일으킬 수 있는 것은 아니다. 그러나 왕자의 스승이 된다면 비록 천하를 소유하지는 못하더라도 그 은택이 족히 천하에 미칠 수 있는 것이다.

詩云: '周雖舊邦, 其命惟新.' 文王之謂也. 子力行之, 亦以新子之國."

詩(시) 『시경』 「대아 문왕(文王)」을 말한다. 其命維新(기명유신) 조기에 따르면 주나라가 비록 후직 이래로 옛날부터 제후가 되었으나, 오직 문왕이 왕명을 받고 새롭게 부흥하여 예의를 닦으며 가지런히 하여 이에 이른 것이다. 子(자) 주희에 따르면 문공을 가리킨 것이니, 제후로서 즉위한 지 1년을 넘지 않은 자의 호칭이다.

使畢戰問井地.

畢戰(필전) 조기에 따르면 등나라의 신하이다.

孟子曰: "子之君將行仁政, 選擇而使子, 子必勉之! 夫仁政必自經界始. 經界不正, 井地不均, 穀祿不平. 是故暴君汙吏必慢其經界. 經界旣正, 分田制祿, 可坐而定也.

經界(경계) 주희에 따르면 땅을 고르고 토지를 나누어서, 도랑과 길과 봉식(封植)을 구분하는 경계를 구획하는 것이다.

기를 익힌다는 뜻입니다. 하나라에서는 교라고 했고 은나라에서는 서라고 했으며 주나라에서는 상이라 했습니다. 학은 (하·은·주) 삼대가 공통적으로 그렇게 불렀는데 그것들은 모두 인륜을 밝히기 위한 것이었습니다. 인륜이 위에서 밝혀지면 백성들은 아래에서 서로 친밀하게 지내게 될 것이고, (세상에) 왕이 나타나면 반드시 등나라로 와서 본보기를 취할 것이니, 이는 왕의 스승이 되는 것입니다.

5-3-5 『시』에서 '주(周)는 비록 오래된 나라이지만 그 천명은 새로웠다.'라고 한 것은 문왕에 대해 말한 것입니다. 임금께서 힘써 실천한다면 등나라를 새롭게 할 수 있을 것입니다."

5-3-6 (등 문공이 신하인) 필전을 시켜 정전법에 대해서 물었다.

5-3-7 맹자께서 말씀하셨다. "그대의 군주가 어진 정치를 실천하려고 그대를 선택하여 나에게 묻도록 하였으니 그대는 반드시 잘 듣고 잘 실행해야 할 것이오. 어진 정치는 반드시 토지의 경계를 확정하는 것에서 시작되오. 경계가 바르지 않으면 정전의 토지가 균등하지 못하고 토지의 수확에서 얻은 봉록 역시 공평하지 못하게 되오. 그러므로 폭군과 탐관오리는 토지의 경계 확정을 태만하게 하기 마련이오. 경계가 바르게 되면, 백성에게 토지를 분배하는 것과 관리들의

夫滕, 壤地褊小, 將爲君子焉, 將爲野人焉; 無君子莫治野人, 無野人莫養君子. 請野九一而助, 國中什一使自賦. 卿以下必有圭田, 圭田五十畝, 餘夫二十五畝. 死徙無出鄕, 鄕田同井, 出入相友, 守望相助, 疾病相扶持, 則百姓親睦. 方里而井, 井九百畝, 其中爲公田. 八家皆私百畝, 同養公田, 公事畢, 然後敢治私事, 所以別野人也. 此其大略也. 若夫潤澤之, 則在君與子矣."

野人(야인) 교양이 없고 거친 사람, 벼슬을 하지 않고 지내는 양반 계급의 사람, 시골에 사는 사람, 농민을 말한다. 野九一而助(야구일이조) 주희에 따르면 야는 교외의 도(都), 비(鄙)의 땅이다. 공전을 만들어 조법을 시행하는 것이다. 國中什一使自賦(국중십일사자부) 주희에 따르면 국중은 교문(郊門)의 안에 있는 향(鄕), 수(遂)의 땅이다. 토지를 정전으로 만들어 주지 않고, 다만 구혁(溝洫)을 만들어서 10분의 1을 스스로 바치게 하니, 이는 공법을 쓴 것이다. 圭田(규전) 조기에 따르면 옛날에는 경에서 사까지 모두 규전 50무를 받아서 제사를 지냈다. 규는 깨끗함[潔]이다. 선비의 전이므로 규전이라 말했다. 餘夫(여부) 조기에 따르면 한 집의 한 사람이 규전을 받고 그 외의 노인과 어린 사람은 25무, 즉 규전의 반을 받는데 그것을 여부라고 한다. 정이에 따르면 1부(夫)는 위로 부모가 있고 아래로 처자가 있어서, 다섯 식구와 여덟 식구를 비율로 삼아 토지 100무를 받으니, 만일 아우가 있으면 이는 여부이다. 나이 16세에 별도로 토지 25무를 받고, 그가 장성하여 아내가 있기를 기다린 뒤에 다시 100무의 토지를 받았다. 鄕田同井(향전동정) 조기에 따르면 정(井)을 함께하는 집이 향(鄕)의 밭을 각기 서로 나누어 경작하는 것이다. 주희에 따르면 동정은 여덟 집이다. 相友(상우) 조기는 상우는 짝하는 것[耦]이라고 하고, 주희는 우는 반(伴, 짝함)과 같다고 한다. 守望相助(수망상조) 조기에 따르면 함께 도와 간악(姦惡)을 살피는 것이다. 주희에 따르면 수망은 도둑을 막는 것이다. 潤澤(윤택) 주희에 따르면 때에 따라 마땅하게 하여 인정(人情)에 맞게 하고, 토속(土俗)에 마땅하게 하여 선왕의 뜻을 잃지 않게 함을 말한다.

봉록을 정하는 것은 가만히 앉아서도 할 수 있게 되오.

등나라는 영토가 협소하지만 그중에는 장차 군자가 될 사
람도 있고 야인이 될 사람도 있소이다. 군자가 없으면 야인
을 다스릴 수 없고, 야인이 없으면 그 군자를 봉양할 수 없
소. 청컨대 지방에서는 수확량의 9분의 1을 세금으로 정하
여 조법을 실시하고, 수도에서는 수확량의 10분의 1을 세금
으로 정하여 스스로 세금을 납부하게 하시오. 경 이하의 관
리들은 반드시 규전이 있어야 하는데, 규전은 50무이고 여
부는 25무를 주도록 하시오. 이렇게 하면 죽거나 이사를 해
도 마을을 벗어나지 않을 것이오. 마을의 밭을 함께 경작하
니 드나들며 서로 친구처럼 지내고, 도둑을 막을 때에도 서
로 도우며, 질병이 걸렸을 때에도 서로가 돌봐 준다면, 백성
들은 서로 친애하고 화목하게 될 것이오. 사방 1리의 토지
가 정이고 하나의 정은 900무인데, 그 가운데는 공전이 되
오. 여덟 가구가 모두 100무의 땅을 사전으로 가지며 공전
을 공동으로 경작하되, 공적인 일을 마친 뒤에야 비로소 사
적인 일을 할 수 있는데, 이것은 농민과 관리를 구분하는 근
거이오. 이것이 정전제에 관한 대체적인 내용이오. 그것을
잘 실행하는 것은 군주와 그대에게 달려 있소."

有爲神農之言者許行, 自楚之滕, 踵門而告文公曰: "遠方之人, 聞君行仁政, 願受一廛而爲氓."

爲(위) 조기에 따르면 연구하고 실행한다[治爲]는 뜻이다. 神農(신농) 주희에 따르면 염제 신농씨이니 처음으로 쟁기 자루와 보습을 만들어서 백성들에게 농사를 가르친 사람이다. 신농의 학설이란 후대 사람들이 신농씨에 의탁하여 만들어 낸 학설이다. 許行(허행) 전국 시대 초나라 사람이다. 농가(農家)의 대표적인 인물로, 맹자와 동시대인이다. 일찍이 묵자(墨子)의 제자 금활리(禽滑釐)에게 배웠다. 踵門(종문) 조기는 좋은 이름[至]이라 하고, 주희는 발이 문에 이른 것[足至門]이라 한다. 廛(전) 조기는 거주하는 곳[居]이라 하고, 주희는 백성이 거주하는 곳[民所居]이라 한다. 氓(맹) 조기에 따르면 야인(野人), 즉 교외에 사는 사람을 가리킨다. 단옥재(段玉裁)의 『설문해자주(設文解字注)』에 따르면 "다른 나라에서 귀화한 인민"으로, 오늘날의 이민자에 해당한다.

文公與之處.

其徒數十人皆衣褐, 捆屨織席以爲食.

褐(갈) 조기에 따르면 세 가지 의미로 해석된다. 첫째, 가느다란 짐승의 털로 만든 옷이다. 둘째, 거친 마로 짠 짧은 옷이다. 셋째, 조잡한 베옷[布衣]이다. 주희에 따르면 모포(毛布)이니 천한 자의 의복이다. 捆屨(곤구) 짚신을 삼을 때 견고하게 하기 위해 두드리기도 한다. 그래서 짚신 삼는 것을 두드린다[捆]고 표현했다. 以爲食(이위식) 조기에 따르면 짚신과 자리를 팔아 음식을 마련하는 것이다.

陳良之徒陳相與其弟辛, 負耒耜而自宋之滕, 曰: "聞君行聖人之政, 是亦聖人也. 願爲聖人氓."

5·4·1   신농의 학설을 실행하는 허행이라는 사람이 초나라에서 등
나라로 가서 직접 문공을 만나서 말했다. "나는 먼 곳에서
온 사람인데, 임금께서 어진 정치를 실행한다는 말을 듣고
거처를 얻어서 이 나라 백성이 되고자 합니다."

5·4·2   문공은 그 사람에게 거처할 곳을 주었다.

5·4·3   그 문도가 수십 명이었는데, 모두 거친 베옷을 입고 짚신을
삼으며 자리를 짜서 먹고살았다.

5·4·4   진량의 제자인 진상과 그 아우 진신이 함께 농기구를 짊어
지고 송나라에서 등나라로 가서 말했다. "임금께서 성인의
정치를 실행하신다고 들었는데, 그렇다면 임금은 또한 성인
이시니, 성인의 백성이 되고자 합니다."

陳相見許行而大悅, 盡棄其學而學焉.

陳相見孟子, 道許行之言, 曰: "滕君則誠賢君也, 雖然, 未聞道也. 賢者與民
並耕而食, 饔飧而治. 今也滕有倉廩府庫, 則是厲民而以自養也, 惡得賢?"
饔飧(옹손) 조기에 따르면 익은 밥이다. 아침밥은 옹이라 하고 저녁밥은 손이라 한다. 厲(려)
해친다는 뜻이다.

孟子曰: "許子必種粟而後食乎?"

曰: "然."

"許子必織布而後衣乎?"

曰: "否. 許子衣褐."

"許子冠乎?"

曰: "冠."

진상이 허행을 만나보고 크게 기뻐하여 자신이 배운 것을 모두 버리고 그에게 배웠다.

진상이 맹자를 만나서 허행의 학설에 대해 말했다. "등나라 임금은 진실로 현명한 군주입니다. 비록 그렇기는 하지만 진정한 임금의 도리에 대해서는 아직 이해하지 못했습니다. 현자는 백성과 함께 농사지어 먹고, 스스로 밥을 지어 먹으면서 백성을 다스립니다. 그런데 지금 등나라에는 곡식 창고와 재물 창고가 있으니, 이는 곧 백성을 괴롭혀서 자신의 사치스러운 생활을 도모하는 것입니다. 이것을 어찌 현명하다 하겠습니까?"

맹자께서 말씀하셨다. "허행은 반드시 손수 농사를 지어서 밥을 먹는가?"

(진상이) 말했다. "그렇습니다."

(맹자께서 말씀하셨다.) "허행은 반드시 손수 베를 짜서 옷을 입는가?"

(진상이) 말했다. "아닙니다. 허행은 거친 베옷을 입습니다."

(맹자께서 말씀하셨다.) "허행은 관을 쓰는가?"

(진상이) 말했다. "관을 씁니다."

曰: "奚冠?"

曰: "冠素."

曰: "自織之與?"

曰, "否, 以粟易之."

曰: "許子奚爲不自織?"

曰: "害於耕."

曰: "許子以釜甑爨, 以鐵耕乎?"

釜甑爨(부증찬) 주희에 따르면 부는 삶는 그릇이고, 증은 찌는 그릇이며, 찬은 불 때는 것이다. 鐵(철) 농기구를 가리킨다.

曰: "然."

"自爲之與?"

曰: "否, 以粟易之."

"以粟易械器者, 不爲厲陶冶; 陶冶亦以其械器易粟者, 豈爲厲農夫哉? 且許子何不爲陶冶, 舍皆取諸其宮中而用之, 何爲紛紛然與百工交易, 何許子之不憚煩?"

5-4-13   (맹자께서) 말씀하셨다. "무슨 관을 쓰는가?"

5-4-14   (진상이) 말했다. "흰 비단으로 만든 관을 씁니다."

5-4-15   (맹자께서) 말씀하셨다. "손수 그것을 짜는가?"

5-4-16   (진상이) 말했다. "그렇지 않습니다. 곡식을 주고 바꿉니다."

5-4-17   (맹자께서) 말씀하셨다. "허행은 어째서 손수 짜지 않는가?"

5-4-18   (진상이) 말했다. "농사짓는 데 방해가 되기 때문입니다."

5-4-19   (맹자께서) 말씀하셨다. "허행은 솥과 시루로 밥을 짓고 쇠로 된 농기구로 밭을 가는가?"

5-4-20   (진상이) 말했다. "그렇습니다."

5-4-21   (맹자께서 말씀하셨다.) "손수 그것들을 만드는가?"

5-4-22   (진상이) 말했다. "그렇지 않습니다. 곡식을 주고 바꿉니다."

5-4-23   (맹자께서 말씀하셨다) "곡식을 주고 솥과 시루와 바꾸는 것이 도공과 대장장이에게 손해를 입히는 것이 아니라면, 도공과 대장장이가 자신이 만든 솥과 시루를 주고 곡식과 바

械器(기기) 주희에 따르면 가마솥과 시루의 일종이다. 陶冶(도야) 주희에 따르면 도는 시루를 만드는 자이고, 야는 가마솥과 쇠붙이를 만드는 자이다. 舍(사) 조기에 따르면 사는 다만 〔止〕이라는 뜻인데, 어떤 이는 앞의 '위도야(爲陶冶)' 구로 붙여 읽어서 사는 도야를 만드는 곳이라고도 한다.

曰: "百工之事, 固不可耕且爲也."

"然則治天下獨可耕且爲與? 有大人之事, 有小人之事. 且一人之身而百工之所爲備, 如必自爲而後用之, 是率天下而路也. 故曰或勞心, 或勞力. 勞心者治人, 勞力者治於人. 治於人者食人, 治人者食於人, 天下之通義也.

大人之事(대인지사), 小人之事(소인지사) 조기에 따르면 대인의 일은 군주가 교화를 행하는 것을 말하고, 소인의 일은 농업, 공업, 상업을 말한다. 路(로) 조기는 세상 사람들을 끌어내서 길에 가득하게 하는 것이라 하고, 주희는 길에서 사람들을 바쁘게 뛰어다니게 해서 쉴 시간이 없게 하는 것이라 한다. 勞心者(노심자) 조기에 따르면 군주이다. 勞力者(노력자) 조기에 따르면 백성이다.

當堯之時, 天下猶未平, 洪水橫流, 氾濫於天下, 草木暢茂, 禽獸繁殖, 五穀不登, 禽獸偪人, 獸蹄鳥跡之道交於中國. 堯獨憂之, 舉舜而敷治焉. 舜使益掌火, 益烈山澤而焚之, 禽獸逃匿. 禹疏九河, 瀹濟漯而注諸海, 決汝漢, 排淮泗而注之江, 然後中國可得而食也. 當是時也, 禹八年於外, 三過其門

꾸는 것이 어떻게 농부에게 손해를 입히는 것이겠는가? 또 허행은 어째서 손수 도기와 철기를 만들어 모든 것을 오직 자기 집에서만 가져다 쓰지 않는가? 어째서 번거롭게 여러 장인들과 교환을 하는가? 어째서 허행은 그처럼 번거로운 것을 꺼리지 않는가?"

5-4-24 (진상이) 말했다. "백공들이 하는 일은 원래 농사를 지으면서 동시에 할 수가 없습니다."

5-4-25 (맹자께서 말씀하셨다) "그렇다면 천하를 다스리는 일만 유독 농사를 지으면서 동시에 할 수 있다는 것인가? 대인이 할 일이 있고 소인이 할 일이 있다. 또한 사람에게는 백공이 만드는 것들이 다 필요한데, 만일 반드시 모든 것을 손수 만들어서 사용해야 한다면, 그것은 천하의 사람들을 이끌어 길에서 바쁘게 만드는 것이다. 그러므로 어떤 사람은 마음을 수고롭게 하고[勞心] 어떤 사람은 몸을 수고롭게 한다[勞力]. 노심자(勞心者)는 다른 사람을 다스리고, 노력자(勞力者)는 다른 사람에게 다스림을 받는다. 다스림을 받는 자는 다른 사람을 먹여 살리고, 다스리는 자는 다른 사람이 먹여 살리는 것이 세상에 두루 통하는 이치이다.

5-4-26 요임금 시대에는 천하가 평안하지 못했다. 홍수가 멋대로 흘러 천하에 범람하고 초목이 무성하며 금수가 번식하였다. 오곡이 여물지 못하고 금수가 사람에게 달려들며 들짐승과 날짐승의 발자국이 나라 가운데 어지럽게 나 있었다. 요임

而不入, 雖欲耕, 得乎?

天下猶末平(천하유미평) 조기에 따르면 홍수로 인하여 천하가 평안하지 못한 것이다. 주희에 따르면 태곳적에는 짐승과 자연재해로 인해 사람들이 먹고사는 데 어려움이 많았는데, 성인이 차례로 나와서 그 폐해들을 점차 제거하고 다스렸다. 그러나 그때까지도 아직 다 평정하지는 못한 것이다. 登(등) 조기는 쓸 만하게 된 것이라 하고, 주희는 잘 익은 것이라 한다. 敷(부) 조기는 다스림[治]이라 하고, 주희는 폄[布]이라 한다. 九河(구하) 주희에 따르면 도해(徒駭), 태사(太史), 마협(馬頰), 복부(覆釜), 호소(胡蘇), 간(簡), 결(潔), 구반(鉤盤), 격진(鬲津)이다. 瀹(약) 조기는 다스림[治]이라 하고, 주희는 소통(疏通)의 뜻이라고 한다. 決(결), 排(배) 주희에 따르면 모두 쌓이고 막혀 있는 것을 제거한다는 뜻이다.

后稷敎民稼穡, 樹藝五穀. 五穀熟而民人育. 人之有道也, 飽食煖衣, 逸居而無敎, 則近於禽獸. 聖人有憂之, 使契爲司徒, 敎以人倫: 父子有親, 君臣有義, 夫婦有別, 長幼有序, 朋友有信. 放勳曰: 勞之來之, 匡之直之, 輔之翼之, 使自得之, 又從而振德之. 聖人之憂民如此, 而暇耕乎!

后稷(후직) 전해지는 이름은 기(棄)이고, 주나라의 시조이며, 요임금 때 농사를 관장했던 신하이다. 樹藝(수예) 조기에 따르면 수는 심음[種]이고, 예는 번식함[殖]이다. 五穀(오곡) 조기에 따르면 벼, 기장, 조, 보리(밀), 콩이다. 司徒(사도) 주나라의 관제에서 교화를 담당했다는 관직이다. 放勳(방훈) 주희에 따르면 본래 사신(史臣, 사관)이 요임금을 칭찬한 말인데, 맹자가 그것에 근거하여 요임금의 호로 삼은 것이다.

금 혼자만이 이것을 근심하여 순임금으로 하여금 다스리게 했다. 순임금이 익에게 불을 관장하게 하여 익이 산과 늪에 불을 질러서 태워 버리자 금수가 도망가 숨었다. 또 우임금은 아홉 개의 물길을 내고, 제수와 탑수를 다스려서 바다로 흘러들게 했으며, 여수와 한수의 물길을 트고 회수와 사수를 소통하여 (장)강으로 흐르게 했다. 그렇게 한 후에야 온 나라가 먹고 살 수 있게 되었다. 당시 우임금은 8년 동안 집 밖에 머물렀고 세 번이나 자기 집 앞을 지나가면서도 들어가지 않았으니 설령 농사를 지으려고 해도 할 수 있었겠는가?

5-4-27   후직이 백성들에게 농사짓는 법을 가르치고 오곡을 기르게 하였다. 오곡이 잘 익게 되자 백성들이 먹고살게 되었다. 사람은 사람으로서의 도리가 있으니, 배불리 먹고 따스하게 입으며 편안하게 지내기만 하고 가르침이 없으면 금수에 가까워진다. 성인은 이것을 근심하여 설을 사도(司徒)로 삼아 인륜을 가르치게 했다. 부자 사이에는 친애함이 있고 군신 사이에는 의리가 있으며 부부 사이에는 구별이 있고 어른과 아이 사이에는 차례가 있으며 친구 사이에는 믿음이 있어야 한다는 것이다. 요임금이 말하기를 '백성들을 격려하고 따라오게 하며, 바로잡아 주고 곧게 펴 주며, 도와주고 거들어 주어서 스스로 선한 본성을 깨닫게 하고, 또 그들에게 은덕을 베풀어 주어라.'라고 했다. 성인이 백성을 근심하는 것이 이러한데 어느 겨를에 농사를 짓겠는가?

堯以不得舜爲己憂, 舜以不得禹皐陶爲己憂. 夫以百畝之不易爲己憂者, 農夫也. 分人以財謂之惠, 敎人以善謂之忠, 爲天下得人者謂之仁. 是故以天下與人易, 爲天下得人難. 孔子曰: '大哉堯之爲君, 惟天爲大, 惟堯則之, 蕩蕩乎民無能名焉. 君哉舜也, 巍巍乎有天下而不與焉.' 堯舜之治天下, 豈無所用心哉, 亦不用於耕耳.

皐陶(고요) 『서경』「순전(舜典)」에 나오는 순임금 때의 현능한 신하. 易(이) 조기에 따르면 다스림[治]이다. 惠(혜), 忠(충), 仁(인) 주희에 따르면 남에게 재물을 나누어 줌은 작은 은혜일 뿐이고, 남에게 선을 가르쳐 줌은 비록 백성을 사랑하는 실제가 있으나 미치는 바가 또한 한계가 있고 오래하기 어렵다. 오직 요가 순을 얻고, 순이 우와 고요를 얻은 것과 같이 하여야, 이른바 천하를 위하여 인재를 얻는다는 것이어서 그 은혜가 광대하고 교화가 무궁할 것이니, 이 때문에 인이 되는 것이다. 孔子曰(공자왈) 『논어』「태백(泰伯)」에 보인다.

吾聞用夏變夷者, 未聞變於夷者也. 陳良, 楚産也, 悅周公仲尼之道, 北學於中國, 北方之學者, 未能或之先也, 彼所謂豪傑之士也. 子之兄弟事之數十年, 師死而遂倍之. 昔者孔子沒, 三年之外, 門人治任將歸, 入揖於子貢, 相嚮而哭, 皆失聲, 然後歸. 子貢反, 築室於場, 獨居三年, 然後歸. 他日, 子夏子張子游以有若似聖人, 欲以所事孔子事之, 强曾子. 曾子曰, '不可, 江漢以濯之, 秋陽以暴之, 皜皜乎不可尙已!' 今也南蠻鴃舌之人, 非先王之道, 子倍子之師而學之, 亦異於曾子矣. 吾聞出於幽谷遷於喬木者, 未聞下喬木而入於幽谷者. 魯頌曰: '戎狄是膺, 荊舒是懲.' 周公方且膺之, 子是之學, 亦爲不善變矣!"

요임금은 순을 얻지 못하는 것을 자신의 근심으로 삼았고, 순임금은 우와 고요를 얻지 못하는 것을 자신의 근심으로 삼았다. 100무의 땅을 다스리지 못하는 것을 자신의 근심으로 삼는 것은 농사꾼이다. 재물을 남에게 나누어 주는 것을 일러 은혜롭다고 하고, 선을 남에게 가르쳐 주는 것을 일러 충실하다고 하며, 천하의 사람들을 위해 재능 있는 사람을 얻는 것을 어질다고 한다. 그러므로 천하를 남에게 주는 것은 쉽지만, 천하의 사람들을 위해 재능 있는 사람을 얻는 것은 어렵다. 공자께서 '위대하도다! 요의 임금 노릇 하심이여. 오직 하늘만이 크거늘, 오직 요임금만이 그것을 본받으셨으니, 넓고 아득하여 백성들이 뭐라고 이름할 수 없구나. 임금답도다! 순이여. 그분의 덕은 높디높아서 천하를 가졌지만 사사로이 자신의 것으로 누리지 않았다.'라고 했다. 요임금과 순임금이 천하를 다스림에 있어 어찌 마음 씀이 없었겠는가? 그러나 농사짓는 데 마음 쓰지는 않았다.

나는 중원의 문화를 사용해서 오랑캐를 변화시켰다는 말은 들었어도 중원의 문화가 오랑캐에 의해 변화되었다는 말은 듣지 못했다. 진량은 남방의 초나라 출신이지만 주공과 공자의 도를 좋아하여 북쪽으로 중원에 와서 배웠다. 북방의 학자들 중 그보다 뛰어난 사람이 아직 없었으니, 그는 걸출한 선비이다. 그대 형제는 그를 수십 년 동안 섬겼는데, 스승이 죽자 마침내 배반하고 말았구나. 옛날에 공자께서 돌아가시자, 3년이 지난 후 문인들이 모두 짐을 정리해서 장차 고향으로 돌아가려 할 적에, 자공의 처소에 들어가서 읍

夏(하) 조기에 따르면 제하(諸夏)의 예의(禮義)이다. 子之兄弟事之數十年, 師死而遂倍之 (자지형제사지수십년, 사사이수배지) 조기에 따르면 자지형제(子之兄弟)는 진상(陳相)과 진신(陳辛)을 말한다. 수십 년 동안 진량을 스승으로 모시고 배웠는데 진량이 죽자 그를 배반하고 더욱이 허행에게 가서 공부한 것을 꾸짖는 것이다. 鴃(격) 조기에 따르면 박로(博勞, 때까치)라 한다. 주희에 따르면 듣기 싫은 소리를 내는 새인데 남만의 소리가 이와 유사하니, 허행을 가리키는 것이다. 倍(배) 배반하다는 뜻이다. 魯頌(노송) 『시경』 「노송(魯頌) 비궁(閟宮)」을 말한다. 戎狄(융적) 서쪽 오랑캐와 북쪽 오랑캐를 가리킨다. 荊舒(형서) 남쪽의 초나라와 서나라를 가리킨다. 周公方且膺之(주공방차응지) 응은 침[擊]이다. 주희에 따르면 이 시는 희공의 송인데, 맹자가 주공이라고 말하였으니, 또한 단장취의한 것이다.

"從許子之道, 則市賈不貳, 國中無僞. 雖使五尺之童適市, 莫之或欺. 布帛長短同, 則賈相若; 麻縷絲絮輕重同, 則賈相若; 五穀多寡同, 則賈相若; 屨大小同, 則賈相若."

五尺之童(오척지동) 주희에 따르면 어려서 무지함을 말한 것이다. 麻縷絲絮(마루사서) 삼, 실, 생사, 솜이다.

하고 서로 마주보며 곡했는데 모두가 목이 쉰 후에 돌아갔다. 자공은 스승의 묘가 있는 곳에 다시 가서 여막을 짓고 홀로 3년을 지낸 후에 돌아갔다. 훗날 자하와 자장 그리고 자유는 유약이 공자를 닮았다면서 공자를 섬기던 예로써 그를 섬기자고 증자에게 요구했다. 그러자 증자는 '그럴 수 없다. 선생님의 덕은 장강과 한수의 물로 씻은 듯하고 가을 볕에 쪼인 듯해서 더할 나위 없이 깨끗하다.'라고 했다. 이제 남쪽 오랑캐가 때까치 같은 허무맹랑한 소리를 지껄이는데 이는 선왕의 도가 아니다. 당신은 도리어 스승을 배반하고 그것을 배우니, 증자와 다르다. 나는 어두운 골짜기에서 나와 높은 나무로 옮겨 간다는 말은 들었어도, 높은 나무에서 내려와 어두운 골짜기로 들어간다는 말은 듣지 못했다. 「노송」에서 '서쪽 오랑캐와 북쪽 오랑캐를 치고 남쪽의 초나라와 서나라를 응징하였다.'라고 했다. 주공도 그들을 응징하려 했는데 그대는 지금 그것을 배우니, 나쁘게 변하려는 것이구나."

5·4·30 (진상이 말했다.) "허자의 도를 따른다면 시장의 물건 값이 두 가지가 있지 않게 되고, 나라 안에 거짓이 없게 됩니다. 그래서 비록 어린아이를 시장에 보내더라도 누구도 그를 속이는 일이 없을 것입니다. 마포와 비단은 길이가 같으면 값이 서로 같고, 삼과 실, 생사와 솜의 무게가 같으면 값이 서로 같으며, 오곡은 분량이 같으면 값이 서로 같고, 신발은 크기가 같으면 값이 서로 같을 것입니다."

曰: "夫物之不齊, 物之情也. 或相倍蓰, 或相什百, 或相千萬. 子比而同之, 是亂天下也. 巨屨小屨同賈, 人豈爲之哉? 從許子之道, 相率而爲僞者也. 惡能治國家?"

蓰(사) 조기에 따르면 다섯 배이다. 比而同之(비이동지) 조기는 대소를 서로 비교하여 같게 하는 것이라 하고, 주희는 나란히 하여 똑같게 하는 것이라 한다. 巨屨小屨(거구소구) 조기에 따르면 거는 조악한 신발을 말하고 소는 정교한 신발을 말한다.

墨者夷之, 因徐辟而求見孟子. 孟子曰: "吾固願見, 今吾尙病, 病愈, 我且往見. 夷子不來."

夷之(이지) 조기에 따르면 묵가의 도를 배운 사람이다. 徐辟(서벽) 조기에 따르면 맹자의 제자이다. 夷子不來(이자불래) 이자는 이지를 말한다. 조기에 따르면 이날 이지는 맹자가 아프다는 말을 들었기 때문에 오지 않았다. 초순에 따르면 조기는 '이지가 오지 않았다.'라는 말을 이지가 오지 않은 실제 일을 기록한 것이라 생각했으나, 근래의 일반적인 해석은 이 또한 맹자가 한 말이라고 생각하여 '내 병이 나으면 내가 가서 이지를 만나 볼 것이니 이지는 올 필요가 없다.'라고 풀이한다.

他日, 又求見孟子. 孟子曰: "吾今則可以見矣. 不直則道不見, 我且直之. 吾聞夷子墨者, 墨之治喪也, 以薄爲其道也. 夷子思以易天下, 豈以爲非是而不貴也? 然而夷子葬其親厚, 則是以所賤事親也."

直(직) 조기는 올곧은 말로써 공격하는 것[直攻]이라 하고, 주희는 자세히 설명하여 서로 바로잡는 것[盡言以相正]이라 한다. 墨者(묵자) 묵가(墨家)를 말하는 것으로, 전국 시대 초기

5-4-31   (맹자께서) 말씀하셨다. "대개 사물들이 서로 똑같지 않은 것은 사물들의 실정이다. 그러므로 그 차이가 어떤 경우에는 서로 두 배나 다섯 배가 되고, 어떤 경우에는 서로 열 배나 백 배가 되며, 어떤 경우에는 서로 천 배나 만 배가 된다. 그런데 그대는 대소를 비교하여 값을 같게 하려고 하는데, 이것은 천하를 혼란하게 하는 것이다. 만일 아무렇게나 만든 신발과 정교하게 만든 신발의 크기가 같다고 해서 값이 같다면, 사람들이 무엇하러 정교한 신발을 만들겠는가? 허자의 도를 따른다는 것은 곧 서로를 이끌어서 거짓을 일삼는 것이니 어떻게 나라를 다스릴 수 있겠는가?"

5-5-1   묵가인 이지가 (맹자의 제자) 서벽을 통해 맹자를 뵙기를 청했다. 맹자께서 말씀하셨다. "나도 진실로 만나 보고 싶지만 지금은 병중에 있으니 병이 낫거든 내가 직접 가서 만나 볼 것이다. 이지는 올 필요가 없다."

5-5-2   그 뒤에 또 맹자를 뵙기를 청하자, 맹자께서 말씀하셨다. "나도 이제는 만날 수 있다. 내가 올곧은 말로써 바로잡지 않으면 성인의 도가 드러나지 않을 것이니, 나는 올곧은 말로써 바로잡겠다. 내가 듣기로 이지는 묵가라고 하는데, 묵자가 장례를 치름에 있어서는 검소한 것을 도리로 삼는다.

의 사상가 묵자(墨子)를 계승하는 학파이다. 묵자의 정치사상은 '천하(天下)에 이익 되는 것〔利〕을 북돋우고〔興〕, 천하의 해가 되는 것〔害〕을 없애는〔除〕' 것을 정치의 원칙으로 하고, 그 실현 방법으로서 유능하다면 농민이나 수공업자도 관리로 채용하는 '상현(尙賢)', 백성의 이익에 배치되는 재화·노동력의 소비를 금지하는 '절용(節用)', 지배자가 자신의 이익만을 추구하는 약탈이나 백성 살상의 전쟁에 반대하는 '비공(非攻)', 타인을 사랑하고 자신과 타인의 이익을 서로 높이는 '겸애(兼愛)'를 주장했다.

徐子以告夷子.

夷子曰: "儒者之道, '古之人若保赤子', 此言何謂也? 之則以爲愛無差等, 施由親始."

若保赤子(약보적자) 『서경』 「주서 강고(康誥)」에 보인다. 之(지) 조기에 따르면 이지를 말한다.

徐子以告孟子.

孟子曰: "夫夷子信以爲人之親其兄之子爲若親其隣之赤子乎? 彼有取爾也: 赤子匍匐將入井, 非赤子之罪也. 且天之生物也, 使之一本, 而夷子二本故也. 蓋上世嘗有不葬其親者, 其親死, 則擧而委之於壑. 他日過之, 狐狸食之, 蠅蚋姑嘬之. 其顙有泚, 睨而不視. 夫泚也, 非爲人泚, 中心達於面目. 蓋歸反虆梩而掩之. 掩之誠是也, 則孝子仁人之掩其親, 亦必有道矣."

彼有取爾(피유취이) 피는 이지, 이는 어린아이를 돌보듯이 함〔若保赤子〕이다. 맹자가 보기에 이지는 옛 성인의 말 중에서 오직 군왕들이 백성을 차등 없이 사랑한다는 사실에만 주목하지만, 사실 그것은 차별 없는 사랑이 아니라 그 자체가 도덕심의 발로이다. 즉 군왕의 도덕심이지는 이로써 세상의 풍속을 바꾸려고 하니 어찌 이를 옳고 귀하다고 여기지 않겠는가? 그런데도 이지는 자기 어버이의 장례를 성대하게 치렀으니, 이는 천하게 여기는 방법으로써 그 어버이를 섬긴 것이다."

5·5·3 　서벽이 그 말을 이지에게 알렸다.

5·5·4 　이지가 말했다. "유가의 도에 따르면 옛날 사람은 '백성을 사랑하기를 어린아이를 돌보듯이 한다.'라고 했는데, 이 말은 무슨 뜻이겠습니까? 사랑함에는 차별이 없어야 하되 사랑을 실천하는 것은 어버이로부터 시작해야 한다는 뜻이라고 생각합니다."

5·5·5 　서벽이 이 말을 맹자에게 알렸다.

5·5·6 　맹자께서 말씀하셨다. "이지는 정말로 사람들이 그의 조카를 사랑하는 것과 그의 이웃집 아이를 사랑하는 것이 같다고 생각하는가? 이지는 한 가지 점만을 움켜쥐었을 뿐이다. 어린아이가 기어서 우물 속에 빠져 들어가려고 한다면 이는 어린아이의 잘못이 아니다. 더구나 하늘이 만물을 낼 적에 근본을 하나로 하였는데, 이지는 근본을 둘로 여겼기 때문에 그처럼 잘못 이해한 것이다. 아주 오랜 옛날에 그 어버이를 장례 지내지 않은 자가 있었는데, 어버이가 죽자 들어

이 발휘되어 백성을 차등 없이 사랑하게 되는 것이지, 차별 없는 사랑을 실천하는 것이 아니다. 赤子匍匐將入井, 非赤子之罪也(적자포복장입정, 비적자지죄야) 어린아이가 우물에 기어 들어가려는 것은 어린아이가 무지하기 때문에 그러한 것이지 어린아이의 죄가 아니다. 이처럼 백성이 죄를 지으려고 하는 것은 백성이 무지하기 때문에 그러한 것이지 백성의 죄가 아니기 때문에, 군왕은 도덕심을 발휘해서 그들을 무지한 어린아이처럼 보호하고 교화하는 것이지 차별 없는 사랑을 실천하기 위해서 그러한 것이 아니라는 뜻이다. 使之一本, 而夷子二本(사지일본, 이이자이본) 조기에 따르면 하늘이 만물을 낳을 때 각기 하나의 근본에서 나오는데, 지금 이지는 다른 사람의 부모와 자신의 부모를 동등하게 여기니 두 개의 근본이 되므로 다른 사람과 자신의 부모에 대한 친애함을 같게 하는 것이다. 蜹姑(예고) 주희에 따르면 예는 모기의 종류이다. 고는 어조사인데, 땅강아지[螻蛄]라고도 한다. 蝂(최) 주희에 따르면 모여서 함께 파먹는 것이다. 泚(자) 주희에 따르면 흥건히 땀이 나오는 모양이다. 反(반) 주희에 따르면 뒤집음[覆]이다. 虆梩(류리) 조기는 바구니나 가래의 종류로 흙을 담을 수 있는 것이라 하고, 주희는 류는 흙을 담는 그릇이고 리는 흙 수레라고 한다.

徐子以告夷子, 夷子憮然, 爲閒曰: "命之矣."
憮然(무연) 조기는 슬퍼함[悵然]과 같다고 하고, 주희는 망연자실하는 모양이라 한다. 爲閒(위한) 조기에 따르면 한동안의 시간이다. 命之(명지) 주희에 따르면 명은 가르침과 같으니 맹자가 이미 나[夷之]를 가르쳤다는 말이다.

다가 골짜기에 버렸다. 나중에 그곳에 지나는데 여우와 살쾡이가 뜯어 먹고 파리와 모기가 빨아 먹고 있자, 이마에 진땀을 흘리며 곁눈으로 보고 차마 똑바로 쳐다보지 못했다. 이마에 진땀이 나는 것은 다른 사람의 비난을 두려워하기 때문이 아니라 속마음이 얼굴에 드러나기 때문이다. 그래서 그는 집으로 돌아와서 삼태기와 들것에 흙을 담아 시신을 덮었다. 이처럼 시신을 가리는 것이 진실로 옳은 일이라고 한다면, 효자나 어진 사람이 어버이의 시신을 매장하는 것 또한 반드시 그 도리가 있기 때문이다."

5-5-7 서벽이 그 말을 이지에게 전하자, 이지는 멍하게 한동안 있다가 말하기를 "선생께서 나를 가르쳐 주셨구나."라고 하였다.

6 등문공 하
滕文公下

이 편은 모두 10장으로 이루어져 있고, 통일된 주제 없이 여러 이야기가 섞여 있다. 전반부에는 지식인의 태도에 대한 맹자 자신의 견해를 설명한다. 맹자는 대장부란 "부귀가 마음을 어지럽히지 못하고, 빈천이 행위를 바꾸게 하지 못하며, 위세와 무력이 지조를 꺾지 못"하는 사람이라 하였다. 또한 군자는 마땅히 벼슬을 해야 하지만 정도(正道)를 따라야 한다고 하였고, 선비란 인의(仁義)를 실천하는 사람으로 집에서는 효도하고 밖에서는 어른을 공경하며 선왕의 도를 지켜 후학을 기다린다고 하였다. 후반부에는 권력자를 상대하는 맹자의 자존심과 맹자 자신의 유가로서의 사상사적 소명 의식을 드러낸다. 맹자가 자임했던 소명 의식이란 옛 성인의 도를 보호하고 양주의 위아(爲我)와 무군(無君), 묵적의 겸애(兼愛)와 무부(無父) 학설을 저지하며 잘못된 말과 학설이 유행하지 않게 하는 것이다. 또한 맹자는 진정한 청렴함이란 세속을 부정하고 떠나 은거하면서 추구하는 것이 아니라고 보았다.

陳代曰: "不見諸侯, 宜若小然. 今一見之, 大則以王, 小則以霸. 且志曰'枉尺而直尋.' 宜若可爲也."

陳代(진대) 조기에 따르면 맹자의 제자이다. 小然(소연) 조기에 따르면 진대는 제후가 부르는 것을 맹자가 탐탁지 않게 여겨 만나지 않는다고 생각했다. 그래서 그것을 협소하다고 말한 것이다. 주희에 따르면 소는 작은 절의를 말한다. 枉尺而直尋(왕척이직심) 심은 여덟 자(尺)이다. 한 자를 굽혀서 여덟 자를 곧게 편다는 것은 큰 이익을 얻기 위해서 합당하지 않은 방법을 사용할 수 있다는 의미이다.

孟子曰: "昔齊景公田, 招虞人以旌, 不至, 將殺之. '志士不忘在溝壑, 勇士不忘喪其元', 孔子奚取焉? 取非其招不往也. 如不待其招而往, 何哉? 且夫枉尺而直尋者, 以利言也. 如以利, 則枉尋直尺而利, 亦可爲與? 昔者趙簡子使王良與嬖奚乘, 終日而不獲一禽, 嬖奚反命曰: '天下之賤工也.' 或以告王良. 良曰: '請復之.' 强而後可, 一朝而獲十禽. 嬖奚反命曰: '天下之良工也.' 簡子曰: '我使掌與女乘.' 謂王良, 良不可, 曰: '吾爲之範我馳驅, 終日不獲一; 爲之詭遇, 一朝而獲十. 詩云: 不失其馳, 舍矢如破. 我不貫與小人乘, 請辭.' 御者且羞與射者比, 比而得禽獸, 雖若丘陵, 弗爲也. 如枉道而從彼, 何也? 且子過矣! 枉己者, 未有能直人者也."

田(전) 사냥하는 것을 말한다. 虞人(우인) 동산을 지키는 관리이다. 조기에 따르면 우인은 가죽으로 된 관(皮冠)으로 신호를 보내서 불러야 한다. 旌(정) 새의 깃털로 장식한 깃발이다. 제후가 대부를 부를 때 사용하는 것이다. 志士不忘在溝壑, 勇士不忘喪其元(지사불망재구학, 용사불망상기원) 조기에 따르면 지사는 의(義)를 지키는 사람으로 곤궁하여 죽을 때 관 없이 골짜기에 버려지더라도 후회하지 않는 사람이고, 용사는 의롭고 용감한 사람으로 의롭다면 머리가 잘려 나가는 것도 꺼리지 않는 사람이다. 趙簡子(조간자) 진(晉)나라 대부인 조앙(趙鞅)이다. 王良(왕량) 춘추 말년에 수레를 잘 몰았던 사람이다. 嬖奚(폐해) 총애받던 신하인 해를 말한다. 强而後可(강이후가) 해가 사냥하려고 하지 않다가 강력한 요청을 받은 진대가 말했다. "(선생님께서) 제후를 만나지 않는 것은 작은 일에 매인 것 같습니다. 지금 한번 만나 보신다면, 크게는 그를 왕자(王者)가 되게 하고, 작게는 그를 패자(霸者)가 되게 할 수 있습니다. 게다가 기록에 '한 자를 굽혀서 여덟 자를 곧게 편다.'라고 했으니 해 볼 만한 일인 것 같습니다."

맹자께서 말씀하셨다. "옛날에 제 경공이 사냥할 때 새 깃털 장식이 달린 깃발을 가지고 동산 관리인을 불렀는데 그가 오지 않자 죽이려 한 일이 있었다. (공자께서 이 사람을 칭찬하여) '지사(志士)는 죽어서 도랑과 골짜기에 버려질 수 있음을 잊지 않고, 용사(勇士)는 전쟁터에서 자기의 머리가 베어질 수 있음을 잊지 않는다.'라고 하셨다. 공자께서 여기서 어떤 의미를 취하셨는가? 자신을 부르는 방법이 옳지 않았기 때문에 가지 않은 점을 취한 것이다. 그런데 옳은 방법으로 부르는 것을 기다리지 않고 어찌 갈 수 있겠는가? 또한 '한 자를 굽혀서 여덟 자를 곧게 편다.'라는 것은 이익을 가지고서 말한 것이다. 만일 이익으로 따질 경우, 여덟 자를 굽혀 한 자를 곧게 펴는 것도 이익이 된다면 할 수 있다는 것인가? 옛날에 조간자가 왕량에게 자신의 총신인 해와 함께 수레를 타고 사냥하게 했는데, 종일토록 새 한 마리도 잡지 못했다. 총신인 해가 돌아와 '천하에 형편없는 말몰이꾼입니다.'라고 보고했다. 어떤 사람이 왕량에게 그 말을 전해 주었다. 그러자 왕량이 '다시 한 번 하게 해 주십시오.'라

뒤에야 승낙한 것을 말한다. 掌(장) 조기는 맡는 것[主]이라 하였고, 주희는 그 일만 맡는 것
[專主]이라고 풀이하였다. 範我馳驅(범아치구) 범은 법도[法]로, 내가 법도에 맞게 수레를
몬다는 뜻이다. 詭遇(궤우) 조기는 법도에 어긋나게 사냥하는 것[橫而射之]이라 하고, 주희
는 부정하게 수레를 몰아 짐승과 만나게 하는 것이라 한다. 詩(시) 『시경』 「소아 거공(車攻)」
을 말한다. 比(비) 조기는 더불어 함[與比]이라 하고, 주희는 아부함[阿黨]이라 한다.

景春曰, "公孫衍·張儀豈不誠大丈夫哉, 一怒而諸侯懼, 安居而天下熄."

景春(경춘) 조기에 따르면 맹자 때의 종횡가(縱橫家)로 합종연횡의 외교적 술수에 능한 사
람이다. 公孫衍·張儀(공손연·장의) 둘 다 위(魏)나라 출신으로 소진(蘇秦)과 더불어 종횡
가의 대표적 인물이다. 공손연은 위 양왕(襄王) 원년에 진(秦)나라에 대항해 연합하자는 합
종(合縱)책을 올려 장의의 연횡(連橫)책에 맞섰다. 장의는 진나라의 혜왕(惠王)을 도와서 진
에 대항하는 합종 세력을 깨뜨리고 진을 지지하는 연횡을 성사시켰다. 주광업의 『맹자출처시
지고』에서는 경춘이 소진을 언급하지 않은 이유가 아마도 당시에 이미 소진이 죽었기 때문이
라고 한다. 懼(구) 제후들을 설복하여 서로 공격하고 토벌하게 하여 제후들이 두려워한다는

고 하면서 강력히 요청하여 승낙을 받았는데, 하루 아침나절에 새 열 마리를 잡았다. 총신인 해가 돌아와서 '천하에 훌륭한 말몰이꾼입니다.'라고 보고했다. 그러자 조간자가 왕량에게 말하길 '내 그에게 너와 함께 수레 타는 일을 맡기겠다.'라고 했다. 그런데 왕량은 승낙하지 않으면서 말하기를 '내가 그를 태우고 법도대로 말을 몰았더니 종일토록 새 한 마리도 잡지 못했는데, 그를 태우고 법도에 어긋나게 말을 몰았더니 하루 아침나절에 열 마리를 잡았습니다. 『시』에 '말 모는 법도를 잃지 않아도 활을 쏘는 대로 명중하였다.'라는 말이 있습니다. 저는 소인과 함께 수레를 타는 데 익숙하지 않사오니, 사양하겠습니다.'라고 했다. 말몰이꾼조차 활 쏘는 사람에게 맞춰 주는 것을 부끄러워하여, (그에게) 맞춰 주면서 산더미처럼 많은 짐승을 잡을 수 있다 해도 그렇게 하지 않는다. 그런데 내가 어떻게 도를 굽혀서 제후를 따를 수 있겠느냐? 너는 잘못 생각하고 있다. 자기를 굽힌 자가 남을 바르게 한 경우는 없다."

6-2-1   경춘이 말했다. "공손연과 장의가 어찌 진정한 대장부가 아니겠습니까? 그들이 성을 내기만 하면 제후들이 두려워하고, (유세를 멈추고) 가만히 있으면 세상에 전쟁이 그칩니다."

뜻이다. 安居(안거) 유세하지 않고 가만히 있다는 의미이다. 熄(식) 조기에 따르면 유세를
하지 않아 천하의 전쟁이 잠잠해진다는 뜻이다.

孟子曰: "是焉得爲大丈夫乎? 子未學禮乎? 丈夫之冠也, 父命之; 女子之
嫁也, 母命之. 往送之門, 戒之曰: '往之女家, 必敬必戒, 無違夫子.' 以順爲
正者, 妾婦之道也. 居天下之廣居, 立天下之正位, 行天下之大道, 得志與
民由之, 不得志獨行其道. 富貴不能淫, 貧賤不能移, 威武不能屈, 此之謂
大丈夫."

冠(관) 머리에 관을 쓰는 성인식인 관례를 말한다. 命(명) 남편 또는 부인으로서의 도리를
가르치는 것이다. 妾婦之道(첩부지도) 조기에 따르면 남자의 도는 의(義)로써 임금을 바로
잡는 것이고 여자의 도는 완곡하게 따르는 것이다. 그런데 공손연과 장의는 제후의 뜻을 따르
기만 할 뿐 진정으로 보필하지는 못했다. 그래서 맹자는 이들이 대장부가 될 수 없고 첩부지
도에 불과하다고 말한 것이다. 廣居(광거) 조기는 천하처럼 넓다는 뜻에서 광거를 천하라고
보았다. 주희에 따르면 맹자는 인(仁)을 사람의 편안한 집[安宅]이라 하기 때문에 광거는 넓
고 편안한 집이라는 의미에서 인(仁)이다. 正位(정위) 조기에 따르면 순건(純乾)과 정양(正
陽)이다. 건과 양은 남자를 상징하는데, 바른 자리라는 의미에서 순수한 건[純乾]과 바른 양
[正陽]이라 한 것이다. 주희는 예(禮)라고 한다. 大道(대도) 조기는 인의(仁義)의 도라고 한
다. 주희에 따르면 맹자는 의(義)를 사람의 바른 길[正路]이라 하기 때문에 대도는 바른 길
이라는 의미에서 의(義)이다. 淫(음) 조기는 마음을 어지럽히는 것이라 하고, 주희는 마음을
방탕하게 하는 것이라 한다. 移(이) 조기는 평소의 바른 행위를 바꾸는 것이라 하고, 주희는
절개를 바꾸는 것이라 한다. 屈(굴) 뜻을 꺾는 것이다.

周霄問曰: "古之君子仕乎?"

周霄(주소) 위(魏)나라 사람이다.

맹자께서 말씀하셨다. "이들이 어찌 대장부가 될 수 있겠는가? 그대는 예를 배우지 않았는가? 남자가 관례를 치를 때에는 아버지가 도리를 가르친다. 또 여자가 시집을 갈 때에는 어머니가 도리를 가르치는데, 시집가는 딸을 전송하는 문간에서 훈계하기를 '너의 시집에 가거든 반드시 시부모님을 공경하고 자신을 경계하며 남편의 뜻을 어기지 마라.'라고 한다. 순종하는 것을 올바르다고 여기는 것은 아녀자의 도리이다. (대장부는) 천하의 넓은 집에 살고 천하의 올바른 자리에 서며 천하의 큰 도를 행한다. 뜻을 얻으면 백성들과 함께 그 도를 행하고, 뜻을 얻지 못하면 홀로 그 도를 행한다. 부귀가 마음을 어지럽히지 못하고, 빈천이 행위를 바꾸게 하지 못하며, 위세와 무력이 지조를 꺾지 못한다. 이러한 사람을 대장부라고 한다."

주소가 물었다. "옛날의 군자는 마땅히 벼슬을 해야 했습니까?"

孟子曰: "仕. 傳曰: '孔子三月無君, 則皇皇如也, 出疆必載質.' 公明儀曰: '古之人三月無君, 則弔.'"

皇皇(황황) 구하는 바가 있어도 얻지를 못하여 어쩔 줄 몰라 하는 모습을 말한다. 質(질) 지(贄) 또는 지(摯)와 같다. 조기에 따르면 신하가 군주를 만날 때 손에 들고 가는 예물이다. 주희에 따르면 사(士)가 꿩을 손에 드는 것(선비들은 일반적으로 예물로 꿩을 사용하였다.)과 같으니, 국경을 나갈 적에 폐백을 싣고 가서 그 나라의 군주를 뵙고 바치는 것이다.

"三月無君則弔, 不以急乎?"

曰, "士之失位也, 猶諸侯之失國家也. 禮曰: '諸侯耕助, 以供粢盛; 夫人蠶繅, 以爲衣服. 犧牲不成, 粢盛不潔, 衣服不備, 不敢以祭.'惟士無田, 則亦不祭.' 牲殺器皿衣服不備, 不敢以祭, 則不敢以宴, 亦不足弔乎?"

耕助(경조) 제후가 직접 자전(藉田)을 갈기는 하지만, 백성들의 도움을 받아 농사를 마친다. 옛날에 천자는 자전 1000무가 있었고, 제후는 100무가 있었는데, 매년 초봄에 삼공과 구경과 제후와 대부를 거느리고 몸소 밭을 갈았다. 천자는 세 번 하고 물러나고, 삼공은 다섯 번 하고 물러나며, 경과 제후와 대부는 아홉 번 하고 물러났다. 이처럼 천자가 밭을 가는 것은 단지 의례적인 행위에 불과했으며, 실제로는 여전히 백성들의 힘을 빌려 밭 가는 일을 행하였다. 粢盛(자성) 조기는 자는 기장(稷)이고 성은 벼(稻)라 하고, 주희는 기장(黍稷)을 자라 하고 그릇에 담겨 있는 것을 성이라 했다. 不成(불성) 조기에 따르면 살찌지 않은 것이다. 牲殺(생살) 희생(犧牲)이라고도 하는데 제사 때 잡는 소·양·돼지 등을 말한다. 器皿(기명) 기는 그릇이고 명은 덮개이다.

"出疆必載質, 何也."

맹자께서 대답하셨다. "벼슬을 마땅히 해야 했다. 전해 오는 기록에 '공자는 석 달이 되도록 섬길 군주가 없으면 어쩔 줄 몰라 했고, 국경을 벗어나 다른 나라로 갈 때에는 반드시 예물을 싣고 갔다.'라고 했다. 또 공명의는 '옛날에는 석 달이 되도록 섬길 군주가 없는 사람을 위문했다.'라고 말했다."

(주소가 물었다.) "석 달이 되도록 섬길 군주가 없는 사람을 위문한다는 것은 지나치게 성급한 것이 아닙니까?"

(맹자께서) 대답하셨다. "선비가 벼슬자리를 잃는 것은 제후가 나라를 잃는 것과 같다. 예에 따르면 '제후가 친히 밭을 갈면 백성들이 도와서 제사에 바칠 곡식을 대고, 그 부인은 누에를 쳐 실을 뽑아서 제사 때 입을 의복을 짠다. 희생이 살찌지 않고 음식이 정결하지 않으며 제사 때 입을 의복이 마련되지 않으면, 감히 제사를 지낼 수 없다.', '선비가 제사에 바칠 곡식을 마련할 밭이 없으면 제사를 지내지 못한다.'라고 했다. 고기와 그릇 그리고 제사 때 입을 의복을 마련하지 못하여 감히 제사 지내지 못한다면 감히 연회도 열 수 없을 것이니 또한 위문할 만하지 않겠는가?"

(주소가 물었다) "국경을 벗어나 다른 나라로 갈 때에 반드시 예물을 싣고 가는 것은 어째서입니까?"

曰: "士之仕也, 猶農夫之耕也, 農夫豈爲出疆舍其耒耜哉!"

耒耜(뇌사) 뇌는 쟁기, 사는 보습이다.

曰: "晉國亦仕國也, 未嘗聞仕如此其急, 仕, 如此其急也. 君子之難仕, 何也?"

君子(군자) 은연중에 맹자를 지칭하는 것이다.

曰: "丈夫生而願爲之有室, 女子生而願爲之有家. 父母之心, 人皆有之. 不待父母之命 媒妁之言, 鑽穴隙相窺, 踰牆相從, 則父母國人皆賤之. 古之人未嘗不欲仕也, 又惡不由其道. 不由其道而往者, 與鑽穴隙之類也."

有室(유실), 有家(유가) 결혼해서 가정을 꾸렸을 때 남자의 경우는 실(室)을, 여자의 경우는 가(家)를 갖게 되었다고 한다. 媒妁(매작) 중매이다. 『설문해자』에 따르면 매는 도모한다는 뜻으로 두 성씨를 중매하여 합하는 것이고, 작은 짐작한다는 것으로 두 성씨를 알맞게 잘 조절한다는 뜻이다.

彭更問曰: "後車數十乘, 從者數百人, 以傳食於諸侯, 不以泰乎?"

彭更(팽경) 맹자의 제자이다. 傳食(전식) 돌아다니며 밥을 얻어먹는 것이다. 泰(태) 조기는 심함〔甚〕이라 하고, 주희는 많음〔侈〕이라 한다.

6-3-6   (맹자께서) 대답하셨다. "선비가 벼슬하는 것은 농부가 밭을 가는 것과 같다. 농부가 어떻게 국경을 벗어나 다른 나라로 갈 때에 농기구를 버리고 가겠는가?"

6-3-7   (주소가) 물었다. "진(晉)나라도 선비들이 벼슬할 만한 나라이기는 합니다. 그렇지만 저는 당신의 말처럼 선비들이 벼슬하는 것을 그렇게 서두른다는 말을 들어 본 적이 없습니다. 벼슬하는 것을 그렇게 서둘러 해야 할 것이라면 군자가 벼슬하는 것을 어렵게 여기는 것은 어째서입니까?"

6-3-8   (맹자께서) 대답하셨다. "사내아이가 태어나면 그가 장가들 수 있기를 바라고, 여자아이가 태어나면 그녀가 시집갈 수 있기를 바라는 것은 부모의 마음인데, 모든 사람은 이러한 마음을 지니고 있다. 그렇지만 부모의 명(命)과 중매인의 소개를 기다리지 않고 구멍을 뚫고 서로 들여다보며 담장을 넘어 서로 어울리면, 부모나 나라 사람들이 모두 그들을 천하게 여긴다. 옛날 사람들은 벼슬하기를 원하지 않은 것이 아니었지만 또한 정도(正道)를 따르지 않는 것도 싫어했다. 정도를 따르지 않고 벼슬길에 나아가는 것은 구멍을 뚫고 서로 들여다보는 것과 같은 일이다."

6-4-1   팽경이 물었다. "뒤따르는 수레 수십 대와 따르는 사람 수백 명을 거느리고 제후들을 찾아다니며 밥을 얻어먹는 것은 너무 심한 것이 아닙니까?"

孟子曰: "非其道, 則一簞食不可受於人. 如其道, 則舜受堯之天下, 不以爲泰. 子以爲泰乎?"

簞食(단사) 대나무 그릇에 담긴 밥으로 변변치 못한 적은 양의 음식을 뜻한다.

曰: "否! 士無事而食, 不可也."

曰: "子不通功易事, 以羨補不足, 則農有餘粟, 女有餘布. 子如通之, 則梓匠輪輿, 皆得食於子. 於此有人焉, 入則孝, 出則悌, 守先王之道, 以待後之學者, 而不得食於子. 子何尊梓匠輪輿而輕爲仁義者哉?"

通功易事(통공역사) 분업상조(分業相助), 즉 일을 나누어 서로 돕는 것을 말한다. 羨(선) 조기에 따르면 남음이다. 梓匠輪輿(재장륜여) 조기에 따르면 재와 장은 목공이고, 윤과 여는 수레를 만드는 사람이다. 待(대) 초순에 따르면 후대의 학자를 배양한다는 뜻이다.

曰: "梓匠輪輿, 其志將以求食也. 君子之爲道也, 其志亦將以求食與?"

曰: "子何以其志爲哉? 其有功於子, 可食而食之矣. 且子食志乎, 食功乎?"

6-4-2 맹자께서 대답하셨다. "정도(正道)에 의한 것이 아니라면 한 그릇의 밥이라도 남들에게 받아서는 안 된다. 만일 정도에 의한 것이라면 순임금이 요임금에게서 천하를 물려받은 것도 심한 것이 아니다. 너는 심하다고 생각하느냐?"

6-4-3 (팽경이) 말했다. "그런 말이 아닙니다. 선비가 하는 일 없이 얻어먹는 것이 옳지 못하다는 말입니다."

6-4-4 (맹자께서) 말씀하셨다. "네가 만일 일을 나누고 그 성과를 교환하여 부족한 것을 보충시키지 않으면, 농부에게는 곡식이 남아돌고 여자들에게는 삼베가 남아돌 것이다. 그러나 네가 그것들을 교역한다면 목수와 수레 만드는 사람은 모두 너에게서 먹을 것을 얻을 수 있게 된다. (그런데) 여기에 어떤 사람이 있어서 집에 들어가서는 효도하고 밖에 나와서는 어른을 공경하며, 선왕의 도를 지킴으로써 후대의 학자를 기다리는데도 너에게서 먹을 것을 얻을 수 없다고 해 보자. 너는 어째서 목수와 수레를 만드는 사람은 존중하면서 인의를 실천하는 사람은 경시하느냐?"

6-4-5 (팽경이) 말했다. "목수와 수레를 만드는 사람은 먹을 것을 구하는 데 그 뜻이 있습니다. 군자가 도를 실천하는 것도 그 뜻이 먹을 것을 구하는 데 있습니까?"

6-4-6 (맹자께서) 말씀하셨다. "너는 어째서 그 뜻을 논하는가? 너에게 공로가 있어서 먹여 줄 만하면, 먹여 주는 것이다. 그런

曰: "食志."

曰: "有人於此, 毁瓦畵墁, 其志將以求食也, 則子食之乎?"
墁(만) 주희에 따르면 담장의 장식이다.

曰: "否."

曰: "然則子非食志也, 食功也."

萬章問曰: "宋, 小國也, 今將行王政, 齊楚惡而伐之, 則如之何?"
萬章(만장) 맹자의 제자이다.

孟子曰: "湯居亳, 與葛爲鄰. 葛伯放而不祀. 湯使人問之, 曰: '何爲不祀?'
曰: '無以供犧牲也.' 湯使遺之牛羊. 葛伯食之, 又不以祀. 湯又使人問之曰:
'何爲不祀?' 曰: '無以供粢盛也.' 湯使亳衆往爲之耕, 老弱饋食. 葛伯率其
民, 要其有酒食黍稻者奪之, 不授者殺之. 有童子以黍肉餉, 殺而奪之. 書
曰: '葛伯仇餉.' 此之謂也. 爲其殺是童子而征之, 四海之內皆曰: '非富天下
也, 爲匹夫匹婦復讎也.'
葛伯(갈백) 조기는 갈이 하나라 제후 영씨 성[嬴姓]의 국명이라 하고, 주희는 갈이 나라 이름
이고 백이 작위라 한다. 亳衆(박중) 주희에 따르면 탕임금의 백성으로 박 땅에 사는 사람을

데 너는 뜻으로 먹여 주는가? 아니면 공로로 먹여 주는가?"

6-4-7   (팽경이) 말했다. "뜻으로 먹여 줄 것입니다."

6-4-8   (맹자께서) 말씀하셨다. "어떤 사람이 집 기와를 부수고 담장의 장식을 훼손하고서 장차 먹을 것을 구하려고 한다면, 너는 먹여 주겠는가?"

6-4-9   (팽경이) 말했다. "아닙니다."

6-4-10   (맹자께서) 말씀하셨다. "그렇다면 너도 뜻으로 먹여 주는 것이 아니라 공로로 먹여 주는 것이다."

6-5-1   만장이 물었다. "송나라는 작은 나라입니다. 이제 왕도정치를 실행하려는데 제나라와 초나라가 이를 미워하여 토벌한다면 어떻게 해야 합니까?"

6-5-2   맹자께서 말씀하셨다. "탕임금이 박이라는 지역에 살 때 갈나라와 이웃하고 있었는데 갈백이 방탕하여 제사를 지내지 않았다. 탕임금이 사람을 보내어 '어째서 제사를 지내지 않는가?'라고 물었다. 그러자 대답하기를 '제사에 바칠 희생이 없기 때문이다.'라고 했다. 그래서 탕임금이 사람을 시켜서 희생으로 쓸 소와 양을 보내 주었다. 그러나 갈백은 그것을 잡아먹고는 여전히 제사를 지내지 않았다. 탕임금이 또 사람을 보내어 '어째서 제사를 지내지 않는가?'라고 물었

말한다. 其民(기민) 주희에 따르면 갈나라의 백성이다. 餉(향) 주희에 따르면 먹을 것을 제공 〔饋〕하는 것이다. 書(서)『서경』「상서 중훼지고」를 말한다. 非富天下(비부천하) 조기에 따르면 탕임금이 천하의 부를 탐해서 갈을 정벌한 것이 아니라는 뜻이다.

湯始征, 自葛載, 十一征而無敵於天下. 東面而征, 西夷怨; 南面而征, 北狄怨. 曰: '奚爲後我?' 民之望之, 若大旱之望雨也. 歸市者弗止, 芸者不變, 誅其君, 弔其民, 如時雨降. 民大悅. 書曰: '徯我后, 后來其無罰!'
載(재) 시작한다는 뜻이다. 書(서)「양혜왕 하」2-11에도 이 내용이 보인다.

다. 그러자 대답하기를 '제사에 바칠 곡식이 없기 때문이다.'
라고 했다. 탕임금이 박에 거주하는 사람들에게 갈에 가서
농사를 짓게 하고, 노약자에게 밥을 지어 (농사짓는 사람들에
게) 갖다 주도록 하였다. 그러나 갈백은 자기 백성들을 거느
리고서 술과 음식을 나르는 사람을 위협하여 빼앗고, 내주
지 않으려는 사람은 죽여 버렸다. 어떤 어린아이가 밥과 고
기를 가지고 가는데, 갈백은 이 어린아이를 죽이고 빼앗았
다. 『서』에서 '갈백이 음식을 나르는 사람을 원수로 대했다.'
라고 한 것이 이 일을 말한다. (갈백이) 이 어린아이를 죽였
기 때문에 (탕임금이) 갈나라를 정벌하였으니, 천하 사람들
은 모두 '(탕임금이) 천하의 부를 탐해서가 아니라 보통 사
람들을 위해 원수를 갚은 것이다.'라고 했다.

6-5-3

탕임금이 처음 정벌을 갈나라에서부터 시작해, 열한 차례
정벌을 했지만 천하에 대적할 자가 없었다. 동쪽을 향해 정
벌을 하면 서쪽의 사람들이 원망했고, 남쪽을 향해 정벌을
하면 북쪽의 사람들이 원망하며 '어찌 우리를 뒤로 미루는
가?'라고 말했다. 백성들이 (자기 나라를 공격해 주기를) 바라
는 것이 마치 큰 가뭄에 비를 바라는 것 같았다. (그래서) 시
장에 오가는 자가 그치지 않았고, 밭 가는 자가 하던 일을
계속하였다. 그 군주를 벌주고 백성들을 위로하니, 때맞춰
단비가 내리는 것과 같아서 백성들이 크게 기뻐하였다. (그
래서) 『서』에 '우리 임금님을 기다리니, 임금님이 오시면 (폭
군의) 형벌은 없어지리.'라고 했다.

'有攸不惟臣, 東征, 綏厥士女, 匪厥玄黃, 紹我周王見休, 惟臣附于大邑周.'
其君子實玄黃于匪, 以迎其君子; 其小人簞食壺漿, 以迎其小人. 救民於水
火之中, 取其殘而已矣. 太誓曰: '我武惟揚, 侵于之疆, 則取于殘, 殺伐用
張, 于湯有光.' 不行王政云爾; 苟行王政, 四海之內皆擧首而望之, 欲以爲
君, 齊楚雖大, 何畏焉?"

有攸不惟臣(유수불유신) 조기에 따르면 신하로서의 예절을 실행하지 않는 자를 이른다.『맹
자집주』에는 '유(惟)'가 '위(爲)'로 되어 있다. 주희에 따르면, 신하가 되지 않는 자가 있다는 것
은 주(紂)를 도와 악행을 하고 주(周)나라의 신하가 되지 않는 자를 이른다. 이 인용문은 유
실된 내용으로 현행본에서 확인할 수 없다. 君子(군자), 小人(소인) 지위와 계급으로 말한 것
이다. 太誓(태서)『서경』「주서 태서」를 말한다.

孟子謂戴不勝曰: "子欲子之王之善與? 我明告子. 有楚大夫於此, 欲其子之
齊語也, 則使齊人傅諸? 使楚人傅諸?"

戴不勝(대불승) 조기에 따르면 송나라의 신하이다.

曰: "使齊人傅之."

6-5-4 (또한 『서』에) '신하로서의 예를 실행하지 않는 자가 있어 (주나라 무왕이) 동쪽을 정벌하니, 그 백성들을 편안하게 하셨다. (그래서 그 백성들이) 흑색과 황색 비단을 광주리에 담아 가지고 와서 주나라 무왕을 섬기고 그 은택을 받으니, 위대한 주나라에 복종하여 신하가 되고자 하네.'라고 했다. 군자들은 흑색과 황색의 비단을 광주리에 채워서 군자를 환영했고, 소인들은 그릇에 먹을 것을 담고 병에 마실 것을 담아 가지고 가서 소인들을 맞이했다는 것이다. (왜냐하면) 그 백성들을 물과 불의 구렁텅이에서 건져 내고 그들에게 잔학하게 굴던 자를 잡아서 처벌했기 때문이다. 「태서」에서 '주나라 무왕이 위엄을 떨쳐 은나라를 토벌하여, 그 백성을 괴롭히는 잔학한 군주를 잡아 죽인 것이다. 그래서 그 토벌의 공덕이 크게 베풀어지니, 그 공적이 탕임금보다 빛나도다.'라고 했다. 왕도정치를 실천하지 않아서 그렇지, 만일 왕도정치를 실천하기만 하면 천하의 백성들이 다 머리를 치켜들어 그가 오기를 바라고 임금으로 삼고자 할 것이다. 제나라와 초나라가 강대하다 해도 두려워할 것이 무엇이 있겠는가?"

6-6-1 맹자께서 대불승에게 말씀하셨다. "그대는 그대의 임금이 선(善)하기를 바라는가? 내 그대에게 분명하게 알려 주겠다. 여기에 초나라의 대부가 있는데 자기 아들이 제나라 말을 하기를 바란다면, 제나라 사람에게 가르치게 하겠는가 아니면 초나라 사람에게 가르치게 하겠는가?"

6-6-2 (대불승이) 말했다. "제나라 사람에게 가르치도록 할 것입니다."

曰, "一齊人傅之. 衆楚人咻之, 雖日撻而求其齊也, 不可得矣. 引而置之莊嶽之閒數年, 雖日撻而求其楚, 亦不可得矣. 子謂薛居州善士也, 使之居於王所. 在於王所者, 長幼卑尊皆薛居州也, 王誰與爲不善? 在王所者, 長幼卑尊皆非薛居州也, 王誰與爲善? 一薛居州, 獨如宋王何!"

咻(휴) 조기에 따르면 떠듦이다. 莊嶽(장악) 조기에 따르면 장과 악은 제나라 거리의 이름이다. 薛居州(설거주) 주희에 따르면 송나라의 신하이다.

公孫丑問曰: "不見諸侯, 何義?"

孟子曰, "古者不爲臣不見. 段干木踰垣而辟之, 泄柳閉門而不內, 是皆已甚. 迫, 斯可以見矣. 陽貨欲見孔子, 而惡無禮. 大夫有賜於士, 不得受於其家, 則往拜其門. 陽貨矙孔子之亡也, 而饋孔子蒸豚. 孔子亦矙其亡也, 而往拜之. 當是時, 陽貨先, 豈得不見? 曾子曰: '脅肩諂笑, 病于夏畦.' 子路曰: '未同而言, 觀其色赧赧然, 非由之所知也.' 由是觀之, 則君子之所養, 可知已矣."

段干木(단간목) 주희에 따르면 위(魏)나라 문후(文侯) 때 사람이다. 泄柳(설류) 주희에 따르

(맹자께서) 말씀하셨다. "한 명의 제나라 사람이 그를 가르치는데 여러 명의 초나라 사람들이 떠들어 댄다면, 비록 날마다 회초리로 때려 가며 제나라 말을 하도록 강요해도 불가능할 것이다. 그런데 그를 데리고 가서 장과 악에서 몇 년 동안 지내게 하면, 비록 날마다 회초리로 때려 가며 초나라 말을 하도록 강요해도 역시 불가능할 것이다. 그대는 설거주라는 사람이 선한 선비라 하여 그를 임금의 처소에 거처하게 하였다. 그런데 임금의 처소에 있는 사람이 나이가 많거나 적거나, 지위가 낮거나 높거나 할 것 없이 모두 설거주와 같은 사람이라면 임금이 누구와 더불어 불선(不善)한 짓을 하겠는가? 반대로 임금의 처소에 있는 사람이 나이가 많거나 적거나, 지위가 낮거나 높거나 모두 설거주와 같은 사람이 아니라면 임금이 누구와 더불어 선한 일을 하겠는가? 한 명의 설거주가 홀로 송나라 임금을 어찌하겠는가?"

공손추가 물었다. "제후를 만나지 않으시는 것은 어떤 뜻입니까?"

맹자께서 대답하셨다. "옛날에는 신하가 되지 않으면 임금을 만나지 않았다. 단간목이라는 사람은 담장을 넘어서 피했고, 설류라는 사람은 문을 닫아걸고 들어오지 못하게 하였는데, 이는 모두 심한 경우이다. (임금이) 만나기를 간절히 원한다면 만나도 된다. 양화는 공자께서 자신을 만나러 오게 하고 싶었지만, 예를 갖추지 않았다는 비난을 듣기 싫었다. 대부가 선비에게 선물을 보낼 경우, 선비가 자기 집에서면 노나라 목공 때 사람이다. 已甚(이심) 조기에 따르면 맹자는 위 문후와 노 목공이 선(善)을 좋아하는 마음이 있는데 이를 거절한 것은 너무 심하다고 말한 것이다. 迫(박) 주희에 따르면 만나 보려 하기를 간절하게 함을 말한다. 陽貨欲見孔子(양화욕견공자) 양화는 노나라의 대부로, 이 일은 『논어』「양화(陽貨)」에 보인다. 瞷(감) 조기는 봄[視]이라 하고, 주희는 엿봄[窺]이라 한다. 脅肩諂笑(협견첨소) 조기에 따르면 협견은 몸을 움츠리는 것이고, 첨소는 억지로 웃는 것이다. 주희에 따르면 소인들이 몸을 숙이고 아첨하는 태도이다. 病(병) 조기는 지극함[極]이라 하고, 주희는 수고로움[勞]이라 한다. 夏畦(하휴) 주희에 따르면 여름철에 밭 가는 사람이다. 未同而言(미동이언) 주희에 따르면 남과 뜻이 같지 않은데 억지로 말하는 것이다. 赧赧(난난) 조기에 따르면 얼굴빛이 붉은 것으로 마음이 바르지 않은 모양이다. 非由之所知(비유지소지) 주희에 따르면 그것을 매우 싫어한다는 것이다. 由(유) 자로의 이름이다.

戴盈之曰: "什一, 去關市之征, 今玆未能, 請輕之, 以待來年, 然後已, 何如?"

戴盈之(대영지) 조기에 따르면 송나라 대부이다. 什一(십일) 주희에 따르면 정전법이다. 關市之征(관시지정) 주희에 따르면 상인[商價]에 대한 세금이다. 玆(자) 연(年)을 말한다.

孟子曰: "今有人日攘其鄰之雞者, 或告之曰, '是非君子之道.' 曰: '請損之, 月攘一雞, 以待來年然後已.' 如知其非義, 斯速已矣, 何待來年?"

攘(양) 취함[取]으로, 스스로 자기에게 오는 물건을 취하는 것이다. 양보쥔에 따르면, 양은 주로 이유가 있어[有因] 도적질하는 것이나, 가축이 저절로 와서[自來] 취하는 것을 뜻하기 때문에 양과 도(盜)는 다르다. 그러나 매일 이웃집의 닭이 저절로 와서 그것을 취하였다고 볼 수는 없기 때문에 양을 도적질하는 것으로 이해해야 한다.

公都子曰: "外人皆稱夫子好辯, 敢問何也?"

직접 그것을 받지 못하면 대부의 집 앞에 가서 절을 하는 것이 예의였다. 그래서 양화는 공자께서 집에 없는 틈을 엿보아, 공자에게 삶은 돼지를 보냈다. 공자께서도 또한 그가 집에 없는 틈을 엿보아 그의 집에 가서 절을 하셨다. 당시에 양화가 먼저 직접 찾아뵈었다면 공자께서도 어떻게 그를 만나 보지 않았겠는가? 증자는 '어깨를 움츠리고 아첨하며 웃는 것은 여름날 밭에서 일하는 것보다 더 힘들다.'라고 했다. 자로는 '서로 뜻이 맞지 않는데도 억지로 함께 이야기하게 되면 그 얼굴빛이 붉어져 있는데, 이런 짓은 내 알 바가 아니다.'라고 했다. 이것으로 본다면 군자들이 어떻게 자신을 수양하는지를 알 수 있을 것이다."

6-8-1 대영지가 말했다. "10분의 1을 세금으로 거두는 세법을 실시하고, 관문과 시장의 세금을 폐지하는 것은 올해에는 할 수 없습니다. 청컨대 세액을 경감하고 내년까지 기다린 후에 폐지했으면 하는데 어떻겠습니까?"

6-8-2 맹자께서 말씀하셨다. "지금 날마다 이웃집의 닭을 훔치는 사람이 있었는데, 어떤 사람이 그 사람에게 '이는 군자의 도리가 아니다.'라고 하자 그 사람은 '그 (훔치는) 수를 (줄여) 한 달에 한 마리씩만 훔치다가 내년까지 기다린 후에 그만두겠다.'라고 했다. 만일 옳지 않다는 것을 안다면 빨리 그만두어야지 어째서 내년까지 기다리겠는가?"

6-9-1 공도자가 말했다. "다른 사람들은 모두 선생님께서 논쟁하

公都子(공도자) 조기에 따르면 맹자의 제자이다.

孟子曰: "予豈好辯哉, 予不得已也. 天下之生久矣, 一治一亂. 當堯之時,
水逆行, 氾濫於中國, 蛇龍居之, 民無所定, 下者爲巢, 上者爲營窟. 書曰:
'洚水警余.' 洚水者, 洪水也. 使禹治之. 禹掘地而注之海, 驅蛇龍而放之菹.
水由地中行, 江淮河漢是也. 險阻旣遠, 鳥獸之害人者消, 然後人得平土而
居之.

天下之生久(천하지생구) 조기에 따르면 '인류가 탄생한 이래로[生民以來]'라는 뜻이다. 一
治一亂(일치일란) 조기에 따르면 '안정과 혼란이 번갈아 계속 이어진다[迭有治亂, 非一世]'
는 뜻이다. 營窟(영굴) 조기에 따르면 언덕에 구멍을 뚫어 동굴을 만들어 거처로 삼는 것이
다. 書(서) 『서경』 「우서(虞書) 대우모(大禹謨)」를 말한다. 菹(저) 조기에 따르면 못에 풀이
자라는 것이다. 地中(지중) 주희에 따르면 두 벼랑의 사이이다.

堯舜旣沒, 聖人之道衰, 暴君代作. 壞宮室以爲汙池, 民無所安息; 棄田以
爲園囿, 使民不得衣食; 邪說暴行又作. 園囿汙池, 沛澤多而禽獸至. 及紂
之身, 天下又大亂. 周公相武王, 誅紂伐奄, 三年討其君, 驅飛廉於海隅而
戮之; 滅國者五十; 驅虎豹犀象而遠之; 天下大悅. 書曰: '丕顯哉! 文王謨.
丕承者! 武王烈. 佑啓我後人, 咸以正無缺.'

沛澤(패택) 조기에 따르면 패는 초목이 자라는 곳이고 택은 물이다. 奄(엄) 조기에 따르면

기를 좋아하신다고 하는데, 그 연유가 무엇인지 감히 여쭈
어도 되겠습니까?"

6-9-2 맹자께서 말씀하셨다. "내 어찌 논쟁하기를 좋아하겠느냐?
내가 그렇게 한 것은 부득이해서이다. 세상에 인류의 역사
가 시작된 지 이미 오래되었는데, 한 번 다스려지면 한 번
어지러워지곤 했다. 요임금의 시대에는 물이 역류해 나라 한
가운데로 범람하여 뱀과 용이 그곳에 서식하게 되었다. 그
래서 백성들이 정착할 수가 없어, 낮은 지대에 있는 사람은
나무에 둥지를 틀고 높은 지대에 있는 사람은 땅굴을 파서
살았다. 『서』에서 '쏟아지는 물이 나를 경각시켰다.'라고 했
는데, 쏟아지는 물이란 홍수를 말한다. (이에 요임금이) 우임
금에게 물을 관리하게 하였다. 우임금은 땅을 파서 바다로
흘러들게 하였고, 뱀과 용을 내몰아 수초 우거진 곳으로 쫓
아버렸다. 물이 강줄기를 따라 흘러가게 하니, 장강과 회수
그리고 하수와 한수가 그것이다. 위험이 이미 사라지고, 새
와 짐승들이 사람을 해치는 일이 없어진 후에야, 사람들이
평지에서 살게 되었다.

6-9-3 요임금과 순임금이 돌아가시자 성인의 도가 쇠퇴하고 폭군
들이 다시 나타났다. (그들이) 백성들의 집을 헐어서 연못을
만드니 백성들이 편히 쉴 곳이 없게 되었다. 또 전답을 망가
뜨려 동산을 만드니 백성들이 제대로 입고 먹지 못하게 되
었다. (그래서) 잘못된 학설과 포악한 행위가 또 다시 생겨
났다. 동산과 연못 그리고 늪이 많아지자, 새와 짐승들이 모

동방의 무도(無道)한 나라로서, 주왕을 추종하였다. 飛廉(비렴) 조기에 따르면 주왕에게 아첨한 신하이다. 書(서) 『서경』 「주서(周書) 군아(君牙)」를 말한다.

世衰道微, 邪說暴行有作, 臣弑其君者有之, 子弑其父者有之, 孔子懼, 作春秋. 春秋, 天子之事也. 是故孔子曰: '知我者其惟春秋乎! 罪我者其惟春秋乎!'

有(유) 또 우(又)와 같은 뜻이다. 春秋(춘추) 역사책을 가리키고 또한 역사적 사실을 평가하고 정리하는 일을 가리키기도 한다. 따라서 첫 번째, 세 번째, 네 번째의 춘추는 역사책을 말하고, 두 번째의 춘추는 역사를 서술하는 것을 말한다.

聖王不作, 諸侯放恣, 處士橫議, 楊朱墨翟之言盈天下, 天下之言不歸楊則歸墨. 楊氏爲我, 是無君也, 墨氏兼愛, 是無父也. 無父無君, 是禽獸也. 公明儀曰: '庖有肥肉, 廄有肥馬, 民有飢色, 野有餓莩, 此率獸而食人也.' 楊墨之道不息, 孔子之道不著, 是邪說誣民, 充塞仁義也. 仁義充塞, 則率獸食人, 人將相食. 吾爲此懼, 閑先聖之道, 距楊墨, 放淫辭, 邪說者不得作. 作於其心, 害於其事; 作於其事, 害於其政. 聖人復起, 不易吾言矣.

여들었다. 은의 주(紂)왕 시대에 천하는 다시 크게 혼란스러워졌다. 주공이 무왕을 도와 폭군 주를 죽였고, (주를 돕던) 엄나라를 정벌하여 3년 만에 엄나라 군주를 죽였으며, 주가 총애하던 비렴을 바닷가로 몰아내 죽여 버렸다. (이때) 멸망한 나라가 50이었고, (주가 기르던) 호랑이와 표범, 코뿔소와 코끼리를 먼 곳으로 몰아내니 천하 사람들이 크게 기뻐하였다. 『서』에서는 '크게 빛나도다. 문왕의 지모여. 크게 이었도다. 무왕의 공적이여. 우리 후세 사람들을 도우시고 일깨워 주시니, 모두가 올바른 도를 따르고 결함이 없게 하였도다.'라고 했다.

6-9-4 주나라가 쇠락하고 바른 도가 희미해져서 사악한 학설과 잔혹한 행위가 또다시 일어났으니, 신하인데 그 임금을 죽이는 자가 있었고 자식인데 그 아비를 죽이는 자가 있었다. 공자께서 (이런 세태를) 걱정하여 『춘추』를 지으셨다. 역사를 서술하는 것은 천자가 하는 일이다. 그래서 공자께서 '나를 이해하게 하는 근거도 오직 『춘추』일 것이고, 나를 비난하게 하는 근거도 오직 『춘추』일 것이다.'라고 말씀했던 것이다.

6-9-5 성왕(聖王)이 다시 출현하지 않자 제후들이 방자하게 굴고 초야의 선비들은 제멋대로 떠들어 대며, 양주와 묵적의 학설이 천하를 가득 채워서 천하의 주장들은 양주에게 돌아가지 않으면 묵적에게 돌아갔다. 양주는 오직 자신만을 위하니 이것은 임금이 없는 것이고, 묵적은 친소의 구분 없이 사랑하니 이것은 어버이가 없는 것이다. 어버이가 없고 임금

處士(처사) 조정에서 관리를 하지 않고 집에 거하는 사람을 뜻하니, 출사(出仕)하지 않은 지식인을 말한다. 楊朱(양주) 중국 전국 시대 초기의 사상가이다. 양주는 위(魏)나라 사람으로 경물중생(輕物重生)의 (육체)생명중시주의자이다. 한편 그는 중국 역사에서 철저한 개인주의자이며 쾌락주의자로도 알려져 있는데, 이는 맹자가 양주는 위아(爲我)설을 제창했다고 비난한 데서 비롯되었다. 墨翟(묵적) 묵자(墨子)로 불리는 중국 전국 시대 초기의 사상가이다. 묵적의 사상은 보편적 사랑, 즉 겸애(兼愛)를 기본 이념으로 한다. 전해 오는 말에 따르면, 묵적은 한때 유가의 학설을 배우고 공자의 사상을 따랐다고 한다. 그러나 그는 유가의 예절이 번쇄하다는 것과 장례를 너무 지나치게 성대하게 치르고 상복을 너무 오랫동안 입어 백성들의 재물과 생명을 해치게 하는 등의 폐단을 보고 유가를 반대하는 주장을 펴게 되었다. 그는 겸애 외에도 비용을 절약하는 절용(節用), 장례를 사치스럽고 성대하게 치르며 상복을 오래 입는 것을 반대하는 절장(節葬), 많은 비용을 들여 악기를 만들어서 귀족들이 즐기며 노는 것을 반대하는 비악(非樂) 등을 주장하였다. 充塞(충색) 가로막힌다는 뜻이다. 閑(한) 조기는 익힘[習]이라 하고, 주희는 보위함[衛]이라 한다.

昔者禹抑洪水而天下平, 周公兼夷狄驅猛獸而百姓寧, 孔子成春秋而亂臣賊子懼. 詩云: '戎狄是膺, 荊舒是懲, 則莫我敢承.' 無父無君, 是周公所膺也. 我亦欲正人心, 息邪說, 距詖行, 放淫辭, 以承三聖者, 豈好辯哉? 予不得已也. 能言距楊墨者, 聖人之徒也."

抑(억) 조기는 다스림[治]이라 하고, 주희는 그침[止]이라 한다. 兼(겸) 겸회(兼懷) 또는 겸병(兼倂)의 뜻이다. 詩(시) 『시경』 「노송 비궁」을 말한다. 「등문공 상」 5-4-29에도 나온다. 承(승) 막아내다, 방어하다라는 뜻이다. 三聖(삼성) 우임금, 주공, 공자를 말한다.

이 없는 것은 금수이다. 공명의가 말하기를 '임금의 부엌에 살진 고기가 있고 마구간에 살진 말이 있으나, 백성들은 굶주린 기색이 있고 들에는 굶어 죽은 시체가 있다면 이는 짐승을 몰아서 사람을 잡아먹게 한 것이다.'라고 했다. 양주와 묵적의 도가 사라지지 않으면 공자의 도가 드러나지 못할 것이니, 이것은 사악한 학설이 백성들을 기만하고 인의(仁義)의 길을 가로막는 것이다. 인의의 길이 막히면 짐승을 몰아와서 사람을 잡아먹게 하다가, 결국 사람들이 서로 잡아먹게 될 것이다. 나는 이것을 걱정해서 옛 성인의 도를 보호하고 양주와 묵적의 학설을 저지하며, 방탕한 말을 추방하여 사악한 학설을 주장하는 자가 생겨나지 않게 하려는 것이다. (그런 사악한 학설이) 마음에서 생겨나면 일을 그르치게 되고, 일에서 생겨나면 정사를 그르치게 된다. 성인이 다시 살아나더라도 내 말을 고치지 않으실 것이다.

6-9-6

옛날에 우임금이 홍수를 다스리자 천하가 평온해졌고, 주공이 오랑캐를 겸병하고 맹수들을 몰아내자 백성들이 편안하게 되었으며, 공자가 『춘추』를 짓자 인륜을 어긴 신하와 자식들이 두려워하게 되었다. 『시』에 이르기를 '서쪽 오랑캐와 북쪽 오랑캐를 치고 남쪽의 초나라와 서나라를 응징하니 누구도 감히 우리에게 대적하지 못한다.'라고 했다. (양주와 묵적같이) 어버이도 모르고 임금도 모르는 학설은 주공도 이렇게 응징하셨을 것이다. 나 역시 사람들의 마음을 바로잡고 사악한 학설을 종식시키며 잘못된 행위를 막고 방탕한 말을 내쳐서 세 성인을 계승하려는 것이지, 어찌 논쟁하

匡章曰: "陳仲子豈不誠廉士哉? 居於陵, 三日不食, 耳無聞, 目無見也. 井上有李, 螬食實者過半矣, 匍匐往將食之, 三咽, 然後耳有聞, 目有見."

匡章(광장) 제나라 사람으로, 일찍이 제나라 위왕(威王)의 장수가 되어 병사를 거느리고 진(秦)나라와 대적하여 진나라를 크게 패배시켰다. 선왕(宣王) 때에는 또 다섯 도읍의 정예 병사를 이끌고 가서 연(燕)나라를 정복하였다. 陳仲子(진중자) 조기에 따르면 제나라의 선비로 궁핍하나 구차히 얻어먹지 않는 사람이었기 때문에 결국 곡식을 끊고 굶어 죽었다. 廉(렴) 주희에 따르면 분변함이 있어 구차히 취하지 않는 것이다. 螬(조) 주희에 따르면 굼벵이이다. 匍匐(포복) 주희에 따르면 힘이 없어 걸어갈 수 없음을 말한다. 咽(인) 주희에 따르면 삼킴이다.

孟子曰: "於齊國之士, 吾必以仲子爲巨擘焉. 雖然, 仲子惡能廉? 充仲子之操, 則蚓而後可者也. 夫蚓, 上食槁壤, 下飮黃泉. 仲子所居之室, 伯夷之所築與? 抑亦盜跖之所築與? 所食之粟, 伯夷之所樹與? 抑亦盜跖之所樹與? 是未可知也."

巨擘(거벽) 조기에 따르면 큰 손가락이다. 제나라의 선비와 비교해서 진중자가 여러 손가락 가운데 큰 것이지 큰 그릇은 아니다. 蚓(인) 조기에 따르면 지렁이다. 지렁이는 흙만 먹고 물만 마시니 지극히 청렴하다. 그러나 마음도 없고 의식도 없다. 진중자는 인의를 알지 못하고, 한낱 보잘것없는 것을 구차하게 지키니 지렁이와 같은 것이다. 槁壤(고양) 마른 흙이다. 黃泉(황천) 주희는 흐린 물이라 하고, 양보권은 땅속의 물이라 한다. 盜跖(도척) 춘추 시대의 유명한 도적으로 유하혜와 형제이다.

기를 좋아해서 그렇게 하는 것이겠느냐? 나는 부득이해서 그렇게 한 것이다. 바른 주장으로 양주와 묵적의 학설을 물리치는 자는 성인의 도를 따르는 사람이다."

6-10-1

광장이 말했다. "진중자가 어찌 진실로 청렴한 선비가 아니겠습니까? 오릉에 살 때 사흘 동안 먹지 못해서 귀가 들리지 않고 눈이 보이지도 않았습니다. 우물가에 있던 자두나무에는 벌레 먹은 열매가 반이 넘었는데, 진중자가 기어가 그 열매를 주워 먹고 세 입을 삼킨 후에야 귀에 들리는 것이 있고 눈에 보이는 것이 있게 되었다고 합니다."

6-10-2

맹자께서 말씀하셨다. "제나라의 선비 가운데 나는 반드시 진중자를 손가락 중에서 엄지손가락으로 꼽았다. 비록 그렇다 해도 진중자가 어떻게 청렴하다 할 수 있겠는가? 진중자의 지조를 지키려면 지렁이가 되고 나서야 가능할 것이다. 지렁이는 위에서는 마른 흙을 먹고 아래에서는 땅속의 흐린 물을 마신다. 진중자가 사는 집이 백이같은 현자가 지은 집인지 아니면 도척이 지은 집인지, 그가 먹는 곡식이 백이가 심은 것인지 아니면 도척이 심은 것인지, 이것은 알 수 없는 것이다."

曰: "是何傷哉? 彼身織屨, 妻辟纑, 以易之也

辟纑(벽로) 조기에 따르면 벽은 마를 길쌈하는 것이고, 로는 마를 연마하는 것이다.

曰: "仲子, 齊之世家也, 兄戴, 蓋祿萬鍾. 以兄之祿爲不義之祿而不食也,
以兄之室爲不義之室而不居也, 辟兄離母, 處於於陵. 他日歸, 則有饋其兄
生鵝者, 己頻顣曰: '惡用是鶂鶂者爲哉?' 他日, 其母殺是鵝也, 與之食之.
其兄自外至, 曰, '是鶂鶂之肉也.' 出而哇之. 以母則不食, 以妻則食之; 以
兄之室則弗居, 以於陵則居之: 是尙爲能充其類也乎? 若仲子者, 蚓而後充
其操者也."

世家(세가) 대대로 벼슬해 오는 집안 사람을 말한다. 蓋(개) 지명으로, 진대의 채읍이었다.

頻顣(빈축) 빈은 눈썹을 찌푸리는 것이고 축은 눈썹과 코에 주름이 잡히는 것으로 즐겁지 않

음을 나타내는 것이다. 鶂鶂(예예) 조기에 따르면 거위가 우는 소리이다. 哇(와) 주희에 따

르면 토함이다.

(광장이) 말했다. "그것이 무슨 문제가 있겠습니까? 그는 손수 짚신을 삼고 부인은 마를 길쌈해서 곡식과 바꿉니다."

(맹자께서) 말씀하셨다. "진중자는 제나라의 세가(世家)이다. 형인 진대가 개 땅에서 받는 봉록이 만 종이나 된다. 그런데 형의 녹이 의롭지 못하다고 해서 그것을 먹지 않고, 형의 집이 의롭지 못하다고 해서 그곳에 거처하지 않았다. 그래서 형을 피하고 어머니를 떠나서 오릉에 산 것이다. 어느 날 형의 집에 돌아왔는데 그의 형에게 살아 있는 거위를 선물로 보내 온 사람이 있었다. 그는 이맛살을 찡그리며 '이 꽥꽥거리는 것을 어디에 쓸 것인가?'라고 했다. 그 뒤 어느 날 그의 어머니가 그 거위를 잡아서 그에게 먹였다. 형이 밖에서 돌아와서는 '이것이 꽥꽥거리는 거위 고기다.'라고 하니, 그는 밖으로 나가서 그것을 토해 냈다고 한다. 어머니가 주는 것은 먹지 않으면서 아내가 주는 것은 먹었고, 형의 집에서는 살지 않으면서 오릉에서는 살았는데, 이러고도 오히려 그가 지조를 지켰다고 할 수 있겠는가? 진중자 같은 사람은 지렁이가 되어야만 그 지조를 지킬 수 있을 것이다."

7 이루 상
離婁上

이 편은 28장으로 이루어져 있는데, 첫 장이 "이루(離婁)의 밝은 눈과 공수자의 교묘한 솜씨라도……"라는 말로 시작되기 때문에 이러한 편명이 붙었다. 이루는 황제 시대 전설 상의 인물이다. 일부 장을 제외하고는 대체로 짤막한 단편적인 내용으로 되어 있으므로 특별한 주제를 들어 말하기는 어렵다. 다만 인(仁)과 인정(仁政)에 대한 내용이 비교적 많이 실려 있으며, 『시경』의 구절과 『서경』의 고사가 다수 인용되어 있다. 그 밖에 인구에 회자되는 권도(權道), 역자교지(易子敎之), 세 가지 불효[三不孝] 등의 내용이 실려 있다.

孟子曰: "離婁之明, 公輸子之巧, 不以規矩, 不能成方員(圓). 師曠之聽, 不以六律, 不能正五音. 堯舜之道, 不以仁政, 不能平治天下.

離婁(이루) 놀랍도록 눈이 밝아서 100보 밖에서도 추호(秋毫, 가을에 동물의 몸에서 막 나기 시작하는 아주 가는 털)의 끄트머리를 볼 수 있었다는 황제 시대 전설상의 인물이다. 公輸子(공수자) 이름은 반(班)이고, 손재주가 뛰어난 춘추 시대 노나라 사람이었다고 한다. 規矩(규구) 규는 원형을 그리는 기구 즉 컴퍼스이며, 구는 방형을 그리는 기구 즉 곱자이다. 師曠(사광) 사는 음악의 전문가라는 뜻이고 광은 이름이다. 사광은 진(晉)나라 평공의 악사(樂師)로 음악을 잘 아는 자였다고 한다. 六律(육률) 고대에 같은 지름의 굵기를 가진 대나무 관들의 길이에 따라 12가지의 음률을 정한 것을 율려(律呂)라 한다. 이 가운데 양(陽)에 속하는 6개의 음률을 육률이라 하고, 음(陰)에 속하는 6개의 음률을 육려(六呂)라 한다. 五音(오음) 오성(五聲)의 음계를 중국 고대 문헌에서는 통상 오음 혹은 오성(五聲)이라고 했으며 궁(宮)의 음으로부터 시작하여 상(商), 각(角), 치(徵), 우(羽)의 다섯 음을 말한다.

今有仁心仁聞, 而民不被其澤, 不可法於後世者, 不行先王之道也.

仁心仁聞(인심인문) 군주가 어진 마음을 가지고 다스리므로, 어질다는 소문이 널리 퍼져 있다는 뜻이다.

故曰, 徒善不足以爲政, 徒法不能以自行.

善(선) 인정(仁政)과 인심(仁心)을 가리킨다. 法(법) 요순지도(堯舜之道) 혹은 선왕지도(先王之道)를 가리킨다.

詩云, '不愆不忘, 率由舊章', 遵先王之法而過者, 未之有也.

詩(시) 『시경』 「대아 가악(假樂)」이다. 愆(건) 조기에 따르면 잘못(過)이라는 뜻이다. 率(솔) 정현에 따르면 따른다(循)는 뜻이다. 舊章(구장) 정현에 따르면 옛 전장 제도를 뜻한다.

7-1-1 　맹자께서 말씀하셨다. "이루의 밝은 눈과 공수자의 교묘한 솜씨라도 규구를 쓰지 않으면 네모와 원을 제대로 그리지 못하고, 사광의 밝은 귀라도 육률을 쓰지 않으면 오음을 바로잡지 못하며, 요순의 도라도 인정을 베풀지 않으면 천하를 잘 다스릴 수 없다.

7-1-2 　지금 어떤 군주들은 어진 마음과 어질다는 명성이 있는데도, 백성들이 그 혜택을 입지 못하고 후세에 모범이 될 수 없는 것은 선왕의 도를 행하지 않기 때문이다.

7-1-3 　그러므로 말하기를 '한갓 선함만으로는 다스릴 수 없으며, 한갓 법만 가지고는 저절로 실행될 수 없다.'라고 한 것이다.

7-1-4 　『시』에 이르기를 '잘못하지 말고 잊지도 말며, 옛 제도를 따른다.'라고 하였으니, 선왕의 법도를 따르고서도 잘못을 저지르는 자는 아직 없었다.

聖人, 既竭目力焉, 繼之以規矩準繩, 以爲方員平直, 不可勝用也. 既竭耳力
焉, 繼之以六律, 正五音, 不可勝用也. 既竭心思焉, 繼之以不忍人之政, 而
仁覆天下矣.

準繩(준승) 평면의 기울기를 재는 수준기와 먹줄. 不可勝用(불가승용) 그 쓰임 또는 작용이
무궁한 것을 뜻한다. 心思(심사) 마음의 헤아림으로 이성의 사유 능력을 뜻한다. 不忍人之
政(불인인지정) 다른 사람의 고통을 차마 견디지 못하는 마음 즉 도덕심으로 하는 정치로, 곧
인정(仁政)를 뜻한다.

故曰, '爲高必因丘陵, 爲下必因川澤', 爲政不因先王之道, 可謂智乎.

是以惟仁者, 宜在高位, 不仁而在高位, 是播其惡於衆也.

上無道揆也, 下無法守也, 朝不信道, 工不信度, 君子犯義, 小人犯刑, 國之
所存者幸也.

工(공) 조기는 공을 백공(百工)으로 보아, '공불신도(工不信度)'를 백공들은 척도를 믿지 않
는다고 이해하였다. 주희는 공을 백관(百官)으로 보아 '공불신도'를 백관들은 법도를 믿지 않
는다고 했다. 여기서는 조기의 해석에 따른다.

故曰, 城郭不完, 兵甲不多, 非國之災也. 田野不辟, 貨財不聚, 非國之害也.
上無禮, 下無學, 賊民興, 喪無日矣.

7-1-5   성인은 밝은 눈으로 잘 살피고 또 규구와 준승을 사용하여 네모와 원, 수평과 직선을 이루었으니 그 쓰임이 끝이 없었다. 밝은 귀로 잘 듣고 또 육률로써 오음을 바로잡았으니 그 쓰임이 끝이 없었다. 마음이 헤아림을 다하고 또 인민들(의 고통)을 견디지 못하는 정치를 하였으니, 인덕(仁德)이 세상에 가득했다.

7-1-6   그러므로 '높게 하려면 반드시 구릉을 이용해야 하고, 깊게 하려면 반드시 천택을 이용해야 한다.'라고 말하니, 정치를 하면서 선왕의 도를 따르지 않는다면 지혜롭다고 할 수 있겠는가.

7-1-7   이런 까닭에 오직 어진 자만이 마땅히 높은 지위에 있어야 하는 것이다. 어질지 않으면서 높은 지위에 있으면, 이는 결국 백성에게 폐해를 끼치는 것이다.

7-1-8   윗사람은 도리로 다스리지 않고 아랫사람은 법도를 지키지 않으며, 조정에서는 도리를 믿지 않고 백공들은 척도를 따르지 아니하며, 관리는 의리를 어기고 백성은 형법을 어기는데도 나라가 보존되는 것은 요행이다.

7-1-9   그러므로 '성곽이 완전하지 못하고 병력과 무기가 충분하지 않은 것이 나라의 재앙이 아니다. 쓸 수 있는 땅이 개간되

上無禮, 下無學, 賊民興(상무례, 하무학, 적민흥) 조기는 군주에게는 예가 없고 신하에게는 배움이 없어 나라를 해치는 백성들이 일어난다고 보았으나, 주희는 윗사람과 아랫사람으로 나누어 아랫사람이 배움을 모르면 반란에 가담하기 쉽다고 이해했다. 喪無日矣(상무일의) 멸망이 당장 닥쳐와 시간적 여유가 없음을 뜻한다.

詩曰, '天之方蹶, 無然泄泄.' 泄泄, 猶沓沓也.
詩(시) 『시경』 「대아 판(板)」이다. 天之方蹶(천지방궐) 조기는 천은 왕(王)을 말하고, 궐은 움직인다〔動〕는 뜻이라고 하였다. 주희는 궐을 전복시킨다는 뜻이라고 하여, 하늘이 주나라 왕실을 전복시키려 한다는 뜻으로 보았다. 泄泄(설설) 주희는 게으르고 무관심하여 주 왕실의 전복을 기꺼이 따르려는 모양이라고 보았다. 그런데 초순은 단옥재의 『설문해자주』를 인용하여 예예(呭呭), 즉 수다스럽고 시끄럽다는 의미로 보았다. 沓沓(답답) 주희는 답답을 맹자 당시의 말이라고 하였고, 초순은 답답(詝詝)으로 보아 예예(呭呭)와 마찬가지로 말이 많다는 의미로 풀이하였다.

事君無義, 進退無禮, 言則非先王之道者, 猶沓沓也.
進退(진퇴) 여기서는 구체적인 행동거지를 가리키는데, 조정에서 나아가고 물러나는 예의 등을 말한다. 非(비) 조기에 따르면 위배하고 버린다〔背棄〕는 뜻이고, 주희에 따르면 비방한다〔詆毀〕는 의미이다.

故曰, 責難於君謂之恭, 陳善閉邪謂之敬, 吾君不能謂之賊."

孟子曰, "規矩, 方員之至也. 聖人, 人倫之至也.

지 않고 재화가 모이지 않는 것이 나라의 손해가 아니다. 윗사람은 예(禮)가 없고 아랫사람은 배우지 않는다면, 나라를 해치는 백성이 일어나 하루도 못 가서 곧 망하게 된다.'라고 말하는 것이다.

7-1-10 　『시』에 이르기를 '하늘이 바야흐로 세상을 뒤집으려 하니, 쓸데없는 말을 많이 하지 말라.'라고 하였다. 쓸데없는 말을 많이 하는 것은 수다스러움과 같다.

7-1-11 　군주를 섬기는 데에 의로움이 없고 행동거지에 예의가 없으며 말만 하면 선왕의 도(道)를 비방하는 것, 이런 것이 바로 수다스러움과 같은 것이다.

7-1-12 　그러므로 '실행하기 어려운 일을 군주에게 요구하는 것이 공손함이요, 선(善)의 도리를 말하여 군주의 사악한 마음〔邪心〕을 막는 것이 공경함이며, 우리 군주는 해낼 수 없다고 말하는 것이 군주를 해침이다.'라고 말하는 것이다."

7-2-1 　맹자께서 말씀하셨다. "규구는 네모와 원의 표준이고, 성인

欲爲君, 盡君道, 欲爲臣, 盡臣道, 二者皆法堯舜而已矣. 不以舜之所以事
堯事君, 不敬其君者也, 不以堯之所以治民治民, 賊其民者也.

孔子曰: '道二, 仁與不仁而已矣.'

仁(인) 여기에서는 어진 정치(仁政)를 뜻한다.

暴其民甚, 則身弒國亡, 不甚則身危國削. 名之曰幽厲, 雖孝子慈孫, 百世
不能改也.

幽厲(유려) 유는 어둡고 우매한 군주에게, 려는 포악한 군주에게 붙이는 시호다. 일단 이런
시호가 붙게 되면 아무리 효성스럽고 순종하는 자손이 조상의 오명을 고치려 해도 고칠 수가
없다는 것이다.

詩云, '殷鑑不遠, 在夏后之世.' 此之謂也."

詩(시) 『시경』 「대아 탕(蕩)」이다. 은의 주왕이 마땅히 본보기(鑑, 거울)로 삼았어야 할 것은
하의 걸왕이라는 뜻이다.

孟子曰: "三代之得天下也, 以仁. 其失天下也, 以不仁."

은 인류의 지극한 표준이다.

7-2-2   군주가 되고자 한다면 군주의 도리를 다해야 하고, 신하가 되고자 한다면 신하의 도리를 다해야 하니, 이 두 가지는 모두 요임금과 순임금을 본받을 뿐이다. 순이 요임금을 섬기던 방법으로 군주를 섬기지 않는다면 그것은 군주를 공경하지 않는 것이고, 요임금이 백성을 다스리던 방법으로 백성을 다스리지 않는다면 그것은 백성을 해치는 것이다.

7-2-3   공자께서 말씀하시기를 '나라를 다스리는 방법은 두 가지가 있으니, 어진 정치를 하느냐 어진 정치를 하지 않느냐일 뿐이다.'라고 하셨다.

7-2-4   백성에게 포악하게 굴면, 심할 경우 자신은 시해되고 나라는 망하며, 심하지 않을 경우 자신은 위태롭게 되고 국력이 약해진다. 그리하여 그의 시호가 유(幽)나 여(厲)로 불리게 되니, 비록 효성스럽고 순종하는 자손이 나온다 하더라도 백세(百世)가 지나도록 (그 오명을) 고칠 수 없을 것이다.

7-2-5   『시』에 이르기를 '은나라의 본보기가 멀리 있는 것이 아니라, 바로 하후 시대에 있다.'라고 하였으니, 이것을 말한 것이다."

7-3-1   맹자께서 말씀하셨다. "(하·은·주) 삼대가 천하를 얻은 것은 천자가 인(仁)하였기 때문이고, 천하를 잃은 것은 천자가

國之所以廢興存亡者, 亦然.

天子不仁, 不保四海, 諸侯不仁, 不保社稷, 卿大夫不仁, 不保宗廟, 士庶人不仁, 不保四體.

四海(사해) 천자가 가지고 있는 천하를 뜻한다. 社稷(사직) 제후가 제사 지내는 토신과 곡신을 뜻한다. 즉 제후의 국가를 뜻한다. 宗廟(종묘) 여기서는 경대부의 사당을 뜻하고, 실제적으로 채읍(采邑)을 가리킨다. 四體(사체) 자신의 생명을 뜻한다.

今惡死亡而樂不仁, 是猶惡醉而强酒."

孟子曰: "愛人不親, 反其仁. 治人不治, 反其智. 禮人不答, 反其敬.

行有不得者, 皆反求諸己, 其身正而天下歸之.

인하지 못하였기 때문이다.

7-3-2   나라가 쇠퇴하거나 흥성하는 것과 존속되거나 폐망하는 것의 까닭 또한 그러하다.

7-3-3   천자가 인(仁)하지 않으면 사해를 보전하지 못하고, 제후가 인하지 않으면 사직을 보전하지 못하며, 경과 대부가 인하지 않으면 종묘를 보전하지 못하고, 선비와 일반 백성이 인하지 않으면 자기 자신을 보전하지 못한다.

7-3-4   이제 죽고 망하는 것을 싫어하면서도 인하지 않음을 좋아하니, 이것은 술에 취하는 것을 싫어하면서도 억지로 술을 마시는 것과 같다."

7-4-1   맹자께서 말씀하셨다. "사람들을 사랑하는데도 그들이 나와 친밀해지지 않으면 자신의 인(仁)이 충분했는가를 돌이켜 보고, 사람들을 다스려도 그들이 다스려지지 않으면 자신의 지혜(智)가 충분했는가를 돌이켜 보며, 사람들을 예로써 대해도 그들이 답례하지 않으면 자신의 공경(敬)이 충분했는가를 돌이켜 보라.

7-4-2   어떤 일을 실행하고도 그 성과를 얻지 못하면 그 원인을 자신에게서 찾아야 하니, 자신이 올바르면 세상 사람들이 그에게 귀의할 것이다.

詩云, '永言配命, 自求多福.'"

詩(시) 『시경』 「대아 문왕」으로, 앞서 「공손추 상」 3-4에 인용된 바 있다.

孟子曰: "人有恒言, 皆曰天下國家, 天下之本在國, 國之本在家, 家之本在身."

天下國家(천하국가) 조기와 주희 모두 천하란 천자가 주도하여 다스리는 곳이고, 국은 제후의 나라를 말하며, 가란 경과 대부의 집안을 말한다고 하였다.

孟子曰: "爲政不難, 不得罪於巨室. 巨室之所慕, 一國慕之, 一國之所慕, 天下慕之. 故沛然德敎, 溢乎四海."

巨室(거실) 조기는 대가(大家)라고 하며, 현명한 경대부의 집안은 사람들이 모두 본받으려 하는 것이라고 하였다. 주희는 거실이란 세신(世臣, 대대로 벼슬을 했던 문벌의 신하)과 대가(大家, 당대의 권문세가)라고 하였다. 沛然(패연) 물이 넘칠 듯이 벅차게 흘러가는 모습을 형용하는 말이다. 德敎(덕교) 덕을 베풀어서 교화한다는 뜻이다.

孟子曰: "天下有道, 小德役大德, 小賢役大賢. 天下無道, 小役大, 弱役强, 斯二者天也, 順天者存, 逆天者亡.

小德役大德, 小賢役大賢(소덕역대덕, 소현역대현) 조기는 세상에 도가 있을 때에는 소덕(小德)과 소현(小賢)이 기꺼이 대덕(大德)과 대현(大賢)에게 부림을 당하고자 하니 덕과 재능에 따르는 것이라고 했는데, 여기서 덕과 현의 대소는 문화 수준의 높고 낮음으로 이해할 수 있다. 주희는 세상에 도가 있을 때는 사람들이 모두 덕을 닦아서, 지위가 반드시 덕의 대소에 걸맞게 된다고 하였다. 小役大, 弱役强(소역대, 약역강) 조기는 세상에 도가 없을 때에는 소국과 약국이 두려워서 대국과 강국에게 부림을 당하는 것이라고 하였다. 주희는 세상에 도가 없을 때는 사람들이 덕을 닦지 않으니 오직 힘으로 서로 부리고 부림을 당할 뿐이라고 하였다.

7-4-3　　　『시』에 이르기를 '영원히 천명에 따르도록 함이 스스로 많은 복을 구함이니라.'라고 하였다."

7-5　　　맹자께서 말씀하셨다. "사람들이 항상 말하기를 '천하, 국, 가.'라고 한다. 천하의 근본은 나라에 있고, 나라의 근본은 집안에 있고, 집안의 근본은 자신에 있는 것이다."

7-6　　　맹자께서 말씀하셨다. "정치를 하는 것은 어렵지 않으니, 대대로 명망이 있는 집안에 죄를 얻지 말아야 한다. 대대로 명망이 있는 집안이 사모하는 것은 나라 사람들이 사모하고, 한 나라 사람들이 사모하는 것은 온 천하 사람들이 사모하기 때문이다. 그러므로 덕의 교화가 온 세상에 패연히 넘칠 수 있는 것이다."

7-7-1　　　맹자께서 말씀하셨다. "천하에 도가 있을 때에는 작은 덕을 가진 나라가 큰 덕을 가진 나라에게 부림을 당하고, 적은 재능을 가진 나라가 많은 재능을 가진 나라에게 부림을 당한다. 천하에 도가 없을 때에는 작은 나라가 큰 나라에게 부림을 당하고, 약한 나라가 강한 나라에게 부림을 당한다. 이 두 가지는 천리(天理)이니, 천리를 따르는 자는 보존되고, 천리를 거스르는 자는 망한다.

齊景公曰, '旣不能令, 又不受命, 是絶物也.' 涕出而女於吳.

今也, 小國師大國而恥受命焉, 是猶弟子而恥受命於先師也.

如恥之, 莫若師文王, 師文王, 大國五年, 小國七年, 必爲政於天下矣.

詩云, '商之孫子, 其麗不億, 上帝旣命, 侯于周服. 侯服于周, 天命靡常, 殷
士膚敏, 祼將于京.' 孔子曰, '仁不可爲衆也, 夫國君好仁, 天下無敵.'
詩(시) 『시경』「대아 문왕」이다. 其麗不億(기려불억) 려(麗)는 숫자라는 뜻이고, 억(億)은
10만을 말한다. 侯(후) 어기사이다. 膚敏(부민) 조기와 주희 모두 부는 크다는 뜻이고 민은
통달하다라는 뜻이라고 하였다. 祼將(나장) 나는 관(灌)과 같은 뜻으로, 종묘에서 제사할
때 울창주를 땅에 부어 신령이 강림하기를 기원하는 의식을 말한다. 주희는 장을 돕는다[助]
는 뜻으로 풀이했다.

7-7-2　　제 경공이 말하기를 '이미 국세가 약하여 남에게 명령하지도 못하는데 또 남의 명령까지 받아들이지 않는다면, 이는 남들과 관계를 끊는 것이다.'라 하고, 눈물을 흘리며 (강국인) 오나라에 딸을 시집보냈다.

7-7-3　　지금 소국이 대국을 본받고자 하면서도 명령받는 것은 부끄러워하니, 이는 제자가 스승에게 명령받는 것을 부끄러워하는 것과 마찬가지이다.

해설　　조기에 따르면 "소국이 대국을 스승으로 삼아 법도를 배우면서도 명령을 받는 것을 부끄러워해 그 진퇴를 따르지 않는 것은 제자가 스승을 따르지 않는 것과 같다."라고 한다.

7-7-4　　만일 명령받는 것을 부끄러워한다면 문왕을 스승으로 삼아 본받는 것이 가장 좋다. 문왕을 본받는다면 대국은 5년, 소국은 7년이면 반드시 천하를 다스릴 수 있을 것이다.

7-7-5　　『시』에 이르기를 '상나라의 자손은 그 수가 10만을 넘었지만, 상제가 이미 문왕에게 천명을 내리니 그들 모두 주나라에 복종하였다. 그들이 주나라에 복종하였으니, 천명은 일정하지 않은 것이구나. 은나라 선비 중에 아름답고 교양 있는 자들이 주나라 수도에서 강신주를 부어 제사를 돕는구나!'라고 하였다. 공자께서 말씀하시기를 '많은 무리도 인자(仁者)를 당해 낼 수 없으니, 군주가 인(仁)을 좋아하면 천하에 대적할 이가 없다.'라고 하셨다.

今也, 欲無敵於天下而不以仁, 是猶執熱而不以濯也. 詩云, '誰能執熱, 逝
不以濯.'"

詩(시) 『시경』 「대아 상유(桑柔)」이다. 逝(서) 어조사다.

孟子曰: "不仁者可與言哉? 安其危而利其菑, 樂其所以亡者. 不仁而可與
言, 則何亡國敗家之有?

安其危而利其菑(안기위이리기치) 자신의 위태로움과 재앙을 인지하지 못하고, 돌아보지 않
거나 자신의 이익이라고 생각한다는 의미이다. 여기서 치는 재(災)와 같다.

有孺子歌曰, '滄浪之水淸兮, 可以濯我纓, 滄浪之水濁兮, 可以濯我足.'

滄浪(창랑) 강의 이름으로 하수(夏水)이다. 혹은 푸른 물이라는 설도 있고 지명이라는 설도
있다.

孔子曰, '小子聽之. 淸斯濯纓, 濁斯濯足矣, 自取之也.'

夫人必自侮, 然後人侮之; 家必自毁, 而後人毁之, 國必自伐, 而後人伐之.

國必自伐(국필자벌) 조기에 따르면 스스로가 토벌당할 만한 정치를 하여 남이 토벌한다는
것이다.

太甲曰, '天作孼, 猶可違. 自作孼, 不可活.' 此之謂也."

7-7-6　이제 천하에 대적할 자가 없기를 바라면서 인정(仁政)을 행하지 않으니, 이는 뜨거운 것을 손에 쥐었다가 손을 찬물에 담그지 않는 것과 같다.『시』에 이르기를 '누가 뜨거운 물건을 쥐었다가 손을 찬물에 담그지 않겠는가.'라고 하였다."

7-8-1　맹자께서 말씀하셨다. "인(仁)하지 않은 사람과 더불어 의론할 수 있겠는가? 그 위태로움을 편안하다고 여기고 그 재앙도 이익이라고 여기니 (나라가) 망하게 하는 것을 즐기는 것이다. 만일 인하지 않더라도 더불어 의론할 수 있었다면, 어찌 국가가 패망하는 일이 일어났겠는가?

7-8-2　어린아이들이 노래하기를 '창랑의 물이 맑으면 나의 갓끈을 빨 것이요, 창랑의 물이 흐리면 나의 발을 씻을 것이다.'라고 하였다.

7-8-3　공자께서 말씀하시기를 '제자들아! 저 노래를 들어 보아라. 물이 맑으면 갓끈을 빨고 물이 흐리면 발을 씻으니, 이는 모두 물 스스로 초래한 것이다.'라고 하셨다.

7-8-4　사람은 반드시 스스로 자신을 업신여긴 후에야 남들이 그를 업신여기고, 집안은 반드시 스스로 훼손한 후에야 남들이 그 집안을 훼손하며, 나라는 반드시 스스로 토벌당할 지경에 이른 후에야 남들이 토벌하는 것이다.

7-8-5　「태갑」에 이르기를 '하늘이 내린 재앙은 오히려 피할 수 있

太甲(태갑) 『서경』「상서 태갑(太甲)」을 말한다.「공손추 상」 3-4에도 인용되어 있다.

孟子曰: "桀紂之失天下也, 失其民也. 失其民者, 失其心也. 得天下有道, 得其民, 斯得天下矣. 得其民有道, 得其心, 斯得民矣. 得其心有道, 所欲與之聚之, 所惡勿施爾也.

與之聚之(여지취지) 조기는 인민들이 바라는 것을 모아서 주는 것[聚其所欲而與之]으로 보았다. 주희는 여지(與之)를 '그들을 위하여[爲之]'로 보아 인민들을 위하여 그들이 바라는 것을 모으는 것으로 보았다.

民之歸仁也, 猶水之就下, 獸之走壙也.

故爲淵敺魚者, 獺也. 爲叢敺爵者, 鸇也. 爲湯武敺民者, 桀與紂也.

今天下之君, 有好仁者, 則諸侯皆爲之敺矣. 雖欲無王, 不可得已.

今之欲王者, 猶七年之病, 求三年之艾也. 苟爲不畜, 終身不得. 苟不志於仁, 終身憂辱, 以陷於死亡.

三年之艾(삼년지애) 조기에 따르면 쑥은 사람의 병을 뜸을 떠서 고치는 것으로 오래 말릴수지만, 스스로 재앙을 짓는다면 살아날 수가 없다.' 하였으니, 이것을 말한 것이다."

7-9-1 　맹자께서 말씀하셨다. "걸(桀)과 주(紂)가 천하를 잃은 것은 인민을 잃었기 때문이다. 인민을 잃었다는 것은 그들의 마음을 잃은 것이다. 천하를 얻는 데에는 방법이 있으니, 인민을 얻으면 천하를 얻을 것이다. 인민을 얻는 데에는 방법이 있으니, 그들의 마음을 얻으면 인민을 얻을 것이다. 인민들의 마음을 얻는 데에는 방법이 있으니, 그들이 원하는 것을 해 주고 싫어하는 것을 하지 말아야 한다.

7-9-2 　인민이 어진 군주에게 돌아감은 물이 아래로 흘러가고 짐승이 들로 달려가는 것과 같다.

7-9-3 　그러므로 깊은 못으로 물고기를 몰아주는 것은 수달이요, 나무숲으로 새를 몰아주는 것은 새매요, 탕임금과 무왕에게 인민을 몰아준 자는 걸과 주다.

7-9-4 　이제 천하의 군주 중에 인(仁)을 좋아하는 자가 있으면 제후들이 모두 그를 위하여 인민을 몰아줄 것이다. 비록 왕 노릇을 하고 싶지 않더라도 그렇게 할 수 없을 것이다.

7-9-5 　지금 왕이 되려는 자는 마치 7년 묵은 병을 고치려고 3년 말린 약쑥을 구하는 것과 같다. 만약 미리 쑥을 뜯어 비축해 두지 않으면 종신토록 얻지 못할 것이다. 마찬가지로 만

록 더욱 좋다. 이는 평상시에 인(仁)을 꾸준히 실천해야 한다는 것을 비유한 것이다.

詩云, ‘其何能淑, 載胥及溺.’ 此之謂也.”

詩(시) 『시경』 「대아 상유」이다. 「이루 상」 7-7에 나온 ‘누가 뜨거운 물건을 쥐었다가 손을 찬
물에 담그지 않겠는가.’의 다음 구절로, 올바른 방법을 사용하여 정치를 하지 않으면 멸망에
이르게 된다는 것을 비유한다. 淑(숙) 선(善)의 뜻이다. 胥(서) 서로라는 뜻이다. 及(급) 함
께한다는 뜻이다.

孟子曰: “自暴者不可與有言也, 自棄者不可與有爲也. 言非禮義, 謂之自暴
也, 吾身不能居仁由義, 謂之自棄也.

仁, 人之安宅也, 義, 人之正路也.

曠安宅而弗居, 舍正路而不由, 哀哉!”

孟子曰: “道在爾而求諸遠, 事在易而求諸難. 人人親其親, 長其長, 而天下
平.”

爾(이) 가깝다〔邇〕의 뜻이다.

약 인(仁)에 뜻을 두지 않는다면 종신토록 근심하고 치욕을 당하다가 죽음에 이르게 될 것이다.

7-9-6
『시』에 이르기를 '어찌 잘될 수 있겠는가. 결국 서로 모두 멸망의 구렁텅이 속에 빠져 버릴 뿐이다.'라고 하였으니, 바로 이것을 말한 것이다."

7-10-1
맹자께서 말씀하셨다. "스스로 자신을 해치는 자는 더불어 말할 수 없고, 스스로 자신을 버리는 자는 더불어 일할 수 없다. 말만 하면 예의를 비방하는 것은 자포(自暴)라 하고, 자신은 인(仁)에 머물 수 없고 의(義)를 따를 수 없다고 생각하는 것을 자기(自棄)라고 한다.

7-10-2
인(仁)은 사람의 편안한 집이요, 의(義)는 사람의 바른 길이다.

7-10-3
편안한 집을 비워 두고 거처하지 않으며, 바른 길을 버려두고 따르지 않으니, 슬프구나."

7-11
맹자께서 말씀하셨다. "도(道)는 가까운 곳에 있는데 그것을 먼 곳에서 구하고, 일은 쉽게 할 수 있는데 그것을 어렵게 하려 한다. 사람마다 어버이를 어버이로 친애하고 어른을 어른으로 섬기면 천하가 평안해질 것이다."

孟子曰: "居下位而不獲於上, 民不可得而治也. 獲於上有道, 不信於友, 弗獲於上矣. 信於友有道, 事親弗悅, 弗信於友矣. 悅親有道, 反身不誠, 不悅於親矣. 誠身有道, 不明乎善, 不誠其身矣.

是故, 誠者, 天之道也, 思誠者, 人之道也.

至誠而不動者, 未之有也. 不誠, 未有能動者也."

孟子曰: "伯夷避紂, 居北海之濱, 聞文王作興, 曰: '盍歸乎來, 吾聞西伯善養老者.' 太公避紂, 居東海之濱, 聞文王作興, 曰: '盍歸乎來, 吾聞西伯, 善養老者.'

7·12·1 맹자께서 말씀하셨다. "아랫자리에 있으면서 윗사람에게 신임을 얻지 못하면 인민을 다스리지 못할 것이다. 윗사람에게 신임을 얻는 데는 방법이 있으니, 벗에게 믿음을 얻지 못하면 윗사람에게 신임을 얻지 못할 것이다. 벗에게 믿음을 얻는 데는 방법이 있으니, 어버이를 섬겨도 그들이 기뻐하지 않으면 벗에게 믿음을 얻지 못할 것이다. 어버이를 기쁘게 하는 데는 방법이 있으니, 자신을 돌이켜 보아 성실하지 않으면 어버이를 기쁘게 하지 못할 것이다. 자신을 성실하게 하는 데는 방법이 있으니, 선(善)을 밝게 알지 못하면 자신을 성실하게 하지 못할 것이다.

7·12·2 그러므로 성(誠)은 하늘의 도요, 성을 생각하는 것은 사람의 도이다.

해설 『중용』 20장 말미에 거의 동일한 내용이 보인다. 이를 통해 볼 때 『맹자』와 『중용』(자사가 지었다는 설이 유력하다.)은 학리적으로 긴밀히 연결됨을 알 수 있다.

7·12·3 지극히 성실하고도 남을 감동시키지 못하는 자는 아직 없었다. 성실하지 않은데도 남을 감동시킬 수 있는 자는 일찍이 없었다."

7·13·1 맹자께서 말씀하셨다. "백이가 주(紂)를 피하여 북쪽 바닷가에 살았는데, 문왕이 왕도를 실행한다는 것을 듣고 말하기를 '어찌 그에게 돌아가지 않겠는가. 나는 서백이 늙은이를

文王作興(문왕작흥) 조기는 문왕이 일어나 왕도를 실행하는 것으로 보았고, 주희는 작과 흥을 모두 일어나다(起)라고 하였다. 여기서는 조기의 이해에 따른다. 西伯(서백) 주나라 문왕을 가리킨다. 太公(태공) 강태공(姜太公), 즉 태공망(太公望) 여상(呂尙)이다. 조기에 따르면 "태공망은 여상으로서 호는 사상보(師尙父)라고 한다." 그는 은나라를 격파하고 제나라의 제후가 되었다. 『사기』「제세가(齊世家)」에는 "여상은 동해에 사는 사람으로 서백(문왕)이 사냥을 나갔다가 만났다. 서백은 '(선군(先君)인) 태공께서 오랫동안 바라던 어진 인물이다.'라고 말했다. 이로 인해 그를 태공망이라고 불렀다. 수레에 태워 함께 돌아와서 태사(太師)로 삼았다."라고 했다.

二老者, 天下之大老也而歸之, 是天下之父歸之也. 天下之父歸之, 其子焉往.

이로(二老) 백이와 태공이다. 대로(大老) 사회의 큰 어른 또는 존경받는 원로를 말한다.

諸侯有行文王之政者, 七年之內, 必爲政於天下矣."

七年之內, 必爲政於天下矣(칠년지내, 필위정어천하의) 「이루 상」 7-7에 "문왕을 본받는다면 대국은 5년, 소국은 7년이면 반드시 천하를 다스릴 수 있을 것이다."라는 구절이 있다.

孟子曰: "求也爲季氏宰, 無能改於其德, 而賦粟倍他日. 孔子曰, '求非我徒也. 小子鳴鼓而攻之可也.'

宰(재) 가신(家臣)의 우두머리를 뜻한다. 賦粟(부속) 세금으로 거둔 곡식을 뜻한다. 주희는 부(賦)를 취(取)로 해석했다. 孔子曰(공자왈) 이 내용은 『논어』「선진(先進)」에 보인다.

由此觀之, 君不行仁政而富之, 皆棄於孔子者也, 況於爲之强戰? 爭地以戰, 殺人盈野, 爭城以戰, 殺人盈城. 此所謂率土地而食人肉, 罪不容於死.

잘 봉양한다는 것을 들었다.'라고 하였다. 태공이 주를 피하여 동쪽 바닷가에 살았는데, 문왕이 왕도를 실행한다는 것을 듣고 말하기를 '어찌 그에게 돌아가지 않겠는가. 나는 서백이 늙은이를 잘 봉양한다는 것을 들었다.'라고 하였다.

7-13-2 이 두 노인들은 천하의 큰 어른인데 문왕에게 돌아갔으니, 이는 천하의 아버지가 문왕에게로 돌아간 것이다. 천하의 아버지가 문왕에게로 돌아갔으니, 그 자제들이 문왕에게로 돌아가지 않고 어디로 가겠는가.

7-13-3 제후 중에 문왕의 정사를 실행할 수 있는 자가 있다면, 7년 이내에 반드시 천하를 다스릴 수 있을 것이다."

7-14-1 맹자께서 말씀하셨다. "염구가 계씨(季氏)의 가신이 되어 그의 행실을 개선하지 못하고 세금을 전보다 두 배로 징수했다. (이에) 공자께서는 말씀하시길 '염구는 나의 제자가 아니다. 문인들이여, 북을 울려 그를 성토해도 괜찮다.'라고 하셨다."

7-14-2 이로 본다면 인정(仁政)을 행하지 않는 군주를 부유하게 해주는 사람은 모두 공자에게 버림을 받았는데, 하물며 군주

率土地而食人肉(솔토지이식인육) 글자대로 풀이하면 '땅을 가지고 와 사람 고기를 먹는다.' 라는 것이다. 이것은 인민을 위해 땅과 성을 얻으려고 전쟁을 하는 것인데 결과적으로 땅과 성을 얻기 위해 인민을 죽이는 것이 되니, '땅을 얻기 위해서 사람 고기를 먹는 것'과 같다는 것이다.

故善戰者服上刑, 連諸侯者次之, 辟草萊任土地者次之."

辟草萊任土地者(벽초래임토지자) 조기에 따르면 덕을 닦는 데 힘쓰지 않고 나라를 물질적으로 부유하게 하는 것에만 집중하는 것을 말한다.

孟子曰: "存乎人者, 莫良於眸子. 眸子不能掩其惡. 胸中正則眸子瞭焉. 胸中不正則眸子眊焉.

存乎人者(존호인자) 조기는 존인(存人)이란 사람에게 있는 선악이라고 하였는데, 초순은 조기가 존(存)을 재(在)로 풀이하였으며 이는 살피다(察)라는 뜻이라고 주해하였다.

聽其言也, 觀其眸子, 人焉廋哉."

孟子曰: "恭者不侮人, 儉者不奪人. 侮奪人之君, 惟恐不順焉, 惡得爲恭儉? 恭儉豈可以聲音笑貌爲哉?"

를 위하여 억지로 전쟁을 하는 사람에게 있어서랴? 땅을 쟁탈하려고 전쟁하여 죽인 사람이 들에 가득하고, 성을 쟁탈하려고 전쟁하여 죽인 사람이 성에 가득하다. 이것은 땅을 얻기 위해서 사람 고기를 먹는 것이니, 그 죄는 죽어도 용서받지 못할 것이다.

7-14-3 그러므로 전쟁을 좋아하는 자는 극형을 받아야 하고, 제후들을 연합시키는 자는 그다음의 형벌을 받아야 하고, 백성들에게 풀밭과 쑥밭을 개간하여 경작하라고 토지를 떠맡기는 자는 그다음의 형벌을 받아야 한다."

7-15-1 맹자께서 말씀하셨다. "사람의 선악을 살피는 데에는 눈동자보다 더 좋은 것이 없다. 눈동자는 그 사람의 악(惡)을 숨기지 못한다. 마음속이 바르면 눈동자가 밝다. 마음속이 바르지 못하면 눈동자가 흐리다.

7-15-2 그의 말을 들어 보고 그의 눈동자를 살핀다면 사람들이 어떻게 마음을 숨기겠는가."

7-16 맹자께서 말씀하셨다. "공손한 사람은 남을 모욕하지 않고, 검소한 사람은 남에게서 빼앗지 않는다. 남을 모욕하고 남에게서 빼앗는 군주는 오직 사람들이 자신의 뜻에 순종하지 않을까 두려워하니, 어찌 공손하고 검소할 수 있겠는가? 공손함과 검소함을 어찌 듣기 좋은 목소리나 보기 좋은 얼굴로 꾸며서 할 수 있겠는가?"

淳于髡曰: "男女授受不親, 禮與?" 孟子曰: "禮也." 曰: "嫂溺, 則援之以手乎?" 曰: "嫂溺不援, 是豺狼也. 男女授受不親, 禮也. 嫂溺援之以手者, 權也."

淳于髡(순우곤) 제나라 사람으로, 순우가 성이고 곤이 이름이다. 박학하고 말을 잘했다고 한다. 權(권) 조기에 따르면 상도에 벗어났지만 선한 것[反經而善]이다. 주희에 따르면 권은 저울추인데, 사물의 무게를 잴 때 좌우로 움직여 평형점[中]을 취하는 것이니 권(權)하여 적절함을 얻는 것이 바로 예라고 한다.

曰: "今天下溺矣, 夫子之不援, 何也?"

曰: "天下溺, 援之以道. 嫂溺, 援之以手. 子欲手援天下乎?"

7·17·1 순우곤이 물었다. "남녀 간에 직접 손으로 물건을 주고받지 않는 것이 예(禮)입니까?" 맹자께서 대답하셨다. "그것이 예이다." (순우곤이) 물었다. "형수가 우물에 빠지면 손을 잡아 구해 주어야 합니까?" (맹자께서) 대답하셨다. "형수가 물에 빠졌는데도 구해 주지 않는다면 이는 승냥이와 같으니, 남녀가 직접 손으로 주고받지 않는 것은 보통 때 지켜야 하는 일반적인 예이고, 형수가 물에 빠졌을 때 손을 잡아 구해 주는 것은 권도(權道)다."

7·17·2 (순우곤이) 물었다. "지금 천하가 도탄에 빠졌는데, 선생님께서 구원하지 않으시는 것은 어째서입니까?"

7·17·3 (맹자께서) 대답하셨다. "천하가 도탄에 빠지면 도(道)로써 구원한다. 형수가 물에 빠지거든 손으로 구원하는 것이다. 그대는 손으로 천하를 구원하고자 하는가?"

해설 이 구절은 조기에 따르면 '마땅히 도로써 천하를 구원해야 하지만 도가 행해질 수 없으니 순우곤이 맹자에게 도가 아닌 손으로 천하를 구원하라는 것'에 대해 맹자가 반문하는 것이다. 주희에 따르면 '천하가 도탄에 빠졌을 때에는 오직 도만이 이를 구원할 수 있으니, 형수가 물에 빠졌을 때에 손으로 구원할 수 있는 것과 같지 않다. 순우곤이 천하를 구원하고자 하면서 마침내 맹자로 하여금 도를 굽혀 제후왕에게 영합하기를 구하게 하려 하니, 이렇게 되면 먼저 구원할 수 있는 도를 잃는 것이다. 순우곤이 맹자로 하여금 손으로써 천하를 구원하게 하고자 하는 것'에 대해 맹자가 반문하는 것이다. 이는 천하를 구원하는 것은 손, 즉 권도(權道)가 아닌 정도(正道)이어

公孫丑曰: "君子之不敎子, 何也?"

孟子曰: "勢不行也. 敎者必以正. 以正不行, 繼之以怒. 繼之以怒, 則反夷矣. 夫子敎我以正, 夫子未出於正也, 則是父子相夷也. 父子相夷, 則惡矣."

勢(세) 실제적인 상황을 말한 것으로, 세불행(勢不行)은 현실적으로 하기 어렵다는 뜻이다. 夷(이) 상하다. 다치다의 뜻이다. 주희에 따르면 본래 자기 자식을 사랑하지만 계속하여 화를 내게 되면 오히려 자식을 상하게 되리라는 뜻이라고 한다.

古者易子而敎之, 父子之間不責善, 責善則離, 離則不祥莫大焉."

責善(책선) 착한 일을 요구한다는 뜻으로, 나쁜 짓을 못하도록 요구하고 좋은 길로 이끄는 것이다. 그런데 부자간에는 서로 허물을 볼 수 있으니, 아버지가 선만을 요구하며 자식을 가르치기는 어렵다. 그러므로 책선은 친구 간의 도리라고 「이루 하」 8-30에 나온다.

孟子曰: "事孰爲大? 事親爲大. 守孰爲大? 守身爲大. 不失其身而能事其親者, 吾聞之矣. 失其身而能事其親者, 吾未之聞也.

守身(수신) 조기와 주희는 그 자신을 잘 지켜서 불의(不義)에 빠지지 않게 하는 것이라고 하였다.

야만 한다는 것이다.

7-18-1   공손추가 물었다. "군자가 직접 자기 자식을 가르치지 않는 것은 무슨 까닭입니까?"

7-18-2   맹자께서 대답하셨다. "실제적인 상황이 그렇게 하기 어렵기 때문이다. 가르침이란 반드시 올바른 도리로 가르쳐야 한다. 올바른 도리로 가르친 것이 실행되지 않으면 그에 따라 성을 내게 된다. 성을 내게 되면 오히려 서로 감정을 상하게 된다. 자식이 생각하기를 '아버지께서 나를 올바른 도리로 가르치시지만 아버지께서 올바른 도리에 따라서 실천하지 못한다.'라고 한다면, 이는 부자가 서로 감정을 상하는 것이다. 부자가 서로 감정이 상하게 되면 나쁜 것이다.

7-18-3   옛날에는 자식을 서로 바꾸어 가르쳤는데 부자간에 선(善)만을 요구하지 않는 것이니, 선만을 요구하게 되면 마음이 서로 멀어지게 되고 마음이 멀어지면 상서롭지 못함이 이보다 더 큰 것이 없을 것이다."

7-19-1   맹자께서 말씀하셨다. "누구를 섬기는 것이 가장 중요한가? 부모를 섬기는 것이 가장 중요하다. 무엇을 지키는 것이 가장 중요한가? 자신을 지키는 것이 가장 중요하다. 자신의 덕을 상실하지 않고서 그 부모를 잘 섬긴 사람이 있다는 것은 내가 들은 적이 있다. (그러나) 자신의 덕을 상실하고서 그 부모를 잘 섬긴 사람이 있다는 것은 내가 들어 본 적이 없다."

孰不爲事? 事親, 事之本也. 孰不爲守? 守身, 守之本也.

曾子養曾晳, 必有酒肉. 將徹, 必請所與. 問: ‘有餘?’ 必曰: ‘有.’ 曾晳死, 曾元養曾子, 必有酒肉. 將徹, 不請所與. 問: ‘有餘?’ 曰: ‘亡矣.’ 將以復進也. 此所謂養口體者也. 若曾子, 則可謂養志也. 事親若曾子者可也.”

曾晳(증석) 증자(曾子)의 아버지로, 공자의 제자이다.

孟子曰: “人不足與適也, 政不足間也. 惟大人爲能格君心之非. 君仁莫不仁, 君義莫不義, 君正莫不正, 一正君而國定矣.”

人不足與適也, 政不足間也(인부족여적야, 정부족간야) 이 두 구절의 뜻은 분명하지 않다. 조기는 적(適)은 과오를 지적하는 것이고, 간(間)은 비난하는 것이며, 격(格)은 바로잡는다는 뜻이라고 하고서 말하기를 “당시에는 모두 소인들이 지위에 올라 있었으므로 과오를 지적하기에 부족하고, 정교(政敎)는 비난하기에 부족하다.”라고 하였다. 조기는 이때의 인(人)을 높은 지위에 오른 소인(小人)으로 보았고, 애초에 인물 등용이 잘못되었으므로 그들이 행하는 정사를 일일이 비난해 봐야 소용이 없다는 의미로 본 것이다. 주희는 “군주가 인물을 잘못 등

누군들 섬기지 못하겠는가? (하지만) 부모를 섬기는 것이 섬김의 근본이다. 무엇인들 지키지 못하겠는가? (하지만) 자신을 지키는 것이 지킴의 근본이다.

증자가 (그의 아버지) 증석을 봉양할 때, 밥상에 반드시 술과 고기를 올렸다. 밥상을 물리려 할 때 증자는 반드시 '남은 음식을 누구에게 주시겠습니까?'라고 여쭈었다. 증석이 '남은 것이 있느냐?'라고 물으면 반드시 '있습니다.'라고 대답했다. 증석이 죽은 뒤 증원(曾元)이 증자를 봉양할 때, 밥상에 반드시 술과 고기를 올렸다. 그러나 밥상을 물리려 할 때 증원은 '남은 음식을 누구에게 주시겠습니까?'라고 여쭙지 않았다. 증자가 '남은 것이 있느냐?'라고 물으면, '없습니다.'라고 대답하였다. 이는 남은 음식을 다시 올리기 위해서였다. 이것은 이른바 육신만을 봉양한다는 것이다. 증자와 같은 분은 부모의 뜻에 따라 봉양한다고 말할 수 있다. 부모를 섬기는 것은 증자처럼 하면 된다."

맹자께서 말씀하셨다. "군주의 인재 등용에 대해 일일이 지적할 필요가 없고, 군주가 시행하는 정책에 대해 일일이 비판할 필요가 없다. 오직 대인(大人)만이 군주의 그릇된 마음을 바로잡을 수 있다. 군주가 인(仁)하면 인하지 않은 사람이 없고, 군주가 의(義)로우면 의롭지 않은 사람이 없으며, 군주가 바르면 바르지 않은 사람이 없으니, 군주의 마음을 바로잡기만 하면 나라는 바로 안정된다."

용한 것을 족히 허물할 수 없고, 행정의 잘못을 족히 흠잡을 수 없다."라고 풀이하였다. 여기에서는 주희의 주해에 따른다.

孟子曰: "有不虞之譽, 有求全之毀."
虞(우) 조기에 따르면 헤아리다[度]의 뜻이다.

孟子曰: "人之易其言也, 無責耳矣."
無責(무책) 조기는 말을 쉽게 하는 까닭을 실언에 대해 책임을 지지 않는 것이라 보고, "일설에 의하면 사람이 쉽게 군주에게 바른말을 간언하지 않는 것은 비판할 수 있는 언관의 지위에 있지 않기 때문이다."라는 풀이를 덧붙였다. 주희도 말을 함부로 하는 것은 실언에 대한 질책을 받지 않기 때문이라고 보았다.

孟子曰: "人之患, 在好爲人師."

樂正子從於子敖之齊. 樂正子見孟子. 孟子曰: "子亦來見我乎?" 曰: "先生何爲出此言也?" 曰: "子來幾日矣?" 曰: "昔者." 曰: "昔者, 則我出此言也, 不亦宜乎?" 曰: "舍館未定." 曰: "子聞之也, '舍館定然後求見長者'乎?" 曰: "克有罪."
子敖(자오) 제나라의 총신인 왕환(王驩).

7-21   맹자께서 말씀하셨다. "예기치 않은 칭찬을 받는 경우도 있고, 완전함을 추구하다가 비방을 당하는 경우도 있다."

7-22   맹자께서 말씀하셨다. "사람이 말을 함부로 하는 것은 자신의 실언에 책임을 지지 않기 때문이다."

7-23   맹자께서 말씀하셨다. "사람들의 병통은 남의 스승이 되는 것을 좋아하는 데 있다."

7-24   악정자가 자오를 따라 제나라에 갔다. 악정자가 맹자를 뵈었다. 맹자께서 말씀하셨다. "자네도 나를 보러 왔는가?" (악정자가) 말했다. "선생님께서는 어찌하여 이런 말씀을 하십니까?" (맹자께서) 말씀하셨다. "자네가 이곳에 온 지 며칠 되었는가?" (악정자가) 말했다. "어제입니다." (맹자께서) 말씀하셨다. "어제 왔다면 내가 이러한 말을 하는 것이 당연하지 않은가?" (악정자가) 말했다. "머무를 숙소를 정하지 못하였기 때문입니다." (맹자께서) 말씀하셨다. "자네는 숙소를 정한 뒤에 어른을 찾아뵙는 것으로 알고 있는가?" (악정자가) 말했다. "제가 잘못했습니다."

孟子謂樂正子曰:"子之從於子敖來, 徒餔啜也. 我不意子學古之道, 而以餔啜也."

餔啜(포철) 먹고 마심.

孟子曰: "不孝有三, 無後爲大.

舜不告而娶, 爲無後也, 君子以爲猶告也."

孟子曰: "仁之實, 事親是也. 義之實, 從兄是也.

　맹자께서 악정자에게 말씀하셨다. "자네가 자오를 따라 제 나라에 온 것은 한갓 먹고 마시기 위해서구먼. 자네가 옛 성인의 도(道)를 배웠다는데, 그것이 먹고 마시기 위해서라고 나는 생각하지 못하였네."

7·26·1　맹자께서 말씀하셨다. "불효에는 세 가지가 있는데, 그 가운데 후손이 없는 것이 가장 크다.

해설　조기는 『예(禮)』에 불효하는 것이 세 가지 있다. 첫째, 부모의 뜻에 아첨하고 자신의 옳은 뜻을 굽혀서 부모를 불의에 빠뜨리는 것이다. 둘째, 집이 가난하고 부모가 늙었는데도 녹을 받는 벼슬을 하지 않는 것이다. 셋째, 결혼하지 않고 자식이 없어서 조상 제사를 끊는 것이다. 이 세 가지 중에 자식이 없는 죄가 가장 크다."라고 하였다.

7·26·2　순임금이 부모에게 알리지 않고 결혼한 것은 후손이 없을까 걱정해서이니, 군자가 생각하기에는 알린 것과 같다."

7·27·1　맹자께서 말씀하셨다. "인(仁)의 실질은 부모를 섬기는 것이요, 의(義)의 실질은 형에게 순종하는 것이다.

해설　주희에 따르면 『논어』「학이(學而)」에 "유자가 말했다. …… 효성스러움과 공손함은 인(仁)을 실천하는 근본이 아니겠는가?[有子曰: …… 孝悌也者, 其爲仁之本與!]"라는 문구가 나오는데 유자가 효제(孝悌)를 인(仁)을 실천하는 근본이라고 여긴 것이 바로 이 문장의 의미와 같다.

智之實, 知斯二者弗去是也. 禮之實, 節文斯二者是也. 樂之實, 樂斯二者.
樂則生矣, 生則惡可已也. 惡可已, 則不知足之蹈之, 手之舞之."

惡(오) 어찌, 어떻게(何)의 뜻이다.

孟子曰: "天下大悅而將歸己, 視天下悅而歸己猶草芥也, 惟舜爲然. 不得乎
親, 不可以爲人. 不順乎親, 不可以爲子.

草芥(초개) 지푸라기라는 뜻으로 보잘것없고 하찮은 것을 비유한 것이다. 不順乎親(불순호
친) 조기에 따르면 부모의 뜻을 따르지 않는 것이다.

舜盡事親之道, 而瞽瞍底豫. 瞽瞍底豫, 而天下化. 瞽瞍底豫, 而天下之爲
父子者定. 此之謂大孝."

底(지) 이르다(致)의 뜻이다.

지(智)의 실질은 이 두 가지를 알고 그것을 잃지 않는 것이다. 예(禮)의 실질은 이 두 가지를 적절히 조절하고 문식(文飾)하는 것이다. 악(樂)의 실질은 이 두 가지를 즐거워하는 것이다. 두 가지 일을 하는 것을 즐거워하면 즐거운 마음이 생겨날 것이니, 이러한 마음이 생겨난다면 어찌 이 두 가지 일을 그치게 할 수 있겠는가. 그치게 할 수 없으면 자신도 모르게 손과 발을 움직여 춤을 추게 될 것이다."

7-28-1 　맹자께서 말씀하셨다. "천하 사람들이 크게 기뻐하면서 자신에게 돌아오려 하는데, 천하 사람들이 기뻐하며 자신에게 돌아오는 것을 마치 초개와 같이 여기신 것은 오직 순임금이 그러하셨다. 부모의 마음에 들지 못하면 사람다운 사람이 될 수 없고, 부모를 따르지 못하면 자식다운 자식이 될 수 없다.

7-28-2 　순임금이 부모 섬기는 도리를 다하자 (그의 아버지) 고수가 기뻐했다. 고수가 기뻐하자 천하가 교화되었다. 고수가 기뻐하자 천하의 부모와 자식 간의 도리가 모두 확정되었다. 이것을 일러 큰 효라고 한다."

8 이루 하
離婁下

이 편은 33장으로 이루어져 있다. 「이루 상」과 마찬가지로 단편적인 짧은 장들이 대부분이므로, 이 편의 특별한 주제를 들어 말하기는 어렵다. 대인(大人)에 대한 내용이 세 차례 반복되는데, 그 가운데 대인이란 갓난아이의 마음을 잃지 않은 자라고 하는 내용이 유명하다. 전반부에는 군신 간의 문제에 대한 언급이 대부분이지만, 후반부에는 상호 관련성을 찾기 어려운 단편적 교훈을 담은 짧은 장들이 이어진다. 그 가운데 군자가 일반 사람들과 다른 점은 인과 예로 마음을 보존한다〔存心〕는 장과 순임금은 인의로부터 실행하신 것이지 인의를 실행하신 것이 아니었다〔由仁義行, 非行仁義也〕는 내용은 후대의 유학자들에 의해 지속적으로 논의되어 왔다.

孟子曰: "舜生於諸馮, 遷於負夏, 卒於鳴條, 東夷之人也. 文王生於岐周, 卒於畢郢, 西夷之人也. 地之相去也, 千有餘里, 世之相後也, 千有餘歲, 得志行乎中國, 若合符節. 先聖後聖, 其揆一也."

諸馮(제풍), 負夏(부하), 鳴條(명조) 조기에 따르면, 모두 지명으로서 동방 이복(夷服)의 땅이라고 하였다. 이복의 땅이란 천자의 왕기로부터 매우 멀리 떨어진 지역을 말한다. 岐周(기주), 畢郢(필영) 지명으로, 기주는 서방의 기산 기슭으로 주나라의 구읍이고, 필영은 문왕의 도읍이던 풍(豊) 및 무왕의 도읍이던 호(鎬)의 부근으로, 모두 산시 성(陝西省)에 해당되는 지역이라고 한다. 其揆一也(기규일야) 조기는 규를 탁량(度量)이라고 하였고, 주희는 탁(度)이라고 하였으니, 모두 헤아린다는 뜻으로 본 것이다.

子産聽鄭國之政, 以其乘輿, 濟人於溱洧.

子産(자산) 정(鄭)나라 대부인 공손교(公孫僑)다. 溱洧(진유) 진과 유 모두 강 이름이다. 진수와 유수 모두 지금의 허난 성(河南省)에 있다.

孟子曰: "惠而不知爲政. 歲十一月徒杠成, 十二月輿梁成, 民未病涉也.

惠(혜)와 政(정) 주희에 따르면, 혜는 사사로운 은혜와 작은 이로움을 뜻하고, 정은 공평하고 정대한 체통과 기강, 법도를 시행한다는 뜻이다. 徒杠(도강), 輿梁(여량) 주희에 따르면 강(杠)은 판자로 만든 다리로, 도강은 도보로 다니는 자를 통행하게 하는 것이다. 량(梁)도 다리이니, 여량은 수레를 통행하게 하는 것이다.

君子平其政, 行辟人可也, 焉得人人而濟之. 故爲政者, 每人而悅之, 日亦不足矣.

8-1   맹자께서 말씀하셨다. "순임금은 제풍에서 태어나서 부하로 옮겨가 살았으며, 명조에서 돌아가셨으니, 동이(東夷) 사람이다. 문왕은 기주에서 태어나 필영에서 돌아가셨으니, 서이 (西夷) 사람이다. 거리가 1000여 리나 떨어져 있었고 시대가 1000여 년이나 떨어져 있었으나, (두 분이) 뜻을 얻어 중국에서 실행한 것은 부절을 합한 듯하였다. 고대의 성인과 후세의 성인은 그 헤아리는 바가 똑같았다."

8-2-1   자산이 정나라의 정사를 주관할 때, 자기가 타는 수레로 진수와 유수에서 사람들을 건네주었다.

8-2-2   맹자께서 말씀하셨다. "그는 은혜로우나 정치하는 법을 알지 못하였다. 11월에는 사람이 다니는 다리를 만들고 12월에는 수레가 다니는 다리를 만들었다면, 백성들이 물 건너는 것을 걱정하지 않았을 것이다."

8-2-3   군자가 정치를 잘한다면 그가 출타할 때 사람들의 통행을 통제해도 괜찮을 것이니 어떻게 한 사람씩 모두 건네주겠는가. 그러므로 위정자가 모든 사람의 마음을 기쁘게 해 주려 한다면 날마다 하여도 또한 부족할 것이다."

孟子告齊宣王曰: "君之視臣如手足, 則臣視君如腹心, 君之視臣如犬馬, 則臣視君如國人, 君之視臣如土芥, 則臣視君如寇讐."

王曰: "禮, 爲舊君有服, 何如斯可爲服矣?"

曰: "諫行言聽, 膏澤下於民, 有故而去, 則君使人導之出疆, 又先於其所往, 去三年不反然後, 收其田里. 此之謂三有禮焉. 如此則爲輯服矣. 今也爲臣, 諫則不行, 言則不聽, 膏澤不下於民, 有故而去, 則君搏執之, 又極之於其所往, 去之日, 遂取其田里. 此之謂寇讐, 寇讐何服之有?"

導之出疆(도지출강) 사람을 시켜 그를 국경까지 인도하게 하는 것으로 도적의 노략질을 막기 위한 것이다. 先於其所往(선어기소왕) 그가 가는 곳에 먼저 기별한다는 것은 그의 어짊을 칭찬하여, 그를 거두어 쓰기를 바라는 것이다. 去三年不反然後, 收其田里(거삼년불반연후,

만약 제때에 해야 할 행정적인 사무를 제대로 실행했다면, 그가 외출할 때 사람들의 통행을 통제해도 아무 문제가 없을 것이다. 하물며 만나는 사람마다 일일이 강을 건네주어야 할 필요는 없는 것이다. 그러므로 위정자는 그가 맡은 행정을 잘해 나가면 되는 것이지, 모든 사람들이 바라는 것을 일일이 다 충족시켜 줄 필요는 없다. 만약 그렇게 하려면 아무리 노력해도 부족할 것이라는 뜻이다.

8-3-1 맹자께서 제 선왕에게 말씀하셨다. "군주가 신하 보기를 자기의 손발과 같이 하면 신하가 군주 보기를 자기의 심장이나 배와 같이 소중하게 여기고, 군주가 신하 보기를 개와 말처럼 하면 신하가 군주 보기를 길 가는 사람들과 같이 여기며, 군주가 신하 보기를 흙이나 지푸라기와 같이 하면 신하가 군주 보기를 원수와 같이 할 것입니다."

8-3-2 왕이 말했다. "예법에 따르면, 옛 군주를 위하여 신하는 상복을 입는다고 하는데, 군주가 신하를 어떻게 대우해야 군주를 위해서 상복을 입습니까?"

8-3-3 (맹자께서) 말씀하셨다. "간언이 실행되고 건의가 받아들여져 그 혜택이 백성들에게 베풀어지고, 그가 일이 생겨서 (부득이) 떠나게 되면 군주가 사람을 보내 국경까지 인도하게 하며, 또 그가 가려고 하는 곳에 먼저 기별하고, 떠난 지 3년이 되어도 돌아오지 않은 뒤에야 그의 토지와 집을 환수합니다. 이것을 세 가지 예가 있다고 이르니, 이와 같이 하면 군주를 위하여 상복을 입는 것입니다. 지금은 신하로서

수기전리) 3년이 된 뒤에야 그의 토지와 가택을 환수한다는 것은 그 이전에는 여전히 그가 돌아오기를 바란다는 것을 말한다. 極(극) 주희에 따르면 떠난 신하가 가는 나라에서 곤궁하게 만든다는 뜻이다.

孟子曰: "無罪而殺士, 則大夫可以去, 無罪而戮民, 則士可以徙."

孟子曰: "君仁, 莫不仁. 君義, 莫不義."

孟子曰: "非禮之禮, 非義之義, 大人弗爲."

孟子曰: "中也養不中, 才也養不才, 故人樂有賢父兄也, 如中也棄不中, 才也棄不才, 則賢不肖之相去其間, 不能以寸."

中(중), 才(재) 조기에 따르면, 중이란 중화(中和)의 기(氣)에 의해 타고난 것을 실천에 옮기는 것으로서 이를 현능하다[賢]고 일컫는다 하였고, 재란 사람들 중에 뛰어난 재주가 있는 자를 일컫는다고 하였다. 주희는 지나침이나 모자람이 없는 것을 중이라고 하고, 공업(功業)을 이루기에 충분한 것을 재라고 하였다.

孟子曰: "人有不爲也, 而後可以有爲."

간언하면 시행하지 않고 건의하면 들어주지 않으며, 혜택이 백성들에게 베풀어지지 못하고 일이 생겨서 떠나려고 하면 군주가 그를 붙잡으며, 또 그가 가는 곳에서 곤궁하게 만들고 떠난 날에 곧바로 그의 토지와 집을 환수합니다. 이것을 원수라고 하니, 원수를 위해 무슨 상복을 입겠습니까?"

8-4   맹자께서 말씀하셨다. "죄 없이 선비를 죽이면 대부는 떠날 것이고, 죄 없이 백성을 죽이면 선비는 옮겨 가 살 것이다."

8-5   맹자께서 말씀하셨다. "군주가 인(仁)하면 인하지 않은 사람이 없고, 군주가 의로우면 의롭지 않은 사람이 없다."

8-6   맹자께서 말씀하셨다. "예인 듯하나 예가 아닌 예와 의로운 듯하나 의롭지 않은 의를 대인은 실행하지 않는다."

8-7   맹자께서 말씀하셨다. "중도(中道)에 도달한 사람이 그렇지 못한 사람을 길러 주고, 재능 있는 사람이 없는 사람을 길러 준다. 그러므로 사람들은 어진 부형(父兄)이 있는 것을 좋아하는 것이다. 만일 중도에 도달한 사람이 그렇지 못한 사람을 버리고, 재능 있는 사람이 없는 사람을 버린다면, 현자와 불초한 자의 거리는 한 치도 되지 않는다."

8-8   맹자께서 말씀하셨다. "사람은 하지 않는 것이 있은 뒤에야 훌륭한 일을 할 수 있다."

孟子曰: "言人之不善, 當如後患何!"

孟子曰: "仲尼不爲已甚者."
已甚(이심) 조기는 크게 지나침〔泰過〕이라고 하였고, 주희는 이(已)를 매우〔太〕와 같다고 하였다.

孟子曰: "大人者, 言不必信, 行不必果, 惟義所在."
必(필) 주희는 기약한다〔期〕는 뜻으로 보았다. 대인은 그 언행에 있어서 미리 꼭 어떻게 하겠다고 기약지도 않고 꼭 어떤 결과를 도출해 내려 하지 않으며, 다만 의가 있는 바라면 반드시 그에 따르니, 결국 하겠다고 한 바를 지키고 행동한 바의 결과를 이루지 않는 바가 없는 것이라고 하였다. 果(과) 조기는 능하다〔能〕는 뜻으로 보았다. 조기에 의하면, 대인은 의에 따르는데 의는 반드시 그 말을 지킬 수 없는 경우가 있으니, 아들이 아버지를 위하여 숨기는 것과 같은 것이다. 또 하고자 하는 바를 반드시 행할 수가 없는 경우가 있으니, 예컨대 부모가 계시면 벗을 위하여 자신을 내주지는 못하는 것과 같다. 의가 믿음보다 더 중요할 수 있으므로 "오직 의에 따라 할 뿐"이라고 말한 것이라고 하였다.

孟子曰, "大人者, 不失其赤子之心者也."
大人(대인) 조기는 대인이란 군주를 가리킨다고 보았다. 따라서 군주가 백성들을 볼 때는 마땅히 갓난아이와 같이 보아야 그 백성들의 마음을 잃지 않는 것이라고 풀이하였다. 아울러 다른 설도 있다고 하면서, 사람이 갓난아이 시절의 마음을 잃지 않는다면 곧고 바른 대인이라는 설을 덧붙였다.

사람이 해야 할 일과 해서는 안 되는 일을 분별하는 것이 필요하지만, 해서는 안 되는 일을 하지 않는 것이 무엇보다 중요함을 말한 것이다.

8-9   맹자께서 말씀하셨다. "남의 좋지 못한 점을 말하는데, 그 후환을 어찌하려는가!"

8-10   맹자께서 말씀하셨다. "공자께서는 너무 지나친 일은 하지 않으셨다."

8-11   맹자께서 말씀하셨다. "대인이란 말한 것을 기필코 지키려 하지는 않고, 하고자 하는 것을 기필코 이루려 하지 않으며, 오직 의에 따라 할 뿐이다."

8-12   맹자께서 말씀하셨다. "대인이란 갓난아이의 마음을 잃지 않은 사람이다."

孟子曰: "養生者, 不足以當大事, 惟送死可以當大事."

孟子曰: "君子深造之以道, 欲其自得之也. 自得之, 則居之安, 居之安, 則資之深, 資之深, 則取之左右逢其原, 故君子欲其自得之也."

造(조) 조기는 다하다[致]라고 풀이하였고, 주희는 이르다[詣]라고 풀이하였다. 資(자) 주희는 이용하다, 자뢰하다[藉]라는 뜻으로 풀이하였고, 양보쿤은 쌓다[積]라는 뜻으로 풀이하였다.

孟子曰: "博學而詳說之, 將以反說約也."

孟子曰: "以善服人者, 未有能服人者也. 以善養人然後, 能服天下. 天下不心服而王者, 未之有也."

服(복), 養(양) 주희에 따르면 복인(服人)은 남을 이기고자 하는 것이고, 양인(養人)은 함께 선(善)으로 돌아가고자 하는 것이다. 또 마음속으로 공사(公私)를 생각할 때 조금만 차이가 있어도 사람들이 취하는 태도에 큰 차이가 있으니, 배우는 자들은 이를 살피지 않으면 안 된다고 하였다.

孟子曰: "言無實不祥, 不祥之實, 蔽賢者當之."

當(당) 주희는 "혹자는 이르기를 '천하의 말에 실제로 상서롭지 못한 것은 없으니, 오직 어진 이를 은폐하는 것이 상서롭지 못한 실제가 된다.'라고 하였고, 혹자는 이르기를 '말에 실질적인 내용이 없는 것이 상서롭지 못한 것이다. 그러므로 어진 이를 은폐하는 것이 상서롭지 못한

8-13 　맹자께서 말씀하셨다. "살아 계시는 부모를 봉양하는 것은 대사(大事)라고 할 수 없고, 오직 돌아가신 뒤에 장례를 극진히 치르는 일이어야 대사라고 할 수 있다."

8-14 　맹자께서 말씀하셨다. "군자가 정확한 방법으로 깊이 있게 연구하는 것은 배운 것을 스스로 터득하려는 것이다. 스스로 터득하면 터득한 내용이 확고하게 되고, 터득한 내용이 확고하게 되면 쌓이는 것이 많아지고, 쌓이는 것이 많아지면 어떤 문제에 부딪치더라도 근본적인 해결책을 찾을 수가 있다. 그래서 군자는 스스로 터득하려는 것이다."

8-15 　맹자께서 말씀하셨다. "널리 배우고 상세하게 말하는 것은 (대의를) 간략하게 서술하는 것으로 돌아가기 위해서다."

8-16 　맹자께서 말씀하셨다. "선으로 다른 사람을 이기려 한다면, 진정으로 남을 복종시킬 수 없다. 선으로 다른 사람을 교화시킨 다음에야 비로소 세상 사람을 복종시킬 수 있다. 세상 사람들이 마음으로 복종하지 않는데도 왕 노릇 한 자는 아직 없었다."

8-17 　맹자께서 말씀하셨다. "말에 실질적인 내용이 없으면 상서롭지 못한 것이니, 이런 상서롭지 못한 실제는 어진 이를 은폐하는 것이 바로 그에 해당된다."

실제가 된다.'라고 하였다. 두 말이 같지 않은데, 누가 옳은지 알지 못하겠다. 아마도 빠진 글자가 있는 듯하다."라고 하였다. 이 가운데 앞의 것은 조기의 풀이인데, 여기서는 이에 따르지 않았다.

徐子曰: "仲尼亟稱於水, 曰, 水哉, 水哉! 何取於水也?"

徐子(서자) 조기의 주에 서벽(徐辟)이라고 하였다. 「등문공 상」 5-5에 "묵가인 이지가 (맹자의 제자) 서벽을 통해 맹자를 뵙기를 청했다."라는 구절이 있다. 亟(극) '자주'라는 뜻이다.

孟子曰: "原泉混混, 不舍晝夜, 盈科而後進, 放乎四海. 有本者如是, 是之取爾. 苟爲無本, 七八月之間雨集, 溝澮皆盈, 其涸也, 可立而待也. 故聲聞過情, 君子恥之."

原泉混混(원천혼혼) 주자에 따르면 원천이란 근원이 있는 물이고, 혼혼은 성하게 샘솟아 흘러나오는 모습을 말한다. 苟(구) 조기는 성(誠)이라고 하였고, '구위무본(苟爲無本)'은 '진실로 본이 없다면'이라고 하였다. 聲聞過情(성문과정) 성문이란 명예나 명성을 뜻하고, 정이란 실상 즉 실제의 모습을 말한다. 따라서 명성이 실제보다 지나치는 것을 뜻한다.

孟子曰: "人之所以異於禽獸者, 幾希, 庶民去之, 君子存之. 舜明於庶物, 察於人倫, 由仁義行, 非行仁義也."

去之(거지), 存之(존지) 지(之)를 조기는 의로움을 아는 것과 의로움을 알지 못하는 것의 사이[知義與不知義之間]라고 보았고, 주희는 타고난 바의 본성이라고 풀이하였다. 由仁義行, 非行仁義也(유인의행, 비행인의야) 조기에 따르면, 인의는 안에서 생기는 것이므로 그 중심을 따라서 행하는 것이지, 억지로 인의를 행하는 것은 아니라고 보았다. 주희에 따르면, 인의가 이미 마음속에 뿌리내리고 있어서 행하는 바가 모두 이로부터 나온 것이요, 인의를 아름답게 여긴 뒤에 억지로 힘써 행한 것이 아니니, 이른바 안이행지(安而行之)라는 것이다. 이는 성인의 일이니 보존하려 하기를 기다리지 않아도 보존되지 않음이 없는 것이라고 하였다.

8-18-1   서벽이 여쭈었다. "중니께서 자주 물을 언급하시며 '물이여! 물이여!' 하셨으니, 물에서 무엇을 취하신 것입니까?"

8-18-2   맹자께서 대답하셨다. "근원이 있는 물은 펑펑 샘솟아 밤낮으로 그치지 않고 흘러 구덩이를 가득 채우고서 나아가 사해에 흘러든다. 근본이 있는 것은 이와 같으니 공자께서는 이 점을 취하신 것이다. 만일 근본이 없다면 칠팔월 사이에 빗물이 모여서 도랑이 모두 가득 차도, 그 마르는 것은 서서 도 기다릴 수 있다. 그러므로 명성이 실제보다 지나침을 군자는 부끄러워한다."

8-19   맹자께서 말씀하셨다. "사람이 금수와 다른 점은 얼마 되지 않으니, 보통 사람들은 이것을 버리고 군자는 이것을 보존한다. 순임금은 여러 사물의 이치에 밝으며 인륜을 잘 살폈으니, (내재적인 도덕성인) 인의로부터 실행한 것이지 (외재 규범인) 인의를 실행한 것은 아니었다."

孟子曰: "禹惡旨酒而好善言. 湯執中, 立賢無方. 文王視民如傷, 望道而未之見. 武王不泄邇, 不忘遠. 周公思兼三王, 以施四事, 其有不合者, 仰而思之, 夜以繼日, 幸而得之, 坐以待旦."

方(방) 주희는 유(類)와 같다고 보고, 어진 이를 세우되 방소(方所)가 없이 했다는 것은 오직 어진 자이면 그를 지위에 세우고 그 부류를 따지지 않은 것이라고 하였다. 望道而未之見(망도이미지견) 정도(正道)에 이미 이르렀지만 여전히 도를 구하는 마음이 간절하여, 자만하지 않고 끊임없이 노력한다는 의미다. 不泄邇, 不忘遠(불설이, 불망원) 주희는 설을 무례함이라고 보고, 가까운 사람에게는 무례하기 쉬운데 그렇지 않았고 먼 곳에 있는 사람은 잊기 쉬운데도 잊지 않았으니 덕이 성하고 인이 지극한 것이라고 하였다. 三王(삼왕), 四事(사사) 주희에 따르면 삼왕은 우(禹), 탕(湯), 문·무(文武)이고, 사사(四事)는 이 장에서 말한 네 가지 일을 가리킨다. 시대와 세태가 달라서 그 일에 서로 같지 않은 바가 있지만, 생각해 보면 그 이치는 애초에 다를 바가 없는 것이라고 하였다. 坐以待旦(좌이대단) 앉은 채로 날이 밝기를 기다리는 것으로 날이 새면 곧바로 실천에 옮기기 위함이다.

孟子曰: "王者之迹熄而詩亡, 詩亡然後春秋作. 晉之乘, 楚之檮杌, 魯之春秋, 一也. 其事則齊桓晉文, 其文則史, 孔子曰: 其義則丘竊取之矣."

王者(왕자) 조기는 성왕(聖王)이라고 보았다. 竊(절) 조기에 따르면, 공자가 신하의 몸으로 군주의 명도 받지 않고 『춘추』를 지었으므로 '절'이라고 한 것이니, 역시 성인의 겸사(謙辭)이다. 여기에서 외람되게 취한 의의란 공자가 포폄(褒貶), 즉 역사적 평가를 가한 것을 가리킨다.

孟子曰: "君子之澤, 五世而斬. 小人之澤, 五世而斬. 予未得爲孔子徒也, 予私淑諸人也."

맹자께서 말씀하셨다. "우임금은 맛있는 술을 싫어하고 훌륭한 말을 좋아했다. 탕임금은 중도를 견지했는데, 어진 이를 세우되 일정한 규칙에 얽매이지 않았다. 문왕은 백성 보기를 다친 사람 보듯 하였으며, 도를 보고도 아직 보지 못한 듯이 하였다. 무왕은 가까운 사람에게 무례하지 않았으며, 먼 사람을 잊지 않았다. 주공은 앞의 세 임금을 함께 생각하여 네 가지 일을 시행하되, (그에) 부합하지 않는 것이 있으면 우러러 밤에도 낮에 하던 생각을 계속하여, 다행히 터득하면 그대로 앉아 날이 새기를 기다렸다."

해설 조기와 주희 모두 "의적(儀狄)이 술을 만들자 우임금은 그 술을 마셔 보고 맛있게 여기며 후세에 반드시 술로써 나라를 망칠 자가 있을 것이라고 하시고는, 마침내 의적을 소원히 하고 맛있는 술을 입에서 끊었다."라는 고사를 들고 있다.

맹자께서 말씀하셨다. "성왕의 자취가 사라지자 시(詩)가 없어졌고, 시가 없어진 뒤에 『춘추』가 지어졌다. 진(晉)나라의 『승(乘)』과 초나라의 『도올(檮杌)』과 노나라의 『춘추』는 모두 같은 것이다. (그것에 기록된) 일은 제 환공, 진 문공 등에 관한 것이고, 그 글은 역사 기록이다. 공자께서 말씀하시기를 '그 일들의 의의에 대해 나는 외람되게 취했다.'라고 하셨다."

맹자께서 말씀하셨다. "군자의 유택(遺澤)도 다섯 세대가 지나면 끊기고, 소인의 유택도 다섯 세대가 지나면 끊긴다. 나

澤(택) 조기에 따르면, 택은 풍부하고 빛나는 윤기로서, 큰 덕과 큰 흉은 그 흐름이 후세에까지 미치는데, 고조(高祖)로부터 현손(玄孫)에 이르러야 선악의 기가 단절되기 때문에 다섯 세대가 지나야 끊어진다.

孟子曰: "可以取, 可以無取, 取傷廉. 可以與, 可以無與, 與傷惠. 可以死, 可以無死, 死傷勇."

逢蒙學射於羿, 盡羿之道, 思天下惟羿爲愈己, 於是殺羿. 孟子曰: "是亦羿有罪焉." 公明儀曰: "宜若無罪焉."
羿(예) 조기에 따르면, 유궁(有窮)이라는 나라의 임금으로 후예(后羿)라고도 하며, 봉몽(逢蒙)은 그의 가중(家衆, 신하이자 아랫사람)이었다.

曰: "薄乎云爾, 惡得無罪? 鄭人使子濯孺子侵衛, 衛使庾公之斯追之. 子濯孺子曰: '今日我疾作, 不可以執弓, 吾死矣夫!' 問其僕曰: '追我者誰也?' 其僕曰: '庾公之斯也.' 曰: '吾生矣.' 其僕曰: '庾公之斯 衛之善射者也, 夫子曰, '吾生.' 何謂也?' 曰: '庾公之斯, 學射於尹公之他, 尹公之他學射於我. 夫尹公之他, 端人也. 其取友必端矣.' 庾公之斯至, 曰: '夫子何爲不執弓?' 曰: '今日我疾作, 不可以執弓.' 曰: '小人學射於尹公之他, 尹公之他學射於

는 공자의 문도가 되지는 못하였으나, 그 제자들에게서 사
숙하였다."

8-23   맹자께서 말씀하셨다. "취할 수도 있고 취하지 않을 수도 있
는데 취한다면 청렴을 해치고, 줄 수도 있고 주지 않을 수도
있는데 준다면 은혜를 해치며, 죽을 수도 있고 죽지 않을 수
도 있는데 죽는다면 용맹을 해친다."

해설   조기에 따르면 위의 세 가지 경우는 모두 현실적으로 가능한 것들인데, 의로
움을 어기는 것이라고까지 할 수 없고, 단지 (청렴함, 은혜, 용맹 등의) 이름
을 훼손할 뿐 악에 빠지는 것은 아니라고 하였다.

8-24-1   봉몽이 활쏘기를 예(羿)에게서 배워, 예의 기술을 다 배
우고 '천하에 오직 예만이 나보다 낫다.'라고 생각해서 예
를 죽였다. 맹자께서 "이는 또한 예에게도 책임이 있다."
라고 말씀하셨는데, 공명의는 "죄가 없는 듯하다."라고 말
했다.

8-24-2   (맹자께서) 말씀하셨다. "가벼울지언정 어찌 죄가 없다고 하
겠는가? 정나라 사람이 자탁유자로 하여금 위(衛)나라를 침
략하게 하자, 위나라에서는 유공 사(斯)로 하여금 그를 추
격하게 하였다. 자탁유자가 말하기를 '오늘 나는 병이 나서
활을 잡을 수 없으니, 나는 죽었구나!' 하고는 그 마부에게
'나를 추격해 오는 자는 누구인가?'라고 묻자, 그 마부는

夫子. 我不忍以夫子之道反害夫子. 雖然, 今日之事, 君事也. 我不敢廢.' 抽
矢, 扣輪, 去其金, 發乘矢而後反."

子濯孺子(자탁유자), 庾公(유공) 조기에 따르면 자탁유자는 정나라의 대부이고, 유공은 위
나라의 대부다. 僕(복) 조기는 어(御), 즉 말 모는 사람이라고 하였다. 端人(단인) 조기는
마음 씀씀이가 사악하거나 편벽되지 않은 사람을 말한다고 하였다.

孟子曰: "西子蒙不潔, 則人皆掩鼻而過之. 雖有惡人, 齊戒沐浴, 則可以祀
上帝."

西子(서자) 조기는 전국 시대 월(越)나라의 미녀인 서시(西施)를 말한다고 하였다. 惡人(악
인) 조기는 얼굴이 추한 사람을 말한다고 하였다.

孟子曰: "天下之言性也, 則故而已矣. 故者以利爲本.

故(고) 초순은 이왕지사(已往之事)라고 하면서, 당시 인성을 논하는 사람들이 지난 일들을
가지고서 말했다고 하였다. 利(리) 주자는 순(順)이라고 보고, 그 자연스러운 추세를 따른
것으로 해석하였다. 초순은 리도(利導, 잘 인도함)의 리(利)라고 풀이하였다.

'유공 사입니다.'라고 대답하였다. 자탁유자가 '나는 살았구나!'라고 말하니, 그 마부가 '유공 사는 위나라에서 활쏘기를 잘하는 사람인데, 나리께서 '내가 살았구나!'라고 하신 것은 무슨 말씀입니까?'라고 물었다. 그는 '유공 사는 활쏘기를 윤공 타(他)에게서 배웠고, 윤공 타는 활쏘기를 나에게서 배웠는데, 윤공 타는 단정한 사람이라 벗을 취함에도 반드시 단정할 것이다.'라고 대답했다. 유공 사가 도착하여 '나리께서는 어찌하여 활을 잡지 않습니까?'라고 묻자, 자탁유자는 '오늘 나는 병이 나서 활을 잡을 수가 없네.'라고 대답했다. 유공 사는 '소인은 활쏘기를 윤공 타에게서 배웠고, 윤공 타는 활쏘기를 나리에게서 배웠으니, 저는 차마 나리의 기술로 오히려 나리를 해칠 수는 없습니다. 그러나 오늘의 일은 국가의 일이니, 제가 감히 그만둘 수 없습니다.'라고 말하고는, 화살을 뽑아 수레바퀴에 두들겨 살촉을 빼 버리고, 네 발의 화살을 발사한 뒤에 돌아갔다.'"

8-25 　맹자께서 말씀하셨다. "서시라고 해도 불결한 것을 뒤집어 쓰고 있으면, 사람들은 모두 코를 막고 지나간다. 비록 못생긴 사람이라도 목욕재계를 하면 상제에게 제사 지낼 수 있다."

8-26-1 　맹자께서 말씀하셨다. "세상에서 인성을 논하는 경우 지난 일에 근거하여 설명할 뿐이다. 지난 일이란 순조로움을 근본으로 한다.

所惡於智者, 爲其鑿也. 如智者若禹之行水也, 則無惡於智矣. 禹之行水也, 行其所無事也, 如智者亦行其所無事也, 則智亦大矣.

智(지) 지혜를 말하는 것이 아니라 잔꾀를 부린다는 뜻이다. 鑿(착) 공연히 이치에 맞지 않을 정도로 파고 든다는 뜻이다. 無事(무사) 자연스러운 추세를 따랐기 때문에 인위적인 조작이 없었다는 의미이다.

天之高也, 星辰之遠也, 苟求其故, 千歲之日至, 可坐而致也."

公行子有子之喪, 右師往弔, 入門, 有進而與右師言者, 有就右師之位而與右師言者.

公行子(공행자) 제나라의 대부. 右師(우사) 왕환(王驩)을 말하며, 그의 자는 자오(子敖)다.

孟子不與右師言, 右師不悅曰: "諸君子皆與驩言, 孟子獨不與驩言, 是簡驩也."

簡(간) 소홀히 하는 것을 말한다.

孟子聞之, 曰: "禮, 朝廷不歷位而相與言, 不踰階而相揖也. 我欲行禮, 子敖以我爲簡, 不亦異乎!"

階(계) 원래는 계단을 의미하나 여기서는 관직에서의 서열을 가리킨다.

8-26-2 　똑똑한 이를 미워하는 까닭은 그가 천착하기 때문이다. 만일 똑똑한 이가 우임금이 물을 다스린 것과 같이 한다면 똑똑한 이를 미워할 까닭이 없을 것이다. 우임금이 물을 잘 다스린 것은 그 자연스러움을 행하였기 때문이니, 만일 똑똑한 사람이 또한 자연스러움에 따라 행한다면 그 지혜 또한 클 것이다.

8-26-3 　하늘은 높고 별들은 멀지만, 만일 이미 지난 일들로부터 탐구한다면 앞으로 1000년 동안의 동지(冬至)도 가만히 앉아서 헤아릴 수 있을 것이다."

8-27-1 　공행자가 아들의 상(喪)을 당했다. 우사가 가서 조문하는데, 우사가 문에 들어오자 앞으로 나와 우사와 더불어 말하는 자가 있었으며, (자리에 앉자) 우사의 자리로 가서 우사와 더불어 말하는 자가 있었다.

8-27-2 　맹자께서는 우사와 말씀하시지 않았는데, 우사가 언짢아하며 말했다. "여러 군자들은 모두 나와 이야기를 나누는데, 맹자만이 홀로 나와 이야기를 나누지 않으니, 이는 나를 소홀히 여기는 것이다."

8-27-3 　맹자께서 이 말을 듣고 말씀하셨다. "예법에 따르면, 조정에서는 남의 자리를 지나 더불어 말하지 아니하며, 계급을 뛰어넘어 서로 읍하지 않는다고 하였다. 나는 이 예를 행하고자 하였는데 자오는 나더러 소홀히 한다고 말하니, 이상하

孟子曰: "君子所以異於人者, 以其存心也. 君子以仁存心, 以禮存心. 仁者
愛人, 有禮者敬人. 愛人者, 人恒愛之. 敬人者, 人恒敬之.

存心(존심) 조기는 존(存)을 있다[在]로 풀이하여, 마음에 보존하고 있는 것, 즉 인과 예라고
하였다.

有人於此, 其待我以橫逆, 則君子必自反也: '我必不仁也, 必無禮也. 此物
奚宜至哉?' 其自反而仁矣, 自反而有禮矣, 其橫逆由是也, 君子必自反也:
'我必不忠.' 自反而忠矣, 其橫逆由是也, 君子曰: '此亦妄人也已矣, 如此,
則與禽獸奚擇哉? 於禽獸, 又何難焉?'

橫逆(횡역) 주희는 "횡역이란 지나치게 사납고 이치를 순종하지 않는 것을 이른다."라고 하였
다. 由(유) 유(猶)의 의미로 같다는 뜻이다. 忠(충) 성실, 진실하다는 뜻이다. 妄人(망인)
조기는 망작지인(妄作之人), 즉 함부로 행동하는 사람이라고 풀이하였고, 양보쥔은 광인(狂
人)이라고 하였다. 擇(택) 구별되다[別]의 뜻이다. 難(난) 힐책(詰責), 즉 꾸짖는 것이다.

是故, 君子有終身之憂, 無一朝之患也. 乃若所憂, 則有之: 舜, 人也; 我, 亦
人也. 舜爲法於天下, 可傳於後世; 我由未免爲鄕人也, 是則可憂也. 憂之如
何? 如舜而已矣. 若夫君子所患, 則亡矣. 非仁無爲也, 非禮無行也. 如有
一朝之患, 則君子不患矣."

終身之憂(종신지우), 一朝之患(일조지환) 조기는 "군자의 행함은 본래 근심을 이르게 하는

지 아니한가!"

8-28-1 맹자께서 말씀하셨다. "군자가 일반인과 다른 까닭은 그가 마음에 보존하는 것 때문이다. 군자는 인(仁)을 마음에 보존하고, 예(禮)를 마음에 보존한다. 인한 사람은 남을 사랑하고, 예의 바른 사람은 남을 공경한다. 남을 사랑하는 사람은 남이 항상 사랑해 주고, 남을 공경하는 사람은 남이 항상 공경해 준다.

8-28-2 여기에 어떤 사람이 있는데 그가 나를 강압적이고 무례하게 대한다면 군자는 반드시 스스로 반성한다. '내가 분명 인(仁)하지 못하고 예의가 없는가 보다. (그렇지 않다면) 이런 일이 어떻게 있을 수 있겠는가?' (그렇게) 스스로 반성하여 인하고 또 예의가 있는데도 그 강압과 무례가 전과 같다면, 군자는 반드시 스스로 반성한다. '내가 분명 진실하지 못한가 보다.' (그렇게) 스스로 반성하여 진실한데도 그 강압과 무례가 전과 같다면, 군자는 '이 사람은 역시 망령스러운 사람일 뿐이다. 이와 같다면 금수와 무엇이 다르겠는가? 금수에게 또 무엇을 꾸짖겠는가?'라고 말한다.

8-28-3 이렇기 때문에 군자에게는 종신토록 하는 근심은 있어도, 하루아침의 걱정은 없다. 근심하는 것은 (다음과 같은 것이) 있다. 순임금도 사람이고 나도 또한 사람이다. 그런데 순임금은 천하에 모범이 되어 후세에 전해질 만하지만, 나는 여전히 평범한 사람에서 벗어나지 못하였으니, 이것이 근심할

것이 없으며 항상 인과 예를 행하니 만약 하루아침에 갑작스러운 근심이 생기더라도 그것은 그 자신의 허물에 의한 것이 아니다. 따라서 군자는 하늘에 맡기되 그것을 근심거리로 삼지 않는다."라고 하였다. 주희는 "군자는 구차한 것을 마음에 두지 않는다. 그러므로 뒤에 근심이 없는 것이다."라고 하였다.

禹稷當平世, 三過其門而不入, 孔子賢之. 顔子當亂世, 居於陋巷, 一簞食一瓢飮, 人不堪其憂, 顔子不改其樂, 孔子賢之.

三過其門而不入(삼과기문이불입) 우임금에 관한 이 이야기는 「등문공 상」 5-4에도 보인다.
賢(현) 선(善)과 통하며, 찬미한다는 뜻이다.

孟子曰: "禹稷顔回同道. 禹思天下有溺者, 由己溺之也; 稷思天下有飢者, 由己飢之也. 是以如是其急也. 禹稷顔子, 易地則皆然.

同道(동도) 주희는 "성현의 도란 관직에 나아가면 백성을 구제하고, 관직에서 물러나면 자신을 닦는 것이니, 그 마음은 하나일 뿐이다."라고 하였다.

今有同室之人鬪者, 救之, 雖被髮纓冠而救之, 可也. 鄕隣有鬪者, 被髮纓冠而往救之, 則惑也; 雖閉戶可也."

惑(혹) 사리에 어둡다는 의미이다.

만한 일이다. 근심한다면 어떻게 할 것인가? 순임금처럼 실
천할 뿐이다. 군자가 걱정하는 것은 없다. 인이 아니면 하지
않으며, 예가 아니면 행하지 않는다. 설령 하루아침의 걱정
이 생기더라도 군자는 걱정하지 않는다."

8·29·1   우임금과 후직이 천하가 태평할 때를 만나 (치수(治水)와 농
사 때문에 바빠서) 세 번이나 자기 집 대문 앞을 지나면서도
들어가지 못했는데, 공자께서 그들을 칭찬하셨다. 안회는
난세를 당하여 누추한 골목에서 거처하면서 한 그릇의 거
친 밥과 한 표주박의 물로 살았는데, 다른 사람들은 그 근
심을 감당하지 못하겠지만 안회는 그 즐거움을 바꾸지 않
았는데, 공자께서 그를 칭찬하셨다.

8·29·2   맹자께서 말씀하셨다. "우임금과 후직, 안회는 그 도(道)가
같다. 우임금은 세상에 물에 빠진 사람이 있으면 마치 자신
이 그를 빠뜨린 것과 같이 여겼고, 후직은 세상에 굶주리는
사람이 있으면 마치 자신이 그를 굶주리게 한 것처럼 여겼
다. 이 때문에 그와 같이 급박했던 것이다. 우임금과 후직,
안회가 그 처지를 바꾼다면 모두 그렇게 했을 것이다.

8·29·3   이제 같은 방에 있는 사람이 싸운다면 이를 말리는데, 비록
머리를 풀어 헤친 채 갓끈도 매지 않고 말리더라도 괜찮다.
같은 마을의 이웃 중에 싸우는 사람이 있는데, 머리를 풀어
헤친 채 갓끈도 매지 않고 가서 말린다면 미혹된 것이니, 비
록 문을 닫고 있더라도 괜찮다."

公都子曰: "匡章, 通國皆稱不孝焉; 夫子與之遊, 又從而禮貌之, 敢問何也?"

匡章(광장) 제나라 사람이다.

孟子曰: "世俗所謂不孝者五. 惰其四支, 不顧父母之養, 一不孝也. 博奕好飲酒, 不顧父母之養, 二不孝也. 好貨財, 私妻子, 不顧父母之養, 三不孝也. 從耳目之欲, 以爲父母戮, 四不孝也. 好勇鬪很, 以危父母, 五不孝也. 章子有一於是乎?"

四支(사지) 사지(四肢)와 같다. 從(종) 종(縱), 즉 마음대로 한다는 뜻으로 쓰였다. 戮(륙) 주희는 수욕(羞辱), 즉 부끄럽고 욕된 것이라고 하였다.

夫章子, 子父責善而不相遇也. 責善, 朋友之道也; 父子責善, 賊恩之大者. 夫章子, 豈不欲有夫妻子母之屬哉? 爲得罪於父, 不得近, 出妻屛子, 終身不養焉. 其設心以爲: 不若是, 是則罪之大者. 是則章子已矣."

遇(우) 뜻이 합한다는 뜻으로 쓰였다. 屛(병) 여기에서는 내치다. 물리치다라는 뜻으로 쓰였다.

曾子居武城, 有越寇. 或曰: "寇至, 盍去諸?" 曰: "無寓人於我室, 毁傷其薪

공도자가 말했다. "광장에 대해 온 나라 사람들이 모두 불효하다고 하는데, 선생님께서는 그와 교유하시고 또 그를 상당히 예우하시니, 어째서 그렇게 하십니까?"

8-30-2 맹자께서 말씀하셨다. "세상에서 불효라고 말하는 것에는 다섯 가지가 있다. 사지를 게을리 놀려 부모를 봉양하지 않음이 첫 번째 불효이다. 장기나 바둑을 두고 술 마시기를 좋아해서 부모를 봉양하지 않음이 두 번째 불효이다. 재물을 좋아하고 처자식만 사랑하여 부모를 봉양하지 않음이 세 번째 불효이다. 생리적인 욕망에 따라 방종하여 부모를 욕되게 함이 네 번째 불효이다. 용맹을 좋아하고 사납게 싸워서 부모를 위태롭게 함이 다섯 번째 불효이다. 광장에게 이 중 한 가지라도 해당되는 것이 있는가?

8-30-3 광장은 자식으로서 아버지에게 선을 권면해서 서로 뜻이 맞지 않았다. 선을 권면하는 것은 친구의 도리이니, 부자간에 선을 권면하는 것은 은혜를 크게 해치는 행위이다. 광장이 어찌 부부와 모자 등의 관계를 원하지 않겠는가? 다만 아버지에게 죄를 얻어 가까이 모실 수 없었다. 이 때문에 아내를 내보내고 자식들을 물리쳐서 종신토록 처자식의 봉양을 받지 않았다. 그는 마음속으로 '이와 같이 하지 않는다면 그 죄가 클 것이다.'라고 생각했다. 이것이 바로 광장이라는 사람이다."

8-31-1 증자가 무성에 거주할 때 월나라 군사가 침략했다. 어떤 사

木.”寇退, 則曰:“修我牆屋, 我將反.”寇退, 曾子反. 左右曰:“待先生如此
其忠且敬也, 寇至則先去以爲民望, 寇退則反, 殆於不可.”沈猶行曰:“是非
汝所知也. 昔沈猶有負芻之禍, 從先生者七十人, 未有與焉.”

武城(무성) 노나라의 고을 이름이다. 爲民望(위민망) 주희에 따르면 "백성들로 하여금 바라
보고 본받게 함을 말한다."라고 하였다. 沈猶行(심유행) 증자의 제자다. 負芻之禍(부추지
화) 조기에 따르면 당시에 부추(負芻)라는 사람이 난을 일으켜 심유씨를 공격하러 온 것인
데, 주희는 부추를 고유명사로 보지 않고 꼴을 등에 진 사람이라고 보았다.

子思居於衛, 有齊寇. 或曰:“寇至, 盍去諸?”子思曰:“如伋去, 君誰與守?”

伋(급) 자사의 이름이다.

孟子曰:“曾子子思同道. 曾子, 師也, 父兄也. 子思, 臣也, 微也. 曾子子思,
易地則皆然.”

微(미) 천(賤)과 같다.

儲子曰:“王使人瞷夫子, 果有以異於人乎?”孟子曰:“何以異於人哉? 堯舜,
與人同耳.”

람이 말했다. "적들이 쳐들어오는데, 어찌하여 떠나지 않으십니까?" (증자가) 말했다. "아무도 내 집에 들어와서 수목(樹木)을 훼손시키지 못하도록 하라." 적들이 물러가니, "나의 담장과 가옥을 수선하라. 내 장차 돌아갈 것이다."라고 말했다. 적들이 물러가고 증자가 돌아왔다. 좌우에 있는 자들이 말했다. "무성의 관리들이 선생을 그렇게나 정성스럽게 대하고 또 공경했는데, 적이 이르자 먼저 떠나가서 백성들이 보고 본받게 하고, 적이 물러가자 돌아왔다. 이는 아마도 옳지 않은 듯하다." 심유행이 말했다. "이는 너희가 알지 못하는 것이다. 옛적에 우리 심유씨에게 부추의 화가 있었는데, 선생을 따르는 70명 가운데 한 사람도 이에 참여한 자가 없었다."

8-31-2 자사가 위(衛)나라에 거주할 때 제나라 군사가 침략했다. 어떤 사람이 말했다. "적이 쳐들어오고 있는데, 어찌하여 떠나지 않으십니까?" 자사가 대답했다. "만일 내가 떠나가면 임금이 누구와 더불어 (나라를) 지키겠는가?"

8-31-3 맹자께서 말씀하셨다. "증자와 자사는 같은 도리이다. 증자는 스승이자 부형이었고, 자사는 신하로 낮은 신분이었다. 증자와 자사가 처지를 바꾼다면 모두 그렇게 하셨을 것이다."

8-32 저자가 말했다. "임금이 사람을 시켜 선생님을 엿보게 하니, 과연 다른 사람과 다른 모습이 있는 것입니까?" 맹자께서

儲子(저자) 조기에 따르면 제나라 사람이다. 瞯(간) 몰래 훔쳐보는 것이다.

齊人有一妻一妾而處室者, 其良人出, 則必酒肉而後反. 其妻問所與飮食
者, 則盡富貴也. 其妻告其妾曰, '良人出, 則必饜酒肉而後反. 問其與飮食
者, 盡富貴也, 而未嘗有顯者來, 吾將瞯良人之所之也.' 蚤起, 施從良人之
所之, 徧國中無與立談者. 卒之東郭墦間, 之祭者, 乞其餘; 不足, 又顧而之
他; 此其爲饜足之道也. 其妻歸, 告其妾曰, "良人者, 所仰望而終身也, 今
若此." 與其妾訕其良人, 而相泣於中庭; 而良人未之知也, 施施從外來, 驕
其妻妾.

良人(양인) 남편을 말한다. 施(시) 주희는 이 글자의 음을 이(迤) 혹은 이(異)라고 하였는데,
여기에서는 비스듬하다[迤]는 의미로 쓰였다. 施施(시시) 조기는 편편(扁扁)과 같으며 즐거
워하는 모습이라고 하였다. 驕(교) 교만하게 굴면서 위엄을 떤다는 뜻이다.

말씀하셨다. "어찌 다른 사람과 다르겠는가? 요임금과 순임금도 다른 사람들과 똑같다."

8·33·1 집안에 아내와 첩이 한 명씩 있는 제나라 사람이 있었다. 그 남편이 밖으로 나가면 반드시 술과 고기를 배불리 먹은 뒤에 돌아왔다. 그 아내가 남편에게 누구와 더불어 음식을 먹었는가를 물었더니, 모두 부귀한 사람이었다. 그 아내가 첩에게 말했다. "서방님이 외출하면 반드시 술과 고기를 배불리 드신 뒤에 돌아오기에 내 누구와 더불어 음식을 먹었는가 물어보니, 모두 부귀한 사람이었다. 그런데 일찍이 부귀한 자가 우리 집에 찾아온 적이 없다. 내가 서방님이 어디에 가는지 몰래 엿보려고 한다." (그래서 다음 날) 아침 일찍 일어나 남편이 가는 곳을 미행하여 따라가 보니, 온 장안을 두루 배회하였지만 멈춰 서서 (남편과) 더불어 말하는 자가 없었다. 결국 동쪽 성곽 밖 무덤 사이에서 제사 지내는 사람에게 가서 남은 음식을 빌어먹고, 부족하면 또 돌아보고 딴 곳으로 갔다. 이것이 술과 고기를 배불리 먹는 방법이었다. 그 아내가 돌아와서 첩에게 말했다. "서방님이란 우러러 바라보면서 평생 의지해야 할 사람이다. (그런데 그가) 지금 이 모양이다." (그러면서) 첩과 더불어 남편을 원망하며 뜰 가운데서 서로 울고 있었다. 남편은 그것을 알지 못하고서 의기양양하게 밖에서 돌아와 아내와 첩에게 위엄을 떨었다.

해설 주희는 이 장의 앞에 '맹자왈(孟子曰)'이라는 글자가 탈락되어 있는 것으로 보았다.

由君子觀之, 則人之所以求富貴利達者, 其妻妾不羞也而不相泣者, 幾希矣.

군자의 입장에서 본다면, 부귀와 영달을 추구하는 사람들 중에 (그들의 행실을) 그 아내와 첩이 부끄러워하지 않고 서로 울지 않을 자는 거의 드물 것이다.

9 만장 상
萬章上

만장(萬章)은 맹자의 제자로서 만은 성이고 장은 이름이다. 사마천의 『사기』 「맹순열전
(孟荀列傳)」에 따르면, 맹자는 제(齊)·양(梁) 두 나라에서 유세하다가 자신의 뜻이 받
아들여지지 않자, 물러나와 제자인 만장의 무리와 함께 『시』·『서』를 정리하고, 공자의 뜻
을 조술하여 『맹자(孟子)』 7편을 지었다고 한다. 「만장」 편은 만장이 순임금의 효(孝)에
대하여 여쭙는 것으로 시작하는데, 『논어』에서 안연(顔淵)이 인(仁)에 대하여 여쭌 데서
「안연」 편의 이름을 붙인 것처럼 편명을 「만장」으로 달았다. 「만장」 상편은 모두 9장으로
구성되었다. 주요 내용으로는 순임금의 효성스러움·자기를 죽이려 했던 아버지와 이복동
생에 대하여 그 죄를 묻지 않고 예를 갖춰 대우한 일·요임금에서 순임금, 순임금에서 우임
금으로 천자의 자리가 넘겨진 선양(禪讓) 등이 있다.

萬章問曰: "舜往于田, 號泣于旻天, 何爲其號泣也?" 孟子曰: "怨慕也."

往于田(왕우전) 순임금이 역산(歷山)에서 밭을 갈 때의 일이다. 號泣于旻天(호읍우민천) 『서경』「우서 대우모」에 보인다. 怨慕(원모) 자기가 부모에게서 사랑을 얻지 못함을 스스로 한탄하면서도 부모를 사모하는 것이다.

萬章曰: "父母愛之, 喜而不忘; 父母惡之, 勞而不怨. 然則舜怨乎?" 曰: "長息問於公明高曰: '舜往于田, 則吾旣得聞命矣; 號泣于旻天, 于父母, 則吾不知也.' 公明高曰: '是非爾所知也.' 夫公明高以孝子之心爲不若是恝. '我竭力耕田, 共爲子職而已矣, 父母之不我愛, 於我何哉?'

長息(장식) 공명고(公明高)의 제자다. 公明高(공명고) 증자(曾子)의 제자다. 恝(괄) 시름이 없다[無愁]는 뜻이다. 於我何哉(어아하재) 자기에게 도대체 어떤 죄가 있는지를 반성하고 자책하는 것으로 부모를 원망하는 것이 아니다.

帝使其子九男二女, 百官牛羊倉廩備, 以事舜於畎畝之中. 天下之士多就之者, 帝將胥天下而遷之焉; 爲不順於父母, 如窮人無所歸.

帝(제) 요임금이다. 九男二女(구남이녀) 『사기』에 이르기를 "두 딸을 순의 아내로 삼게 하여 그 안에서 돕고, 아홉 명의 아들로 섬기게 하여 그 밖에서 돕게 하였다." 하고, 또 이르기를 "순이 산 지 1년이 지나면 부락이 이루어지고, 2년이 지나면 고을이 이루어지고, 3년이 지나면 도읍이 이루어졌다." 하니, 이는 천하의 선비들이 그에게로 모여든 것이다. 胥(서) 주희에 따르면 서로 본다는 뜻이다. 그러나 조기는 돕다[須]라는 뜻으로 풀었다. 遷之(천지) 임금의 자리를 옮겨 주는 것이다.

9-1-1   만장이 물었다. "순임금이 밭에 가서 하늘을 향해 소리쳐 울었는데, 어찌하여 소리쳐 운 것입니까?" 맹자께서 말씀하셨다. "스스로 한탄하면서도 부모를 사모하였기 때문이다."

9-1-2   만장이 말했다. "부모가 사랑해 주면 기뻐하며 잊지 말고, 부모가 미워하면 힘들어도 원망하지 말아야 합니다. 그렇다면 순임금은 원망한 것입니까?" (맹자께서) 말씀하셨다. "장식이 공명고에게 묻기를 '순임금이 밭에 간 일은 제가 이미 가르침을 들었지만 하늘과 부모를 향해 소리쳐 운 것은 이해가 되지 않습니다.'라고 하였다. 공명고가 말했다. '이것은 네가 이해할 수 없는 것이다.' 공명고는 (순임금이 운 뜻은) 효자의 마음이 그렇게 무덤덤할 수가 없는 것이니, '나는 힘을 다해 밭을 갈아 공손히 자식으로서의 직분을 다할 뿐이다. 그런데 부모가 나를 사랑하지 않으니 도대체 내게 무슨 죄가 있어서인가.'라고 여긴 것이다.

9-1-3   요임금께서 자식 9남 2녀로 하여금 백관(百官)·소와 양·곡식 창고를 갖추어 밭에서 일하는 순을 섬기게 하였는데, 천하의 많은 선비들이 그를 찾아갔다. 요임금이 세상 사람들을 두루 살펴보고 그에게 자리를 물려주려고 하였다. 그러나 순은 부모에게 사랑을 받지 못했기 때문에 (그 근심함이) 마치 곤궁한 사람이 돌아갈 데가 없는 것과 같았다.

天下之士悅之, 人之所欲也, 而不足以解憂; 好色, 人之所欲, 妻帝之二女, 而不足以解憂; 富, 人之所欲, 富有天下, 而不足以解憂; 貴, 人之所欲, 貴爲天子, 而不足以解憂. 人悅之·好色·富貴, 無足以解憂者, 惟順於父母, 可以解憂.

人少, 則慕父母; 知好色, 則慕少艾; 有妻子, 則慕妻子; 仕則慕君, 不得於君則熱中. 大孝終身慕父母. 五十而慕者, 予於大舜見之矣."

艾(애) 예쁘다는 뜻이다. 不得(부득) 임금에게 신임을 얻지 못한 것이다. 熱中(열중) 조급하다 보니 마음이 달아오른 것이다. 五十(오십) 순임금이 섭정할 때의 나이가 쉰이었다.

萬章問曰: "詩云: '娶妻如之何? 必告父母.' 信斯言也, 宜莫如舜. 舜之不告而娶, 何也?" 孟子曰: "告則不得娶. 男女居室, 人之大倫也. 如告, 則廢人之大倫, 以懟父母, 是以不告也."

詩(시) 『시경』「제풍(齊風) 남산(南山)」이다. 信(신) 진실로[誠]의 뜻이다. 斯(사) 이것[此]이란 뜻이다. 懟(대) 원망함[讎怨]이다. 순임금의 부모는 모질고 간악하여 항상 순임금을 해치려고 하였다.

9-1-4 천하의 선비들이 기뻐하여 따르는 것은 사람들이 원하는 것
이지만 (순의) 근심을 풀어 줄 수는 없었고, 아름다운 여인
은 사람들이 원하는 것이지만 (순은) 요임금의 두 딸을 아내
로 삼았음에도 그의 근심을 풀어 줄 수 없었으며, 부유함은
사람들이 원하는 것이지만 (순은) 천하를 다 소유하였는데
도 그의 근심을 풀어 줄 수 없었고, 존귀함은 사람들이 원
하는 것이지만 천자가 되었는데도 그의 근심을 풀어 줄 수
는 없었다. 사람들이 기뻐하여 따름과 아름다운 여인, 그리
고 부귀로도 그의 근심을 풀어 줄 수 없었던 것은 오직 부
모에게 사랑을 받는 것만이 그의 근심을 풀어 줄 수 있었기
때문이다.

9-1-5 사람이 어렸을 적에는 부모를 사모하고, 아름다운 여인을
알게 되면 젊고 예쁜 여인을 사모하며, 아내를 두면 아내를
사모하고, 벼슬하면 군주를 사모하다가 군주에게 신임을 얻
지 못하면 속이 타게 된다. 최상의 효(大孝)는 종신토록 부
모를 사모하는 것이니, 나이 쉰이 되어서도 부모를 사모하
는 것을 나는 위대한 순임금에게서 보았다."

9-2-1 만장이 물었다. "『시』에 이르길 '장가들려면 어떻게 해야 하
는가? 반드시 부모에게 아뢰어야 한다.'라고 하였으니, 진실
로 이 말대로라면 마땅히 순임금과 같아서는 안 됩니다. 순
임금이 부모에게 아뢰지 않고 장가든 것은 어째서입니까?"
맹자께서 말씀하셨다. "아뢰었다면 장가들지 못했을 것이
다. 남녀가 가정을 이루는 것은 사람에게 매우 중요한 윤리

萬章曰: "舜之不告而娶, 則吾旣得聞命矣; 帝之妻舜而不告, 何也?" 曰: "帝亦知告焉則不得妻也."

萬章曰: "父母使舜完廩, 捐階, 瞽瞍焚廩. 使浚井, 出, 從而揜之. 象曰: '謨蓋都君咸我績. 牛羊父母, 倉廩父母, 干戈朕, 琴朕, 弤朕, 二嫂使治朕棲.' 象往入舜宮, 舜在床琴. 象曰: '鬱陶思君爾.' 忸怩. 舜曰: '惟茲臣庶, 汝其于予治.' 不識舜不知象之將殺己與?" 曰: "奚而不知也? 象憂亦憂, 象喜亦喜."

使浚井, 出, 從而揜之(사준정, 출, 종이엄지) 주희는 『사기』에 근거하여 다르게 풀이했다. 주희가 생각하기에, 고수가 순임금에게 우물을 파게 하니 순임금은 우물을 파면서 옆으로 나올수 있는 구멍을 따로 만들어 놓았다. 순임금이 이미 깊이 들어가자 고수는 상과 함께 흙을 내리부어 우물을 메웠지만 순임금은 숨겨 놓은 구멍을 따라 나왔다. 象(상) 순임금의 이복동생이다. 都君(도군) 순임금이 거주한 지 3년이 되면 도읍을 이루었기 때문에 도군이라고 부른 것이다. 績(적) 공(功)이다. 순임금이 이미 우물에 들어갔으므로 상은 순임금이 나온 줄 모르고 순임금을 죽인 것을 자신의 공로로 삼고자 한 것이다. 二嫂(이수) 요임금의 두 딸이다. 鬱陶(울도) 주희에 따르면, 지나치게 걱정해서 몸과 마음이 모두 힘겨워진 정도가 된 것이다. 忸怩(축니) 부끄러워하는 낯빛[慙色]이다. 臣庶(신서) 백관(百官)이다.

이다. 만약 부모에게 고했다면, 인간의 중요한 윤리를 폐하게 되어 부모를 원망했을 것이다. 이 때문에 아뢰지 않은 것이다."

9-2-2 만장이 말했다. "순임금이 아뢰지 않고 장가든 일에 대해서는 제가 이미 가르침을 들었습니다. (그런데) 요임금이 순임금에게 딸을 시집보내면서 그 부모에게 알리지 않은 것은 어찌 된 일입니까?" 맹자께서 말씀하셨다. "요임금 역시 알리면 딸을 시집보낼 수 없음을 아셨기 때문이었다."

9-2-3 만장이 말했다. "(순임금의) 부모가 순임금에게 창고를 고치게 하고는 (지붕 위로 올라가자) 사다리를 치워 버리고 (순임금이 이미 내려왔는데도 그 사실을 모르는) 아버지 고수(瞽瞍)가 창고에 불을 질렀습니다. 또 순임금에게 우물을 파게 한 뒤 (순임금이 이미 나온 줄 모르고) 바로 흙을 덮어 버렸습니다. 동생 상이 '도군을 매장하는 꾀를 낸 것은 모두 나의 공이다. 소와 양은 부모의 것이요, 창고도 부모의 것이다. 창과 방패는 나의 것이고 거문고도 나의 것이며, 활도 나의 것이고 두 형수는 나의 아내로 삼겠다.'라고 말했습니다. (그런데) 상이 순임금의 궁궐에 들어가자 순임금이 평상에서 거문고를 타고 있었습니다. 상이 '갑갑한 심정으로 도군을 그리워했습니다.'라고 말하고는 부끄러워했습니다. (이에) 순임금께서 '너는 나를 대신하여 이 여러 신하들을 다스려라.'라고 말씀하셨습니다. 모르겠습니다만, 상이 장차 자기를 죽이려는 것을 순임금께서는 몰랐던 것입니까?" 맹자께서 말

曰: "然則舜僞喜者與?" 曰: "否. 昔者有饋生魚於鄭子産, 子産使校人畜之
池. 校人烹之, 反命曰: '始舍之圉圉焉, 少則洋洋焉, 攸然而逝.' 子産曰 '得
其所哉! 得其所哉!' 校人出, 曰: '孰謂子産智? 予旣烹而食之, 曰: 得其所
哉? 得其所哉.' 故君子可欺以其方, 難罔以非其道. 彼以愛兄之道來, 故誠
信而喜之, 奚僞焉?"

鄭子産(정자산) 정(鄭)나라 대부 공손교(公孫僑)이며 자산은 그의 자다. 동리(東里)에 거처
해서 동리자산(東里子産)이라고도 부른다. 校人(교인) 연못을 담당하는 말단 관리다. 圉
圉(어어) 지쳐서 맘껏 펴지 못하는 모습이다. 欺以其方(기이기방) 도리가 있는 바로써 속이
는 것이다. 주희에 따르면 방은 도리(道)이다. 罔以非其道(망이비기도) 도리가 아닌 바로써
속이는 것이다.

萬章問曰: "象日以殺舜爲事, 立爲天子, 則放之, 何也?" 孟子曰: "封之也,
或曰放焉."

放(방) 추방하는 것이다. 주희에 따르면 한곳에 둬서 벗어나지 못하게 하는 것이다.

萬章曰: "舜流共工于幽州, 放驩兜于崇山, 殺三苗于三危, 殛鯀于羽山, 四
罪而天下咸服, 誅不仁也. 象至不仁, 封之有庳. 有庳之人奚罪焉? 仁人固

씀하셨다. "어찌 몰랐겠는가? 상이 근심하면 순임금도 근심하고, 상이 기뻐하면 따라 기뻐하였던 것이다."

9-2-4 (만장이) 말했다. "그렇다면 순임금은 거짓으로 기뻐한 사람입니까?" (맹자께서) 말씀하셨다. "아니다. 옛날에 정나라 대부 자산에게 살아 있는 물고기를 선물한 사람이 있었는데, 자산이 연못 관리인에게 연못에서 기르도록 하였다. 연못 관리인이 그것을 삶아 먹고, 와서 보고하기를 '처음 풀어 놓았을 때는 비실비실하더니, 조금 지나니 노닐면서 유유히 가 버렸습니다.'라고 하였다. 자산이 '제자리를 얻었구나, 제자리를 얻었구나.'라고 했다. 연못 관리인이 나와서 말했다. '누가 자산을 지혜롭다고 하는가. 내가 이미 물고기를 삶아 먹었는데 자산은 '제자리를 얻었구나, 제자리를 얻었구나.'라고 하다니.' 그러므로 군자는 도리로써 속일 수는 있어도 도리가 아닌 것으로써 속이기는 어려운 것이다. 상이 형을 사랑하는 도리로써 왔으니 (순임금은) 진실로 믿고 기뻐한 것이지, 어찌 거짓으로 그랬겠는가?"

9-3-1 만장이 물었다. "상이 날마다 순임금을 죽이려고 하였는데, (순임금이) 천자의 자리에 오르고 나서 그를 추방해 버렸습니다. 이는 어찌 된 일입니까?" 맹자께서 말씀하셨다. "그를 (제후로) 봉하였는데, 혹자가 추방했다고 말한 것이다."

9-3-2 만장이 말했다. "순임금이 공공을 유주에 유배시키고, 환도를 숭산으로 추방하며, 삼묘의 군주를 삼위로 내몰았고, 곤

如是乎? 在他人則誅之, 在弟則封之." 曰: "仁人之於弟也, 不藏怒焉, 不宿怨焉, 親愛之而已矣. 親之欲其貴也, 愛之欲其富也. 封之有庳, 富貴之也. 身爲天子, 弟爲匹夫, 可謂親愛之乎?"

共工(공공) 치수하는 관직 이름인데, 여기서는 당시 공공(共工) 관직에 있던 사람을 일컫는다. 幽州(유주), 崇山(숭산), 三危(삼위), 羽山(우산), 有庳(유비) 모두 지명(地名)이다. 이중 삼위는 삼위산을 말하며 산봉우리가 세 개인 데서 붙여진 이름이다. 驩兜(환도) 요순 시대 대신의 이름이다. 殺(살) 양보쥔에 따르면 찬(竄)의 가차(假借)로 몰아낸다는 뜻이다. 三苗(삼묘) 나라 이름이다. 殛(극) 초순은 극(極)의 가차로서 추방하다(放)의 의미로 보았고, 주희는 죽이다(誅)로 풀었다. 鯀(곤) 우임금의 아버지 이름이다.

"敢問或曰放者, 何謂也?" 曰: "象不得有爲於其國, 天子使吏治其國, 而納其貢稅焉, 故謂之放, 豈得暴彼民哉? 雖然, 欲常常而見之, 故源源而來. '不及貢, 以政接于有庳', 此之謂也."

源源(원원) 물이 계속 이어지듯 한 것이다. 來(래) 와서 조회를 보는 것이다. 不及貢, 以政接于有庳(불급공, 이정접우유비) 주희는 옛날 책에 나오는 문구인 듯하다고 하였다. 조기는 상상(常常) 이하의 모든 글자가 『서경』의 유실된 편에 나오는 것이라고 보았다.

咸丘蒙問曰: "語云: '盛德之士, 君不得而臣, 父不得而子.' 舜南面而立, 堯

을 우산으로 추방하였는데, 이 네 사람을 처벌하자 천하 사람들이 다 복종하였습니다. 이는 불인(不仁)한 사람을 벌하였기 때문입니다. 상은 지극히 불인하였는데도 그를 유비 땅에 (제후로) 봉하였으니 유비 사람들은 무슨 죄가 있습니까? 인(仁)한 사람이 정말 그렇게 할 수 있습니까? 다른 사람의 경우는 벌하고 동생의 경우는 제후로 봉하는군요." (맹자께서) 말씀하셨다. "인한 사람은 동생에 대해 노여움을 숨겨 두지 않고 원망을 남겨 두지 않으며, 오직 친애할 따름이다. 친근하니 그가 존귀하게 되길 바라는 것이요, 사랑하니 그가 부유하게 되길 바라는 것이다. 유비 땅에 제후로 봉한 것은 그를 존귀하고 부유하게 한 것이다. 자신은 천자이면서 동생이 필부가 된다면 친애한다고 할 수 있겠는가."

9-3-3　(만장이 말했다.) "감히 여쭙는데, 혹자가 추방했다고 말하는 것은 무슨 얘기입니까?" (맹자께서) 말씀하셨다. "(비록 제후로 봉해졌지만) 상은 그 나라를 직접 다스리지 못하였다. 천자는 관리로 하여금 그 나라를 다스리게 했고 그 세금을 거두게 하였다. 그러므로 추방했다고 말하는 것이다. (상이) 어찌 그 백성들에게 포악한 짓을 할 수 있으랴. (순임금이) 비록 그렇게 했지만 항상 만나 보고자 하여, 자주 그를 불러들였다. (옛날 책에) '조공할 때가 되지 않았는데도 나랏일로 유비의 군왕을 접견했다.'라고 한 것이 바로 이것을 말한다."

9-4-1　함구몽이 물었다. "예부터 이런 말이 있습니다. '덕행이 훌

帥諸侯北面而朝之, 瞽瞍亦北面而朝之. 舜見瞽瞍, 其容有蹙. 孔子曰: '於
斯時也, 天下殆哉, 岌岌乎!' 不識此語誠然乎哉?" 孟子曰: "否. 此非君子
之言, 齊東野人之語也. 堯老而舜攝也. 堯典曰: '二十有八載, 放勳乃徂落,
百姓如喪考妣, 三年, 四海遏密八音.' 孔子曰: '天無二日, 民無二王.' 舜旣爲
天子矣, 又帥天下諸侯以爲堯三年喪, 是二天子矣."

咸丘蒙(함구몽) 맹자의 제자다. 語(어) 옛말이다. 南面(남면) 남쪽을 바라보는 자는 천자
이다. 蹙(축) 어색하고 불안한 모습이다. 岌岌(급급) 불안한 모습이다. 堯典(요전) 『서경』
「우서(虞書)」의 편명이다. 주희는 오늘날 이 문구는 「순전(舜典)」에 있으니 아마도 두 편이
합쳐진 것이라고 보았다. 徂落(조락) 조는 오르는 것이고, 락은 내려오는 것이다. 사람이 죽
으면 혼은 올라가고 백은 내려오므로 옛날에는 죽는 것을 조락이라고 하였다. 八音(팔음) 음
악을 말하는데, 금(金)·석(石)·사(絲)·죽(竹)·포(匏)·토(土)·혁(革)·목(木) 여덟 가지 악
기가 내는 음(音)이다.

咸丘蒙曰: "舜之不臣堯, 則吾旣得聞命矣. 詩云: '普天之下, 莫非王土; 率
土之濱, 莫非王臣.' 而舜旣爲天子矣, 敢問瞽瞍之非臣, 如何?" 曰: "是詩
也, 非是之謂也; 勞於王事, 而不得養父母也. 曰: '此莫非王事, 我獨賢勞
也.' 故說詩者, 不以文害辭, 不以辭害志. 以意逆志, 是爲得之. 如以辭而已
矣, 雲漢之詩曰: '周餘黎民, 靡有孑遺.' 信斯言也, 是周無遺民也.

不臣堯(불신요) 요임금을 신하로 삼아 그로 하여금 북면하여 조회하지 않도록 한 것이다. 詩
(시) 『시경』 「소아 북산(北山)」이다. 文(문) 글자다. 辭(사) 말이다. 逆(역) 맞이하는 것이
다. 雲漢(운한) 『시경』 「대아」의 편명이다. 黎民(여민) 백성이다. 遺(유) 죽는 데서 벗어난

류한 선비는 임금이 그를 신하로 삼을 수 없고, 아버지가 그를 자식으로 삼을 수 없다.' 순임금이 남면하고 계시니 요임금이 제후들을 거느리고 북면하여 조회하였고, 고수도 북면하여 조회하였습니다. 순임금이 고수를 보고는 그 모습이 어색하고 불안하였습니다. 공자께서 말씀하셨습니다. '이때는 천하가 위태로워 불안하였다.' 이 말이 정말로 그런지 모르겠습니다." 맹자께서 말씀하셨다. "아니다. 이것은 군자의 말이 아니다. 제나라 동쪽 야인들의 말이다. 요임금이 늙어 순임금이 섭정하신 것이다. 「요전」에서 말했다. '(순임금이 섭정한 지) 28년이 지나 요임금이 세상을 떠나자, 백성들이 돌아가신 부모님께 삼년상을 지내듯이 하였고, 세상은 음악 연주를 그쳤다.' 공자께서 말씀하셨다. '하늘에는 두 개의 해가 없고 백성에게는 두 분의 임금이 없다.' 만약에 순임금이 (요임금 돌아가시기 전에) 이미 천자가 되었고 또 천하의 제후들을 거느리고 요임금을 위해 삼년상을 지냈다면, 이것은 천자가 두 분인 것이다."

9·4·2 함구몽이 말했다. "순임금이 요임금을 신하로 삼지 않은 것은 제가 이미 (선생님의) 가르침을 들어 알고 있습니다. 『시』에 말했습니다. '온 천하의 땅이 왕의 땅 아닌 것이 없으며, 온 땅 안의 사람이 왕의 신하가 아닌 사람이 없다.' 그런데 순임금이 이미 천자가 되셨는데도 고수를 신하로 삼지 않은 것은 어찌 된 것인지 감히 여쭙겠습니다." (맹자께서) 말씀하셨다. "이 시는 그런 의미가 아니다. (시의 작자가) 나랏일에 힘을 쓰느라 부모를 봉양할 수 없었다. 그래서 '이 모든 것은

것(脫)이다.

孝子之至, 莫大乎尊親; 尊親之至, 莫大乎以天下養. 爲天子父, 尊之至也;
以天下養, 養之至也. 詩曰: '永言孝思, 孝思維則.' 此之謂也.

詩(시) 『시경』 「대아 하무(下武)」이다.

書曰: '祗載見瞽瞍, 夔夔齊栗, 瞽瞍亦允若.' 是爲父不得而子也."

書(서) 『서경』 「우서 대우모(大禹謨)」이다. 祗載(지재) 기는 공경하는 것이고, 재는 섬기는 것
이다. 夔夔齊栗(기기재률) 공경하고 두려워하는 모습이다. 允(윤) 믿다의 뜻이다. 若(약) 따
르다의 뜻이다. 是爲父不得而子也(시위부부득이자야) 고수가 순임금을 믿고 따른 것은 그
가 천자이기 때문이 아니라, 순임금의 지극히 효성스러운 마음을 깨달아 알게 되어 믿고 따랐
던 것이다. 그러므로 고수가 순임금을 천자이기 때문에 아들로 여기지 못한 것이 아니다.

萬章曰: "堯以天下與舜, 有諸?" 孟子曰: "否. 天子不能以天下與人."

나랏일 아닌 것이 없는데, 나만 홀로 현명하다 하여 수고롭 단 말인가?'라고 말한 것이다. 그러므로 시를 설명하는 사람 은 글자로써 말의 뜻을 해치지 말고 말로써 사람의 뜻을 해 치지 말며, 자기 생각을 작자의 뜻에 맞추어야 시를 알 수가 있다. 만약 말만 갖고 본다면,「운한」의 시에 '주나라에는 남 겨진 백성이 하나도 없다.'라고 하였으니, 진실로 이 말대로 라면 주나라에는 남은 백성이 없을 것이다."

9-4-3   효자의 지극한 도리는 부모님을 존경하는 것보다 더 큰 것 이 없고, 부모님 존경의 지극한 도리는 천하로써 봉양함보 다 더 큰 것이 없다. (고수는) 천자의 아버지가 되었으니 존 귀함의 극치에 이른 것이요, 천하로써 봉양하니 봉양함의 극치에 이른 것이다.『시』에 말했다. '언제나 효도를 말하니, 효도는 세상의 준칙이다.' (이 말이 바로) 이런 의미를 말하 는 것이다.

9-4-4   『서』에서 말했다. '(순임금이) 공경하는 마음으로 고수를 뵐 때 그 모습이 삼가고 (도리에 어긋날까) 두려워하니, 고수도 (순임금의 마음을) 믿고 따랐다.' 이것이 설마 아버지가 그를 아들로 여길 수 없다는 말이겠는가?"

9-5-1   만장이 말했다. "요임금이 천하를 순에게 주었다고 하는데, 그런 일이 있었습니까?" 맹자께서 말씀하셨다. "아니다. 천

"然則舜有天下也, 孰與之?" 曰: "天與之."

"天與之者, 諄諄然命之乎?"

諄諄(순순) 조기는 분명한 모습이라 하고 주희는 상세한 모습이라 한다.

曰: "否. 天不言, 以行與事示之而已矣."

曰: "以行與事示之者如之何?" 曰: "天子能薦人於天, 不能使天與之天下; 諸侯能薦人於天子, 不能使天子與之諸侯; 大夫能薦人於諸侯, 不能使諸侯 與之大夫. 昔者堯薦舜於天而天受之, 暴之於民而民受之, 故曰: 天不言, 以行與事示之而已矣."

暴(폭) 드러냄[顯]을 뜻한다.

曰: "敢問薦之於天而天受之, 暴之於民而民受之, 如何?" 曰: "使之主祭而 百神享之, 是天受之; 使之主事而事治, 百姓安之, 是民受之也. 天與之, 人

자는 천하를 남에게 줄 수 없다."

9-5-2 (만장이 말했다.) "그렇다면 순이 천하를 소유한 것은 누가 준 것입니까?" (맹자께서) 말씀하셨다. "하늘이 준 것이다."

9-5-3 (만장이 말했다.) "하늘이 준 것은 분명히 그에게 명한 것입니까?

9-5-4 (맹자께서) 말씀하셨다. "아니다. 하늘은 말하지 않는다. 행위와 사업을 통해 (하늘의 뜻을) 보여 줄 뿐이다."

9-5-5 (만장이) 말했다. "행위와 사업을 통해 보여 줄 뿐이라는 것은 무슨 말씀입니까?" (맹자께서) 말씀하셨다. "천자가 어떤 사람을 하늘에 천거할 수는 있지만 하늘로 하여금 그에게 천하를 주도록 할 수는 없다. 제후가 사람을 천자에게 천거할 수는 있지만 천자로 하여금 그에게 제후의 지위를 주도록 할 수는 없다. 대부가 제후에게 사람을 천거할 수는 있지만 제후로 하여금 그에게 대부의 지위를 주도록 할 수는 없다. 옛날에 요임금이 순을 하늘에 천거하니 하늘이 그것을 받아들였고, 백성들에게 드러내 보이니 백성들이 그것을 받아들였다. 그러므로 '하늘은 말하지 않고 행위와 행위로써 보여 줄 뿐이다.'라고 말한 것이다."

9-5-6 (만장이) 말했다. "감히 여쭙겠습니다, 하늘에 천거하니 하늘이 그것을 받아들였고, 백성들에게 드러내 보이니 백성들

與之, 故曰: 天子不能以天下與人. 舜相堯二十有八載, 非人之所能爲也, 天也. 堯崩, 三年之喪畢, 舜避堯之子於南河之南. 天下諸侯朝覲者, 不之堯之子而之舜; 訟獄者, 不之堯之子而之舜; 謳歌者, 不謳歌堯之子而謳歌舜, 故曰天也. 夫然後之中國, 踐天子位焉. 而居堯之宮, 逼堯之子, 是簒也, 非天與也.

南河(남하) 기주(冀州)의 남쪽, 즉 예주(豫州)다. 訟獄(송옥) 옥사(獄事)가 판결나지 않아 그것을 소송하는 것이다.

太誓曰: '天視自我民視, 天聽自我民聽', 此之謂也.”

太誓(태서) 『서경』 「주서」의 편명이다.

萬章問曰: “人有言: '至於禹而德衰, 不傳於賢而傳於子.' 有諸?” 孟子曰: “否, 不然也. 天與賢, 則與賢; 天與子, 則與子. 昔者舜薦禹於天, 十有七年,

이 그것을 받아들였다는 것은 어찌 된 것입니까?" (맹자께서) 말씀하셨다. "그로 하여금 제사를 주관하게 하자 온갖 신이 그것을 흠향하니 이것은 하늘이 그를 받아 준 것이요, 세상일을 주관하게 하자 그 사업이 처리되고 백성들이 그것을 편안히 여기니 이것은 백성들이 그를 받아 준 것이다. 하늘이 천하를 주고 백성들이 천하를 주니 '천자는 천하를 남에게 줄 수 없다.'라고 하는 것이다. 순이 28년 동안 요임금을 도운 것은 사람의 힘으로 할 수 있는 것이 아니라 하늘의 뜻이다. 요임금이 돌아가시자 순이 삼년상을 마치고 요임금의 아들을 피해 남하의 남쪽으로 갔다. 조회하려는 천하의 제후들이 요임금의 아들에게 조회하러 가지 않고 순에게 갔고, 송사를 하는 사람들이 요임금의 아들에게 가지 않고 순에게 갔으며, (덕을) 찬양하며 노래하는 사람들이 요임금의 아들을 노래하지 않고 순을 노래하였다. 그러므로 '하늘의 뜻이다.'라고 하는 것이다. 그런 뒤에 수도로 가서 천자의 자리에 올랐다. 만일 요임금의 궁궐에 거처하며 요임금의 아들을 핍박하였다면 이것은 찬탈이지 하늘이 준 것이 아니다.

9·5·7

「태서」에서 '하늘은 우리 백성들이 보는 것을 통해 보며, 하늘은 우리 백성들이 듣는 것을 통해 듣는다.'라고 한 것은 이를 말한 것이다."

9·6·1

만장이 물었다. "사람들이 말하길 '우임금의 덕이 쇠하여 천하를 현자에게 주지 않고 자식에게 주었다.'라고 하는데, 그

舜崩. 三年之喪畢, 禹避舜之子於陽城, 天下之民從之, 若堯崩之後不從堯
之子而從舜也. 禹薦益於天, 七年, 禹崩. 三年之喪畢, 益避禹之子於箕山之
陰, 朝覲訟獄者不之益而之啓. 曰: '吾君之子也.' 謳歌者不謳歌益而謳歌
啓, 曰: '吾君之子也.'

陽城(양성) 지명으로 지금의 허난 성(河南省)에 위치한다. 益(익) 우임금의 신하이다. 箕山
之陰(기산지음) 음(陰)은 산의 북쪽을 말한다.

丹朱之不肖, 舜之子亦不肖. 舜之相堯, 禹之相舜也, 歷年多, 施澤於民久.
啓賢, 能敬承繼禹之道. 益之相禹也, 歷年少, 施澤於民未久. 舜·禹·益相
去久遠, 其子之賢不肖, 皆天也, 非人之所能爲也. 莫之爲而爲者, 天也; 莫
之致而至者, 命也.

런 일이 있습니까?" 맹자께서 말씀하셨다. "아니다. 그렇지 않다. 하늘이 현자에게 주고자 하면 현자에게 주고, 하늘이 자식에게 주고자 하면 자식에게 준다. 옛날에 순임금이 우를 하늘에 천거하고 17년이 지나서 순임금이 돌아가셨다. 삼년상을 마치고 우가 순임금의 아들을 피해 양성으로 갔는데, 천하의 백성들이 그를 따르기를 마치 요임금이 돌아가신 후에 요임금의 아들을 따르지 않고 순을 따르듯이 하였다. 우임금이 익(益)을 하늘에 천거하고 7년이 지나서 우임금이 돌아가셨다. 삼년상을 마치고 익이 우임금의 아들을 피해 기산의 북쪽으로 갔는데, 조회하려는 제후와 송사하려는 사람들이 익에게 가지 않고 (우임금의 아들인) 계(啓)에게로 가서 '우리 임금의 아들이로다.'라고 말하였고, 덕을 찬양해 노래하는 사람들이 익을 노래하지 않고 계를 노래하며 '우리 임금의 아들이로다.'라고 말하였다.

9-6-2

(요임금의 아들인) 단주가 불초하였고 순임금의 아들도 불초하였다. 순이 요임금을 돕고 우가 순임금을 도운 햇수가 많아 백성들에게 은택을 베푼 지가 오래되었다. 계는 현명하여 우임금의 도를 진지하고 정성스럽게 계승할 수 있었다. 익은 우임금을 도운 햇수가 적어 백성들에게 은택을 베푼 지가 오래되지 못했다. 순·우·익이 각자의 임금을 도운 햇수가 차이 나고, 그 임금의 아들들이 현명하거나 불초한 것은 하늘의 뜻이지 사람이 어떻게 할 수 있는 바가 아니다. 그렇게 하려고 하지 않아도 그렇게 되는 것은 하늘의 뜻이요, 오라고 하지 않아도 여기로 오는 것은 운명이다.

匹夫而有天下者, 德必若舜禹, 而又有天子薦之者, 故仲尼不有天下.

仲尼不有天下(중니불유천하) 공자는 덕은 뛰어나지만 천자의 천거를 받지 못해서 왕이 되지

는 못했다. 그래서 한나라 사람들이 공자를 소왕(素王)이라 했다.

繼世以有天下, 天之所廢, 必若桀紂者也, 故益·伊尹·周公不有天下.

益·伊尹(익·이윤) 익과 이윤은 훌륭한 성인이었지만 모셨던 임금이 걸주와 같은 폭군이 아

니라 요순과 같은 성군이었기 때문에 천하를 얻지 못한 것이다.

伊尹相湯以王於天下. 湯崩, 太丁未立, 外丙二年, 仲壬四年. 太甲顚覆湯之

典刑, 伊尹放之於桐. 三年, 太甲悔過, 自怨自艾, 於桐處仁遷義; 三年, 以

聽伊尹之訓己也, 復歸于亳.

顚覆(전복) 무너뜨려 흐트러지게 하는 것〔壞亂〕이다. 典刑(전형) 상법(常法)으로 가장 모범

이되는 전장 제도를 말한다. 桐(동) 오늘날의 허난 성에 위치하고 탕임금의 묘가 있는 곳이

다. 艾(애) 다스리는 것을 뜻한다. 亳(박) 은나라의 도읍지로 오늘날의 허난 성에 위치한다.

필부로서 천하를 얻은 사람은 덕(德)이 반드시 순·우와 같아야 하고, 또한 천자가 그를 천거하여야 한다. 그래서 공자께서 천하를 얻지 못하신 것이다.

9-6-4 대를 이어서 천하를 얻지만 하늘이 버리는 경우는 반드시 걸(桀)·주(紂) 같은 폭군이지 때문이다. 그래서 익·이윤·주공이 천하를 얻지 못한 것이다.

9-6-5 이윤이 탕임금을 도와 천하를 다스렸는데, 탕임금이 돌아가시자 태정이 즉위하지 못하고 죽었고 외병은 2년간 재위하였으며 중임은 4년간 재위하였다. (태정의 아들) 태갑이 (왕위를 계승하였는데) 탕임금의 법제도를 무너뜨려서 이윤이 그를 동(桐)읍에 유배시켰다. 유배 3년 동안 태갑은 잘못을 뉘우쳐 스스로를 탓하고 자숙하여 동읍에서는 인(仁)을 마음에 간직하고 의(義)를 실천하였으며, 이 3년 동안 이윤이 자신을 훈계한 것을 모두 따랐다. 그래서 다시 박읍으로 돌아와 천자가 되었다.

해설   조기에 따르면, 태정은 탕임금의 태자인데 천자의 자리에 즉위하지 못하고 죽었다. 외병은 2년 동안 재위했고 중임은 4년 동안 재위했는데, 이들은 모두 태정의 동생들이다. 태갑은 태정의 아들이다. 그런데 정자(程子)에 따르면, 옛날 사람들은 나이를 연(年)이라고 했으므로 탕임금이 돌아가셨을 때 외병은 2살이고 중임은 4살이었다. 태갑이 나이가 조금 많아 그를 옹립한 것이다. 주자는 이 중 어느 설이 옳은지 모르겠다고 하였다.

周公之不有天下, 猶益之於夏, 伊尹之於殷也.

孔子曰: '唐虞禪, 夏后·殷·周繼, 其義一也.'"
禪(선) 받는 것[受]이다.

萬章問曰: "人有言 '伊尹以割烹要湯' 有諸?"

孟子曰: "否, 不然. 伊尹耕於有莘之野, 而樂堯舜之道焉. 非其義也, 非其道也, 祿之以天下, 弗顧也; 繫馬千駟, 弗視也. 非其義也, 非其道也, 一介不以與人, 一介不以取諸人.
有莘(유신) 조기는 '유신'이 나라 이름이라 하고, 주희는 '신'이 나라 이름이라 했다. 駟(사) 네 필 말이다. 介(개) 초개(草芥)의 개(芥)와 같다.

湯使人以幣聘之, 囂囂然曰: '我何以湯之聘幣爲哉? 我豈若處畎畝之中, 由是以樂堯舜之道哉?'
囂囂(효효) 무욕자득(無欲自得)의 모습이다.

湯三使往聘之, 旣而幡然改曰: '與我處畎畝之中, 由是以樂堯舜之道, 吾豈

9-6-6 주공이 천하를 얻지 못한 것은 하나라의 익과 은나라의 이윤과 같은 경우이다.

9-6-7 공자께서 말씀하셨다. '요임금과 순임금은 선양(禪讓)하였고 하나라, 은나라, 주나라는 자손이 이어받았으니 그 의미는 같다.'"

9-7-1 만장이 물었다. "사람들이 말하길 '이윤이 직접 고기로 맛있는 음식을 만들어 대접하면서 탕임금에게 벼슬을 얻으려 하였다.'라고 하는데 그런 일이 있었습니까?"

9-7-2 맹자께서 말씀하셨다. "아니다. 그렇지 않다. 이윤이 신(莘)의 들에서 밭을 갈면서도 요순의 도를 좋아했으니, 요순의 의리와 도리가 아니면 봉록으로 천하를 준다 해도 거들떠보지 않았고, 말 4000필이 매어 있어도 쳐다보지 않았다. 요순의 의리와 도리가 아니면 하찮은 지푸라기 하나라도 남에게 주지 않고 하찮은 지푸라기 하나라도 남에게서 가져오지 않았다.

9-7-3 탕임금이 사람을 시켜 예물을 가지고 가서 이윤을 초빙하게 하니, 그가 초연히 말했다. '내가 탕임금의 예물을 받아서 무엇하겠는가? 어찌 내가 밭이랑 사이에 거처하면서 그것으로써 요순의 도를 즐기는 것만 하겠는가?'

9-7-4 탕임금이 세 번 사람을 보내어 이윤을 초빙하게 하니, 마침

若使是君爲堯舜之君哉？ 吾豈若使是民爲堯舜之民哉？ 吾豈若於吾身親
見之哉？

幡然(번연) 바꾸는 모습을 가리킨다.

天之生此民也, 使先知覺後知, 使先覺覺後覺也. 予, 天民之先覺者也, 予
將以斯道覺斯民也. 非予覺之而誰也?'

思天下之民匹夫匹婦有不被堯舜之澤者, 若己推而內之溝中, 其自任以天下
之重如此, 故就湯而說之以伐夏救民.

匹夫匹婦(필부필부) 평범한 남자와 여자를 뜻한다.

吾未聞枉己而正人者也, 况辱己以正天下者乎？ 聖人之行不同也, 或遠或
近, 或去或不去, 歸潔其身而已矣.

내 그가 태도를 바꿔서 말했다. '내가 밭이랑 사이에 거처하면서 그것으로써 요순의 도를 즐기는 것이, 어찌 내가 이 임금을 요순과 같은 임금으로 만드는 것만 하겠는가? 어찌 이 백성들을 요순의 백성과 같은 백성으로 만드는 것만 하겠는가? 어찌 내가 사는 이 시대에 요순의 도가 행해지는 것을 나 자신이 직접 보는 것만 하겠는가?

9-7-5 하늘이 백성을 낳아 기름에 있어 선지자로 하여금 아직 알지 못한 사람을 깨우치게 하고, 선각자로 하여금 아직 깨닫지 못한 사람을 깨우치게 한다. 나로 말하자면 백성 중에 선각자이니, 내가 장차 이 도로써 이 백성들을 깨우쳐야 할 것이다. 내가 깨우쳐 주지 않는다면 누가 하겠는가?'

9-7-6 (이윤은) 천하의 백성 가운데 누구라도 요순의 은혜를 받지 못한 사람이 있으면 자기가 그를 도랑 속에 빠뜨린 것처럼 여겼다. 그가 천하의 무거운 짐을 이와 같이 스스로 짊어지려 하였기 때문에 탕임금을 설득하여 하나라를 정벌하고 백성들을 구한 것이다.

9-7-7 나는 자기를 바르게 하지 못하고서 남을 바로잡았다는 사람에 대하여 들어 본 적이 없는데, 하물며 자기를 더럽히고서 어찌 천하를 바로잡을 수 있겠는가? 성인의 행위는 똑같지 않아서 어떤 때는 왕을 멀리하고 어떤 때는 왕을 가까이하며, 어떤 때는 조정을 떠나가고 어떤 때는 조정에 남아 있으나, 결국 자신을 깨끗이 하는 것으로 귀결될 뿐이다.

吾聞其以堯舜之道要湯, 末聞以割烹也.

伊訓曰: '天誅造攻自牧宮. 朕載自亳.'"

伊訓(이훈)『서경』「상서」의 유실된 편명이다. 天誅造攻自牧宮(천주조공자목궁) 목궁은 지금 『서경』에는 명조(鳴條)로 되어 있다. 목궁은 하나라 폭군 걸의 거처이다. 걸이 악한 짓을 자행하여 하늘의 벌을 자초해 탕에게 죽임을 당하게 되었기 때문에, 하늘의 토벌은 목궁에서 스스로 만들었다고 한 것이다. 朕載自亳(짐재자박) 재는 시작을 뜻한다. 탕은 박(亳)에서 살았는데 여기서 이윤과 일을 도모하여 하늘의 뜻에 따라 군사를 일으켜 하나라 걸을 죽였기 때문에 박에서 시작했다고 한 것이다.

萬章問曰: "或謂孔子於衛主癰疽, 於齊主侍人瘠環, 有諸乎?" 孟子曰: "否, 不然也. 好事者爲之也.

主(주) 어떤 사람의 집에서 거처하는 것이다. 癰疽(옹저) 종기를 짜는 의사다. 侍人(시인) 내시다. 瘠環(척환) 척은 성이고 환은 이름이다.

於衛主顏讎由. 彌子之妻與子路之妻, 兄弟也. 彌子謂子路曰: '孔子主我, 衛卿可得也.' 子路以告. 孔子曰: '有命.' 孔子進以禮, 退以義, 得之不得曰 '有命'. 而主癰疽與侍人瘠環, 是無義無命也.

顏讎由(안수유) 위(衛)나라의 현명한 대부다. 『사기』에는 안탁추(顏濁鄒)로 되어 있다. 彌子(미자) 위(衛)나라 영공(靈公)의 측근 신하로, 미자하(彌子瑕)다.

9-7-8   나는 이윤이 요순의 도로써 탕임금에게 벼슬을 구하려 했다는 것은 들어 보았어도 직접 고기로 맛있는 음식을 만들어 대접하면서 탕임금에게 벼슬을 얻으려 하였다는 것은 들어 보지 못했다.

9-7-9   「이훈」에서 말했다. '하늘의 토벌은 (하나라 걸의 거처인) 목궁에서 스스로 만든 것이다. 나는 다만 (은나라 수도인) 박읍에서 시작하였을 뿐이다.'"

9-8-1   만장이 물었다. "어떤 사람이 말하길 '공자께서 위나라에서는 옹저의 집에서 머무시고, 제나라에서는 내시 척환의 집에서 머무셨다.'라고 하는데, 그런 일이 있었습니까?" 맹자께서 말씀하셨다. "아니다, 그렇지 않다. 호사가들이 지어낸 것이다.

9-8-2   위나라에서는 안수유의 집에서 머무셨다. 미자의 아내는 자로의 아내와 자매지간이다. 미자가 자로에게 '공자께서 우리 집에 머무시면 위나라 경(卿)의 자리를 얻을 것입니다.'라고 말하였는데, 자로가 이 말을 아뢰니 공자께서는 '명(命)이 있는 것이다.'라고 말씀하셨다. 공자께서는 관직에 나아가실 때는 예로써 하셨고 물러나실 때는 의를 따르셨으며,

孔子不悅於魯衛, 遭宋桓司馬將要而殺之, 微服而過宋. 是時孔子當阨, 主
司城貞子, 爲陳侯周臣.

不悅(불열) 그 나라에 거처하기를 즐거워하지 않는 것이다. 桓司馬(환사마) 송나라 대부 상
퇴(向魋)다. 司城貞子(사성정자) 조기는 송나라 대부 중 현명한 사람이라 하였는데 오해한
것 같다. 『사기』「공자세가」에 따르면 진나라의 현명한 대부이다.

吾聞觀近臣, 以其所爲主; 觀遠臣, 以其所主. 若孔子主癰疽與侍人瘠環,
何以爲孔子?'"

近臣(근신) 조정에 있는 신하다. 遠臣(원신) 멀리서 와서 벼슬을 하는 사람이다.

萬章問曰: "或曰: '百里奚自鬻於秦養牲者, 五羊之皮, 食牛, 以要秦穆公.'
信乎?" 孟子曰: "否, 不然. 好事者爲之也.

百里奚(백리해) 우공(虞公)의 현명한 신하이다. 牲(생) 희생이다. 즉 국가적 제사 때 바치는
가축을 말한다.

百里奚, 虞人也. 晉人以垂棘之璧與屈産之乘, 假道於虞以伐虢. 宮之奇諫,
百里奚不諫.

虞(우), 虢(괵) 모두 나라 이름이다. 垂棘之璧(수극지벽) 수극 땅에서 나는 아름다운 옥(玉)

얻고자 하셨지만 얻지 못하셨을 때는 '명이 있다.'라고 하였다. 옹저와 내시 척환의 집에 머무셨다면 그것은 의도 무시하고 명도 따르지 않은 것이다.

9-8-3 공자께서 노나라와 위나라에 머무는 것을 즐거워하지 않았고, 송나라 환사마가 공자를 살해하려고 했기 때문에 공자가 변복하고 송나라를 지나갔다. 이때 공자께서 환난을 겪었지만 아무 곳에나 머무시지 않고, (현자인) 사성정자의 집에 머무시고 진후(陳侯) 주(周)의 신하가 되셨다.

9-8-4 나는 조정에 있는 신하를 살피려면 그의 집에 머무는 사람을 보고, 먼 지방에서 와서 벼슬을 하는 신하를 살피려면 그가 머무는 곳의 주인을 본다고 들었다. 만약 공자께서 옹저와 내시 척환의 집에 머무셨다면, 어떻게 공자라고 할 수 있을 것인가?'"

9-9-1 만장이 물었다. "어떤 사람이 '백리해는 진나라에서 희생을 기르는 사람에게 다섯 마리의 양가죽을 받고 자신을 팔아 그를 대신해 소를 길러 이로써 진(秦) 목공에게 벼슬을 구하였다.'라고 하는데, 사실입니까?" 맹자께서 말씀하셨다. "아니다. 그렇지 않다. 호사가들이 지어낸 것이다.

9-9-2 백리해는 우나라 사람이다. 진(晉)나라 사람이 수극 땅의 귀한 옥과 굴 땅의 좋은 말을 가지고 와서, 우나라의 길을 빌려서 괵나라를 치려 한다고 했다 궁지기는 (길을 빌려 주지

이다. 屈産之乘(굴산지승) 굴(屈) 땅에서 나는 좋은 말이다. 宮之奇(궁지기) 우공의 현명한 신하이다.

知虞公之不可諫而去之秦, 年已七十矣, 曾不知以食牛干秦穆公之爲汙也, 可謂智乎? 不可諫而不諫, 可謂不智乎? 知虞公之將亡而先去之, 不可謂 不智也. 時擧於秦, 知穆公之可與有行也而相之, 可謂不智乎? 相秦而顯其 君於天下, 可傳於後世, 不賢而能之乎? 自鬻以成其君, 鄕黨自好者不爲, 而 謂賢者爲之乎?"

自好(자호) 제 몸을 아끼는 것이다.

말라고) 간언하였으나 백리해는 간언하지 않았다.

9·9·3 우공에게는 간언할 수가 없음을 알고 그곳을 떠나 진(秦)나라로 갔는데, 나이가 이미 일흔이었다. 예전에 희생으로 쓸 소를 기르면서까지 진 목공에게 벼슬을 구하는 것이 더러운 행위인 것을 정말 몰랐다면 어찌 그를 지혜롭다고 할 수 있겠는가? (우공에게는) 간언할 수 없음을 알고 간언하지 않았으니 그를 지혜롭지 않다고 할 수가 있겠는가? 우공이 장차 망할 줄 알고서 먼저 우나라를 떠났으니 그를 지혜롭지 않다고 할 수가 없다. 그가 나라에 등용되었을 때 목공이 함께 일할 만한 군주임을 알고서 도왔으니 지혜롭지 않다고 할 수 있겠는가? 그가 진나라의 재상이 되어서는 목공을 천하에 크게 빛나게 해서 후세에까지 이어질 수 있게 하였으니, 현명하지 않고서야 그렇게 할 수 있겠는가? 자신을 팔아 그 임금의 사업을 성취시켜 주는 것은 자기 자신을 아끼는 시골 사람도 하지 않는 일인데, 그와 같이 현명한 사람이 그런 짓을 하겠는가?

10 만장 하
萬章下

이 편은 모두 9장으로 되어 있다. 첫 장은 맹자가 백이·이윤·유하혜·공자의 사람됨에 관해 각각의 특색을 상세히 짚어 가며 평가하는 것으로 시작한다. 그 뒤에 기록된 것으로는 벗을 사귀는 방도·예의(禮儀)와 폐백(幣帛)을 갖추어 교제할 때의 마음가짐과 방법·벼슬살이[仕]의 방도에 대한 만장과 맹자의 문답이 있는데, 여러 상황 속에서 어떤 원칙을 따라야 하며 때로 어떤 요소들을 세심하게 고려해야 하는지를 밝히고 있다.

孟子曰: "伯夷, 目不視惡色, 耳不聽惡聲. 非其君不事, 非其民不使. 治則進, 亂則退. 橫政之所出, 橫民之所止, 不忍居也. 思與鄕人處, 如以朝衣朝冠坐於塗炭也. 當紂之時, 居北海之濱, 以待天下之淸也. 故聞伯夷之風者, 頑夫廉, 懦夫有立志.

橫(횡) 법도를 따르지 않는 것이다. 鄕人(향인) 덕이 없는 사람을 말한다. 頑(완) 주희에 따르면 지각이 없는 것이다. 정약용에 따르면 완부(頑夫)는 수치심이 없이 탐욕스러운 사람이다. 廉(렴) 주희에 따르면 분변(分辨)이 있는 것이다. 懦(나) 정약용에 따르면 유약하다는 뜻만이 아니라 한 가지 일을 처리함에도 느릿느릿하여 차일피일 미루어 완성함이 없다는 뜻도 있다고 한다.

伊尹曰: '何事非君? 何使非民?' 治亦進, 亂亦進. 曰: '天之生斯民也, 使先知覺後知, 使先覺覺後覺. 予, 天民之先覺者也; 予將以此道覺此民也.' 思天下之民匹夫匹婦有不與被堯舜之澤者, 若己推而內之溝中, 其自任以天下之重也.

10-1-1

맹자께서 말씀하셨다. "백이는 눈으로는 나쁜 색을 보지 않았고, 귀로는 나쁜 소리를 듣지 않았다. 자기 임금이 아니면 섬기지 않고, 자기 백성이 아니면 부리지 않았다. 세상이 잘 다스려지면 나아가고, 혼란하면 물러났다. 횡포한 정치를 하는 조정이나 횡포한 백성들이 사는 곳에는 살지 않았다. 아무것도 모르는 향인과 함께하는 것을 관복을 입고서 더러운 진흙에 앉는 것과 같이 생각했다. 주왕의 시절에는 북해(北海)의 주변에 살면서 천하가 맑아지기를 기다렸다. 그러므로 백이의 기풍을 듣게 되면, 탐욕스러운 사람이 청렴해지고 나약한 사람도 지조를 갖게 된다.

10-1-2

이윤은 '누구를 섬긴들 임금이 아니며, 누구를 부린들 백성이 아닌가?'라고 하여, 세상이 잘 다스려질 때에도 나아가고, 세상이 혼란할 때에도 나아갔다. '하늘이 백성을 낳아 기름에 있어 선지자로 하여금 아직 알지 못한 사람을 깨우치게 하고, 선각자로 하여금 아직 깨닫지 못한 사람을 깨우치게 한다. 나로 말하자면 백성 중에 선각자이니, 내가 장차 이 도로써 이 백성들을 깨우쳐야 할 것이다.'라고 말하였다. (이윤은) 천하의 백성 가운데 누구라도 요순의 은혜를 받지 못한 사람이 있으면 자기가 그를 도랑 속에 빠뜨린 것처럼 여겼다. 그가 천하의 무거운 짐을 이와 같이 스스로 짊어지려 하였다.

해설

「공손추 상」 3-2-22와 「만장 상」 9-7-5~6 참고.

柳下惠, 不羞汙君, 不辭小官. 進不隱賢, 必以其道. 遺佚而不怨, 阨窮而不憫. 與鄉人處, 由由然不忍去也. '爾爲爾, 我爲我, 雖袒裼裸裎於我側, 爾焉能浼我哉?' 故聞柳下惠之風者, 鄙夫寬, 薄夫敦.

孔子之去齊, 接淅而行; 去魯, 曰: '遲遲吾行也.' 去父母國之道也. 可以速而速, 可以久而久, 可以處而處, 可以仕而仕, 孔子也."

接(접) 손으로 받드는 것[承]이다. 淅(석) 쌀을 담근 물이다. 쌀을 담가 장차 밥을 지으려고 하다가 서둘러 떠나고자 하였으므로 손으로 쌀을 건져 들고 떠난 것이다.

孟子曰: "伯夷, 聖之淸者也; 伊尹, 聖之任者也; 柳下惠, 聖之和者也; 孔子, 聖之時者也.

孔子之謂集大成. 集大成也者, 金聲而玉振之也. 金聲也者, 始條理也; 玉振之也者, 終條理也. 始條理者, 智之事也; 終條理者, 聖之事也.

10·1·3 유하혜는 더러운 임금을 부끄러워 않고, 작은 벼슬을 사양하지 않았다. 나아가서는 자기의 어짊[賢]을 숨기지 않아서, 반드시 그 도리대로 하였다. 버림을 받아도 원망하지 않으며, 곤궁에 빠져도 근심하지 않았다. 마을 사람과 함께 있으면서도 전혀 개의치 않고 떠나지 않았다. '너는 너고 나는 나다. 비록 내 곁에서 벌거벗고 있다 한들 네가 어찌 나를 더럽히겠는가?'라고 하였다. 그러므로 유하혜의 기풍을 듣게 되면 속 좁은 사람은 너그럽게 되고, 야박한 사람은 후덕하게 되었다.

10·1·4 공자께서 제나라를 떠나실 때는 밥 지으려고 물에 담갔던 쌀을 건져 들고 갔지만, 노나라를 떠나실 때에는 '내 걸음이 왜 이리도 더디냐.'라고 말씀하셨다. 이것이 부모의 나라를 떠나는 방도이다. 빨리 떠나야 할 때에는 빨리 떠나고, 오래 있어야 할 때에는 오래 있고, 머물러 있어야 할 때에는 머물고, 벼슬할 수 있을 때에는 벼슬하신 분이 공자셨다."

10·1·5 맹자께서 말씀하셨다. "백이는 성인 중에 청렴 고결한 분이고, 이윤은 성인 중에 천하를 스스로 책임지려 한 분이며, 유하혜는 성인 중에 온화한 분이고, 공자는 성인 중에 시의 적절하게 행한 분이다.

10·1·6 공자를 집대성한 분이라고 한다. 집대성이란 음악을 연주할 때 박종을 쳐서 나는 소리로 시작하고 특경을 쳐서 나

集大成(집대성) 음악 연주에 있어 여러 악기가 각각의 소리를 잘 내서 전체적인 조화를 이루는 것이다. 金(금) 박종(鎛鐘)으로 쇠로 만든 것이다. 聲(성) 퍼져나가는 것[宣]이다. 玉(옥) 경(磬)으로 옥이나 돌로 만든 악기이다. 특경(特磬)이라고도 한다. 振(진) 거두어들이는 것이다. 條理(조리) 여러 악기들이 함께 하는 합주가 질서 정연하여 조화로운 것이다. 선율의 짜임새이다.

智, 譬則巧也; 聖, 譬則力也. 由射於百步之外也, 其至, 爾力也; 其中, 非爾力 也."

由(유) 유(猶)와 같다.

北宮錡問曰: "周室班爵祿也, 如之何?"

北宮錡(북궁의) 위(衛)나라 사람으로, 북궁은 성이고 의는 이름이다. 班(반) 서열을 매기는 것이다.

孟子曰: "其詳不可得聞也. 諸侯惡其害己也, 而皆去其籍. 然而軻也, 嘗聞其略也.

天子一位, 公一位, 侯一位, 伯一位, 子·男同一位, 凡五等也. 君一位, 卿一位, 大夫一位, 上士一位, 中士一位, 下士一位, 凡六等.

는 소리로 끝맺는 것과 같다. 박종을 쳐서 나는 소리로 시작한다는 것은 조리(條理)를 시작함이요, 특경을 쳐서 나는 소리로 끝맺는다는 것은 조리를 끝맺음이다. 조리를 시작함은 지(智)의 일이요, 조리를 끝맺음은 성(聖)의 일이다.

10-1-7 지(智)는 비유컨대 기교이고, 성(聖)은 비유컨대 힘이다. 마치 100걸음 밖에서 활을 쏘는 것과 같으니 표적까지 화살이 도달하는 것은 쏘는 사람의 힘이지만, 과녁을 맞히는 것은 힘이 아니라 기교다."

10-2-1 북궁의가 물었다. "주나라 왕실에서는 작위와 봉록의 서열을 어떻게 나누었습니까?"

10-2-2 맹자께서 말씀하셨다. "자세한 것은 들을 수가 없었다. 제후들이 자기들에게 해가 된다고 싫어해서 그 기록을 전부없애 버렸기 때문이다. 그러나 나는 그 대강을 들은 적이있다.

해설 당시 제후들이 겸병(兼幷)하고 천자의 자리를 차지하려고 하였으므로 주나라의 제도가 자기가 하는 일에 방해가 될까 싫어하였다.

10-2-3 천자(天子)가 한 자리요, 공(公)이 한 자리요, 후(侯)가 한 자리요, 백(伯)이 한 자리요, 자(子)와 남(男)이 같이 한 자

天子之制, 地方千里, 公侯皆方百里, 伯七十里, 子·男五十里, 凡四等. 不
能五十里, 不達於天子, 附於諸侯, 曰附庸.

不能(불능) 부족한 것이다.

天子之卿受地視侯, 大夫受地視伯, 元士受地視子·男.

視(시) 비교한다(比)는 의미인데 동등함을 뜻한다. 元士(원사) 상사(上士)다.

大國地方百里, 君十卿祿, 卿祿四大夫, 大夫倍上士, 上士倍中士, 中士倍
下士, 下士與庶人在官者同祿, 祿足以代其耕也.

次國地方七十里, 君十卿祿, 卿祿三大夫, 大夫倍上士, 上士倍中士, 中士
倍下士, 下士與庶人在官者同祿, 祿足以代其耕也.

리이니, 모두 다섯 등급이다. 임금이 한 자리고, 경(卿)이 한 자리며, 대부(大夫)가 한 자리고, 상사(上士)가 한 자리며, 중사(中士)가 한 자리고, 하사(下士)가 한 자리니, 모두 여섯 등급이다.

10-2-4   천자가 직접 관할하는 땅은 사방 1000리고, 공과 후는 사방 100리며, 백은 사방 70리, 자와 남은 사방 50리로, 무릇 네 등급이다. 50리가 되지 못하면 천자와는 직접 관계 맺지 못하고 제후에 부속되는데, 이를 부용(附庸)이라고 한다.

10-2-5   천자의 경은 후와 같은 땅을 받고, 대부는 백과 같은 땅을 받으며, 원사는 자와 남과 같은 땅은 받는다.

10-2-6   큰 나라는 땅이 사방 100리니 임금은 경의 봉록의 열 배, 경의 봉록은 대부의 네 배, 대부는 상사의 배, 상사는 중사의 배, 중사는 하사의 배이며, 하사는 서인(庶人)으로서 관청에서 일하는 사람과 그 봉록이 같으니, 봉록이 그가 농사지어서 얻을 수 있는 수입을 대신하기에 충분하였다.

10-2-7   중간 크기의 나라는 땅이 사방 70리이니, 임금은 경의 봉록의 열 배, 경의 봉록은 대부의 세 배, 대부는 상사의 배, 상사는 중사의 배, 중사는 하사의 배이며, 하사는 서인으로서 관청에서 일하는 자와 그 봉록이 같으니, 봉록이 그가 농사지어서 얻을 수 있는 수입을 대신하기에 충분하였다.

小國地方五十里, 君十卿祿, 卿祿二大夫, 大夫倍上士, 上士倍中士, 中士倍下士, 下士與庶人在官者同祿, 祿足以代其耕也.

耕者之所獲, 一夫百畝. 百畝之糞, 上農夫食九人, 上次食八人, 中食七人, 中次食六人, 下食五人. 庶人在官者, 其祿以是爲差."

一夫(일부) 한 가정을 가리킨다.

萬章問曰: "敢問友." 孟子曰: "不挾長, 不挾貴, 不挾兄弟而友. 友也者, 友其德也, 不可以有挾也.

孟獻子, 百乘之家也, 有友五人焉: 樂正裘·牧仲, 其三人, 則予忘之矣. 獻子之與此五人者友也, 無獻子之家者也. 此五人者, 亦有獻子之家, 則不與之友矣.

孟獻子(맹헌자) 노나라의 어진 대부 중손멸(仲孫蔑)이다.

작은 나라는 땅이 사방 50리이니 임금은 경의 봉록의 열 배, 경의 봉록은 대부의 두 배, 대부는 상사의 배, 상사는 중사의 배, 중사는 하사의 배이며, 하사는 서인으로서 관청에서 일하는 자와 그 봉록이 같으니, 봉록이 그가 농사지어서 얻을 수 있는 수입을 대신하기에 충분하였다.

농사짓는 사람들의 수확을 보면, 한 가정이 100무를 받는데 그 100무의 땅에 비료를 주고 농사를 지어서 상농(上農)은 아홉 식구를 먹이고, 상농의 다음가는 집은 여덟 식구를 먹이고, 중농(中農)은 일곱 식구를 먹이고, 중농 다음가는 집은 여섯 식구를 먹이고, 하농(下農)은 다섯 식구를 먹인다. 서인으로서 관청에서 일하는 자는 그 봉록을 이러한 기준으로 차등을 둔다."

만장이 말했다. "벗을 사귀는 것에 대해 감히 여쭙겠습니다." 맹자께서 말씀하셨다. "자기 나이가 많은 것을 내세우지 않고, 신분이 귀함을 내세우지 않고, 형제의 부귀를 내세우지 않고 벗을 사귄다. 벗함은 그 덕을 벗하는 것이지 무엇을 내세우는 것이 있어서는 안 된다.

맹헌자는 백승(百乘)의 대부였다. 그는 친구 다섯 명을 두었는데 악정구(樂正裘)와 목중(牧仲)이 있었고, 나머지 세 사람의 이름은 내가 잊어버렸다. 맹헌자가 이 다섯 사람과 더불어 벗한 것은 자신이 대부임을 내세우지 않았기 때문이다. 이 다섯 사람들 또한 맹헌자가 대부임을 염두에 두었다

非惟百乘之家爲然也. 雖小國之君亦有之. 費惠公曰: '吾於子思, 則師之
矣; 吾於顔般, 則友之矣; 王順·長息則事我者也.'

惠公(혜공) 비(費)라는 작은 나라의 임금이다.

非惟小國之君爲然也, 雖大國之君亦有之. 晉平公之於亥唐也, 入云則入,
坐云則坐, 食云則食. 雖疏食菜羹, 未嘗不飽, 蓋不敢不飽也. 然終於此而
已矣. 弗與共天位也, 弗與治天職也, 弗與食天祿也, 士之尊賢者也, 非王
公之尊賢也.

亥唐(해당) 진(晉)나라의 현인(賢人)이다. 疏食(소사) 거친 밥이다. 菜羹(채갱) 나물국
이다.

舜尙見帝, 帝館甥于貳室, 亦饗舜, 迭爲賓主, 是天子而友匹夫也.

尙(상) 상(上)이다. 양보쥔에 따르면 필부로서 천자를 알현하였기 때문에 상(上)이라고 하였
다. 館(관) 머물게 함[舍]이다. 甥(생) 『예(禮)』에 '처부(妻父)를 외구(外舅)라 하니, 나를
구(舅)라 하는 자를 내가 생(甥)이라고 한다.'라 하였다. 요임금이 딸을 순에게 시집보냈으므
로 순을 생(甥, 사위)이라고 한 것이다. 貳室(이실) 부궁(副宮)으로, 궁전에 있는 별채이다.

면 더불어 벗하지 않았을 것이다.

10-3-3 오직 백승의 대부만이 그러한 것이 아니다. 비록 작은 나라의 임금이지만 또한 그러한 경우가 있었다. 비 혜공이 말하길 '나는 자사를 스승으로 모시고, 나는 안반(顔般)을 벗으로 삼았다. 그런데 왕순(王順)과 장식(長息)은 나를 섬기는 자이다.'라고 했다.

10-3-4 오직 작은 나라의 임금만 그러한 것은 아니다. 비록 큰 나라의 임금이지만 또한 그러한 경우가 있었다. 진 평공(晉平公)은 (해당의 집을 방문했을 때) 해당이 들어오라고 하면 들어가고, 앉으라고 하면 앉으며, 먹으라고 하면 먹었다. 비록 거친 밥과 나물국이어도 일찍이 배부르지 않은 적이 없었으니, 이는 감히 배불리 먹지 않을 수가 없었기 때문이다. 그러나 진 평공은 여기에서 끝났을 뿐이다. 진 평공은 해당과 함께 하늘이 준 지위를 누리지 않았고, 하늘이 준 직분을 함께 수행하지도 않았으며, 하늘이 준 녹을 같이 먹지도 않았다. 이는 선비가 현자를 존경하는 것이지, 왕공(王公)이 현자를 존경하는 것은 아니다.

10-3-5 순이 조정에 올라가 요임금을 알현하였을 때, 요임금이 사위인 순을 부궁(副宮)에 유숙시키고, 또한 순이 차린 음식을 먹었다. 번갈아 서로 손님과 주인이 되었으니, 이는 천자이면서도 필부를 벗하심이다.

饗舜(향순) 요임금이 순의 거처에 가서 순이 차린 음식을 먹었다는 뜻이다.

用下敬上, 謂之貴貴; 用上敬下, 謂之尊賢. 貴貴·尊賢, 其義一也."
貴貴(귀귀) 존귀한 관직에 있는 사람을 귀하게 여기는 것이다. 尊賢(존현) 훌륭한 덕을 가진
사람을 존경하는 것이다.

萬章問曰: "敢問交際何心也?" 孟子曰: "恭也."
交際(교제) 초순에 따르면 제후가 예의와 폐백을 갖추어 선비를 맞이하는 것을 말한다.

曰: "卻之卻之爲不恭, 何哉?" 曰: "尊者賜之, 曰 '其所取之者, 義乎, 不義
乎", 而後受之, 以是爲不恭, 故弗卻也."
卻(각) 받지 않고 돌려보내는 것으로, 예물을 거절하는 것이다.

曰: "請無以辭卻之, 以心卻之, 曰 '其取諸民之不義也', 而以他辭無受, 不
可乎?" 曰: "其交也以道, 其接也以禮, 斯孔子受之矣."

萬章曰: "今有禦人於國門之外者, 其交也以道, 其餽也以禮, 斯可受禦與?"

10-3-6 아랫사람이 윗사람을 존경하는 것을 귀한 사람을 귀하게 여기는 것이라 하고, 윗사람이 아랫사람을 존경하는 것을 현자를 존경하는 것이라 한다. 귀한 사람을 귀하게 여기는 것과 현자를 존경하는 것은 그 뜻이 같다."

10-4-1 만장이 물었다. "교제하는 것은 어떤 마음을 가지고 해야 하는지 감히 여쭙겠습니다." 맹자께서 말씀하셨다. "공손한 마음으로 해야 한다."

10-4-2 (만장이) 말했다. "보내온 예물을 거절하면 공손하지 않다고 하는 것은 무엇 때문입니까?" (맹자께서) 말씀하셨다. "존귀한 사람이 보내 주었는데, '그것을 받는 것이 의로운가 의롭지 않은가'를 헤아린 다음 받는다면 이는 공손하지 않은 것이 된다. 그러므로 거절하지 않는 것이다."

10-4-3 (만장이) 말했다. "(곧이곧대로) 말로써 거절하지 말고 마음속으로 거절하면서 '그것은 백성들한테서 불의(不義)하게 거둬들인 것이다.'라고 생각하되, 다른 핑계로 거절하면 되는 것 아닙니까?" (맹자께서) 말씀하셨다. "그가 법도에 맞게 사귀고 그가 예절에 맞게 접대한다면, 공자께서도 (그의 예물을) 받으셨을 것이다."

10-4-4 만장이 말했다. "지금 성문 밖에서 강도질한 사람이 법도에

曰: "不可. 康誥曰: '殺越人于貨, 閔不畏死, 凡民罔不譈.' 是不待教而誅者也. 殷受夏, 周受殷, 所不辭也. 於今爲烈, 如之何其受之?"

禦(어) 멈춰 세우는 것이다. 사람을 멈춰 세워 그를 죽이고 재화를 빼앗으려는 것이다. 國門之外(국문지외) 인적이 드문 곳이다. 康誥(강고) 『서경』 「주서」의 편명이다. 越(월) 넘어뜨리는 것[顚越]이다. 閔(민) 『서경』에 민(暋, 무모함)으로 되어 있다. 뒤의 "범민(凡民)" 두 글자는 없다. 譈(대) 원망하는 것이다. 教(교) 가르침 또는 교화로, 조기는 교명(教命)이라 하고 주희는 교계(教誡)라 한다. 殷受(은수) 주자에 따르면 은수에서 위렬(爲烈)까지 열네 글자는 말과 의미가 분명하지 않으니 죽간이 떨어졌거나 궐문(闕文)이 있을 것이다.

曰: "今之諸侯取之於民也, 猶禦也. 苟善其禮際矣, 斯君子受之, 敢問何說也?" 曰: "子以爲有王者作, 將比今之諸侯而誅之乎? 其教之不改而後誅之乎? 夫謂非其有而取之者盜也, 充類至義之盡也. 孔子之仕於魯也, 魯人獵較, 孔子亦獵較. 獵較猶可, 而況受其賜乎?"

比(비) 연합하는 것이다. 獵較(엽각) 조기는 사냥을 하고 나서 서로 비교한 뒤 포획한 동물을 취하여 제사에 쓰는 것으로 당시의 이러한 풍속을 공자도 따랐다고 보았다. 장일(張鎰)은 사냥을 해서 잡은 것의 많고 적음을 비교하는 것이라고 하였다. 주자는 이 두 가지 설 중 어느 것이 맞는지 모르겠다고 하였다.

曰: "然則孔子之仕也, 非事道與?" 曰: "事道也." "事道奚獵較也?" 曰: "孔子先簿正祭器, 不以四方之食供簿正." 曰: "奚不去也?" 曰: "爲之兆也. 兆

맞게 사귀고 예절에 맞게 예물을 준다면, 강도질한 것도 받을 수 있습니까?" (맹자께서) 말씀하셨다. "안 된다. 「강고」에서 말했다. '사람을 죽이고 재물을 빼앗으면서, 무모하여 죽음을 두려워하지 않는, 이러한 사람을 미워하지 않는 백성이 없다.' 이런 사람은 교화할 필요도 없이 죽여야 할 자이다. 은나라는 하나라에서 이것을 물려받았고, 주나라는 은나라에서 이것을 물려받았으니, 이렇게 하는 것은 다시 물을 필요가 없는 것이다. 지금은 이러한 처벌이 분명한데, 어찌 그 예물을 받겠느냐?"

10-4-5 (만장이) 말했다. "지금 제후들이 백성으로부터 거둬들이는 것이 마치 강도질하듯이 하는데, 그들이 예절에 맞게 교제를 잘한다면 군자도 그 예물을 받는다고 하니, 무슨 말씀인지 감히 여쭙습니다." (맹자께서) 말씀하셨다. "그대가 생각하기에 성왕이 일어나면 지금의 제후들을 모두 잡아다가 죽이겠는가? 아니면 가르쳐 주었는데도 고치지 않으면 그 뒤에 죽이겠는가? 자기 것이 아닌 것을 취하는 것을 도둑이라 한다면 그것은 비슷한 부류를 지나치게 미루어 너무 의미의 극단에 이른 것이다. 공자께서 노나라에서 벼슬을 하실적에 노나라 사람들이 엽각하였는데 공자도 또한 엽각하였으니, 엽각도 옳다고 하는데 하물며 제후가 주는 것을 받음에 있어서랴?"

10-4-6 (만장이) 말했다. "그렇다면, 공자께서 벼슬하신 것은 도(道)를 실현하려 하신 것이 아닙니까? (맹자께서) 말씀하셨다.

足以行矣, 而不行, 而後去, 是以未嘗有所終三年淹也.

先簿正祭器(선부정제기) 조기에 따르면 공자는 쇠락한 시대에 벼슬을 해서 갑자기 한순간에 개혁할 수 없었기 때문에 점차적으로 바로잡고자 했다. 그래서 먼저 장부로 제기(祭器)와 제물(祭物)을 바르게 정하고, 사방의 진기한 음식물은 장부로 정리한 제기에 올리지 못하게 한 것이다. 주자는 서씨의 설을 인용하여 제기의 숫자와 제기에 들어가는 제물을 명확히 규정한 것으로 설명했다. 四方(사방) 국중이 아닌 곳, 노나라 이외의 지역이다. 兆(조) 일의 시작이다.

孔子有見行可之仕, 有際可之仕, 有公養之仕也. 於季桓子, 見行可之仕也; 於衛靈公, 際可之仕也; 於衛孝公, 公養之仕也."

見行可(견행가) 도가 실현될 수 있음을 보는 것이다. 際可(제가) 예에 맞게 접대하는 것이다. 公養(공양) 임금이 현인을 양성하는 것이다. 季桓子(계환자) 노나라의 경(卿) 계손사(季孫斯)이다. 衛靈公(위령공) 위(衛)나라의 제후 원(元)이다. 孝公(효공)『춘추』와『사기』에 나오지 않는다. 주희는 출공(出公) 첩(輒)이 아닐까 생각하였다. 출공 첩은 영공의 손자이며 괴외(蒯聵)의 아들이다.

孟子曰: "仕非爲貧也, 而有時乎爲貧; 娶妻非爲養也, 而有時乎爲養.

爲貧者, 辭尊居卑, 辭富居貧.

"도를 실현하려 하신 것이다." (만장이 말했다.) "도를 실현하고자 하시면서 어찌 엽각을 하셨습니까?" (맹자께서) 말씀하셨다. "공자께서 먼저 장부로 제기와 제물을 바르게 정하시고, 사방의 진기한 음식물은 장부로 정리한 제기에 올리지 못하게 했다." (만장이) 말했다. "어째서 (노나라를) 떠나지 않으셨습니까?" (맹자께서) 말씀하셨다. "제기와 제물을 정리하는 것으로 도를 실현하는 출발점으로 삼으셨고, 이런 일이 잘 행해질 수 있음에도 불구하고 군주가 실행하지 않으면 떠나셨다. 이렇기 때문에 3년이 지나도록 한 나라에 머무르신 적이 없었다.

10-4-7　공자께서는 도가 실현될 수 있음을 보면 벼슬하셨고, 제후가 예에 맞게 접대하면 벼슬하셨고, 임금이 현인을 양성하면 벼슬하셨다. 계환자의 경우는 도를 실현할 수 있다고 하여 벼슬하고, 위 영공의 경우는 예로써 대한다고 하여 벼슬하고, 위 효공의 경우는 현인을 양성할 수 있다고 하여 벼슬하셨다."

10-5-1　맹자께서 말씀하셨다. "벼슬살이는 가난 때문에 하는 것은 아니나, 가난 때문에 할 때가 있다. 아내를 맞이함은 부모 봉양을 위해서 하는 것은 아니나, 부모 봉양을 위해서 할 때가 있다.

10-5-2　가난 때문에 벼슬하는 자는 높은 자리를 사양하고 낮은 자

富(부), 貧(빈) 녹(祿)이 후하고 박한 것이다.

辭尊居卑, 辭富居貧, 惡乎宜乎? 抱關擊柝.
柝(탁) 밤에 다니면서 치는 나무다.

孔子嘗爲委吏矣, 曰 '會計當而已矣'. 嘗爲乘田矣, 曰 '牛羊茁壯長而已矣'.
委吏(위리) 창고를 관리하는 관원이다. 乘田(승전) 농장과 가축을 관리하는 관원이다. 茁
(촬) 살찐 모양이다. 명사일 때는 '줄'로, 동사일 때는 '촬'로 읽는다. 언해본은 '줄'로 읽었다.

位卑而言高, 罪也; 立乎人之本朝, 而道不行, 恥也."
言高(언고) 조기에 따르면 조정의 일을 논하는 것이다.

萬章曰: "士之不託諸侯, 何也?" 孟子曰: "不敢也. 諸侯失國, 而後託於諸
侯, 禮也; 士之託於諸侯, 非禮也."
託(탁) 의탁하는 것이다. 벼슬하지 않으면서 그 녹을 먹는 것을 말한다.

萬章曰: "君餽之粟, 則受之乎?" 曰: "受之." "受之何義也?" 曰: "君之於氓
也, 固周之."
氓(맹) 조기에 따르면 백성이다. 초순에 따르면 다른 나라에서 온 유민을 말한다. 周(주) 구
제하는 것이다. 식량이 떨어지면 구제해 주는데, 일정한 양이 정해진 것은 아니다. 이것은 임
금이 유민을 대우하는 예이다. 선비가 군주에게 의탁하지 않고 곡식을 받는 까닭은, 군주는
다른 나라에서 온 유민도 구제하는데, 곤궁한 선비는 당연히 봉록이 아니라 곡식을 주어 돕

리에 머물며, 많은 봉록은 사양하고 적은 봉록을 받는다.

10-5-3   높은 자리를 사양하고 낮은 자리에 머물며, 많은 봉록은 사양하고 적은 봉록을 받는 것은 어떤 자리가 마땅한가? 문지기와 야경꾼이다.

10-5-4   공자께서는 일찍이 창고지기가 되셨는데 '회계를 잘 맞추게 할 뿐이다.'라고 말씀하셨다. 또 농장 관리인이 되셔서는 '소와 양이 무럭무럭 잘 자라게 할 뿐이다.'라고 말씀하셨다.

10-5-5   지위가 낮은데 국정을 논하는 것은 죄다. 조정에 있으면서 도가 행해지지 않는 것은 부끄러운 일이다."

10-6-1   만장이 말했다. "선비가 제후에게 의탁하지 않는 것은 어째서입니까?" 맹자께서 말씀하셨다. "감히 그렇게 하지 못한다. 제후가 자기 나라를 잃어버린 뒤에, 다른 제후에게 의탁함은 예에 맞지만, 선비가 제후에게 의탁함은 예에 맞지 않는 것이다."

10-6-2   만장이 말했다. "(선비가 곤궁할 때) 임금이 곡식을 보내 주면 받습니까?" (맹자께서) 말씀하셨다. "받는다." (만장이 말했다.) "곡식을 받는 것은 무슨 까닭입니까?" (맹자께서) 말씀하셨다. "임금은 다른 나라에서 온 백성을 본래 구제한다."

기 때문이다.

曰: "周之則受, 賜之則不受, 何也?" 曰: "不敢也." 曰: "敢問其不敢何也?"
曰: "抱關擊柝者, 皆有常職以食於上. 無常職而賜於上者, 以爲不恭也."
賜(사) 녹을 주는 것으로 일정한 양이 정해졌으니 임금이 신하를 대하는 예다.

曰: "君餽之, 則受之, 不識可常繼乎?" 曰: "繆公之於子思也, 亟問, 亟餽鼎
肉. 子思不悅. 於卒也, 摽使者出諸大門之外, 北面稽首再拜而不受. 曰: '今
而後知君之犬馬畜伋.' 蓋自是臺無餽也. 悅賢不能擧, 又不能養也, 可謂悅
賢乎?"
繆公之於子思也(목공지어자사야) 관련 내용이 「공손추 하」 4-11-3에도 보인다. 亟(극) 자
주의 뜻이다. 鼎肉(정육) 삶은 고기다. 卒(졸) 맨 마지막이다. 摽(표) 손을 젓는 것이다. 임
금의 명으로 자주 와서 물건을 주면 마땅히 절하고 그것을 받아야 하니, 이는 현인을 봉양하
는 예가 아니다. 臺(대) 하급 관리로 임금의 명령을 수행하는 자이다.

曰: "敢問國君欲養君子, 如何斯可謂養矣?" 曰: "以君命將之, 再拜稽首而
受. 其後廩人繼粟, 庖人繼肉, 不以君命將之. 子思以爲鼎肉, 使己僕僕爾
亟拜也, 非養君子之道也.

10-6-3   (만장이) 말했다. "구제해 주면 받지만, 하사하면 받지 않으니 무슨 까닭입니까?" (맹자께서) 말씀하셨다. "감히 받지 못하는 것이다." (만장이) 말했다. "감히 받지 못하는 것은 무슨 까닭입니까?" (맹자께서) 말씀하셨다. "문지기와 야경꾼에게는 일정한 직책이 있어서 임금으로부터 봉록을 받지만, 일정한 직책 없이도 임금에게서 하사받는 것은 임금에 대한 불경이라고 생각했다."

10-6-4   (만장이) 말했다. "임금이 구제하여 도와주면 받는다고 하셨는데, 계속 받아도 좋을지 모르겠습니다." (맹자께서) 말씀하셨다. "(노나라) 목공은 자사에게 하급 관리를 보내 자주 안부를 묻고 삶은 고기를 보내 주었다. 자사는 그것을 좋아하지 않았는데, 마침내 하급 관리를 손짓하여 대문 밖으로 내보내고 북쪽을 향하여 머리를 조아려 두 번 절하고 그것을 거절했다. 그리고 '이제야 임금이 나를 개나 말같이 기르고 있음을 알았다.'라고 말하며 고기를 받지 않았다. 이 일이 있고 난 뒤부터 하급 관리가 물건을 갖다 주는 일이 없었다. 현인을 좋아한다면서 그를 등용해 쓰지 않고 또 봉양도 못한다면 현인을 좋아한다고 말할 수 있겠는가."

10-6-5   (만장이) 말했다. "감히 여쭙겠습니다. 임금이 군자를 봉양하고자 한다면 어떻게 해야 제대로 봉양한다고 말할 수 있겠습니까?" (맹자께서) 대답하셨다. "임금의 명령으로 물건

僕僕(복복) 번거롭고 외람된 모양이다.

堯之於舜也, 使其子九男事之, 二女女焉, 百官牛羊倉廩備, 以養舜於畎畝
之中, 後擧而加諸上位. 故曰: "王公之尊賢者也."

萬章曰: "敢問不見諸侯, 何義也?" 孟子曰: "在國曰市井之臣, 在野曰草莽
之臣, 皆謂庶人. 庶人不傳質爲臣, 不敢見於諸侯, 禮也."

國(국) 조기에 따르면 도읍이다. 庶人(서인) 조기에 따르면 중인(衆人)으로 아직 관직에 나
아가지 않은 일반 백성을 말한다. 傳質(전지) 전은 통하다〔通〕의 의미이다. 지는 폐백(예물)
을 뜻하는 지(贄)의 의미이다. 서인들의 예물은 주로 집오리를 사용하였다. 『맹자음의(孟子音
義)』에 따르면, 제후를 알현하려면 예물을 바쳐야 하는데 예물은 반드시 중간에 전하는 자를
통해야 하기 때문에 전지라고 말하는 것이다.

萬章曰: "庶人, 召之役, 則往役; 君欲見之, 召之, 則不往見之, 何也?" 曰:
"往役, 義也; 往見, 不義也. 且君之欲見之也, 何爲也哉?"

을 보내 주면 두 번 절하고 머리를 조아려 받는다. 그다음
부터는 창고 관리인이 곡식을 보내 주고 푸줏간 관리인이
고기를 보내 주되 임금의 명령으로 보내지 않는다. 자사는
삶은 고기가 자신으로 하여금 번거롭게 자주 절하게 하니,
이는 군자를 봉양하는 바른 도리가 아니라고 생각했다.

10-6-6 　요임금은 순에게 그의 아들 아홉을 보내 배우게 하고, 딸
둘을 시집보냈으며, 백관·소와 양·곡식 창고를 갖추어 밭
에서 일하는 순을 봉양하시다가, 나중에는 등용하여 황제
자리에 올려 주셨다. 그러므로 이것을 왕공이 현인을 존경
하는 것이라고 말한다."

10-7-1 　만장이 말했다. "(선비가) 제후를 만나 뵙지 않는 것은 무슨
까닭인지 감히 여쭙겠습니다." 맹자께서 말씀하셨다. "(관직
이 없이) 도읍에 사는 사람은 시정(市井)의 신하라 하고, 시
골에 사는 사람은 초망(草莽)의 신하라고 하는데, 이 둘은
모두 서인이라고 한다. 서인은 예물을 바쳐 신하가 되지 않
고서는 감히 제후를 뵙지 못하는 것이 예(禮)다."

10-7-2 　만장이 말했다. "서인은 부역(賦役)에 부르면 가서 부역하는
데, 임금이 보고자 하여 불렀는데 가서 뵙지 않는 것은 어째
서입니까?" (맹자께서) 말씀하셨다. "가서 부역하는 것은 마
땅하고, 가서 만나 뵙는 것은 마땅한 것이 아니다. (그런데)
임금이 그를 만나 보고자 부르는 것은 또 무엇 때문인가?"

曰: "爲其多聞也, 爲其賢也." 曰: "爲其多聞也, 則天子不召師, 而況諸侯乎? 爲其賢也, 則吾未聞欲見賢而召之也. 繆公亟見於子思, 曰: '古千乘之國以友士, 何如?' 子思不悅, 曰: '古之人有言: 曰事之云乎, 豈曰友之云乎?' 子思之不悅也, 豈不曰: '以位, 則子, 君也; 我, 臣也. 何敢與君友也? 以德, 則子事我者也. 奚可以與我友?' 千乘之君求與之友, 而不可得也, 而況可召與?

齊景公田, 招虞人以旌, 不至, 將殺之. '志士不忘在溝壑, 勇士不忘喪其元.' 孔子奚取焉? 取非其招不往也."

10-7-3 (만장이) 말했다. "그가 견문이 많고 그가 현명하기 때문입니다." (맹자께서) 말씀하셨다. "견문이 많기 때문이라면 (그를 스승으로 삼는 것이 마땅하니) 천자도 스승을 못 부르는데 하물며 제후이랴. 그가 현명하기 때문이라면 (그를 찾아뵙는 것이 마땅한데) 현자를 뵙고자 하면서 그를 부른 경우를 나는 아직 들어 보지 못했다. (노나라) 목공이 자사를 자주 찾아뵙고 '옛날에 천승 나라의 임금이 선비를 친구로 사귀었다고 하는데, 어떻습니까?' 하고 물었다. 자사는 기뻐하지 않으며 '옛사람의 말에 (선비를) 섬긴다고 했으니, 어떻게 친구로 사귄다고 하십니까?'라고 말했다. 자사가 기뻐하지 않은 까닭은 '지위로는 그대가 임금이고 나는 신하인데 어찌 감히 임금과 더불어 벗하며, 덕(德)으로는 그대가 나를 섬기는 사람인데 어찌 감히 나와 더불어 벗하겠는가.'라고 생각한 것이 아니겠는가? 천승 나라의 임금이 그와 더불어 벗하기를 원했는데도 할 수 없었는데 하물며 그를 부를 수 있겠는가!

10-7-4 제 경공이 사냥할 때 새 깃털 장식이 달린 깃발을 가지고 동산 관리인을 불렀는데 그가 오지 않자 죽이려 한 일이 있었다. (공자께서 이 사람을 칭찬하여) '지사(志士)는 죽어서 도랑과 골짜기에 버려질 수 있음을 잊지 않고, 용사(勇士)는 전쟁터에서 자기의 머리가 베어질 수 있음을 잊지 않는다.'라고 하셨다. 공자께서 여기서 어떤 의미를 취하셨는가? 자신을 부르는 방법이 옳지 않았기 때문에 가지 않은 점을 취한 것이다."

曰: "敢問招虞人何以?" 曰: "以皮冠. 庶人以旃, 士以旂, 大夫以旌.

皮冠(피관) 사냥할 때 쓰는 가죽으로 된 관이다.   旃(전) 통비단으로 만든 붉은 깃발이다.

旂(기) 용 두 마리를 그린 깃발이다.   旌(전) 꿩의 깃털을 쪼개어 깃대의 꼭대기에 단 깃발이

다.

以大夫之招招虞人, 虞人死不敢往. 以士之招招庶人, 庶人豈敢往哉. 況乎
以不賢人之招招賢人乎?

欲見賢人而不以其道, 猶欲其入而閉之門也. 夫義, 路也; 禮, 門也. 惟君子
能由是路, 出入是門也. 詩云: '周道如底, 其直如矢; 君子所履, 小人所視.'"

詩(시) 『시경』 「소아 대동(大東)」이다.   底(지) 지(砥)와 같으니, 숫돌이다.   視(시) 보고 배우
라는 뜻이다.

萬章曰: "孔子, 君命召, 不俟駕而行. 然則孔子非與?" 曰: "孔子當仕有官
職, 而以其官召之也."

「등문공 하」 6-1-2 참고.

10-7-5   (만장이) 물었다. "동산 관리인을 어떻게 불러야 하는지 감히 여쭙겠습니다." (맹자께서) 말씀하였다. "가죽 모자를 사용한다. 서인에게는 붉은 깃발을 사용하고, 선비에게는 용이 그려진 깃발을 사용하며, 대부에게는 털 달린 깃발을 사용한다.

10-7-6   대부를 부르는 방법으로 동산 관리인을 불렀으니, 동산 관리인이 죽어도 감히 가지 못한 것이다. 선비를 부르는 방법으로 서인을 부르면 서인이 어찌 감히 가겠느냐? 하물며 현명하지 못한 사람을 부르는 방법으로 현인을 부름에 있어서랴!

10-7-7   현인을 만나 보고자 하면서 그 도(道)로써 하지 않으면 마치 그 집에 들어오라고 하면서 문을 닫음과 같다. 의(義)는 길이요, 예(禮)는 문이다. 오직 군자라야 그 길을 따르고 그 문으로 드나든다. 『시』에 '큰 길은 숫돌처럼 평평하고 화살처럼 곧다. 군자가 밟고 가는 길이고, 소인이 본받는 길이다.'라고 하였다."

10-7-8   만장이 물었다. "공자께서는 임금이 명하여 부르면 수레에 멍에 얹기를 기다리지 않고 앞서 가셨다고 했는데, 그렇다면 공자께서 잘못하신 것입니까?" (맹자께서) 대답하셨다. "공자께서는 벼슬을 하여 관직을 맡고 계셨는데, (임금이)

孟子謂萬章曰: "一鄕之善士, 斯友一鄕之善士; 一國之善士, 斯友一國之善士; 天下之善士, 斯友天下之善士.

以友天下之善士爲未足, 又尙論古之人. 頌其詩, 讀其書, 不知其人, 可乎? 是以論其世也. 是尙友也."

尙(상) 상(上)과 같으니, 역사(시대)를 거슬러 올라가는 것이다.

齊宣王問卿. 孟子曰: "王何卿之問也?" 王曰: "卿不同乎?" 曰: "不同. 有貴戚之卿, 有異姓之卿." 王曰: "請問貴戚之卿." 曰: "君有大過則諫, 反覆之而不聽, 則易位."

貴戚之卿(귀척지경) 동성(同姓)의 친척인 공경을 말한다. 異姓之卿(이성지경) 왕족이 아닌 이성(異姓)의 공경을 말한다. 大過(대과) 족히 그 나라를 망칠 수 있는 큰 허물을 말한다. 易位(역위) 임금의 자리를 바꾸고 친척 중에 어진 이를 세우는 것이다.

王勃然變乎色.

勃然(발연) 얼굴빛을 바꾸는 모습이다.

曰: "王勿異也. 王問臣, 臣不敢不以正對."

그가 담당하는 관직으로 그를 불렀기 때문이다."

10-8-1 맹자께서 만장에게 일러 말씀하셨다. "한 고을의 훌륭한 선비라야 한 고을의 훌륭한 선비와 벗하고, 한 나라의 훌륭한 선비라야 한 나라의 훌륭한 선비와 벗하며, 천하의 훌륭한 선비라야 천하의 훌륭한 선비와 벗하는 것이다.

10-8-2 천하의 훌륭한 선비와 벗하는 것으로도 만족하지 못하면, 또 위로 거슬러 올라가 옛사람을 논구한다. 그의 시를 외우고 그의 글을 읽으면서도 그의 인물됨을 알지 못한다면 되겠는가? 이 때문에 그의 시대를 논구하는 것이다. 이것이 바로 위로 거슬러 올라가 옛사람과 벗하는 일이다."

10-9-1 제 선왕이 경(卿)에 대하여 물었다. 맹자께서 말씀하셨다. "임금께서는 어떤 경을 물으십니까?" 왕이 물었다. "경에도 구별이 있습니까?" (맹자께서) 대답하였다. "구별이 있습니다. 귀척의 경과 이성의 경이 있습니다." 왕이 말했다. "귀척의 경에 대해서 묻습니다." (맹자께서) 말씀하셨다. "(귀척의 경은) 임금에게 큰 허물이 있으면 간언하고, 여러 번 간언해도 듣지 않으면 임금을 바꿉니다."

10-9-2 왕이 발끈하며 낯빛을 바꾸었다.

10-9-3 (맹자께서) 말씀하였다. "임금께서는 괴이하게 여기지 마십

王色定, 然後請問異姓之卿. 曰: "君有過則諫, 反覆之而不聽, 則去."

시오. 임금께서 저에게 물으시기에 제가 감히 바른대로 대답하지 않을 수 없었습니다."

10·9·4   왕의 낯빛이 안정된 다음 이성의 경에 대해서 물었다. (맹자께서) 대답하셨다. "(이성의 경은) 임금에게 허물이 있으면 간언하고, 여러 번 간언해도 듣지 않으면 떠나가 버립니다."

11 고자 상
告子上

이 편은 모두 20장으로 구성되어 있는데, 맹자 철학 사상의 주요 내용이 모두 담겨 있다고 말할 수 있다. 우선 편명에서 보이듯, 고자와의 논쟁을 통해 맹자의 성선설을 설명한다. 여러 가지 비유를 동원하고 유비 추리의 형식을 사용했는데, 그 내용은 인의와 같은 도덕성이 우리에게 선천적으로 내재한다는 주장이다. 그러나 내재하는 도덕성은 또한 잠재적인 것이기에 환경의 영향을 받기 쉽고, 따라서 우리는 그것을 실현해 내기 위해 정도(正道)에 따라 최선의 노력을 해야 할 것이다. 맹자의 표현대로 하자면 "그 본심을 잃을" 수 있으니, "먼저 그 큰 것(본심)을 세워야" 하고, 이미 잃었다면 "그 잃어버린 본심을 되찾을 뿐이다." 맹자의 성선설은 이 편 6장에서 유일한 '정의(定義)'를 확인할 수 있다.

告子曰: "性猶杞柳也, 義猶桮棬也, 以人性爲仁義, 猶以杞柳爲桮棬." 孟子
曰: "子能順杞柳之性而以爲桮棬乎? 將戕賊杞柳而後以爲桮棬也? 如將戕
賊杞柳而以爲桮棬, 則亦將戕賊人以爲仁義與? 率天下之人而禍仁義者,
必子之言夫!"

告子(고자) 맹자와 같은 시기의 학자로. 성이 고이고 이름은 알 수 없다. 杞柳(기류) 주희는
기류를 거류(柜柳, 고리버들)이라고 했다. 桮棬(배권) 배(杯, 잔)와 같고, 배권(杯棬)이라고
도 쓴다. 戕賊(장적) 조기는 장을 해치다(殘)로 풀이했다. 與(여) 어기조사로 여(歟)와 같
다. 夫(부) 감탄을 표시하는 어기조사이다.

告子曰: "性猶湍水也, 決諸東方則東流, 決諸西方則西流. 人性之無分於善
不善也, 猶水之無分於東西也." 孟子曰: "水信無分於東西, 無分於上下乎?
人性之善也, 猶水之就下也. 人無有不善, 水無有不下. 今夫水搏而躍之,
可使過顙, 激而行之, 可使在山. 是豈水之性哉? 其勢則然也. 人之可使爲
不善, 其性亦猶是也."

湍水(단수) 소용돌이치며 흐르는 물. 決(결) 물길을 터놓는다는 의미이다. 信(신) 성(誠)과
같아서 확실히, 틀림없이 등의 의미이다. 就下(취하) 아래로 흐른다는 의미이다. 顙(상) 액
(額)과 같이 이마를 말한다. 激(격) 물의 흐름을 방해하여 거꾸로 흐르게 하는 것이다. 其
勢則然也(기세칙연야) 그 형세가 그렇게 하게 했다는 뜻이다.

告子曰: "生之謂性." 孟子曰: "生之謂性也, 猶白之謂白與?" 曰: "然." "白羽
之白也, 猶白雪之白, 白雪之白猶白玉之白與?" 曰: "然." "然則犬之性猶牛

11·1

고자가 말했다. "성(性)은 버드나무와 같고, 의(義)는 버드나무로 만든 술잔과 같다. 인성(人性)을 근거로 하여 인의(仁義)를 행하는 것은, 마치 버드나무로 술잔을 만드는 것과 같다." 맹자께서 말씀하셨다. "당신은 버드나무의 본성에 따라 술잔을 만드는가? 아니면 버드나무의 본성을 훼손하여 술잔을 만드는가? 만약 버드나무의 본성을 훼손한 뒤에 술잔을 만든다고 한다면, 이것은 바로 인성을 훼손하여 인의를 행한다는 것인가? 천하 사람들을 이끌어 인의를 해치게 하는 것은, 반드시 당신의 (이런) 주장이로구나!"

11·2

고자가 말했다. "성은 소용돌이치는 물과 같아서, 동쪽으로 터놓으면 동쪽으로 흐르고 서쪽으로 터놓으면 서쪽으로 흐른다. 인성에 선과 불선의 구분이 없는 것은 물에 동서의 구별이 없는 것과 같다." 맹자께서 말씀하셨다. "물은 확실히 동서의 구분이 없지만 상하의 구별도 없는가? 인성의 선함은 물이 (자연스럽게) 아래로 흐르는 것과 같다. 사람은 (본래) 선하지 않은 이가 없고, 물은 아래로 흐르지 않는 것이 없다. 이제 물을 쳐서 튀어 오르게 하면 물은 이마를 넘어갈 수도 있고, 물을 막아 (거꾸로) 흐르게 하면 산 위에 이르게 할 수도 있다. 이것이 어떻게 물의 본성이겠는가? 외부의 힘이 그렇게 한 것이다. 인간으로 하여금 불선을 행하게 할 수 있지만, 그 본성은 또한 (물과) 같다."

11·3

고자가 말했다. "타고난 것을 성(性)이라고 한다." 맹자께서 말씀하셨다. "타고난 것을 성이라고 하는 것은 흰 사물을

之性, 牛之性猶人之性與?"

生之謂性(생지위성) 양보쥔에 따르면, 고대에는 생(生)과 성(性)의 음이 같았다. 『순자』「정명(正名)」편에서는 "삶이 그렇게 표현되는 근거를 성(生之所以然者謂之性)"이라고 했고, 동중서(董仲舒)의 『춘추번로(春秋繁露)』「심찰명호(深察名號)」에서는 "그 생명의 자연스러운 자질을 성(如其生之自然之資謂之性)"이라 했으며, 왕충(王充)의 『논형(論衡)』「초품(初稟)」에서는 "태어나면서부터 그런 것(生而然者也)"이라고 했다. 고자가 말한 것도 이것들과 같은 의미이다.

告子曰: "食色, 性也. 仁, 內也, 非外也. 義, 外也, 非內也." 孟子曰: "何以謂仁內義外也?" 曰: "彼長而我長之, 非有長於我也, 猶彼白而我白之, 從其白於外也, 故謂之外也." 曰: "異於白馬之白也, 無以異於白人之白也, 不識長馬之長也, 無以異於長人之長與? 且謂長者義乎? 長之者義乎?" 曰: "吾弟則愛之, 秦人之弟則不愛也, 是以我爲悅者也, 故謂之內. 長楚人之長, 亦長吾之長, 是以長爲悅者也, 故謂之外也." 曰: "耆秦人之炙, 無以異於耆吾炙, 夫物則亦有然者也, 然則耆炙亦有外歟?"

長(장) 나이가 많다는 사실을 가리킨다. 長之(장지) 나이가 많은 상대를 공경하는 것이다. 異於(이어) 주희는 장호(張琥)를 인용하여 "이 두 글자는 잘못 쓰였다(二字疑衍)."라고 했다. 長馬之長(장마지장) 앞의 장은 가볍게 여긴다는 말이고, 뒤의 장은 늙은 말을 가리킨다. 耆(기) 즐길 기(嗜)와 같다.

희다고 하는 것과 같은가?" 고자가 "그렇다."라고 대답했다. (맹자께서 말씀하셨다.) "흰 털의 흼이 흰 눈의 흼과 같고, 흰 눈의 흼이 흰 옥의 흼과 같은가?" (고자가) "그렇다."라고 대답했다. (맹자께서 말씀하셨다.) "그렇다면 개의 성이 소의 성과 같고, 소의 성이 사람의 성과 같은가?"

11·4

고자가 말했다. "식욕과 성욕은 본성이다. 인은 내재적 것이지 외재적인 것이 아니다. 의는 외재적인 것이지 내재적인 것이 아니다." 맹자께서 말씀하셨다. "어째서 인은 내재적인 것이고 의는 외재적인 것이라고 말하는가?" (고자가) 대답했다. "그가 어른이기 때문에 내가 그를 공경하지, 공경하는 마음이 (미리) 나에게 있는 것이 아니다. 마치 어떤 물건이 희어서 내가 그것을 희다고 여기는 것과 같은데, 밖에 있는 그 흰 색깔을 따른 것이다. 그래서 외재적인 것이라고 말한다." (맹자께서 다시) 물으셨다. "백마의 흰색이 백인의 흰색과 다르지 않지만, 늙은 말을 가엾게 여기는 것이 어른을 공경하는 것과 같은지는 모르겠다. 게다가 연장자가 의라는 말인가? 연장자를 공경하는 것이 의라는 말인가?" (고자가) 말했다. "내 아우라면 그를 사랑하고 진(秦)나라 사람의 아우라면 그를 사랑하지 않는데, 이는 내가 기꺼이 그렇게 하는 것이다. 그래서 (인은) 내재적인 것이라고 말한다. (반면에) 초나라 어른도 공경하고 내 어른도 공경하는데, 이는 어른이기에 기꺼이 그렇게 하는 것이다. 그러므로 (의는) 외재

孟季子問公都子曰: "何以謂義內也?" 曰: "行吾敬, 故謂之內也." "鄉人長於伯兄一歲, 則誰敬?" 曰: "敬兄." "酌則誰先?" 曰: "先酌鄉人." "所敬在此, 所長在彼, 果在外, 非由內也." 公都子不能答, 以告孟子. 孟子曰: "敬叔父乎? 敬弟乎? 彼將曰: '敬叔父.' 曰: '弟爲尸, 則誰敬?' 彼將曰: '敬弟.' 子曰: '惡在其敬叔父也?' 彼將曰: '在位故也.' 子亦曰: '在位故也. 庸敬在兄, 斯須之敬在鄉人.'" 季子聞之, 曰: "敬叔父則敬, 敬弟則敬, 果在外, 非由內也." 公都子曰: "冬日則飮湯, 夏日則飮水, 然則飮食亦在外也?"

孟季子(맹계자) 주희에 따르면, 맹중자(孟仲子)의 동생인 것 같은데, 분명한 기록이 없어 확실히 알 수 없는 사람이다. 伯兄(백형) 장형(長兄)이다. 형제간의 선후는 백중숙계(伯仲叔季)로 나눈다. 尸(시) 주희에 따르면 제사 때 신주(神主)로 삼는 어린아이이다. 斯須(사수) 수유(須臾)로, 잠시의 의미이다.

적인 것이라고 말한다." (맹자께서) 말씀하셨다. "진나라 사람의 구운 고기를 즐겨 먹는 것은 자신의 구운 고기를 즐겨 먹는 것과 다르지 않다. 모든 사물에는 또한 이런 경우들이 있으니, 당신 말대로라면 구운 고기를 즐겨 먹는 것(마음) 또한 외재적인 것인가?"

11·5   맹계자가 공도자에게 물었다. "어째서 의가 내재적인 것이라고 말하는가?" (공도자가) 말했다. "나의 공경(하는 마음)을 실행하기 때문에 내재적인 것이라고 말한다." (맹계자가 다시 물었다.) "마을 사람이 큰형보다 한 살 많으면, 누구를 공경하겠는가?" (공도자가) 대답했다. "형님을 공경한다." (맹계자가 다시 물었다.) "술을 따른다면 누구에게 먼저 따르겠는가?" (공도자가) 대답했다. "마을 사람에게 먼저 따르겠다." (맹계자가 말했다.) "공경하는 마음은 형을 향해 있고 어른 대접은 마을 사람을 향해 있으니, (의는) 결국 외재적인 것이지 내재적인 것이 아니다." 공도자가 대답할 수 없어서 (이 일을) 맹자에게 알렸다. 맹자께서 말씀하셨다. "(그대는 이렇게 질문하라.) '숙부를 공경하는가? 동생을 공경하는가?' 그는 '숙부를 공경한다.'라고 말할 것이다. (그러면 이렇게) 말하라. '동생이 시동(尸童)이라면 누구를 공경하겠는가?' 그는 '동생을 공경한다.'라고 대답할 것이다. (그러면) 그대는 (이렇게) 말하라. '(그렇다면) 숙부를 공경한다는 것은 어디에 있단 말인가?' 그는 이에 '(이런 경우는) 동생이 공경받는 자리에 있기 때문이다.'라고 대답할 것이다. (그때) 그대도 '마을 사람이 먼저 술을 받아야 할 위치에 있기 때문이다. 평소에

公都子曰: "告子曰: '性無善無不善也.' 或曰: '性可以爲善, 可以爲不善, 是故文武興, 則民好善, 幽厲興, 則民好暴.' 或曰: '有性善, 有性不善, 是故以堯爲君而有象, 以瞽瞍爲父而有舜, 以紂爲兄之子, 且以爲君, 而有微子啓王子比干.' 今曰'性善', 然則彼皆非與?"

性可以爲善(성가이위선) 이 주장은 두 가지로 해석될 수 있다. 하나는 고자와 마찬가지로 성은 선천적인 내용이 전혀 없다고 하는 것이고, 다른 하나는 성에 선과 악이 함께 들어 있다는 것이다. 예를 들어, 왕충의 『논형』에서는 주나라 사람 세석(世碩)을 인용해서 "사람의 본성에는 선도 있고 악도 있어서, 그 선을 길러 주면 선한 사람이 되고 그 악을 길러 주면 악한 사람이 된다."라고 설명했다.   幽厲(유려) 주나라 유왕(幽王)과 여왕(厲王)이다. 유나 려는 모두 나쁜 시호로, 세상을 혼란하게 하는 것을 유로, 살육을 일삼은 것을 여로 부른 것이다. 모두 포악무도한 것을 형용한다.

孟子曰: "乃若其情, 則可以爲善矣, 乃所謂善也. 若夫爲不善, 非才之罪也. 惻隱之心, 人皆有之, 羞惡之心, 人皆有之, 恭敬之心, 人皆有之, 是非之心, 人皆有之. 惻隱之心, 仁也, 羞惡之心, 義也, 恭敬之心, 禮也, 是非之心, 智也. 仁義禮智, 非由外鑠我也, 我固有之也, 弗思耳矣. 故曰: '求則得之, 舍則失之.' 或相倍蓰而無算者, 不能盡其才者也. 詩曰: '天生蒸民, 有物有

는 형님을 공경하지만, (그 상황에서는) 마을 사람을 잠시 공경하는 것'이라고 말하라." 맹계자가 이 말을 듣고 말했다. "숙부를 공경함도 공경이고 동생을 공경함도 공경이니, 결국 (의는) 외재적인 것이지 내재적인 것이 아니다." 공도자가 말했다. "겨울에는 따뜻한 물을 마시고 여름에는 시원한 물을 마신다. 그렇다면 먹고 마심 또한 외재적인 것인가?"

11-6-1   공도자가 말했다. "고자는 '성에는 선도 없고 불선도 없다.' 라고 말했습니다. 어떤 사람은 '성은 선하게 될 수도 있고, 불선하게 될 수도 있다. 그래서 주나라 문왕과 무왕이 일어나자 백성들은 선을 좋아하게 됐고, 주나라 유왕과 여왕이 일어나자 백성들은 포악함을 좋아하게 됐다.'라고 말했습니다. 어떤 사람은 '어떤 (사람의) 성은 선하고, 어떤 (사람의) 성은 불선하다. 그래서 요(堯)가 임금인데도 상(象)과 같은 나쁜 동생이 있고, 고수가 아버지인데도 순임금과 같은 효자가 있으며, 주(紂)가 조카이고 게다가 임금인데도, 미자 계와 왕자 비간 같은 훌륭한 인물이 있다.'라고 말했습니다. 이제 '성선'이라고 주장하시니, 그렇다면 그들은 모두 틀렸습니까?"

11-6-2   맹자께서 말씀하셨다. "사람의 실질에 따른다면 선을 실현할 수 있는데, 이것이 이른바 (성)선이다. 불선한 일을 하게 되는 것은 타고난 재질의 잘못이 아니다. 측은지심은 사람이면 누구나 가지고 있고, 수오지심도 사람이면 누구나 가지고 있으며, 공경지심도 사람이면 누구나 가지고 있고, 시

則. 民之秉夷(彝), 好是懿德.' 孔子曰: '爲此詩者, 其知道乎! 故有物必有則, 民之秉彝也, 故好是懿德.'"

乃若(내약) 조기에 따르면 약은 순(順), 즉 따른다는 의미이다. 주희는 발어사로 보았다. 情(정) 대진은 『맹자자의소증(孟子字義疏證)』에서 "소(素)와 같아서, 실(實)이라는 의미"라고 했다. 才(재) 조기에 따르면 타고난 재질이다. 鑠(삭) 불로 쇠를 녹인다는 의미인데, 여기서는 밖에서 안에 이른다는 뜻이다. 相倍蓰(상배사) 상은 서로 차이가 나는 것이고, 배는 두 배, 사는 다섯 배를 말한다. 詩(시) 『시경』「대아 증민(蒸民)」이다. 『시경』에는 증(蒸)이 증(烝)으로 되어 있다. 秉夷(병이) 병은 집(執)으로 잡는다는 뜻이다. 『시경』에는 이가 이(彝)로 되어 있고, 이것은 상(常)의 의미이다. 懿德(의덕) 의는 아름답다는 의미로, 의덕은 곧 미덕이다.

孟子曰: "富歲, 子弟多賴; 凶歲, 子弟多暴. 非天之降才爾殊也, 其所以陷溺其心者然也. 今夫麰麥, 播種而耰之, 其地同, 樹之時又同, 浡然而生, 至於日至之時, 皆熟矣. 雖有不同, 則地有肥磽, 雨露之養·人事之不齊也. 故凡同類者擧相似也, 何獨至於人而疑之? 聖人與我同類者.

賴(뢰) 완원(阮元)은 란(嬾, 게으르다)이라고 했는데 해(懈, 게으르다)와 같은 뜻이다. 주희는 자(藉, 의뢰하다)라고 했다. 여기서는 완원의 주석을 따랐다. 陷溺(함닉) 주변 환경에 의해 본래의 마음이 잘못된 길로 빠진 것을 말한다. 麰麥(모맥) 대맥(大麥), 즉 보리이다. 耰(우) 씨를 뿌리고 흙으로 덮는 것[覆種]이다. 浡然(발연) 왕성하게 자란 모양이다. 日至(일지) 여기서는 하지(夏至)를 말한다. 주희는 곡식이 여문 시기로 해석했다. 磽(교) 토지가 척박한 것을 말한다. 擧(거) 모두[皆]라는 의미이다.

비지심도 사람이면 누구나 가지고 있다. 측은지심은 인이고, 수오지심은 의이며, 공경지심은 예이고, 시비지심은 지이다. 인의예지는 밖으로부터 나에게 주어진 것이 아니라 내가 본디 가지고 있는 것인데, (사람들이) 생각하지 않을 뿐이다. 그래서 '구하면 얻고 버리면 잃는다.'라고 말했다. (사람들 사이의 도덕적 품격의) 차이가 두 배, 다섯 배, 심지어 셀 수 없게 나는 것은 그 타고난 재질을 충분히 발휘하지 못했기 때문이다. 『시』에서 이렇게 말했다. '하늘이 뭇 백성을 생육하니, 사물이 있으면 법칙이 있다. 사람들은 변하지 않는 본성을 지니고 있어서 이 아름다운 품덕을 좋아한다.' 그래서 공자께서 '이 시를 지은 사람은 도를 이해하는 사람이 아니겠는가! 사물이 있으면 반드시 그 법칙이 있고, 사람들이 변하지 않는 본성을 지니고 있어서 이 아름다운 품덕을 좋아한다.'라고 말씀하셨다."

11-7-1 맹자께서 말씀하셨다. "풍년에는 젊은이들이 대체로 게으르고, 흉년에는 젊은이들이 대체로 포악하다. (이는 결코 그들의) 선천적인 재질이 그렇게 다른 것이 아니고, 그 마음이 (환경에 의해) 함닉되었기 때문에 그런 것이다. 이제 (예를 들어) 보리를 파종하고 흙을 덮는데, 토양이 같고 파종 시기도 같다면 우쩍 자라나서 하지가 되면 모두 영글 것이다. 차이가 있더라도, 그것은 (보리 자체의 문제가 아니라) 토양에 비옥함이나 척박함이 있고, 이슬과 비의 자양분과 농사를 짓는 사람의 노력이 같지 않기 때문이다. 그러므로 같은 종류의 것은 모두 비슷하다. 어째서 인간에 대해서만 그것을 의

故龍子曰: '不知足而爲屨, 我知其不爲蕢也.' 屨之相似, 天下之足同也. 口
之於味有同耆也, 易牙先得我口之所耆者也. 如使口之於味也, 其性與人
殊, 若犬·馬之與我不同類也, 則天下何耆皆從易牙之於味也. 至於味, 天
下期於易牙, 是天下之口相似也. 惟耳亦然. 至於聲, 天下期於師曠, 是天
下之耳相似也. 惟目亦然. 至於子都, 天下莫不知其姣也. 不知子都之姣者,
無目者也. 故曰: 口之於味也, 有同耆焉; 耳之於聲也, 有同聽焉; 目之於色
也, 有同美焉. 至於心, 獨無所同然乎? 心之所同然者何也? 謂理也, 義也.
聖人先得我心之所同然耳. 故理·義之悅我心, 猶芻豢之悅我口."

屨(구) 리(履)와 같은데, 짚신, 가죽신, 미투리 등의 신발을 말한다. 蕢(궤) 삼태기를 말한다.
耆(기) 기(嗜)와 같아서 좋아한다는 뜻이다. 易牙(역아) 제나라 환공이 총애했던 신하로, 맛
을 잘 아는 사람이라고 한다. 與人殊(여인수) 양보쥔에 따르면 앞에 인(人) 자가 더 있어 '人
與人殊'가 되어야 옳다. 사람들마다 모두 다르다는 말이다. 惟(유) 문장 앞의 발어사로 의미
가 없다. 師曠(사광) 「이루 상」 7-1-1 참고. 子都(자도) 고대의 대표적 미남자이다. 姣(교)
미(美)와 같아서 아름답다는 뜻이다. 芻豢(추환) 추는 소나 양 같은 초식 동물이고, 환은 개
나 돼지같이 곡물을 먹는 동물이다.

심한단 말인가? 성인은 나와 같은 부류이다.

11·7·2   그래서 용자는 이렇게 말했다. '발의 모양을 몰라도 짚신을
만들 수 있으니, 나는 그가 삼태기를 만들지는 않을 것임을
안다.' 짚신(의 모양)이 비슷한 것은 세상 사람의 발(모양)이
동일하기 때문이다. 입은 맛에 대해 동일한 기호를 갖는다.
역아는 우리가 좋아하는 맛을 먼저 파악한 사람이다. 만일
(역아의) 맛에 대한 미각[性]이 다른 이와 달라서, 마치 개나
말이 나와 다른 부류인 것처럼 다르다면, 세상 사람들이 어
째서 모두 역아의 입맛을 따르겠는가? 맛에 있어 세상 사람
들은 역아가 되기를 바라는데 이는 세상 사람들의 입맛이
비슷하기 때문이다. 귀 또한 이와 같다. 소리에 있어 세상
사람들은 사광이 되기를 기대하는데 이는 세상 사람들의
귀가 비슷하기 때문이다. 눈 또한 이와 같다. 자도에 관해서,
세상 사람들은 그 아름다움을 모르지 않는다. 자도의 아름
다움을 알지 못하는 사람은 눈이 없는 사람이다. 그래서 이
렇게 말한다. 입은 맛에 있어서 동일한 기호가 있고, 귀는
소리에 있어서 동일한 청감(聽感)이 있으며, 눈은 외모에 있
어서 동일한 미감(美感)이 있다. 심(心)에 있어서만 홀로 동
일한 점이 없겠는가? 심의 동일한 점은 무엇인가? 이(理)이
고 의(義)라고 말한다. 성인은 우리 마음의 동일한 점을 먼
저 체득했을 뿐이다. 그러므로 이와 의가 우리 마음을 즐겁
게 하는 것은, 마치 소나 양, 개나 돼지의 고기가 우리 입을
즐겁게 하는 것과 같다."

孟子曰: "牛山之木嘗美矣. 以其郊於大國也, 斧斤伐之, 可以爲美乎? 是其日夜之所息, 雨露之所潤, 非無萌蘖之生焉, 牛羊又從而牧之, 是以若彼濯濯也. 人見其濯濯也, 以爲未嘗有材焉, 此豈山之性也哉? 雖存乎人者, 豈無仁義之心哉? 其所以放其良心者, 亦猶斧斤之於木也, 旦旦而伐之, 可以爲美乎? 其日夜之所息, 平旦之氣, 其好惡與人相近也者幾希. 則其旦晝之所爲, 有梏亡之矣. 梏之反覆, 則其夜氣不足以存. 夜氣不足以存, 則其違禽獸不遠矣. 人見其禽獸也, 而以爲未嘗有才焉者, 是豈人之情也哉? 故苟得其養, 無物不長; 苟失其養, 無物不消. 孔子曰: '操則存, 舍則亡. 出入無時, 莫知其鄉.' 惟心之謂與?"

牛山(우산) 제나라의 수도였던 임치(臨淄) 남쪽에 위치한 산이다. 郊(교) 여기서는 동사로 사용하여, 교외에 거주한다는 의미이다. 大國(대국) 임치를 가리키는데, 대도시를 말한다. 萌蘖(맹얼) 주희에 따르면 맹은 아(芽) 즉 싹이나 움이고, 얼은 겉으로 나온 싹이다. 濯濯(탁탁) 깨끗하다는 의미로, 조기는 '초목이 없는 모양'이라고 주석했다. 放其良心(방기양심) 방은 방실(放失)의 의미이다. 주희는 양심을 본연(本然)의 선심(善心)으로, 인의지심(仁義之心)이라고 하였다. 平旦之氣(평단지기) 평단은 날이 밝아 오는 새벽을 가리킨다. 주희는 평단지기를 '사물과 접촉하기 전의 청명(淸明)한 기'라고 하였다. 幾希(기희) 주희는 '많지 않다〔不多〕'라고 했고, 조기는 '멀지 않다〔不遠〕'라고 했다. 旦晝(단주) 조기는 일주(日晝), 즉 낮이라고 하였다. 有梏亡之矣(유곡망지의) 양보쥔에 따르면 유는 우(又)와 같아서 '또, 게다가'의 뜻이다. 곡은 질곡(桎梏, 차꼬와 수갑으로, 몹시 속박하여 자유를 가질 수 없는 상태)의 곡이다. 莫知其鄉(막지기향) 조기에 따르면 향은 리(里)와 같아서 거주한다는 뜻이고, 초순은 향하다로 풀었다. 주희는 "또한 일정한 처소가 없다〔亦無定處〕."라고 풀이했다.

맹자께서 말씀하셨다. "우산의 나무들은 일찍이 (무성하여) 아름다웠다. 그러나 대도시의 교외에 있어서 도끼나 자귀로 나무를 베어 대니, (무성하여) 아름다울 수 있겠는가? (물론) 이 산(의 나무들)은 밤낮으로 자라고 비와 이슬이 적셔 주니 새싹이 움터 나오지 않는 것은 아니지만, 소와 양을 또 거기에다 방목하여 그와 같은 민둥산이 되어 버렸다. 사람들은 이런 민둥산을 보고서 원래 수목이 없었다고 생각하지만, 이것이 어찌 산의 실질[性]이겠는가? 사람에게 있는 것 중에 어찌 인의의 마음이 없겠는가? 사람이 그 양심을 놓아 잃어버린 것은 마치 도끼나 자귀로 나무를 베어 버린 것과 같다. 날마다 그것을 베어 버린다면, (무성하여) 아름다울 수 있겠는가? 낮이나 밤이나 길러지는 것이 있어서 새벽녘에 나타나는 맑은 기운으로 인해 악인의 호오(好惡)도 다른 사람들과 조금은 같을 수 있다. 그러나 낮 동안 그가 한 행동은 또다시 그 기운을 막아서 없애 버린다. 반복적으로 막아 버린다면 밤에 자라난 맑은 기운을 보존할 수 없다. 밤에 자라난 맑은 기운을 보존하지 못하면, 그는 금수와 별로 다르지 않을 것이다. 다른 사람이 금수와 같은 그를 보고 이 사람은 본래 훌륭한 재질[才]이 있은 적이 없다고 생각하는데, 이것이 어찌 사람의 실질[情]이겠는가? 그러므로 적절하게 배양되면 생장하지 않는 것이 없고, 적절하게 배양되지 못하면 소실되지 않는 것이 없다. 공자께서 말씀하셨다. '붙잡으면 보존되고, 놓으면 잃어버린다. 들고 나는 데 일정한 때가 없고, 그 방향을 알지 못한다.' 이는 사람의 마음을 말씀하신 것이리라."

孟子曰, "無或乎王之不智也. 雖有天下易生之物也, 一日暴之, 十日寒之, 未有能生者也. 吾見亦罕矣, 吾退而寒之者至矣, 吾如有萌焉何哉? 今夫奕之爲數, 小數也, 不專心致志, 則不得也. 奕秋, 通國之善奕者也, 使奕秋誨二人奕, 其一人專心致志, 惟奕秋之爲聽; 一人雖聽之, 一心以爲有鴻鵠將至, 思援弓繳而射之, 雖與之俱學, 弗若之矣. 爲是其智弗若與? 曰: 非然也."

或(혹) 혹(惑)과 같다. 혹(惑)은 괴(怪)로, 의심하여 괴이하게 생각하는 것을 말한다. 暴(폭) 폭(曝)과 같다. 햇볕을 쬐는 것이다. 寒之者至矣(한지자지의) 조기에 따르면, 임금의 좌우에 아첨하는 자들이 몰려든다는 뜻이다. 吾如有萌焉何哉(오여유맹언하재) 이 문장은 원래 '여유맹언, 오하재'인데 강조하기 위해 '오'가 앞으로 도치된 것이다. 數(수) 조기는 기(技), 즉 기예(技藝)로 풀이했다. 奕秋(혁추) 고대에 바둑을 잘 두었던 인물인데, 이름이 추이다. 鴻鵠(홍곡) 큰 기러기와 고니, 백조류의 총칭이다. 繳(작) 주살, 즉 노끈을 달아서 쏘는 화살이다.

孟子曰: "魚我所欲也, 熊掌亦我所欲也, 二者不可得兼, 舍魚而取熊掌者也. 生亦我所欲也, 義亦我所欲也, 二者不可得兼, 舍生而取義者也. 生亦我所欲, 所欲有甚於生者, 故不爲苟得也. 死亦我所惡, 所惡有甚於死者, 故患有所不辟也. 如使人之所欲莫甚於生, 則凡可以得生者, 何不用也? 使人之所惡莫甚於死者, 則凡可以辟患者, 何不爲也? 由是則生而有不用也, 由是則可以辟患而有不爲也. 是故所欲有甚於生者, 所惡有甚於死者, 非獨賢者有是心也, 人皆有之, 賢者能勿喪耳.

熊掌(웅장) 곰의 발바닥으로 음식 가운데 진품(珍品)으로 여긴다. 苟得(구득) 그럭저럭 되는대로 살아감, 즉 구차하게 사는 것을 뜻한다. 辟(피) 피할 피(避)와 같다.

11·9 맹자께서 말씀하셨다. "(제 선)왕이 총명하지 못함을 이상하게 여길 것 없다. 세상에 비록 쉽게 생장하는 초목이 있다고 하더라도, 만약 하루는 햇볕을 쪼이고 열흘은 춥게 한다면 생장할 수 없을 것이다. 내가 (왕을) 볼 수 있는 기회는 드물고, 내가 물러나면 왕에게 아첨하는 자들이 드나드니, 싹이 있다 한들 내가 어찌하겠는가? (예를 들어) 바둑은 작은 기술이지만 만약 전심하여 집중하지 않으면 터득할 수 없다. 혁추는 전국에서 바둑을 가장 잘 두는 사람이다. 혁추로 하여금 두 사람에게 바둑을 가르치게 했는데, 한 사람은 전심으로 집중하여 혁추의 말만 듣고, 한 사람은 비록 말을 듣기는 하지만 마음속으로는 '장차 백조가 날아온다면 활을 당겨 쏘아야지.'라고 생각한다면 비록 함께 배운다 하더라도 그는 다른 사람만 못할 것이다. 그의 총명함이 그만 못해서인가? 그렇지 않다."

11·10·1 맹자께서 말씀하셨다. "물고기는 내가 좋아하는 것이고, 곰 발바닥도 내가 좋아하는 것이다. 이 두 가지를 함께 먹을 수 없다면, 물고기를 포기하고 곰 발바닥을 취하겠다. 삶도 내가 원하는 것이고, 의(義) 또한 내가 원하는 것이다. 이 두 가지를 함께 이룰 수 없다면, 삶을 포기하고 의를 취하겠다. 삶 또한 내가 원하는 것이지만, 삶보다 더 원하는 것이 있다. 그래서 구차하게 삶을 구하지 않는다. 죽음 또한 내가 싫어하는 것이지만, 죽음보다 더 싫어하는 것이 있다. 그래서 환란에도 피하지 않는 것이 있다. 만약 사람들이 원하는 것 가운데 삶보다 더한 것이 없다면, 삶을 유지하기 위

一簞食, 一豆羹, 得之則生, 弗得則死. 嘑爾而與之, 行道之人弗受; 蹴爾而與之, 乞人不屑也. 萬鍾則不辯禮義而受之, 萬鍾於我何加焉? 爲宮室之美 妻妾之奉 所識窮乏者得我與? 鄕爲身死而不受, 今爲宮室之美爲之; 鄕爲身死而不受, 今爲妻妾之奉爲之; 鄕爲身死而不受, 今爲所識窮乏者得我而爲之: 是亦不可以已乎! 此之謂失其本心."

豆羹(두갱) 두는 고대에 국을 담는 나무 그릇이고, 갱은 채소로 만든 국이다. 嘑爾(호이) 소리를 버럭 지르는 것이다. 蹴爾(축이) 함부로 딛다, 짓밟다[踐踏]의 의미인데, 문맥상 발로 툭 차서 주는 것을 말한다. 得我與(득아여) 득은 덕(德)과 통한다. 그래서 주희는 내가 알고 있는 가난한 사람들에게 은혜를 베풀면 그들이 반드시 그 은혜에 감사한다는 의미로 해석했다. 여는 기뻐하다, 찬양하다의 의미도 있고, 베풀다라는 뜻도 있다. 鄕(향) 향(曏, 앞서다)과 통해서 옛날, 과거[昔]의 의미이다. 已(이) 그칠 지(止)와 같다. 本心(본심) 주희는 수오지심(羞惡之心)이라고 했다.

孟子曰: "仁, 人心也. 義, 人路也. 舍其路而弗由, 放其心而不知求, 哀哉!

해 무슨 방법인들 쓰지 않겠는가? 만약 사람들이 싫어하는 것 가운데 죽음보다 더한 것이 없다면, 환란을 피하기 위해 무슨 방법인들 실행하지 않겠는가? 그러니 살 수 있는데도 (그 방법을) 쓰지 않는 경우가 있고, 그러니 환란을 피할 수 있는데도 (그 방법을) 실행하지 않는 경우가 있다. 그러므로 원하는 것 중에 삶보다 더한 것이 있고, 싫어하는 것 중에 죽음보다 더한 것이 있다. 유독 현자만이 이런 마음을 갖는 것이 아니라 사람들 모두 가지고 있지만, 현자는 (이 마음을) 상실하지 않을 수 있을 뿐이다.

11·10·2   한 그릇의 거친 밥과 한 대접의 국을 얻으면 살고 얻지 못하면 죽게 되는데, (이런 경우라도) 함부로 소리치며 준다면 길 가던 사람도 받지 않을 것이고, 발로 차서 준다면 거지도 달갑게 여기지 않을 것이다. (그런데) 많은 봉록은 예절과 정당함〔禮義〕를 따지지 않고 받는데, 많은 봉록이 나에게 무엇을 더해 주는가? 집을 호화롭게 꾸미고 아내와 첩실을 먹여 살리며, 내가 아는 궁핍한 사람에게 혜택을 주기 위해서인가? 전에는 죽어도 받지 않았는데 이제 화려한 집을 위해 받아들이고, 전에는 죽어도 받지 않았는데 이제 아내와 첩실을 먹여 살리기 위해 받아들이며, 전에는 죽어도 받지 않았는데 이제 자신이 아는 궁핍한 사람에게 혜택을 주기 위해 받아들인다. 이런 일은 정말 그만둘 수 없는 것인가! 이것을 일러 그 본심을 잃었다고 한다."

11·11   맹자께서 말씀하셨다. "인은 사람의 본심이고, 의는 사람의

人有雞犬放, 則知求之; 有放心, 而不知求. 學問之道無他, 求其放心而已
矣."

孟子曰: "今有無名之指, 屈而不信, 非疾痛害事也. 如有能信之者, 則不遠
秦·楚之路, 爲指之不若人也. 指不若人, 則知惡之. 心不若人, 則不知惡,
此之謂不知類也."

信(신) 펼 신(伸)과 같다. 類(류) 조기는 일[事]로 보았고, 주희는 '경중의 구별'로 해석했다.

孟子曰: "拱把之桐·梓, 人苟欲生之, 皆知所以養之者. 至於身, 而不知所以
養之者, 豈愛身不若桐梓哉? 弗思甚也."

拱把(공파) 주희는 "공은 두 손을 가지고 에워싸 잡는 것이고, 파는 한 손으로 잡는 것"이라고
해석하였다.

孟子曰: "人之於身也, 兼所愛. 兼所愛, 則兼所養也. 無尺寸之膚不愛焉,
則無尺寸之膚不養也. 所以考其善不善者, 豈有他哉? 於己取之而已矣. 體
有貴賤, 有小大, 無以小害大, 無以賤害貴. 養其小者爲小人, 養其大者爲大

바른 길이다. 그 바른 길을 저버리고서 따르지 않으며 그 본심을 잃어버리고서 되찾을 줄 모르니, 슬프도다! 닭이나 개를 잃어버리면 바로 그것들을 찾을 줄 아는데, 그 본심을 잃어버리면 되찾을 줄 모른다. 학문의 길은 다른 것이 없으니, 오직 그 잃어버린 본심을 되찾을 뿐이다."

11-12   맹자께서 말씀하셨다. "이제 어떤 사람이 무명지가 굽어서 곧게 펼 수 없지만 아프거나 일하는 데 방해가 되지 않는다. (그런데도) 만약 그 손가락을 곧게 펴 줄 수 있는 사람이 있다면 진나라든 초나라든 멀다 하지 않고 찾아가는 것은 손가락이 다른 사람과 다르기 때문이다. 손가락이 다른 사람과 같지 않으면 그것을 싫어할 줄 안다. (하지만) 마음이 다른 사람과 같지 않으면 싫어할 줄 모르니, 이를 일러 일의 경중을 모른다고 한다."

11-13   맹자께서 말씀하셨다. "양손으로 감싸 잡을 수 있거나 한 손으로 쥘 수 있는 오동나무나 가래나무를 사람들이 진실로 키우고자 한다면, 다들 그것을 기르는 방법을 안다. (그런데) 자기 자신을 기르는 방법은 알지 못하니, 어찌 자신을 사랑하는 것이 오동나무나 가래나무를 사랑하는 것만 못하는가? 생각하지 않음이 심하구나."

11-14   맹자께서 말씀하셨다. "사람은 자신의 신체에 대하여 모든 부분을 아낀다. 모든 부분을 아끼는 것은 바로 모든 부분을 보양(保養)하는 것이다. 한 자 한 치의 피부도 모두 아끼

人. 今有場師, 舍其梧·檟, 養其樲·棘, 則爲賤場師焉. 養其一指, 而失其肩背而不知也, 則爲狼疾人也. 飮食之人, 則人賤之矣, 爲其養小以失大也. 飮食之人, 無有失也, 則口腹豈適爲尺寸之膚哉?"

貴賤(귀천), 小大(소대) 주희는 천(賤)하고 작은 것은 구복(口腹)이고, 귀(貴)하고 큰 것은 심지(心志)라고 주석했다. 場師(장사) 집 가까이의 밭(場圃)을 관리하는 사람이다. 梧·檟(오·가) 오는 오동나무, 가는 개오동나무로 관곽(棺槨, 시체를 넣을 때 여러 겹의 관을 쓰는데, 관은 시체를 넣는 관이고 곽은 관을 넣는 바깥 관이다.)으로 쓰이는 좋은 목재다. 樲·棘(이·극) 멧대추나무와 가시대추나무로, 둘 모두 좋은 목재가 아니다. 狼疾(낭질) 조기는 낭자(狼藉, 난잡하게 어지러움)라고 주석했다. 낭자는 분란(紛亂)의 의미이고, 그래서 낭질인은 매우 어리석은 사람을 의미하며, 앞 구절의 "생각하지 않음이 심하구나(弗思甚也)."와 서로 호응한다. 適(적) 오직, 다만이라는 뜻이다.

公都子問曰: "鈞是人也, 或爲大人, 或爲小人, 何也?" 孟子曰: "從其大體爲大人, 從其小體爲小人." 曰: "鈞是人也, 或從其大體, 或從其小體, 何也?" 曰: "耳目之官不思, 而蔽於物, 物交物, 則引之而已矣. 心之官則思, 思則得之, 不思則不得也. 此天之所與我者, 先立乎其大者, 則其小者不能奪也. 此爲大人而已矣."

鈞(균) 균(均)과 같아서, 모두의 의미이다. 大體(대체) 심(心)을 지시한 것이다. 小體(소체)

지 않는 곳이 없으니, 바로 한 자 한 치의 피부라도 보양되지 않는 곳이 없다. 그러므로 잘 보양되었는지 알아보려고 한다면, 어찌 다른 방법이 있겠는가? 오직 자신의 신체에서 어떤 부분을 선택했는지 살피기만 하면 된다. 신체에는 귀중한 것과 덜 귀중한 것이 있고, 작은 것과 큰 것이 있다. 작은 것을 위해 큰 것을 해치지 말아야 하고, 덜 귀중한 것을 위해 더 귀중한 것을 해치지 말아야 한다. 그 작은 것을 보양하면 소인이 되고, 그 큰 것을 보양하면 대인이 된다. 이제 어떤 정원사가 오동나무나 개오동나무(와 같이 좋은 목재)를 버려두고, 멧대추나무나 가시대추나무(와 같이 쓸모가 적은 나무)를 기른다면, 그는 시원찮은 정원사이다. (어떤 사람이) 손가락 하나는 보양하지만 어깨와 등을 잃고서도 깨닫지 못한다면, 그는 매우 어리석은 사람이다. 먹고 마시는 것만 추구하는 사람은 다른 사람들이 업신여길 것이다. 왜냐하면 그가 작은 것을 보양하느라 큰 것을 잃어버렸기 때문이다. 만약 먹고 마시는 것을 추구하는 사람이라도 잃는 것이 없다면, 입과 배를 보양하는 것이 어찌 단지 한 자 한 치의 피부만을 위한 것이겠는가?"

11·15   공도자가 물었다. "똑같은 사람인데, 어떤 사람은 대인이고 어떤 사람은 소인입니다. 어째서 그렇습니까?" 맹자께서 대답하셨다. "자신의 대체(大體)를 따르면 대인이고, 자신의 소체(小體)를 따르면 소인이다." (공도자가 다시) 물었다. "똑같은 사람인데, 어떤 사람은 자신의 대체를 따르고 어떤 사람은 자신의 소체를 따릅니다. 어째서 그렇습니까?" (맹자께

눈과 귀 등의 감각 기관을 지시한 것이다. 思(사) 여기서는 단순한 생각만을 의미하는 것이 아니라 주체적인 판단까지 가리킨다. 蔽(폐) 외부 사물에 가려져 자신의 기능을 온전히 발휘하지 못하게 된다는 뜻이다. 物交物(물교물) 앞의 물은 감각 기관을 가리킨다. 사고가 없어서, 즉 주체적이지 못해서 하나의 사물과 같다는 뜻이다. 뒤의 물은 감관의 대상인 외부 사물을 가리킨다. 此天(차천) 옛 판본 중에는 차를 비(比)로 표기하기도 했고, 조기의 주석도 '차내(此乃)'를 비방(比方)으로 표기하기도 했다. 그런데 주희가 보기에 비는 의미가 분명하지 않아서 차라고 보는 것이 옳다고 하였다. 다른 한편, 왕인지(王引之)는 비를 개(皆, 모두)로 보아, 심만이 아니라 이목까지 모두 가리킨다고 주장했다.

孟子曰: "有天爵者, 有人爵者. 仁義忠信, 樂善不倦, 此天爵也. 公卿大夫, 此人爵也. 古之人修其天爵, 而人爵從之. 今之人修其天爵以要人爵, 旣得人爵而棄其天爵, 則惑之甚者也. 終亦必亡而已矣."

天爵(천작) 작은 고귀하다[貴]는 의미로, 사람이 타고난 도덕성을 말한다. 조기는 덕에 근거한다고 했다. 人爵(인작) 인간이 만든 벼슬과 지위를 가리킨다. 조기는 봉록에 근거한다[以祿]고 했다.

孟子曰: "欲貴者, 人之同心也. 人人有貴於己者, 弗思耳矣. 人之所貴者, 非良貴也. 趙孟之所貴, 趙孟能賤之. 詩云: '旣醉以酒, 旣飽以德.' 言飽乎仁義也, 所以不願人之膏粱之味也. 令聞廣譽施於身, 所以不願人之文繡也."

人人有貴於己者(인인유귀어기자) 조기는 사람마다 귀한 것을 가지고 있는데, 이것을 인의와 그로 인한 큰 명예[謂仁義廣譽也]라고 한다. 주희는 "자신에게 귀하다는 것은 천작을 말한다."라고 했다. 良貴(양귀) 본래부터 귀한 것을 말하는데, 천부의 덕성이다. 주희는 양을 본연의 선이라고 했고, 초순은 양귀가 곧 최귀(最貴), 즉 가장 존귀한 것으로 풀이했다. 趙孟(조서) 대답하셨다. "귀나 눈 같은 감각 기관은 사고할 수 없고, 그래서 외부 사물에 의해 가려진다. 사물이 다른 사물과 접촉하게 되면 이끌릴 뿐이다. (반면에) 심이란 기관은 사고하는데, 사고하면 그것을 얻고 사고하지 않으면 그것을 얻지 못한다. 이는 하늘이 나에게 준 것이다. 먼저 그 큰 것을 세운다면, 그 작은 것이 뺏을 수 없을 것이다. 이런 이가 대인일 뿐이다."

11-16　맹자께서 말씀하셨다. "하늘의 작위란 것도 있고, 사람의 작위란 것도 있다. 인의와 충신(忠信), 선을 즐기는 데 싫증 내지 않는 것, 이런 것은 하늘의 작위이다. 공경대부 (등의 관직)는 사람의 작위이다. 옛사람들은 하늘의 작위를 닦음에 사람의 작위가 따라왔다. 요즘 사람들은 하늘의 작위를 닦아서 사람의 작위를 요구한다. 사람의 작위를 얻으면 하늘의 작위를 버리는데, (이는) 미혹됨이 심한 것이다. 결국에는 반드시 (사람의 작위도) 잃게 될 뿐이다."

11-17　맹자께서 말씀하셨다. "존귀하기를 바라는 것은 사람들의 동일한 마음이다. 사람들은 모두 자신이 존귀한 것을 가지고 있는데, (단지 그것을) 생각하지 않을 뿐이다. 타인이 존귀하게 여기는 것은 진정으로 존귀한 것이 아니다. 조맹이 존귀하게 해 준 것은 조맹이 비천하게 만들 수 있다. 『시』에서 '이미 술로 취했고, 이미 덕으로 충만하다.'라고 말했다. 이것은 인의로 충만하여 타인의 좋은 고기와 곡식의 맛을 부러워하

맹) 춘추 시대 진(晉)나라에서 권세가 있었던 귀족이다. 詩(시) 『시경』 「대아 기취(旣醉)」이다. 願(원) 선(羨), 모(慕)와 같아서 부러워하다, 선망하다라는 뜻이다. 膏粱(고량) 고는 기름진 고기이고 량은 좋은 곡식을 말한다. 令聞(영문) 손석과 주희에 따르면, 영은 선(善)와 같고 문은 예(譽)와 같아서 훌륭한 명성을 말한다. 文繡(문수) 아름답고 화려한 복식으로, 고대에는 의복에도 등급이 있었기 때문에 작위가 있는 사람만 문수가 있는 옷을 입을 수 있었다.

孟子曰: "仁之勝不仁也, 猶水勝火. 今之爲仁者, 猶以一杯水救一車薪之火也, 不熄, 則謂之水不勝火. 此又與於不仁之甚者也, 亦終必亡而已矣."

與(여) 주희는 조(助)와 같다고 하였고, 양보쥔은 동(同)과 같다고 하였다.

孟子曰: "五穀者, 種之美者也. 苟爲不熟, 不如荑稗. 夫仁亦在乎熟之而已矣."

荑稗(제패) 피는 주로 가축의 사료로 쓰이지만 사람이 먹을 수도 있는데, 고대에는 흉년에 대비하는 비상식량으로 사용하였다.

孟子曰: "羿之敎人射, 必志於彀. 學者亦必志於彀. 大匠誨人, 必以規矩. 學者亦必以規矩."

羿(예) 활을 잘 쏘던 사람이다. 「이루 하」 8-24-1장 참조. 志於彀(지어구) 주희는 지는 기(期)와 같고, 구는 활을 충분히 당기는 것[弓滿]이라고 주석했다. 規矩(규구) 규는 원을 그리는 도구이고, 구는 사각형을 그리는 도구이다. 그래서 일반적 법규(法規)를 총칭하는 말로 쓰이기도 한다. 여기서는 기본 법칙의 의미로 볼 수 있다.

지 않고, 명성과 명예가 나 자신에 있으니 타인의 아름답고 화려한 의복을 부러워하지 않는다는 말이다."

11-18 맹자께서 말씀하셨다. "인(仁)이 불인(不仁)을 이기는 것은 물이 불을 이기는 것과 같다. 오늘날 인을 실천하는 사람은 마치 물 한 잔으로 마차 가득한 나무에 붙은 불을 끄는 것과 같아서, 불이 꺼지지 않자 물이 불을 이길 수 없다고 말한다. 이는 또한 심하게 불인을 조장하는 것이어서, 마침내는 반드시 인을 없애 버릴 것이다."

11-19 맹자께서 말씀하셨다. "오곡은 종자 가운데 가장 좋은 것이다. 그러나 제대로 여물지 않으면 피만도 못하다. 인 역시 (중요한 것은) 그것을 무르익게 해야 한다는 데 있을 뿐이다."

11-20 맹자께서 말씀하셨다. "예가 사람들에게 활쏘기를 가르칠 때, 반드시 활을 충분히 당기게 했다. 배우는 사람들 또한 반드시 활을 충분히 당기려고 하였다. 훌륭한 목수가 사람들을 가르칠 때, 반드시 규구로 했다. 배우는 사람들 또한 반드시 규구로 했다."

12 고자 하
告子下

이 편은 모두 16장으로 구성되어 있다. 상편과는 달리 여기에서는 성선설보다는 맹자의 정치사상이 주로 설명되고 있다. 「양혜왕 상」 첫 장에서처럼 군주는 이익이 아니라 인의를 추구해야 한다고 강조하며, 나라를 다스리는 가장 중요한 방법은 인륜과 도덕에 기초하는 것이라고 역설한다. 따라서 훌륭한 신하 역시 임금에게 어떤 실제적 이익을 보태 주는 사람이 아니라, 임금을 성인의 도로 인도하고 인을 지향하게 하는 사람이다. 다른 한편으로, 위대한 역사적 인물들의 예를 들어 목전의 고통을 미래의 자산으로 여길 것을 주문하기도 한다. 맹자가 보기에, 우리 인간은 "우환 가운데 살고 안락 가운데 죽는다."

任人有問屋廬子曰: "禮與食孰重?" 曰: "禮重." "色與禮, 孰重?" 曰: "禮重." 曰: "以禮食則飢而死, 不以禮食則得食, 必以禮乎? 親迎則不得妻, 不親迎則得妻, 必親迎乎?" 屋廬子不能對. 明日之鄒, 以告孟子, 孟子曰: "於答是也, 何有? 不揣其本, 而齊其末, 方寸之木可使高於岑樓. 金重於羽者, 豈謂一鉤金與一輿羽之謂哉? 取食之重者與禮之輕者而比之, 奚翅食重? 取色之重者與禮之輕者而比之, 奚翅色重? 往應之曰: '紾兄之臂而奪之食, 則得食, 不紾, 則不得食, 則將紾之乎? 踰東家牆而摟其處子, 則得妻, 不摟, 則不得妻, 則將摟之乎?'"

任(임) 나라 이름인데, 동이족의 한 계파인 태호(太皞)의 후예로 풍(風)씨 성이다. 屋廬子(옥려자) 이름은 연(連)이고, 맹자의 제자이다. 親迎(친영) 고대에 결혼을 할 때, 신랑이 신부 집에 가서 신부를 맞이하는 예이다. 揣(훼) 헤아린다는 뜻이다. 岑樓(잠루) 잠은 묏부리인데, 산이 높고 뾰족한 것을 말한다. 잠루는 산처럼 높고 뾰족한 누각을 말한다. 鉤(구) 띠(혁대)의 갈고리이다. 奚翅(해시) 해는 하(何, 어찌)이고 시는 시(啻, 뿐, 다만)와 같다. 현대적으로는 불시(不啻)로 상용하고, 그 의미는 부지(不止), 하지(何止, 어찌 ~에 그치겠는가, 어찌 ~뿐이겠는가)이다. 의역하면 '당연히', '더 말할 필요 없이' 등의 의미이다. 紾(진) 비튼다는 의미이다. 摟其處子(루기처자) 루는 노략질할 략(掠)의 의미이다. 처자는 처녀(處女), 즉 아직 시집가지 않은 여자를 말한다.

曹交問曰: "人皆可以爲堯舜, 有諸?" 孟子曰: "然." "交聞文王十尺, 湯九尺.

임나라의 어떤 사람이 옥려자에게 물었다. "예와 음식은 어느 것이 중요합니까?" (옥려자가) 말했다. "예가 중요합니다." (다시 물었다.) "여색과 예는 어느 것이 중요합니까?" (옥려자가) 말했다. "예가 중요합니다." (다시) 물었다. "예에 따라 먹으면 굶주려 죽게 되고 예에 따르지 않고 먹으면 먹을 수 있는 경우에도 반드시 예에 따라야 합니까? 직접 맞아들이면 아내를 얻지 못하고 직접 맞아들이지 않으면 아내를 얻을 수 있는 경우에도 반드시 직접 맞아들여야 합니까?" 옥려자는 대답할 수 없었다. 이튿날 추나라로 가서 이 이야기를 맹자께 알려 드리자, 맹자께서 말씀하셨다. "이런 문제에 대답하는 데 무슨 어려움이 있겠는가? 그 밑바닥의 높이를 살피지 않고 단지 그 위만 비교한다면, 한 치 되는 나무도 높은 누각보다 더 높게 할 수 있다. 쇠가 깃털보다 무겁다는 것이 어찌 작은 띠고리 쇠의 무게와 수레 가득한 깃털의 무게를 비교해서 하는 말이겠는가? 음식이 귀중한 경우를 취하여 예의가 가벼운 경우와 비교하니, 음식이 어찌 단지 중요하기만 하겠는가? 여색이 귀중한 경우를 취하여 예의가 가벼운 경우와 비교하니, 여색이 어찌 단지 중요하기만 하겠는가? 돌아가 이렇게 말하라. '형의 팔을 비틀어서 그 음식을 빼앗는다면 먹을 수 있고 비틀어 빼앗지 않으면 먹을 수 없다면, 형의 팔을 비틀겠는가? 동쪽 이웃의 담장을 넘어가 여인을 강탈해야 아내를 얻고 강탈하지 않으면 아내를 얻지 못한다면, 여인을 강탈하겠는가?'"

조교가 물었다. "사람은 누구나 요순이 될 수 있다고 하던

今交九尺四寸以長, 食粟而已, 何如則可?"曰: "奚有於是? 亦爲之而已矣.
有人於此, 力不能勝一匹雛, 則爲無力人矣. 今曰擧百鈞, 則爲有力人矣. 然
則擧烏獲之任, 是亦爲烏獲而已矣. 夫人豈以不勝爲患哉? 弗爲耳. 徐行後
長者謂之弟, 疾行先長者謂之不弟. 夫徐行者, 豈人所不能哉! 所不爲也.
堯舜之道, 孝悌而已矣. 子服堯之服, 誦堯之言, 行堯之行, 是堯而已矣. 子
服桀之服, 誦桀之言, 行桀之行, 是桀而已矣."曰: "交得見於鄒君, 可以假
館, 願留而受業於門."曰: "夫道, 若大路然, 豈難知哉? 人病不求耳. 子歸
而求之, 有餘師."

曹交(조교) 조기는 "조교는 조나라 군주의 동생이고, 이름이 교이다."라고 하였다. 그러나 양
보쥔은 조나라는 송나라에 의해서 멸망하였고, 맹자 시대에는 조나라가 멸망한 지 이미 오래
되었다는 기록이 있는데, 조교가 어떻게 조군의 동생이 될 수 있는지 알 수 없다고 했다. 그래
서 조기가 무엇에 근거하여 주석하였는지 알 수 없다고 의문을 제기하였다. 奚有於是(해유
어시) 어시해유(於是奚有)의 도치 형태로, 해는 어찌[何]의 뜻이다. 一匹雛(일필추) 필은 원
래 말을 세는 양사이고, 추는 병아리이다. 烏獲(오확) 획(獲)이 사람 이름일 때는 '확'으로 읽
는다. 진나라 사람으로 무왕 때에 벼슬을 했고, 힘이 매우 셌다고 한다. 假館(가관) 숙소를
빌려 거주한다는 의미이다. 有餘師(유여사) 스승이 적지 않다는 의미이다.

데, 그런 말이 있습니까?" 맹자께서 "그렇다."라고 대답하셨다. 조교가 물었다. "문왕은 키가 10척이고, 탕임금은 9척이었다고 들었습니다. 지금 저는 키가 9척 4촌이나 되는데 밥만 축내고 있을 뿐이니, 어떻게 해야 되겠습니까?" (맹자께서) 대답하셨다. "(그것이) 키와 무슨 상관이겠는가? 또한 실천할 뿐이다. 어떤 사람이 여기 있는데, 자신의 힘으로 병아리 한 마리 들 수 없다면, (그는 정녕) 힘이 없는 사람이다. 만일 100균을 들 수 있다면, (그는 진정) 힘이 있는 사람이다. 그러니 오확이 들 수 있는 무게를 든다면, 그도 또한 오확과 같은 사람일 것이다. 사람들이 어찌 감당하지 못할 것을 가지고 걱정하겠는가? 다만 실천하지 않을 뿐이다. 어른의 뒤를 따라서 천천히 걷는 것을 제(悌)라 하고, 어른을 제치고 빠르게 앞서 걷는 것을 부제(不悌)라 한다. 천천히 걷는 것이 어찌 사람이 할 수 없는 일이겠는가? 하지 않는 것이다. 요순의 도는 효제일 뿐이다. 당신이 요임금이 입던 옷을 입고 요임금이 하던 말을 하며 요임금이 하던 행위를 한다면, 당신이 곧 요임금이다. 당신이 걸(桀)왕이 입던 옷을 입고 걸이 하던 말을 하며 걸이 하던 행위를 한다면, 당신이 바로 걸이다." (조교가) 말했다. "제가 추나라 군주를 뵈면 그에게 숙소를 빌릴 수 있을 것이나 선생님의 문하에 남아 배우고 싶습니다." (맹자께서) 말씀하셨다. "도는 큰 길과 같은 것인데, 어찌 이해하기 어렵겠는가? 사람들의 병폐는 (도를) 찾지 않는 것일 뿐이다. 당신이 돌아가서 찾아보면 스승은 많을 것이다."

公孫丑問曰: "高子曰: '小弁, 小人之詩也.'" 孟子曰: "何以言之?" 曰: "怨."
曰: "固哉! 高叟之爲詩也. 有人於此, 越人關弓而射之, 則己談笑而道之,
無他, 疏之也. 其兄關弓而射之, 則己垂涕泣而道之, 無他, 戚之也. 小弁之
怨, 親親也. 親親, 仁也. 固矣夫, 高叟之爲詩也." 曰: "凱風何以不怨?" 曰:
"凱風, 親之過小者也. 小弁, 親之過大者也. 親之過大而不怨, 是愈疏也.
親之過小而怨, 是不可磯也. 愈疏, 不孝也. 不可磯, 亦不孝也. 孔子曰: '舜
其至孝矣, 五十而慕.'"

小弁(소반) 소반은 『시경』 「소아」의 편명인데, 변(弁)은 시경의 편명에서는 '반'으로 읽는다.
固(고) 조기는 루(陋, 미천하다)라고 주석했고, 주희는 고집불통〔執滯不通〕이라고 했다. 關
弓(관궁) 관은 만(彎, 당기다, 화살을 시위에 메다)과 같다. 道(도) 말하다〔語〕라는 뜻으로,
저지하려고 말하는 것을 의미한다. 戚(척) 친(親)과 같아서 가깝다는 의미이다. 凱風(개풍)
『시경』 「패풍(邶風)」의 편명. 패는 나라 이름이다. 磯(기) 격(激)과 같다. 주희는 "불가기(不
可磯)"를 "조금만 격(激)하여도 곧바로 노(怒)하는 것"이라고 했다. 慕(모) 한편으로 원망하
면서 또한 사모하는 것〔怨慕〕이다.

宋牼將至楚, 孟子遇於石丘, 曰: "先生將何之?" 曰: "吾聞秦·楚構兵, 我
將見楚王說而罷之. 楚王不悅, 我將見秦王說而罷之. 二王我將有所遇焉."

12-3　공손추가 물었다. "고자(高子)가 「소반」은 소인이 지은 것이라고 말했습니다." 맹자께서 말씀하셨다. "왜 그렇게 말했는가?" (공손추가) 대답했다. "원한의 의미가 있기 때문이라고 합니다." (맹자께서) 말씀하셨다. "고루하구나, 고 선생의 시 해석이여. 여기에 어떤 사람이 있는데, 월나라 사람이 활을 당겨 다른 사람을 쏘려는 것을 본다면 그 사람은 웃으면서 활 쏘려는 사람을 말릴 것이다. 다른 까닭이 아니라 월나라 사람과 관계가 멀기 때문이다. 만약 자신의 형이 활을 당겨 다른 사람을 쏘려는 것을 본다면 그 사람은 눈물을 흘리며 울면서 형을 말릴 것이다. 다른 까닭이 아니라 형과 관계가 친밀하기 때문이다. 소반의 원한은 아버지를 친애했기 때문이다. 아버지를 친애하는 것이 바로 인(仁)이다. 고루하구나, 고 선생의 시 해석이여." (공손추가) 말했다. "「개풍」에는 어째서 원한이 없습니까?" (맹자께서) 말씀하셨다. "「개풍」에서 어머니의 잘못은 작지만, 「소반」에서 아버지의 잘못은 크기 때문이다. 부모의 잘못이 큰데도 원망하지 않는다면, (부모와) 더욱 소원해질 것이다. 부모의 잘못이 작은데도 원망한다면, 너무 흥분해서 견디지 못하는 것이다. 부모와 더욱 소원해지는 것도 불효이고, 너무 흥분해서 견디지 못하는 것 또한 불효이다. 공자께서 말씀하셨다. '순임금은 가장 효성스러운 분이다. 쉰 살이 되어서도 여전히 부모를 원망하면서 또한 사모했다.'"

12-4　송경이 초나라로 가는 길이었는데, 맹자께서 석구에서 그를 만났다. (맹자께서) 물었다. "선생은 어디로 가려 합니까?"

曰: "軻也請無問其詳, 願聞其指, 說之將如何?" 曰: "我將言其不利也." 曰: "先生之志則大矣, 先生之號則不可. 先生以利說秦·楚之王, 秦·楚之王悅於利, 以罷三軍之師, 是三軍之士樂罷而悅於利也. 爲人臣者, 懷利以事其君; 爲人子者, 懷利以事其父; 爲人弟者, 懷利以事其兄: 是君臣·父子·兄弟終去仁義, 懷利以相接, 然而不亡者, 未之有也. 先生以仁義說秦·楚之王, 秦·楚之王悅於仁義而罷三軍之師, 是三軍之士樂罷而悅於仁義也. 爲人臣者, 懷仁義以事其君; 爲人子者, 懷仁義以事其父; 爲人弟者, 懷仁義以事其兄: 是君臣·父子·兄弟去利懷仁義以相接也, 然而不王者, 未之有也. 何必曰利?"

宋牼(송경) 송나라 사람으로 전국 시대의 유명한 학자이다. 石丘(석구) 송나라의 지명인데, 지금의 어느 곳인지는 명확하지 않다. 先生(선생) 초순에 따르면 나이가 많으면서 덕이 있는 사람을 말하기도 하고, 또는 직하학파의 나이 많은 학자를 가리키기도 한다. 構兵(구병) 구는 교접(交接)의 의미로, 구병은 쌍방이 출병하여 교전하는 것이다. 說而罷之(세이파지) 세는 설복하다의 의미로, 초왕과 진왕을 설복하여 쌍방이 전쟁을 멈추도록 하는 것이다. 遇(우) 주희는 합(合)이라고 했다. 指(지) 뜻 지(恉)와 같다. 의향(意向)의 의미다. 大(대) 양보쥔은 선(善)으로 해석했다. 號(호) 표현 방식을 가리키는데, '어떤 명분으로 천하에 호소할 것인가?'라는 의미이다. 懷(회) 회포(懷抱), 즉 마음속으로 품는 생각이라는 뜻이다. 相接(상접) 접은 합(合)과 같으며, 회합하다[會]의 의미이다.

(송경이) 대답했다. "내가 듣기에, 진(秦)나라와 초나라가 전쟁을 한다고 하니, 초나라 왕을 만나서 전쟁을 멈추라고 설득하고자 한다. 만약 초나라 왕이 기꺼워하지 않으면, 진나라 왕을 만나서 전쟁을 멈추라고 설득해 볼 생각이다. 두 왕 가운데 나와 뜻이 맞는 왕이 있을 것이다." (맹자께서) 말씀하셨다. "나는 자세한 내용을 묻고 싶지는 않고, 그 대강만 듣고 싶습니다. 어떻게 그들을 설득하려고 합니까?" (송경이) 말했다. "나는 전쟁이 이롭지 않은 일이라고 말하려고 한다." (맹자께서) 말씀하셨다. "선생의 뜻은 매우 좋습니다. 그러나 선생의 명분은 적절하지 않습니다. 선생이 이익이라는 명분으로 진나라 왕과 초나라 왕을 설득한다면, 진나라 왕과 초나라 왕은 이익이 있다는 것에 기뻐할 것이고, 그래서 군사 행동을 그칠 것입니다. 모든 군대의 장병들은 전쟁이 그침을 즐거워할 것이니, 그래서 모두 이익을 좋아하게 될 것입니다. 신하 된 자가 이익으로 군주를 모시고 자식 된 자가 이익으로 부모를 모시며 동생 된 자가 이익으로 형님을 모신다면, 군신, 부자, 형제 사이에 인의를 완전히 포기하고 이익으로 서로 대할 것이니, 이렇게 해서 망하지 않은 자는 일찍이 없었습니다. 만약 선생이 인의로 진나라 왕과 초나라 왕을 설득한다면, 진나라 왕과 초나라 왕이 인의가 있다는 것에 기뻐할 것이고, 그래서 군사 행동을 그칠 것입니다. 모든 군대의 장병들은 전쟁이 그침을 즐거워할 것이니, 그래서 모두 인의를 좋아하게 될 것입니다. 신하 된 자가 인의의 마음으로 군주를 모시고 자식 된 자가 인의의 마음으로 부모를 모시며 동생 된 자가 인의의 마음으로 형

孟子居鄒. 季任爲任處守, 以幣交, 受之而不報. 處於平陸, 儲子爲相, 以幣
交, 受之而不報. 他日, 由鄒之任, 見季子; 由平陸之齊, 不見儲子. 屋廬子
喜曰: "連得間矣!" 問曰: "夫子之任見季子, 之齊不見儲子, 爲其爲相與?"
曰: "非也. 書曰: '享多儀, 儀不及物, 曰不享. 惟不役志于享.' 爲其不成享
也." 屋廬子悅. 或問之, 屋廬子曰: "季子不得之鄒, 儲子得之平陸."

季任(계임) 임(任)나라는 현재 산둥 성 지닝 시(濟寧市)에 있었던 고대의 작은 나라이다. 계
임은 이 임나라 군주의 동생이다. 處守(처수) 조기에 따르면, 임나라의 왕이 옆 나라에 가서
조회를 하는 동안 계임이 임나라를 방비했다. 처수는 본래 황제가 수도를 떠나 순행할 때, 대
신이 수도에 남아서 지키는 것으로 유수(留守)와 같다. 平陸(평륙) 현재 산둥 성 원상 현(汶
上縣) 북쪽의 옛 지명이다. 儲子(저자) 조기에 따르면, 제나라의 재상이다. 連得間(연득간)
연은 옥려자의 이름이다. 주희에 따르면, 옥려자는 맹자가 두 사람을 다르게 대우하는 데는
분명 특별한 뜻〔義理〕이 있음을 알았기 때문에, 그 차이〔間隙〕를 질문할 수 있어서 기뻐했
다. 書(서) 『서경』 「낙고(洛誥)」이다. 享多儀(향다의) 공영달의 『상서정의』에 의하면, 향은
헌(獻, 올리다)이다. 다는 중(重)이며, 의는 예(禮)이다. 그래서 예물을 올리는 데 예의가 중요
하다는 말이다. 役(역) 용(用)으로, 마음을 쓴다는 뜻이다. 爲其不成享也(위기불성향야)
왜냐하면 그것이 충분한 예절을 갖추어서 봉헌된 것이 아니기 때문이다.

님을 모신다면, 군신, 부자, 형제 사이에서 이익을 버리고 인의의 마음으로 서로 대할 것이니, 그런데도 왕 노릇 하지 못한 경우는 일찍이 없었습니다. 어째서 반드시 이익을 말하려 하십니까?"

12·5 맹자께서 추나라에 계셨다. 계임이 임나라의 처수를 맡아 국정을 대신했는데, 이때 (계임이 맹자에게) 예물을 보내 교제하고자 했지만 맹자는 예물을 받고 답하지는 않았다. 맹자께서 (제나라) 평륙에 있을 때 저자가 제나라 재상으로 있었는데, (그 역시) 예물을 보내 교제하고자 했지만 맹자는 예물을 받고 답하지는 않았다. 얼마 뒤 맹자께서 추나라에서 임나라로 갔을 때 계임을 만났다. 그러나 평륙에서 제나라 수도로 갔을 때는 저자를 만나지 않았다. 옥려자는 기뻐하며 "나는 선생님께 여쭤 볼 점을 찾아냈다!" 하고는 (맹자에게) 물었다. "선생님께서 임나라에 갔을 때는 계임을 만나보셨는데, 제나라에 가서는 저자를 만나지 않으셨습니다. 그 이유가 저자가 재상이었기 때문입니까?" 맹자께서 말씀하셨다. "아니다. 『서』에서 이렇게 말했다. '예물을 올릴 때는 예설이 중요하다. 만약 예절을 충분히 갖추지 못하면, 예물을 올리지 않았다고 말할 수 있다. 성심성의껏 올리지 않았기 때문이다.' 저자가 (재상이었기 때문이 아니라) 예물을 올리는 데 성의를 다하지 않았기 때문이다." 옥려자는 매우 기뻐했다. 어떤 사람이 옥려자에게 그 까닭을 묻자, 옥려자가 말했다. "왜냐하면 계임은 추나라에 올 수 없는 상황이었지만, 저자는 평륙에 올 수 있는 상황이었기 때문이다."

淳于髡曰: "先名實者, 爲人也. 後名實者, 自爲也. 夫子在三卿之中, 名實未加於上下而去之, 仁者固如此乎?" 孟子曰: "居下位, 不以賢事不肖者, 伯夷也. 五就湯, 五就桀者, 伊尹也. 不惡汙君, 不辭小官者, 柳下惠也. 三者不同道, 其趨一也." "一者何也?" 曰: "仁也. 君子亦仁而已矣, 何必同?" 曰: "魯繆公之時, 公儀子爲政, 子柳·子思爲臣, 魯之削也滋甚. 若是乎賢者之無益於國也." 曰: "虞不用百里奚而亡, 秦穆公用之而霸. 不用賢則亡, 削何可得與?" 曰: "昔者王豹處於淇, 而河西善謳. 緜駒處於高唐, 而齊右善歌. 華周·杞梁之妻善哭其夫, 而變國俗. 有諸內必形諸外, 爲其事而無其功者, 髡未嘗覩之也. 是故無賢者也, 有則髡必識之." 曰: "孔子爲魯司寇, 不用, 從而祭, 燔肉不至, 不稅冕而行. 不知者以爲爲肉也, 其知者以爲爲無禮也, 乃孔子則欲以微罪行, 不欲爲苟去. 君子之所爲, 衆人固不識也."

名實(명실) 조기는 명을 도덕적인 명성으로, 실은 나라를 다스리고 인민에게 은혜를 베푸는 공적이라고 해석했다. 주희에 따르면 명은 명예이고, 실은 사공(事功)이다. 三卿(삼경) 초순은 전조망(全祖望)의 『경사문답(經史問答)』을 인용하여 "맹자 시대에 7국의 관제에서 삼경은 상경(上卿), 아경(亞卿), 하경(下卿)을 말한다."라고 하였다. 公儀子(공의자) 공의는 성이고, 이름은 휴(休)이다. 노나라의 재상이다. 子柳(자유) 성명은 설유(泄柳)로, 자사와 함께 노나라 목공의 스승이었다. 削(삭) 토지를 침탈(侵奪)당하다라는 뜻이다. 王豹(왕표) 노래를 잘하는 위나라 사람이다. 淇(기) 허난 성(河南省) 북부에 있는 강 이름이다. 緜駒(면구) 제나라 사람으로 노래를 잘했다. 高唐(고당) 오늘날의 산둥 성 위청 현(禹城縣) 서남쪽 지역이다. 齊右(제우) 고당은 제나라의 서쪽에 있어서 남면(南面)하는 왕의 위치에서 볼 때, 서쪽은 오른쪽에 있게 된다. 그래서 제우라고 했다. 華周(화주) 화선(華旋)이라는 사람으로, 제나라의 대부였다. 杞梁(기량) 기식(杞殖)이라는 사람으로, 제나라의 대부였다. 燔肉(번육) 제육(祭肉), 즉 제사 지낸 고기를 가리킨다. 고대에 제후들이 종묘에 제사 지낸 뒤 반드시 제사 지낸 고기를 대부들에게도 나누어 주었다. 제사 고기를 나누어 먹는다는 것은 함께 복록(福祿)을 누린다는 의미다. 不稅冕(불세면) 세는 탈(脫)과 같고, 면은 제사 지낼 때만 쓰

순우곤이 말했다. "명예와 공적을 우선시하는 것은 백성을 위하는 것이고, 명예와 공적을 나중으로 여기는 것은 그 자신만을 위하는 것입니다. 선생님께서는 제나라의 삼경 가운데 한 분이신데, 위로는 군주와 아래로는 백성에게 아직 명예와 공적을 이루지 못하였는데도 이곳을 떠나시니, 인(仁)한 사람은 본래 이렇습니까?" 맹자께서 말씀하셨다. "낮은 지위에 있으면서 자신의 현명한 자질로 현명하지 못한 군주를 모시지 않은 이는 백이이다. 다섯 번 탕임금에게 갔고, 다섯 번 걸에게 갔던 이는 이윤이다. 타락한 군주를 싫어하지 않고 낮은 관직도 사양하지 않은 이는 유하혜이다. 세 사람은 서로 가는 길이 달랐지만, 그들의 지향점은 일치한다." (순우곤이 물었다.) "일치한 것은 무엇입니까?" (맹자께서) 말씀하셨다. "바로 인이다. 군자는 오직 인을 추구할 뿐이다. (그 방법이) 어째서 반드시 같아야 하겠는가?" (순우곤이) 말했다. "노나라 목공 시대에 공의자가 국정을 주도하였고 자유, 자사가 신하로 있었는데, 노나라의 국토가 다른 나라에 의해서 심하게 침탈되었습니다. 현인이 국가에 아무런 도움이 되지 않음이 이런 정도입니다." (맹자께서) 말씀하셨다. "우나라는 백리해를 등용하지 않아서 멸망하였고, 진 목공은 백리해를 등용하여 패왕(覇王)이 되었다. 현인을 등용하지 않으면 나라가 멸망하게 되니, 어찌 단지 국토가 침탈되는 정도에 그치겠는가?" (순우곤이) 말했다. "이전에 왕표가 기강 가에 거처하니 하서의 사람들이 노래를 잘 불렀습니다. 면구가 고당에 거처하니 제나라 서쪽 사람들이 노래를 잘 불렀습니다. 화주와 기량의 아내는 전사한 남편 때는 모자이니, '모자도 벗지 않고'라는 뜻이다.

孟子曰:"五霸者, 三王之罪人也. 今之諸侯, 五霸之罪人也. 今之大夫, 今
之諸侯之罪人也. 天子適諸侯曰巡狩, 諸侯朝於天子曰述職. 春省耕而補不
足, 秋省斂而助不給. 入其疆, 土地辟, 田野治, 養老尊賢, 俊傑在位, 則有
慶, 慶以地. 入其疆, 土地荒蕪, 遺老失賢, 掊克在位, 則有讓. 一不朝則貶
其爵, 再不朝則削其地, 三不朝則六師移之. 是故天子討而不伐, 諸侯伐而
不討. 五霸者, 摟諸侯以伐諸侯者也. 故曰五霸者, 三王之罪人也. 五霸桓公
爲盛. 葵丘之會諸侯, 束牲載書而不歃血. 初命曰: '誅不孝, 無易樹子, 無以
妾爲妻.' 再命曰: '尊賢育才, 以彰有德.' 三命曰: '敬老慈幼, 無忘賓旅.' 四

문에 슬피 울었는데, 이에 따라 제나라의 풍속이 바뀌었습니다. 마음속에 무엇이 들어 있으면, 그것은 반드시 밖으로 드러나게 됩니다. 어떤 일을 했는데 그 공적이 드러나지 않는 경우를 저는 본 적이 없습니다. 그러므로 지금은 현인이 없습니다. 만약 있다면, 저는 반드시 그 사람을 알 것입니다." (맹자께서) 말씀하셨다. "(이전에) 공자께서 노나라 사구(司寇)를 지내셨지만 군주가 중용하지는 않았고, 노나라 군주를 따라 함께 제사를 지냈지만 제사에 쓴 고기를 보내 오지 않자, 공자께서는 제사 때 쓰는 모자를 벗지도 않으시고 바로 자리를 떠나 버리셨다. 이해하지 못하는 사람은 공자께서 고기 때문에 떠난 것이라고 생각했고, 이해하는 사람은 노나라 군주가 무례했기 때문에 떠난 것이라고 생각했다. 그러나 공자 자신은 노나라 군주의 작은 실수를 구실로 해서 떠나고 싶었던 것이지, 멋대로 떠나고 싶지는 않았던 것이다. 일반 사람들은 진실로 군자가 하는 행동을 이해하기 어렵다."

12·7   맹자께서 말씀하셨다. "(춘추 시대의) 오패(五霸)는 삼왕(三王)의 죄인이다. 오늘날의 제후는 오패의 죄인이다. 오늘날의 대부는 제후의 죄인이다. 천자가 제후의 나라를 순시하는 것을 순수(巡狩)라 말하고, 제후가 천자를 알현하는 것을 술직(述職)이라 말한다. 봄철에는 농사를 살펴보아 부족한 것을 보태 주고, 가을철에는 수확 상황을 살펴보아 부족한 것을 보충해 준다. (천자가) 어떤 제후국의 영토에 들어갔는데, 토지가 개간되었고 논밭이 잘 정리되었으며 노인들

命曰: '士無世官, 官事無攝; 取士必得, 無專殺大夫.' 五命曰: '無曲防, 無遏
糴, 無有封而不告.' 曰: '凡我同盟之人, 旣盟之後, 言歸于好.' 今之諸侯皆
犯此五禁, 故曰今之諸侯, 五覇之罪人也. 長君之惡其罪小, 逢君之惡其罪
大. 今之大夫皆逢君之惡, 故曰今之大夫, 今之諸侯之罪人也."

五覇(오패) 맹자가 말하는 오패는, 『백호통(白虎通)』「호(號)」에 의하면 제 환공(齊桓公), 진 문공(晉文公), 진 목공(秦穆公), 초 장왕(楚莊王), 오왕 합려(吳王闔閭), 혹은 제 환공, 진 문공, 진 목공, 송 양공(宋襄公), 초 장왕을 말한다. 조기에 의하면 후자이다. 巡狩(순수) 순 수(巡守)와 같다. 제후가 다스리는 지방을 천자가 순시하는 것이다. 述職(술직) 제후가 천자 에게 자신의 직무 이행에 대해 진술하는 것이다. 辟(벽) 열 벽(闢)과 같다. 慶(경) 상 줄 상 (賞)과 같다. 掊克(부극) 부는 그러모으다라는 뜻이다. 주희는 취렴(聚斂), 즉 세금을 과중 하게 거두어들이는 것이라고 했다. 讓(양) 책(責)과 같다. 책임을 물어 벌을 주는 것이다. 六 師(육사) 천자의 육군(六軍)을 말하는데, 1만 2500명의 군인을 군(軍)이라고 했다. 討而不 伐(토이불벌) 토는 천자가 명령을 내려 특정 지휘자를 바로잡으려는 것으로 방백(方伯)이 제 후들을 이끌고 가 치는 것이다. 벌은 천자의 명령을 받들어 특정 제후의 죄를 성토하고 치는 것이다. 토에는 징벌하여 '다스린다'는 의미가 있고, 벌은 무력으로 치는 데 중점이 있다. 번역 할 때 토는 '토벌'로 벌은 '정벌'로 표시했다. 摟(루) 강견(強牽), 즉 강제로 끌어들인다는 의 미이다. 葵丘(규구) 춘추 시대 송나라의 지명으로, 허난 성 카오청 현(考城縣) 동쪽 약 12킬 로미터 지역이다. 束牲載書(속생재서) 속은 묶다. 동여매다의 뜻이다. 생은 제사에 쓰는 제 물로 여기서는 소를 말한다. 재서는 맹약을 하는 문서이다. 그러나 양보쥔에 따르면 재는 올려 놓는다는 의미로 쓰였다. 歃血(삽혈) 굳게 맹세할 때 희생의 피를 서로 나누어 마시고 서약 을 꼭 지킨다는 결심을 신에게 보이는 일이다. 일설에는 피를 입술에 바르는 것이라고도 한다. 無易樹子(무역수자) 주희에 따르면 수는 세운다는 뜻으로 이미 세운 세자를 바꿔서는 안 된 다는 말이다. 無攝(무섭) 겸섭(兼攝, 맡은 직무 외에 다른 직무를 겸하여 봄)하지 않는다는 뜻이다. 取士必得(취사필득) 조기는 득을 득현(得賢), 즉 현명하고 능력 있는 사람을 등용 한다는 뜻으로 풀이했다. 專殺(전살) 천살(擅殺), 곧 멋대로 죽인다는 말이다. 無曲防(무을 잘 부양하고 현인을 존중하며 재능이 출중한 인재를 등용하여 관리로 삼고 있으면 상을 주었는데 토지를 상으로 주었다. (천자가) 어떤 제후국의 영토에 들어갔는데, 토지는 황량하고 노인들은 버려졌으며 현인은 등용되지 못하고 백성의 재산을 수탈한 사람이 관직에 있으면 책임을 물어 벌을 내렸다. 제후가 한 차례 천자를 알현하여 보고하지 않으면 그 작위를 깎아 내리고, 두 번째로 보고하지 않으면 그의 토지를 줄여 버렸으며, 세 번째로 보고하지 않으면 군대를 보내 (다른 제후를 세웠)다. 그러므로 천자는 (책망하여) 토벌하지 정벌하지는 않고, 제후는 정벌할 뿐 토벌하지 못한다. (그러나) 오패는 (강제로) 몇몇 제후를 끌어들여 다른 제후를 (공격하고) 정벌했다. 그래서 오패는 삼왕의 죄인이라고 말하는 것이다. 오패 가운데 제 환공이 가장 강성했다. 규구의 회맹에서 희생 소를 결박하여 그 위에 맹약서를 올려놓고 피를 마시지는 않았다. 제1맹약에서 말하길 '불효한 자는 죽이고 이미 태자에 오른 자는 바꾸지 않으며 첩을 정실로 삼지 말아야 한다.'라고 했다. 제2맹약에서는 '현인을 존중하고 인재를 배양하여 덕이 있는 사람을 표창해야 한다.'라고 말했다. 제3맹약에서는 '노인을 존경하고 어린이를 자애하며 외부 손님 대접을 소홀히 해서는 안 된다.'라고 말했다. 제4맹약에서는 '선비[士人]는 관직을 세습하지 못하게 하고 공적 업무는 겸직하지 못하게 하며, 선비를 등용할 때는 반드시 능력 있는 인재를 고르고 함부로 대부를 죽이지 말아야 한다.'라고 말했다. 제5맹약에서는 '아무 데나 제방을 쌓지 말고 이웃 나라가 식량을 구매하려는 것을 방해하곡방) 양보쥔에 따르면, 방은 제(隄, 둑)와 같고, 곡은 부사로 무불(無不, ~하지 않는 것이 없다, 모두 ~이다), 혹은 편(遍, 두루)의 의미이다. 遏糴(알적) 알은 막다, 적은 쌀을 사다의 의미다. 이웃 나라에 재난이 있을 때, 쌀을 사지 못하게 해서는 안 된다는 말이다. 言歸于好(언귀우호) 언은 조사로 의미가 없다. 長君之惡(장군지악) 장은 조장하다의 뜻이다. 주희는 "군주에게 과오가 있는데 간언하지 않고 군주를 따르는 것은 군주의 과오를 조장하는 것"이라고 해석했다. 逢君之惡(봉군지악) 군주의 뜻에 영합하는 것이다. 주희는 "군주의 과오가 싹트기 전에 그것을 유도하는 것은 군주의 과오를 이끌어 내는 것이다."라고 해석했다.

魯欲使愼子爲將軍. 孟子曰: "不敎民而用之, 謂之殃民. 殃民者, 不容於堯舜之世. 一戰勝齊, 遂有南陽, 然且不可." 愼子勃然不悅, 曰: "此則滑釐所不識也." 曰: "吾明告子: 天子之地方千里, 不千里, 不足以待諸侯. 諸侯之地方百里, 不百里, 不足以守宗廟之典籍. 周公之封於魯爲方百里也, 地非不足, 而儉於百里. 太公之封於齊也, 亦爲方百里也, 地非不足也, 而儉於百里. 今魯方百里者五, 子以爲有王者作, 則魯在所損乎, 在所益乎? 徒取諸彼以與此, 然且仁者不爲, 況於殺人以求之乎! 君子之事君也, 務引其君以當道, 志於仁而已."

愼子(신자) 노나라의 신하로, 용병에 뛰어났다고 한다. 不敎民而用之(불교민이용지) 주희에 따르면 인민들에게 예의를 가르치는 것과 전투에 동원하는 일을 말한다. 南陽(남양) 태산(泰山)의 서남쪽 지역이다. 춘추 시대에 노나라와 제나라가 서로 다투던 지역으로, 본래는 노나라에 속했으나 나중에 제나라에 침탈당했다. 오늘날의 산둥 성 쩌우현(鄒縣)으로 추정된다. 勃然(발연) 갑자기 노하거나 흥분하는 모양, 안색이 변하는 모양이다. 滑釐(골리) 골의 원음은 활(미끄럽다)이지만, 이름으로 사용할 때는 골이라고 발음한다. 신자의 이름이다. 待

지 않아야 하며 토지를 상으로 주고 나서 (맹주에게) 알리지
않으면 안 된다.'라고 말했다. (그러고는) '동맹을 한 우리 모
두는 맹약을 맺은 후 우호를 다져야 한다.'라고 말했다. 오늘
날의 제후들은 모두 이 다섯 가지 맹약을 위반하기에, 오늘
날의 제후들은 모두 오패의 죄인이라고 말한다. 군주의 잘
못을 조장하는 것은 죄가 작다고 할 수 있다. (그러나) 군주
의 사악한 의도에 영합하여 잘못을 범하게 하는 것은 그 죄
가 매우 크다. 오늘날의 대부들은 모두 군주의 사악한 의도
에 영합하여 잘못을 범하게 하고 있기에, 오늘날의 대부는
제후의 죄인이라고 말한다."

12-8   노나라가 신자를 장군으로 임명하려고 했다. 맹자께서 말
씀하셨다. "인민을 교육하지 않고 전쟁터에 내보내는 것을
일러 인민을 해치는 것이라고 한다. 인민을 해치는 사람은
요순시대에 용납되지 않았다. 한 차례의 전투에서 제나라
를 이겨 남양을 차지한다 하더라도, 여전히 안 된다." 신자
가 갑자기 화난 얼굴로 언짢아하며 말했다. "이는 제가 이
해하지 못하겠습니다." 맹자께서 말씀하셨다. "내 분명하게
당신에게 알려 주겠다. 천자가 직접 관할하는 지역은 사방
1000리인데, 만약 1000리에 이르지 못하면 제후들을 접
대하기에 부족하다. 제후의 토지는 사방 100리인데, 만약
100리에 이르지 못하면 종묘의 전적(典籍)을 지키기에 부
족하다. 주공이 노나라 제후에 봉해졌을 때 그 토지는 사방
100리였는데, (주 황실의) 토지가 부족해서가 아니라 100리
로 한정한 것이다. 강태공은 제나라 제후에 봉해졌을 때도

諸侯(대제후) 주희는 천자가 제후들의 조회(朝會)와 빙문(聘問, 예를 갖추어 방문함)에 대접하는 예를 말한다고 풀이했다. 宗廟之典籍(종묘지전적) 종묘는 천자나 제후들이 조상에게 제사 지내는 곳이고, 전적은 선조가 천자에게서 받아 대대로 전승하여 종묘에 보관해 오는 중요한 글월과 책자이다. 주희는 "제사(祭祀)와 회동(會同)하는 일정한 제도[常制]"라고 했다. 儉(검) 주희는 '그쳐서 지나치지 않게 함'이라고 했고, 초순은 '적게 하는 것'이라고 했다. 太公(태공) 강상(姜尙), 즉 강태공이다. 徒(도) 주희에 따르면 사람을 죽이지 않고 그것을 취하는 것이다. 當道(당도) 주희에 따르면 일이 이치에 합치함을 말한다. 志於仁(지어인) 주희에 따르면 마음을 인에 두는 것이다.

孟子曰: "今之事君者曰: '我能爲君辟土地, 充府庫.' 今之所謂良臣, 古之所謂民賊也. 君不鄕道, 不志於仁, 而求富之, 是富桀也. '我能爲君約與國, 戰必克.' 今之所謂良臣, 古之所謂民賊也. 君不鄕道, 不志於仁, 而求爲之强戰, 是輔桀也. 由今之道, 無變今之俗, 雖與之天下, 不能一朝居也."

辟土地(벽토지) 조기에 따르면 소국을 침범해서 땅을 뺏는다는 말이다. 주희에 따르면 새로운 토지를 개간하는 것이다. 充府庫(충부고) 조기에 따르면 세금을 무겁게 거둬들이는 것이다. 부고는 옛날에 관청의 문서나 재물을 보관하는 곳이다. 鄕(향) 손석은 동경하고 지향하는 뜻으로 풀었다. 주희는 향(向)하는 것으로 풀었다. 約與國(약여국) 조기는 제후와 연합하여 전쟁에 나서는 것으로 해석했다. 주희에 따르면 약은 동맹을 맺는 것이고, 여국은 상호 우호적인 나라이다.

그 토지는 또한 사방 100리였는데, 토지가 부족해서가 아니라 100리로 한정한 것이다. 현재 노나라의 토지는 사방 100리가 되는 것이 다섯이나 되는데, 당신 생각에 (훌륭한) 임금이 나온다면, 노나라는 토지를 줄여야 할 쪽에 있겠는가? (아니면) 보태야 할 쪽에 있겠는가? (한 사람도 죽이지 않고) 다만 이 나라의 땅을 저 나라에 주는 일조차 인(仁)한 사람은 하지 않는데, 하물며 살인을 하면서까지 토지를 구해야 하겠는가! 군자가 임금을 모심에 있어서는, 그 임금을 인도하여 정도(正道)에 합치하도록 하고, 인(仁)에 뜻을 두도록 힘써야 할 뿐이다."

12:9　　맹자께서 말씀하셨다. "오늘날 임금을 모시는 사람들은 모두 이렇게 말한다. '나는 임금을 위해 땅을 넓히고 창고를 채울 수 있다.' 오늘날의 이른바 좋은 신하는 옛날에 말하던 인민을 해치는 자들이다. 군주가 정도를 지향하지 않고 그 뜻을 인에 두지 않는데, 도리어 그를 부유하게 하려고만 한다. 이것은 (폭군) 걸을 부유하게 하는 것이다. (또한 임금을 모시는 사람들은 모두 이렇게 말한다.) '나는 임금을 위해 다른 나라와 동맹을 맺고, 전쟁을 하면 반드시 이길 수 있다.' 오늘날의 이른바 좋은 신하는 옛날에 말하던 인민을 해치는 자들이다. 군주가 정도를 지향하지 않고 그 뜻을 인에 두지 않는데, 도리어 이런 군주를 위해 무리한 전쟁을 일으킨다면 이는 폭군 걸을 도와주는 것이다. 오늘날의 방법으로 말미암아 오늘날의 풍속을 바꾸지 않는다면, 비록 천하를 준다고 해도 하루도 편안하게 거처하지 못할 것이다."

白圭曰: "吾欲二十而取一, 何如?" 孟子曰: "子之道, 貉道也. 萬室之國, 一人陶, 則可乎?" 曰: "不可, 器不足用也." 曰: "夫貉, 五穀不生, 惟黍生之. 無城郭宮室·宗廟祭祀之禮, 無諸侯幣帛饔飧, 無百官有司, 故二十取一而足也. 今居中國, 去人倫, 無君子, 如之何其可也? 陶以寡, 且不可以爲國, 況無君子乎! 欲輕之於堯·舜之道者, 大貉小貉也. 欲重之於堯·舜之道者, 大桀小桀也."

白圭(백규) 이름은 단(丹)이고, 규는 자(字)이다. 주나라 사람이다. 貉(맥) 북쪽 오랑캐의 나라 이름. 饔飧(옹손) 먹을 수 있게 요리된 음식으로, 옹은 아침 식사이고 손은 저녁 식사를 말한다. 주희는 음식으로 손님을 대접하는 예라고 주석했다. 百官有司(백관유사) 양보쥔에 따르면 백관은 관아이고 유사는 관리이다.

白圭曰: "丹之治水也, 愈於禹." 孟子曰: "子過矣. 禹之治水, 水之道也, 是故禹以四海爲壑. 今吾子以鄰國爲壑, 水逆行, 謂之洚水. 洚水者, 洪水也. 仁人之所惡也, 吾子過矣."

愈(유) 승(勝)과 같아서, '~보다 뛰어나다'는 의미이다. 水之道(수지도) 주희는 물의 성질에 순응하는 것이라 주석했고, 초순은 물이 흐르는 길이라고 주석했다. 壑(골) 골, 산골짜기, 도랑, 개천, 해자 등을 가리키는데, 주희는 물을 받아들이는 곳이라 주석했다.

孟子曰: "君子不亮, 惡乎執?"

백규가 말했다. "저는 20분의 1로 (세금을) 거두려는데, 어떻습니까?" 맹자께서 말씀하셨다. "당신의 방법은 맥(貉)나라의 방법이다. 만호(萬戶)의 국가에서 한 사람만 그릇을 굽는다면 충분하겠는가?" (백규가) 말했다. "안 됩니다. 그릇이 쓰기에 부족할 것입니다." (맹자께서) 말씀하셨다. "맥나라는 오곡이 모두 자라나지 않고, 단지 기장만 자란다. (그곳에는) 내외성과 궁궐, 종묘와 제사의 예절이 없고 제후 간에 서로 예물 교환이나 향연도 없으며 각급 관청과 대소 관리도 없어서 세금을 20분의 1로 걷어도 충분하다. 이제 중국에 거주하면서 인륜을 포기하고 군자마저 없다면 어찌 괜찮겠는가? 그릇을 굽는 사람이 너무 적어도 국가를 제대로 다스릴 수 없는데, 하물며 군자가 없다면 어찌되겠는가? 요임금과 순임금보다 가벼운 세율을 적용하려는 자는 대맥과 소맥 같은 야만인이다. 요임금과 순임금보다 무겁게 하려는 자는 대걸(大桀)과 소걸 같은 폭군이다."

백규가 말했다. "제가 물을 다스리는 것이 우임금보다 낫습니다." 맹자께서 말씀하셨다. "당신은 틀렸다. 우임금은 물의 성질에 따라 다스렸다. 그래서 우임금은 사해(四海)를 물이 모이는 곳으로 삼았다. 이제 당신은 이웃 나라를 물이 모이는 곳으로 삼고 있다. 물이 역류하는 것을 강수(洚水)라 하는데, 강수는 곧 홍수(洪水)이다. (이는) 인한 사람이 싫어하는 것이니, 당신이 틀렸다."

맹자께서 말씀하셨다. "군자가 믿음직하지 않다면, 어떻게

亮(량) 신(信)과 같아서 믿다[諒]의 의미다.

魯欲使樂正子爲政. 孟子曰: "吾聞之, 喜而不寐." 公孫丑曰: "樂正子强
乎?" 曰: "否." "有知慮乎?" 曰: "否." "多聞識乎?" 曰: "否." "然則奚爲喜
而不寐?" 曰: "其爲人也好善." "好善足乎?" 曰: "好善優於天下, 而況魯國
乎? 夫苟好善, 則四海之內, 皆將輕千里而來告之以善. 夫苟不好善, 則人
將曰: '訑訑, 予旣已知之矣.' 訑訑之聲音顔色, 距人於千里之外. 士止於千
里之外, 則讒諂面諛之人至矣. 與讒諂面諛之人居, 國欲治, 可得乎?"

好善(호선) 조기는 선을 좋아하면 훌륭한 말[善言] 듣기를 좋아해서 그것을 채용한다고 풀
이했다. 優於天下(우어천하) 주희는 우를 '여유가 있는 것'으로 보고, 천하를 다스리고도 여
력이 있다는 의미로 해석했다. 訑訑(이이) 우쭐거리다. 조기는 자기의 지혜에 스스로 만족하
여 훌륭한 말을 좋아하지 않는 모양이라고 해석했다. 旣(기) 양보쥔은 모두[盡]의 의미로 풀
었다. 讒諂面諛(참첨면유) 참첨은 모함하거나 아첨하는 것이고, 면유는 면전에서 아첨하는
것이다.

陳子曰: "古之君子何如則仕?" 孟子曰: "所就三, 所去三. 迎之致敬以有

일을 맡을 수 있겠는가?"

12-13 　노나라 왕이 악정자를 집정자(執政者)로 삼으려 했다. 맹자
께서 말씀하셨다. "나는 이 소식을 듣고 너무 기뻐서 잠을
이룰 수가 없었다." 공손추가 말했다. "악정자는 (일처리 능력
이) 뛰어납니까?" (맹자께서) 말씀하셨다. "아니다." (공손추
가 말했다.) "지모(智謀)와 사려가 있습니까?" (맹자께서) 말
씀하셨다. "아니다." (공손추가 말했다.) "견문과 지식이 많습
니까?" (맹자께서) 말씀하셨다. "아니다." (공손추가 말했다.)
"그렇다면 무엇 때문에 기뻐서 잠을 이루지 못하셨습니까?"
(맹자께서) 말씀하셨다. "그의 사람됨이 선을 좋아한다." (공
손추가 말했다.) "선을 좋아하는 것으로 충분합니까?" (맹자
께서) 말씀하셨다. "선을 좋아하는 사람은 천하를 다스리고
도 여력이 있는데, 하물며 노나라 하나쯤 다스리는 것이랴?
만약 선을 좋아한다면, 세상 사람들이 모두 1000리를 힘
겨워하지 않고 찾아와 그에게 선을 알려 줄 것이다. 만약 선
을 좋아하지 않으면, 사람들은 장차 '(그가) 자만해함을 내
이미 다 안다.'라고 말할 것이다. 이렇게 잘난 체하는 목소리
와 얼굴빛은 사람들을 1000리 밖으로 내쫓는다. 선비들이
1000리 밖에 멈추게 되면, 간사한 말로 남을 헐뜯거나 아
첨하는 무리들이 가까이 오게 될 것이다. 간사한 말로 남을
헐뜯거나 아첨하는 무리들과 거처한다면, 나라를 잘 다스리
려고 해도 할 수 있겠는가?"

12-14 　진진이 말했다. "옛날 군자는 어떤 경우에 관직에 나갔습

禮, 言將行其言也, 則就之; 禮貌未衰, 言弗行也, 則去之. 其次, 雖未行其言也, 迎之致敬以有禮, 則就之; 禮貌衰, 則去之. 其下, 朝不食, 夕不食, 飢餓不能出門戶, 君聞之, 曰: '吾大者不能行其道, 又不能從其言也. 使飢餓於我土地, 吾恥之.' 周之, 亦可受也, 免死而已矣."

陳子(진자) 진진(陳臻)이다. 禮貌(예모) 예의 바른 태도. 周(주) 주(賙, 구휼하다)와 같아서, (사람을) 구제하다 혹은 도와준다는 뜻이다.

孟子曰: "舜發於畎畝之中, 傅說舉於版築之間, 膠鬲舉於魚鹽之中, 管夷吾舉於士, 孫叔敖舉於海, 百里奚舉於市. 故天將降大任於是人也, 必先苦其心志, 勞其筋骨, 餓其體膚, 空乏其身, 行拂亂其所爲, 所以動心忍性, 曾益其所不能. 人恒過, 然後能改. 困於心, 衡於慮, 而後作. 徵於色, 發於聲, 而後喩. 入則無法家拂士, 出則無敵國外患者, 國恒亡. 然後知生於憂患, 而死於安樂也."

舜發於畎畝之中(순발어견무지중) 발은 일어나다, 흥기하다[起]의 뜻이다. 견은 밭 사이에 있는 물길이고, 무는 전답의 면적 단위이다. 순임금은 역산(歷山)에서 농사를 지었다. 그래서 견무 가운데서 일어섰다고 말한 것이다. 傅說(부열) 부열은 은나라의 명재상이다. 그는 토목 공사의 일꾼이었는데 무정(武丁)에 의해 재상으로 등용되어 중흥의 대업을 이루었다. 版築

니까?" 맹자께서 말씀하셨다. "(관직에) 나가는 경우가 셋이고, 사직하는 경우도 셋이다. 지극한 존경심과 예의를 갖추어 맞아들이고 그의 의견을 실행하겠다고 약속하면 관직에 나간다. 예의 바른 태도는 여전하지만 의견을 실행하지 않으면 사직한다. 그다음으로, 비록 그의 의견을 실행하지는 않지만 지극한 존경심과 예의를 갖추어 맞아들이면 관직에 나간다. (그러나) 예의 바른 태도가 점차 사라지면 사직한다. 마지막 경우로, 아침밥도 먹지 못하고 저녁밥도 먹지 못하여 배가 고파서 문밖을 나갈 수조차 없게 되었는데, 임금이 이 소식을 듣고 '내가 전체적으로 그의 도를 실행하지도 못하고, 또한 그의 의견도 따르지 못했다. 그로 하여금 나의 나라에서 굶주리게 하였으니, 내가 이를 수치스럽게 생각한다.'라고 말하면서 도와주려고 한다면 이 역시 받아들일 수 있겠지만, 굶어죽는 것을 면할 뿐인 것이다."

12-15 맹자께서 말씀하셨다. "순임금은 농사짓다 흥기했고 부열은 담장을 쌓다가 등용되었으며, 교격은 물고기와 소금을 파는 장사를 하다가 등용되었고 관중은 옥에 갇혀 있다가 등용되었으며, 손숙오는 해변에 은거하다가 등용되었고 백리해는 시장에서 등용되었다. 그러므로 하늘이 어떤 사람에게 중대한 임무를 맡기려 하면, 반드시 먼저 그의 심지(心志)를 괴롭게 하고 근육과 뼈를 수고롭게 하며 그의 위장을 굶주리게 하고 그 자신과 가정을 궁핍하게 하여, 그의 모든 행위가 뜻대로 되지 않도록 해 버린다. 그리하여 그 마음을 분발시키고 참고 견디는 성정을 이루며 부족한 능력을 증강시

(판축) 고대에 담이나 성벽 등을 쌓는 공사를 말한다. 담을 쌓을 때 두 개의 틀을 세우고 그 사이에 흙을 채운 뒤 공이로 다진다. 膠鬲(교격) 주나라 문왕이 물고기와 소금을 파는 상인들 사이에서 그를 찾아내 발탁하였다. 管夷吾(관이오) 관중(管仲)이다. 士(사) 옥관(獄官)이다. 孫叔敖(손숙오) 초나라 사람 위오(蔿敖)이다. 자가 손숙으로, 바닷가에 은거하였는데 초나라 장왕(莊王)이 등용하였다. 百里奚(백리해) 「만장 상」9-9-1~3장 참조. 體膚(체부) 몸과 살갗을 가리키는 말인데, 여기서는 위장(胃腸)을 의미한다고 볼 수 있다. 空乏(공핍) 궁핍하다는 뜻이다. 拂(불) 어긴다〔逆〕혹은 어그러지다〔戾〕와도 같은데, 방해한다는 뜻이다. 動心忍性(동심인성) 조기에 따르면, 그 마음을 경각시키고〔動驚〕그 본성을 굳세게 만드는〔堅忍〕것이다. 주희에 따르면, 여기서 말하는 본성은 기품(氣稟)과 자연속성〔食色〕이다. 曾(증) 증(增)과 같다. 衡(형) 조기와 주희 모두 횡색(橫塞), 즉 막힌다는 의미로 풀었다. 入(입) 국내를 말한다. 法家拂士(법가필사) 필은 돕는다는 뜻으로 필(弼)과 같다. 법가는 법도를 지키는 대신(大臣)을 말하고, 필사는 보필하는 어진 선비를 말한다. 出(출) 국외를 말한다.

孟子曰: "教亦多術矣! 予不屑之教誨也者, 是亦教誨之而已矣."

多術(다술) 방법이 하나가 아니고 여럿이라는 의미이다. 不屑(불설) 설은 깨끗할 결(潔)과 같다. 조기는 내가 그의 행동이 옳지 못하다고 생각해서 가르치지 않은 것으로 풀이했다.

킨다. 사람은 언제나 잘못하고 나서야 고칠 수 있다. 마음에 곤혹스러움이 있고 생각이 막힌 다음에야 비로소 분발한다. 얼굴 표정으로 드러나고 말로 표현된 뒤에야 비로소 (사람들이) 이해하게 된다. 국내에는 법도를 지키는 대신(大臣)과 보필하는 어진 선비가 없고 국외에는 적대적 국가와 외환(外患)이 없으면, (이런) 나라는 언제나 망한다. 이렇게 해서 우리는 우환 가운데 살고 안락 가운데 죽는다는 이치를 알게 된다."

12·16   맹자께서 말씀하셨다. "가르침에도 여러 방법이 있다! 내가 어떤 이를 기꺼이 가르치지 않는 것은, 그 또한 그를 가르치는 방법이기 때문이다."

13 진심 상
盡心上

이 편에서 맹자는 사람의 마음과 본성과 천명의 관계를 밝힘으로써 성선설의 근거를 제시하고 있다. 사람의 마음은 우리가 태어날 때부터 가지고 있는 측은지심, 수오지심, 사양지심, 시비지심의 사단지심을 뜻한다. 맹자는 우리가 현실에서 이 마음을 온전하게 실천하고 실현시키면 그것이 바로 본성임을 알게 되며, 그 본성을 알게 되면 그것이 바로 도덕적 본체로서의 하늘을 알게 되는 것이라고 보았다. 물론 하늘을 안다는 것은 하늘을 섬기는 도리의 실천을 의미하기도 한다. 또한 맹자는 사람이 선천적으로 갖추고 있는 도덕적 자각과 실천 능력을 양지양능이라고 하였는데, 이 양지양능은 성선설을 뒷받침하는 근거라고 할 수 있다.

孟子曰: "盡其心者, 知其性也. 知其性, 則知天矣. 存其心, 養其性, 所以事天也. 殀壽不貳, 修身以俟之, 所以立命也."

心(심) 맹자는 측은지심, 수오지심, 사양지심, 시비지심을 마음이라 했다. 주희는 "마음은 사람의 신명으로서 여러 가지 이치를 갖추고 만사에 대응하는 것"이라고 하였다. 性(성) 맹자는 인의예지신을 본성이라고 하였다. 주희는 "성은 마음이 갖춘 이치이며 하늘은 이치가 나오는 곳이다."라고 했다. 盡其心者, 知其性也(진기심자, 지기성야) 조기에 따르면, 성에는 인의예지의 단서가 있고 심이 이를 제어하기 때문에 심만이 바르게 할 수 있다. 사람이 그 마음을 다하여 선을 행하면 성을 아는 것이라고 말할 수 있다. 주희에 따르면, 대학의 순서로 말하면 지성(知性)은 물격(物格)에 해당하고 진심(盡心)은 지지(知至)를 가리킨다. 그 마음을 다할 수 있는 것은 먼저 그 본성을 알 수 있기 때문이다. 天(천) 천도, 천리, 천명의 의미를 포함하고 있다. 立命(입명) 주희는 "하늘로부터 받은 것을 온전히 지켜 인위에 의해 그것을 해치지 않는 것을 말한다."라고 했다.

孟子曰: "莫非命也, 順受其正, 是故知命者不立乎巖牆之下. 盡其道而死者, 正命也, 桎梏死者, 非正命也."

命(명) 조기는 "사람의 종말은 명(命)아닌 것이 없다. 명에는 세 가지 명칭이 있다. 선(善)을 행하고 선을 얻는 것을 수명(受命)이라 하고, 선을 행하고 악을 얻는 것을 조명(遭命)이라 하며, 악을 행하고 악을 얻는 것을 수명(隨命)이라고 했다. 오직 수명(受命)을 따르는 것이 올바름을 받는 것이 된다."라고 했다. 이에 비해 주희는 "사람과 만물의 삶에서 길흉화복은 모두 하늘이 명(命)한 것이다. 그러나 오직 부르지 않았는데도 이르게 하는 것이 정명(正命)이다."라고 했다.

孟子曰: "求則得之, 舍則失之, 是求有益於得也, 求在我者也. 求之有道,

13-1   맹자께서 말씀하셨다. "착한 본심을 온전하게 실현시키는 것이 사람의 본성을 아는 것이다. 사람의 본성을 알게 되면 천명을 알게 된다. 사람의 본심을 보존하고 본성을 바르게 기르는 것이 하늘을 섬기는 방법이다. 요절하거나 장수하는 것을 근심하지 않고 자신을 수양하여 (천명을) 기다리는 것이 명을 바르게 세우는 방법이다."

해설   이 장에서 맹자는 유가적 의미의 성인(聖人)이 되는 방식을 설명했다. 사람은 자신의 본심인 사단지심을 실현하면 그 본심의 근원인 본성을 알게 되고, 그 본성이 무엇인지 알면 도덕 근원인 하늘(天)의 의미를 알게 된다. 또 사람은 본성과 하늘을 앎으로서 자신의 삶의 방향을 정하고 그에 도달하는 삶의 방식을 알게 된다. 본심을 남김없이 실현하는 이 실천 활동이 현실적으로는 우리의 본성과 그 근거인 천도가 드러난 것이며, 이것은 본심의 실현이 곧 본성과 그 근원인 하늘을 아는 것이 된다고 할 수 있다.

13-2   맹자께서 말씀하셨다. "(사람의 길흉화복은) 어느 것이든 명 아닌 것이 없지만 그 가운데서 정명(正命)을 따르고 받아들여야 한다. 그렇기 때문에 정명을 아는 사람은 위태로운 담장 아래 서 있지 않는다. 자기의 도리를 다하고 죽는 것은 정명이며, 죄를 짓고 형벌을 받아 죽는 것은 정명이 아니다."

13-3   맹자께서 말씀하셨다. "(인의예지는) 구하면 얻을 수 있고 내

得之有命, 是求無益於得也, 求在外者也."

在我者(재아자) 조기는 인을 닦고 의를 행하는 일이 모두 나에게 있다고 했고, 주희는 인의예지(仁義禮智)가 나에게 있다고 했다. 在外者(재외자) 주희는 밖에 있는 것을 부귀이달(富貴利達)이라고 했다.

孟子曰: "萬物皆備於我矣. 反身而誠, 樂莫大焉. 强恕而行, 求仁莫近焉."

物(물) 조기는 물을 사(事)로 보았고, 주희는 윤리와 물리를 포괄하는 것으로 보았다. 恕(서) 자신의 마음에 미루어 다른 사람을 생각하는 것이다.

孟子曰: "行之而不著焉, 習矣而不察焉, 終身由之而不知其道者, 衆也."

著(저) 주희에 따르면 명확하게 이해하는 것이다. 察(찰) 주희에 따르면 정교하게 깨달은 것이다. 衆(중) 조기는 대중으로 해석했고, 주희는 많다로 해석했다.

孟子曰: "人不可以無恥, 無恥之恥, 無恥矣."

孟子曰: "恥之於人大矣, 爲機變之巧者, 無所用恥焉. 不恥不若人, 何若人有?"

버려 두면 잃게 되는데, 이 경우에는 구하는 일이 (그것을) 얻는 데 유익하다. 이는 구하는 대상이 내 안에 있기 때문이다. (부귀영달은) 구하는 데 일정한 방법이 있고 얻는 데도 명이 있는데, 이 경우에는 구하는 일이 (그것을) 얻는 데 유익하지 않다. 이는 구하는 대상이 내 밖에 있기 때문이다."

13·4   맹자께서 말씀하셨다. "모든 인간사(의 이치)는 나에게 갖추어져 있다. 나 자신을 돌아보아서 진실하다면 즐거움이 이보다 더 큰 것이 없다. 힘껏 서(恕)를 실천하면 인(仁)을 추구함에 이보다 더 가까운 길은 없다."

13·5   맹자께서 말씀하셨다. "어떤 일을 하면서도 왜 그 일을 해야 하는지 알지 못하고, 숙달되어 있으면서도 그 까닭을 깊이 알지 못하며, 일생 동안 그것을 따르면서도 그 도리를 모르는 자들이 보통 사람들이다."

13·6   맹자께서 말씀하셨다. "사람은 부끄러워하는 마음이 없어서는 안 된다. 부끄러워하는 마음이 없는 것을 부끄러워한다면 치욕스러울 일이 없을 것이다."

13·7   맹자께서 말씀하셨다. "부끄러워하는 마음은 사람에게 중요하다. 임기응변을 교묘하게 하는 사람은 부끄러워하는 마음이 생기지 않는다. 다른 사람만 하지 못함을 부끄러워하지 않는다면 어찌 다른 사람과 같아지겠는가?"

孟子曰: "古之賢王好善而忘勢, 古之賢士何獨不然? 樂其道而忘人之勢, 故王公不致敬盡禮, 則不得亟見之. 見且由不得亟, 而況得而臣之乎?"

孟子謂宋句踐曰: "子好遊乎? 吾語子遊. 人知之, 亦囂囂, 人不知, 亦囂囂." 曰: "何如斯可以囂囂矣?" "尊德樂義, 則可以囂囂矣. 故士窮不失義, 達不離道. 窮不失義, 故士得己焉, 達不離道, 故民不失望焉. 古之人, 得志, 澤加於民, 不得志, 修身見於世. 窮則獨善其身, 達則兼善天下."

宋句踐(송구천) 성이 송이고 이름이 구천인데, 누구인지 확인할 수 없다. 유세가로 추정된다.
遊(유) 주희는 유세(遊說)라고 한다. 囂囂(효효) 욕심을 내지 않고 현실에 만족을 느끼는 모양을 말한다.

13-8 　맹자께서 말씀하셨다. "옛날의 현명한 왕은 선(善)을 좋아하여 자기의 권세는 잊어버렸다. 옛날의 현명한 선비도 어찌 그렇지 않았겠는가? 옛날의 어진 선비는 자기의 도를 즐기고 남들의 권세는 잊어버렸다. 그러므로 왕이나 귀족이 공경과 예의를 다하지 않으면 그를 자주 만나 볼 수 없었다. 만나는 일조차 자주 할 수 없었는데, 하물며 그를 신하로 삼을 수 있었겠는가?"

13-9 　맹자께서 송구천에게 말씀하셨다. "당신은 제후들에게 유세하기를 좋아합니까? 내가 당신에게 유세의 태도에 대해 말씀드리겠습니다. 남이 당신을 알아주면 물론 스스로 만족해야 하거니와 남이 당신을 알아주지 않더라도 스스로 만족해야 합니다." (송구천이) 물었다. "어떻게 하면 스스로 만족할 수 있겠습니까?" (맹자께서 말씀하셨다.) "덕을 숭상하고 의리를 좋아하면 스스로 만족할 수 있습니다. 그래서 선비는 곤궁해져도 의리를 저버리지 않고, 높은 지위에 오르더라도 정도(正道)를 벗어나지 않습니다. 곤궁해져도 의리를 저버리지 않기 때문에 선비는 스스로 만족함을 얻을 수 있고, 높은 지위에 오르더라도 정도를 벗어나지 않기 때문에 백성들이 실망하지 않습니다. 옛날 사람들은 자신이 뜻을 이루게 되면 그 혜택이 백성들에게 베풀어졌고, 뜻을 이루지 못하면 자신을 수양하여 세상에 드러내었습니다. 곤궁하면 홀로 자신을 수양해 나갔고, 높은 지위에 오르면 천하 사람들과 함께 선을 행했습니다."

孟子曰: "待文王而後興者, 凡民也. 若夫豪傑之士, 雖無文王獨興."

興(흥) 주희는 '감동하여 분발한다.'라고 풀이했다. 豪傑(호걸) 주희에 따르면 다른 이들을 능가하는 재주와 지혜를 가진 자를 말한다.

孟子曰: "附之以韓魏之家, 如其自視欲然, 則過人遠矣."

附(부) 익(益)과 같아서 더 보태 주다의 뜻이다. 韓魏(한위) 가(家)는 대부를 가리키므로, 여기서 한위는 전국 시대의 두 나라가 아니라 춘추 시대 진(晉)나라의 대신인 한씨, 위씨 두 대신을 가리킨다. 欲然(감연) 조기는 스스로 인의의 도가 부족함을 안다고 풀이했고, 주희는 스스로 만족하지 못한다고 해석했다. 단옥재에 따르면 감(欲)은 감(坎)으로, 가득 찬 것을 비어 있는 것처럼 본다는 의미이다.

孟子曰: "以佚道使民, 雖勞不怨. 以生道殺民, 雖死不怨殺者."

佚道(일도) 정자(程子)에 따르면 백성들을 본래 편안하게 하려는 것으로 의식주를 해결하는 것을 말한다. 生道(생도) 정자에 따르면 살리려고 하는 것, 즉 사회적 해악을 제거하여 온전한 삶을 살도록 하는 것이다.

孟子曰: "霸者之民驩虞如也, 王者之民皞皞如也. 殺之而不怨, 利之而不庸, 民日遷善而不知爲之者. 夫君子所過者化, 所存者神, 上下與天地同流, 豈曰小補之哉?"

驩虞(환우) 기뻐서 즐기는 것이다. 皞皞(호호) 넓고 커서 스스로 얻은 모양이다. 利之(이지) 조기는 때에 맞춰 농사짓고 가축이 번식하며 얼어 죽고 굶어죽는 노인이 없게 만드는 것이라 했다. 주희는 인민들이 이익으로 여기는 바에 따라서 그들을 이롭게 한다고 하였다. 庸(용) 공(功)과 통하여, 공으로 여기다, 덕택으로 여기다의 뜻이다. 所存者神(소존자신) 주희는 마음이 머물러 주재하는 것이 신묘하여 헤아릴 수 없다고 풀었다. 여기서 신은 화(化)의 의미가 있어, 감화의 정도가 깊어지는 것을 말한다.

13-10 맹자께서 말씀하셨다. "문왕(의 교화)을 기다려서 분발하는 자는 평범한 사람이다. 호걸지사라면 비록 그(의 교화)가 없더라도 스스로 분발한다."

13-11 맹자께서 말씀하셨다. "(진(晉)나라의 대신인) 한(韓)씨와 위(魏)씨의 재물을 (어떤 사람에게) 더해 주더라도 만일 그가 의미 없다고 여긴다면, 보통 사람보다 훨씬 뛰어난 사람이다."

13-12 맹자께서 말씀하셨다. "편안하게 해 주는 방법으로 백성을 부리면 그들은 비록 힘들어도 원망하지 않는다. 삶의 도리로 백성을 죽인다면, 비록 죽더라도 죽이는 사람을 원망하지 않을 것이다."

13-13 맹자께서 말씀하셨다. "패자의 백성은 매우 기쁘고 즐거운 듯하고, 성왕의 백성은 마음이 넉넉한 듯하다. 죽인다고 해도 원망하지 않고, 생활을 풍족하게 해 주어도 왕의 덕택이라고 생각하지 않는다. 백성들은 날로 선해지는데 그렇게 되는 까닭을 알지 못한다. 군자가 지나가는 곳에서는 사람들이 모두 감화되고 그가 머무는 곳에서는 (그 작용이) 신묘하다. (그 작용은) 위아래로 천지의 운행과 함께하니 그것이 (패자가 하는 것처럼) 어찌 작은 보탬뿐이라 하겠는가?"

孟子曰: "仁言不如仁聲之入人深也, 善政不如善敎之得民也. 善政, 民畏之, 善敎, 民愛之. 善政得民財, 善敎得民心."

仁言(인언) 조기는 '정교(政敎)와 법도(法度)의 말'이라 하였고, 정자는 '백성에게 인후(仁厚)한 말을 하는 것'이라 하였다. 仁聲(인성) 조기에 따르면 '음악의 소리로서 아송(雅頌)'을 뜻하며, 정자에 의하면 '인(仁)하다는 명성으로, 인의 실질이 있어서 모든 사람이 칭송하는 것'을 말한다. 善政(선정), 善敎(선교) 조기에 따르면, 선정은 백성들이 윗사람에게 거역하지 않게 하는 것이고, 선교는 백성들이 인의(仁義)를 숭상하게 하여 그들의 마음을 쉽게 얻는 것을 말한다. 주희는 정은 법도와 금령을 말하며 밖을 통제하는 것이고, 교는 도덕으로 이끌고 예로 가지런히 하여 그 마음을 바로잡는 것이라 하였다.

孟子曰: "人之所不學而能者, 其良能也, 所不慮而知者, 其良知也. 孩提之童無不知愛其親者, 及其長也, 無不知敬其兄也. 親親, 仁也, 敬長, 義也, 無他, 達之天下也."

良能(양능), 良知(양지) 조기는 양을 매우, 대단히[甚]로 해석하였다. 그러므로 양능은 가장 유능하다는 뜻이고, 양지는 가장 잘 안다는 뜻이다. 주희는 양을 본연의 착함으로 해석하였다. 그러므로 양능은 타고난 착한 능력이 되고, 양지는 타고난 착한 지식이 된다. 達之天下也(달지천하야) 조기는 선하고자 하는 자는 다른 것이 없고 인의를 천하 사람들에게 시행해야 한다고 풀었다. 주희에 따르면 친친과 경장은 비록 한 개인의 사사로운 일이지만 이것이 온 천하에 공통적인 것이다.

孟子曰: "舜之居深山之中, 與木石居, 與鹿豕遊, 其所以異於深山之野人者幾希. 及其聞一善言, 見一善行, 若決江河, 沛然莫之能禦也."

13-14 맹자께서 말씀하셨다. "인한 행정 명령은 (아송(雅頌)과 같이) 어진 음악이 사람들을 깊이 감화시키는 것만 못하고, 훌륭한 정치는 훌륭한 교화가 백성의 마음을 얻게 되는 것만 못하다. 훌륭한 정치는 백성들이 (그것을) 두려워하고, 훌륭한 교화는 백성들이 (그것을) 사랑한다. 훌륭한 정치는 백성들의 재물을 얻고, 훌륭한 교화는 백성들의 마음을 얻게 된다."

13-15 맹자께서 말씀하셨다. "사람이 배우지 않고도 (어떤 일을) 할 수 있는 것은 양능(良能)이고, 생각하지 않고도 (어떤 일을) 알 수 있는 것은 양지(良知)이다. 두세 살짜리 어린아이라도 그 부모를 사랑할 줄 모르지 않고, 자라서는 형을 공경할 줄 모르지 않는다. 부모를 친애하는 것이 인이고, 윗사람을 공경하는 것은 의(義)이다. 다른 것은 없다. (이 두 가지를 통하여 인과 의를) 천하에 널리 시행할 수 있다."

13-16 맹자께서 말씀하셨다. "순임금께서 깊은 산속에 거처할 때 나무와 돌 사이에서 사셨고 사슴과 멧돼지 사이에서 노닐었는데, (마치) 깊은 산속에 사는 야인과 다를 바가 거의 없었다. 그러나 한 마디 착한 말을 듣거나 하나의 착한 행위를 보게 되면 (곧바로 그것을 따라하셨는데), 마치 큰 강의 제방

孟子曰: "無爲其所不爲, 無欲其所不欲, 如此而已矣."

孟子曰: "人之有德慧術知者, 恒存乎疢疾. 獨孤臣孽子, 其操心也危, 其慮患也深, 故達."

德慧術知(덕혜술지) 조기는 덕행(德行), 지혜(知慧), 도술(道術), 재지(才智)라 하였고, 주희는 덕의 지혜, 기술의 지식이라고 하였다. 여기서는 조기의 주를 참고하였다. 疢疾(진질) 근심과 걱정을 가리킨다. 獨(독) 여(如)와 같은 뜻이다. 孽子(얼자) 고대 사회는 일부다처의 사회였다. 정실에게서 태어나지 않은 자식을 서자(庶子)와 얼자라고 불렀는데 비천한 지위였다.

孟子曰: "有事君人者, 事是君則爲容悅者也, 有安社稷臣者, 以安社稷爲悅者也, 有天民者, 達可行於天下而後行之者也, 有大人者, 正己而物正者也."

容悅(용열) 주희에 따르면 아첨하며 따르는 것이 용이고 기꺼이 맞아들이는 것이 열이다. 天民(천민) 조기는 도를 아는 자라고 했고, 주희는 하늘의 이치를 온전히 다하는 자라고 했다. 大人(대인) 맹자는 자주 대인을 언급했는데 뜻이 일치하지는 않는다. 조기는 대인이 대장부로서 이익과 손해에 따라 움직이거나 옮기지 않는 사람이라고 보았고, 주희는 대인이 덕(德)을 많이 쌓아서 위와 아래를 교화하는 사람으로 보았다.

孟子曰: "君子有三樂, 而王天下不與存焉. 父母俱存, 兄弟無故, 一樂也, 仰不愧於天, 俯不怍於人, 二樂也, 得天下英才而敎育之, 三樂也. 君子有三樂, 而王天下不與存焉.

이 터져 물이 흐르는 것처럼 힘찬 기세여서 어느 누구도 막을 수가 없었다."

13-17 맹자께서 말씀하셨다. "해서는 안 될 일은 하지 말고, 욕심 내어서는 안 될 것은 욕심내지 말 것, 이렇게 할 따름이다."

13-18 맹자께서 말씀하셨다. "사람에게 덕과 지혜, 기술과 지식이 있는 까닭은 그에게 늘 근심과 걱정이 있기 때문이다. 사랑 받지 못하는 신하나 서자 같은 이들은 마음이 편안하지 않고 환난에 대한 근심이 깊기 때문에 사리에 통달하게 된다."

13-19 맹자께서 말씀하셨다. "임금을 섬기는 자가 있는데, 임금을 섬기면서 거스르지 않고 안색을 부드럽게 하여 기쁘게 해 주는 자이다. 사직을 안정시키는 신하가 있는데, 사직을 안정시키는 것을 기쁨으로 삼는 자이다. 천민(天民)이 있는데, 천하에 자기의 도(道)를 실행할 지위에 올랐을 때 그것을 행하는 자이다. 대인(大人)이 있는데, 자기를 단정하게 하여 천하 만물이 그를 따라 바르게 되게 하는 자이다."

13-20 맹자께서 말씀하셨다. "군자에게는 세 가지 즐거움이 있으나 왕이 되어 천하를 다스리는 것은 그 속에 포함되지 않는다. 부모가 모두 건강하게 살아 계시며 형제들이 무탈한 것

孟子曰: "廣土衆民, 君子欲之, 所樂不存焉. 中天下而立, 定四海之民, 君子樂之, 所性不存焉. 君子所性, 雖大行不加焉, 雖窮居不損焉, 分定故也. 君子所性, 仁義禮智根於心, 其生色也, 睟然見於面, 盎於背, 施於四體. 四體不言而喩."

大行(대행) 조기는 '세상에 정치를 시행하다'로, 손석은 '세상에 도를 실행시키다'로 풀었다. 이에 따라 본문을 해석하였다. 焉(언) 어시(於是), 즉 '이에'로 해석한다. 어차(於此)와도 같다. 다음 문장에서도 마찬가지다. 生(생) 주희에 따르면 발현의 의미이다. 睟然(수연) 윤택한 모양이다. 盎(앙) 주희에 따르면 가득 차 넘쳐흐른다는 뜻이다.

孟子曰: "伯夷辟紂, 居北海之濱, 聞文王作, 興曰: '盍歸乎來, 吾聞西伯善養老者.' 太公辟紂, 居東海之濱, 聞文王作, 興曰: '盍歸乎來, 吾聞西伯善養老者.' 天下有善養老, 則仁人以爲己歸矣. 五畝之宅, 樹牆下以桑, 匹婦蠶之, 則老者足以衣帛矣. 五母雞, 二母彘, 無失其時, 老者足以無失肉矣. 百畝之田, 匹夫耕之, 八口之家可以無飢矣. 所謂西伯善養老者, 制其田里,

이 첫 번째 즐거움이고, 위로는 하늘을 우러러 부끄럽지 않고 아래로 굽어보아 사람에게 부끄럽지 않은 것이 두 번째 즐거움이며, 천하의 우수한 인재를 얻어서 그들을 교육하는 것이 세 번째 즐거움이다. 군자에게는 이 세 가지 즐거움이 있으나 왕이 되어 천하를 다스리는 것은 그 속에 포함되지 않는다."

13-21 맹자께서 말씀하셨다. "넓은 영토와 많은 백성은 군자가 바라는 것이지만 그의 즐거움은 여기에 있지 않다. 천하의 중앙에 자리 잡고 서서 사방의 백성을 안정시켜 주는 일은 군자가 즐거워하는 것이지만 그의 본성은 여기에 있지 않다. 군자가 본성으로 여기는 것은 비록 그의 이상을 천하에 실행하게 되더라도 그 때문에 늘어나지 않고, 그가 아무리 곤궁하게 지내더라도 그 때문에 줄어들지 않는데, 그것은 타고난 본분이 정해져 있기 때문이다. 군자가 본성으로 여기는 것이란 인의예지가 마음속에 뿌리내리고 있는 것인데, 그것이 드러낸 기색은 윤택하게 얼굴에 나타나고 등에도 넘쳐 흘러나며 사지로 퍼져 나간다. 사지는 말하지 않더라도 (다른 사람이 밝게) 알게 된다."

13-22 맹자께서 말씀하셨다. "백이는 주(紂)를 피해서 북해의 바닷가에서 살았는데 문왕이 떨쳐 일어났다는 소식을 듣고서 '어찌 그에게로 돌아가지 않겠는가? 나는 서백이 노인을 잘 모시는 분이라고 들었다.'라고 말했다. 또 태공은 주를 피해서 동해의 바닷가에 살았는데 문왕이 떨쳐 일어났다는 소

教之樹畜, 導其妻子使養其老. 五十非帛不煖, 七十非肉不飽, 不煖不飽, 謂之凍餒. 文王之民無凍餒之老者, 此之謂也.”

孟子曰: “易其田疇, 薄其稅斂, 民可使富也. 食之以時, 用之以禮, 財不可勝也. 民非水火不生活, 昏暮叩人之門戶求水火, 無弗與者, 至足矣. 聖人治天下, 使有菽粟如水火. 菽粟如水火, 而民焉有不仁者乎?”

易(이) 조기에 따르면 치(治)로 밭의 경계를 잘 정리한다는 뜻이다. 疇(주) 조기는 1정(井)으로 해석하였고, 주희는 경작하려고 정비한 밭으로 해석하였다. 전주(田疇)는 밭을 가리킨다. 菽粟(숙속) 콩과 조로, 곡식을 대표한다.

식을 듣고서 기뻐하며 '어찌 그에게로 돌아가지 않겠는가? 나는 서백이 노인을 잘 모시는 분이라고 들었다.'라고 말했다. 천하에 노인을 잘 모시는 왕이 있다면 인한 사람들은 그를 자신이 귀의해야 할 사람이라고 생각할 것이다. 5무 넓이의 주택 담 밑에 뽕나무를 재배하고 부녀자들이 누에를 치게 하면 노인들은 충분히 비단옷을 입을 수 있다. 다섯 마리의 암탉과 두 마리의 암퇘지를 기르면서 번식시킬 시기를 놓치지 않으면, 노인들이 충분히 고기를 먹을 수 있다. 100무 넓이의 밭을 장정이 농사지으면, 여덟 식구의 가족이 충분히 굶주리지 않을 것이다. 이른바 서백이 노인을 잘 봉양했다는 것은 농지와 택지를 정비해 주고 농사짓고 가축 기르는 것을 가르쳐서 아내와 자식들이 노인을 봉양하도록 이끈 것이다. 쉰에는 비단옷을 입지 않으면 따뜻하지 않고, 일흔에는 고기를 먹지 않으면 배부르지 않다. 따뜻하지 않고 배부르지 않은 것을 추위에 떨고 굶주린 것이라고 한다. 문왕의 백성 가운데는 추위에 떨고 굶주린 늙은이가 없었다고 하는 것은 이것을 말한 것이다."

13-23   맹자께서 말씀하셨다. "밭을 잘 정비해 주고 세금을 경감해 주면 백성들을 부유하게 할 수 있다. 철에 맞는 것을 먹고 예법에 맞게 소비한다면 재물은 이루 다 쓸 수가 없다. 백성들은 물과 불이 없으면 생활하지 못하는데 해 질 녘에 남의 집 문을 두드려 물과 불을 요구할 때 주지 않는 사람이 없는 것은 물과 불이 충분하기 때문이다. 성인이 천하를 다스리면 콩과 조를 물과 불처럼 충분하게 만든다. 콩과 조가

孟子曰: "孔子登東山而小魯, 登太山而小天下, 故觀於海者難爲水, 遊於聖
人之門者, 難爲言. 觀水有術, 必觀其瀾. 日月有明, 容光必照焉. 流水之爲
物也, 不盈科不行, 君子之志於道也, 不成章不達."

東山(동산) 노나라 동쪽에 있는 산이다. 太山(태산) 산둥 성의 태산(泰山)이다. 容光(용광)
조기는 작은 틈새[小郤]로 해석하였다.

孟子曰: "雞鳴而起, 孶孶爲善者, 舜之徒也, 雞鳴而起, 孶孶爲利者, 蹠之
徒也. 欲知舜與蹠之分, 無他, 利與善之閒也."

蹠(척) 척(跖)과 같은 글자로 도척(盜跖)을 말한다.

孟子曰: "楊子取爲我, 拔一毛利而天下, 不爲也. 墨子兼愛, 摩頂放踵, 利
天下, 爲之. 子莫執中. 執中爲近之. 執中無權, 猶執一也. 所惡執一者, 爲
其賊道也, 擧一而廢百也."

爲我(위아) 나 자신만을 위하는 것을 말한다. 兼愛(겸애) 차별 없이 사랑하는 것을 말한다.

물과 불처럼 충분한데 백성 가운데 어떻게 어질지 않은 자가 있겠는가?"

13·24   맹자께서 말씀하셨다. "공자께서 동산에 올라가서는 노나라를 작다고 여기셨고, 태산에 올라가서는 천하를 작다고 여기셨다. 그러므로 바다를 본 사람은 강물로 관심을 갖게 하기 어렵고, 성인(聖人)의 문하에서 배운 사람은 어지간한 의견으로 주의를 기울이게 하기 어렵다. 물을 감상하는 데는 방법이 있으니, 반드시 그 커다란 물결을 보아야 한다. 해와 달은 밝게 빛나니 작은 틈까지도 반드시 비춘다. 흐르는 물이라는 것은 움푹하게 파인 곳을 채우지 않으면 나아가지 않듯이, 도(道)에 뜻을 둔 군자는 일정한 단계에 이르지 않으면 통달할 수 없다."

13·25   맹자께서 말씀하셨다. "닭이 울면 바로 일어나 부지런히 선을 행하는 사람은 순임금과 같은 사람들이고, 닭이 울면 일어나 부지런히 이익을 추구하는 사람은 도척과 같은 사람들이다. 순임금과 도척의 구별을 알고자 하면, 다른 방법은 없고 이익을 추구하는가 아니면 선을 실행하는가를 살펴보면 된다."

13·26   맹자께서 말씀하셨다. "양주는 '위아(爲我)'를 주장하여 한 올의 털을 뽑아서 천하를 이롭게 할 수 있다고 하더라도 그렇게 하려고 하지 않았다. 묵적은 '겸애(兼愛)'를 주장하여 정수리로부터 발뒤꿈치까지 닳아 없어지더라도 천하를 이

子莫(자막) 주자에 의하면 자막은 노나라의 인(仁)한 사람이다. 양주와 묵자가 '중(中)'을 잃은 것을 알고 두 사람의 차이를 혜아려서 그 중간을 취하였다. 近(근) 조기에 따르면 성인의 도에 가깝다는 뜻이다.

孟子曰: "饑者甘食, 渴者甘飮, 是未得飮食之正也, 飢渴害之也. 豈惟口腹有飢渴之害? 人心亦皆有害. 人能無以飢渴之害爲心害, 則不及人不爲憂矣."

不及人(불급인) 경제적 형편과 사회적 신분이 남에게 미치지 못하는 것을 말한다. 주희는 빈천(貧賤)함이라고 해석하여 "사람이 가난하고 천하더라도 마음이 움직이지 않으면 일반 사람을 멀리 넘어서 있다."라고 하였다.

孟子曰: "柳下惠不以三公易其介."

三公(삼공) 태사(太師), 태부(太傅), 태보(太保)를 삼공이라고 하는데 주나라에서 가장 존귀한 작위이다. 介(개) 조기는 대(大)로 해석하였고, 주희는 분별함의 뜻이 담겨 있다고 보았으며, 『문선(文選)』 주(注)에서는 유희(劉熙)를 인용해서 지조라고 풀었다.

孟子曰: "有爲者辟若掘井, 掘井九軔而不及泉, 猶爲棄井也."

有爲(유위) 조기는 '인의(仁義)를 행하는 것'이라고 했다. 인의를 행하는 데 효과가 없다면 그것은 올바른 인의가 아니라는 말이다. 九軔(구인) 인은 인(仞)과 같은 글자다. 조기는 인(仞)이 8척(尺)이라고 했다.

롭게 할 수 있다면 그렇게 했다. 자막은 (양주와 묵적의) 중간을 취하였다. 중간을 취하면 도(道)에 가깝게 된다. 그러나 중간을 취하지만 융통성이 없다면 하나에 집착하는 것과 마찬가지이다. 하나에 집착하는 것을 나쁘게 여기는 것은 그것이 올바른 도를 해치며 한 가지만을 내세워서 백 가지를 없애 버리기 때문이다."

13-27 맹자께서 말씀하셨다. "굶주린 사람은 무엇이든 맛있게 먹고, 목마른 사람은 무엇이든 달게 마신다. 이것은 음식의 제맛을 알지 못하는 것으로, 굶주림과 목마름이 그를 해쳤기 때문이다. 어찌 오직 입과 배에만 굶주림과 목마름의 해가 있겠는가? 사람의 마음에도 역시 그러한 해가 있다. 만일 굶주림과 목마름으로 인한 폐해가 마음의 폐해가 되지 않게 할 수 있다면 다른 사람에 미치지 못하는 것을 근심하지 않게 될 것이다."

13-28 맹자께서 말씀하셨다. "유하혜는 삼공의 직위를 얻기 위해서 자신의 지조를 바꾸지는 않았다."

13-29 맹자께서 말씀하셨다. "어떤 일을 한다는 것은 비유컨대 마치 우물을 파는 것과 같다. 아홉 길이나 우물을 팠으면서도 (포기하여) 물이 나오는 데까지 이르지 않는다면, 그것은 마치 중도에 우물을 포기하는 것과 같다."

孟子曰: "堯舜, 性之也, 湯武, 身之也, 五覇, 假之也. 久假而不歸, 惡知其 非有也."

性之(성지) 지(之)는 인의(仁義)를 가리키는 지시 대명사다. 조기는 "본성이 인(仁)을 좋아하니 자연이다."라고 하였다. 주희는 요순이 천성을 두루 갖추고 있어서 닦고 익힐 필요가 없다고 해석했다. 身之(신지) 조기는 몸소 인을 행하는 것이라 하였다. 주희는 자신을 닦고 도를 체득하여 그 본성을 회복한다고 해석하였다. 假之(가지) 주희는 인의라는 이름을 가차하여 그 탐욕의 사사로움을 추구하는 것이라 하였다. 久假而不歸(구가이불귀) 주희는 평생토록 그 이름을 훔쳐 쓰면서도 그것이 참으로 있지 않음을 스스로 알지 못한다고 하였다.

公孫丑曰: "伊尹曰: '予不狎于不順.' 放太甲于桐, 民大悅. 太甲賢, 又反之, 民大悅. 賢者之爲臣也, 其君不賢, 則固可放與?" 孟子曰: "有伊尹之志, 則可, 無伊尹之志, 則簒也."

狎(압) 주희는 익히 보다[習見]로 해석하였다. 伊尹之志(이윤지지) 주희는 세상을 위하고자 하는 것에만 마음을 썼을 뿐 터럭만큼도 사사로운 마음을 품지 않았다고 해석하였다. 따라서 현자를 존중하되 찬탈하려는 마음은 없다는 것을 의미한다.

公孫丑曰: "詩曰: '不素餐兮.' 君子之不耕而食, 何也?" 孟子曰: "君子居是 國也, 其君用之, 則安富尊榮, 其子弟從之, 則孝弟忠信. '不素餐兮', 孰大 於是?"

詩(시) 『시경』 「국풍(國風) 벌단(伐檀)」이다. 不素餐兮(불소찬혜) 주희는 "소(素)는 공(空)이다. 노력하지 않고 녹을 먹는 것을 소찬(素餐)이라고 한다."라고 했다.

13-30 　맹자께서 말씀하셨다. "요임금과 순임금은 인의를 본성으로 여겨서 자연스럽게 실행하였고, 탕임금과 무왕은 그것을 수양하여 실천하였으며, (춘추 시대의) 오패는 인의를 빌려 썼다. 그러나 오랫동안 빌린 채 돌려주지 않는다면 그들이 인의를 지니고 있지 않다는 것을 어떻게 알겠는가?"

13-31 　공손추가 말했다. "이윤이 '나는 도리를 따르지 않는 사람은 두고 볼 수 없다.'라고 말하고 태갑을 동(桐)으로 추방했는데 백성들이 매우 기뻐했습니다. 태갑이 어질게 바뀌자 다시 그를 돌아오게 하였는데 백성들이 대단히 기뻐했습니다. 현자가 남의 신하가 되어서 그의 군주가 어질지 않으면 원래 추방해도 되는 것입니까?" 맹자께서 말씀하셨다. "이윤과 같은 뜻을 지니고 있다면 그렇게 할 수 있지만, 이윤과 같은 뜻이 없다면 그것은 찬탈하는 것이다."

13-32 　공손추가 물었다. "『시』에서는 '일하지 않으면 밥 먹지 않는다.'라고 했습니다. 어째서 군자는 농사를 짓지 않으면서 밥을 먹습니까?" 맹자께서 대답했다. "군자가 한 나라에 머무는데, 그 나라의 임금이 그를 기용하면 나라가 편안하고 부유해지며 존귀하고 번영하게 되며, 청년들이 그를 따르면 효성스럽고 공경스러우며 충성스럽고 믿음성이 있게 된다. 일하지 않고 밥 먹지 않는다고 하는데, 세상 어떤 일이 이보

王子墊問曰: "士何事?" 孟子曰: "尙志." 曰: "何謂尙志?" 曰: "仁義而已矣.
殺一無罪非仁也, 非其有而取之非義也. 居惡在? 仁是也, 路惡在? 義是
也. 居仁由義, 大人之事備矣."

王子墊(왕자점) 제나라 왕자로 이름이 점이다. 士何事(사하사) 주희는 "위로는 공경대부에
서 아래로는 농공상고(農工商賈)까지 모두 할 일이 있는데, 선비는 그 사이에서 홀로 하는 일
이 없는 것 같아서 왕자가 그렇게 물었다."라고 했다. 大人之事備矣(대인지사비의) 주희에
따르면 대인은 본래 공경대부를 말하는데 여기서는 선비가 이러한 뜻을 가질 수 있으면 대인
의 풍모를 갖춘다는 것을 말한다.

孟子曰: "仲子, 不義與之齊國而弗受, 人皆信之, 是舍簞食豆羹之義也. 人
莫大焉亡親戚君臣上下. 以其小者信其大者. 奚可哉?"

仲子(중자) 진중자(陳仲子). 「등문공 하」 6-10-1~4 참조.

桃應問曰: "舜爲天子, 皐陶爲士, 瞽瞍殺人, 則如之何?" 孟子曰: "執之而
已矣." "然則舜不禁與?" 曰: "夫舜惡得而禁之? 夫有所受之也." "然則舜如
之何?" 曰: "舜視棄天下猶棄敝蹤也. 竊負而逃, 遵海濱而處, 終身訢然, 樂
而忘天下."

桃應(도응) 조기에 의하면 맹자의 제자다. 士(사) 사사(士師)로서 옥관(獄官)을 말한다.

다 더 큰 일이 있겠는가?"

13-33 왕자 점(墊)이 물었다. "선비는 어떤 일을 담당합니까?" 맹자께서 대답하셨다. "뜻을 숭상합니다."(다시 점이) 물었다. "뜻을 숭상한다는 것은 무엇을 말하는 것입니까?"(맹자께서) 대답하셨다. "인의(를 실행하는 것)일 뿐입니다. 죄 없는 이를 한 사람이라도 죽이는 것은 인(仁)이 아니며, 자기의 소유가 아닌데 취하는 것은 의(義)가 아닙니다. 어디에 머물러야 할까요? 인이 바로 그곳입니다. 어떤 길을 가야할까요? 의가 바로 그 길입니다. 인에 머무르고 의를 따라가면 대인으로서 할 일은 갖추어지게 되는 것입니다."

13-34 맹자께서 말씀하셨다. "진중자는 의에 맞지 않으면 제나라를 주더라도 받지 않을 것이라고 사람들은 누구나 믿지만, 그것은 밥 한 그릇과 국 한 사발을 의롭지 않다고 버리는 정도의 사소한 의이다. 사람에게 친척과 군신 그리고 상하 간의 의리가 없는 것이 가장 큰 일이다. 그가 작은 일에 의로웠다고 하여 큰 일에도 의로울 것이라고 믿는 것이 어찌 옳겠는가?"

13-35 도응이 물었다. "순임금이 천자였을 때 고요가 법관이었는데, 만약 (순임금의 아버지인) 고수가 살인을 했다면 어떻게 했을까요?" 맹자께서 대답하셨다. "그를 체포했을 것이다." (도응이 물었다.) "그러면 순임금이 그것을 제지하지 않았을까요?"(맹자께서) 대답하셨다. "순임금이 어떻게 그것을 제

訢(흔) 기쁘다는 의미이다.

孟子自范之齊, 望見齊王之子, 喟然嘆曰:"居移氣, 養移體, 大哉居乎! 夫
非盡人之子與?"孟子曰:"王子宮室 車馬, 衣服多與人同, 而王子若彼者,
其居使之然也, 況居天下之廣居者乎? 魯君之宋, 呼於垤澤之門. 守者曰:
'此非吾君也, 何其聲之似我君也?' 此無他, 居相似也."

范(범) 제나라의 읍으로 오늘날 산둥 성 판 현(范縣)이다. 天下之廣居(천하지광거) 「등문공
하」 6-2-2 참조. 垤澤(질택) 송나라 동성(東城)의 남문을 가리킨다.

孟子曰:"食而弗愛, 豕交之也, 愛而不敬, 獸畜之也. 恭敬者, 幣之未將者
也. 恭敬而無實, 君子不可虛拘."

지할 수 있겠느냐? 고요는 체포할 수 있는 권한을 받았다." (도응이 다시 물었다.) "그렇다면 순임금은 어떻게 하였을까요?" (맹자께서) 대답하셨다. "순임금은 천자의 지위를 버리는 것을 헌신짝 버리는 것처럼 여겼다. 그는 몰래 아버지를 등에 업고 달아나 바닷가에 가서 살며 죽을 때까지 흡족하고 즐거워하면서 천하를 잊었을 것이다."

13·36 맹자께서 범읍에서 제나라의 수도로 갔을 때 멀리서 제나라 왕자를 바라보고는 감탄하며 말씀하셨다. "거처하는 환경이 기질을 변화시키고 양육하는 것이 신체를 변화시킨다더니, 환경이란 정말 중요하구나! 그들 모두 사람의 자식이 아닌가?" 맹자께서 (또) 말씀하셨다. "왕자의 궁실과 말과 수레와 의복은 대부분 남과 같은데 왕자가 저러한 것은 거처하는 환경이 그렇게 만든 것이다. 하물며 천하의 넓은 집에 거처하는 (인한) 사람은 어떠하겠는가? 노나라 임금이 송나라에 가서 질택의 성문을 열도록 소리쳤는데, 문지기가 '이분은 우리 임금이 아닌데 어쩌면 그 목소리가 우리 임금과 닮았을까?'라고 말했다고 한다. 이것은 다름 아니라 거처하는 환경이 서로 비슷하기 때문이다."

13·37 맹자께서 말씀하셨다. "(사람을) 먹여 주지만 사랑하지 않는다면 돼지처럼 접대하는 것이고, 사랑하지만 공경하지 않는다면 짐승으로 여기며 기르는 것이다. 공경하는 마음은 예물을 보내기 이전부터 갖추어야 하는 것이다. 공경하는 형식만 있고 진실한 마음으로 공경하지 않으면 군자는 헛되이

孟子曰: "形色, 天性也. 惟聖人然後可以踐形."

践形(천형) 조기는 천을 실천[履居]하는 것이라 했다. 공영달은 천은 따르는 것이라 하여, 천형은 "사람의 본래 모습에 따라 본성을 실천하여 결함이 없도록 하는 것이다."라고 했다. 초순은 "이것은 맹자가 인성의 선은 금수와 다름을 말한 것이다. 형색은 천성으로서 금수의 형색은 사람과 다르므로 금수의 본성은 사람과 다르다. 오직 사람의 형(形)과 사람의 색(色)이 있으므로 사람의 본성이 있게 된다. 성인은 사람의 본성을 모두 실천하므로 사람의 형체를 실천하는 것이 된다. 진실로 인성의 선함을 어기면 사람의 형체를 가지고 금수로 들어가는 것이니 본성을 실천하는 것이 아니다. 맹자가 여기서 말하는 본성은 지극히 자세하고 분명하다."라고 말했다.

齊宣王欲短喪. 公孫丑曰: "爲朞之喪, 猶愈於已乎?" 孟子曰: "是猶或紾其兄之臂, 子謂之姑徐徐云爾, 亦教之孝弟而已矣." 王子有其母死者, 其傅爲之請數月之喪. 公孫丑曰: "若此者何如也?" 曰: "是欲終之而不可得也. 雖加一日愈於已, 謂夫莫之禁而弗爲者也."

短喪(단상) 삼년상을 단축시키는 것을 말한다.

(거기에) 얽매이지 않는다."

13-38 맹자께서 말씀하셨다. "사람의 형체와 기색은 타고난 것이다. 오직 성인만이 가지고 태어난 것을 온전히 실천할 수 있다."

13-39 제 선왕이 상례 기간을 단축하고 싶어 했다. 공손추가 말했다. "일년상이라도 지키는 것이 그만두는 것보다는 낫지 않겠습니까?" 맹자께서 말씀하셨다. "그것은 어떤 사람이 자기 형의 팔을 비트는데 자네가 그 사람에게 '좀 천천히 비트시오.'라고 말하는 것과 같다. 자네는 다만 제 선왕에게 효제를 가르쳐야 할 따름이다." 한 왕자의 어머니가 죽었는데, 그의 스승이 그를 위해 몇 개월 동안 상례를 지킬 수 있도록 해 달라고 요청했다. 공손추가 물었다. "이러한 일은 어떻습니까?" (맹자께서) 말씀하셨다. "이것은 왕자가 삼년상을 다 마치려고 해도 할 수 없는 경우다. 그렇다면 설사 하루를 더 지킨다 하더라도 하지 않는 것보다는 낫다. 앞의 경우는 (3년의) 상례 기간을 금지하지 않는데도 지키지 않는 사람에 대해 말한 것이다."

孟子曰: "君子之所以敎者五, 有如時雨化之者, 有成德者, 有達財者, 有答問者, 有私淑艾者. 此五者, 君子之所以敎也."

財(재) 재(材)와 같은 뜻이다. 私淑艾(사숙예) 주희에 따르면 사는 가만히, 남몰래의 뜻이고 숙은 착하다는 뜻이며 예는 연구하다, 닦다의 뜻이다.

公孫丑曰: "道則高矣, 美矣, 宜若似登天然, 似不可及也, 何不使彼爲可幾及而日孳孳也?" 孟子曰: "大匠不爲拙工改廢繩墨, 羿不爲拙射變其彀率. 君子引而不發, 躍如也. 中道而立, 能者從之."

彀率(구율) 활을 당기는 한계를 뜻한다. 躍如(약여) 솟구쳐 올라 나올 듯한 모습이다.

孟子曰: "天下有道, 以道殉身, 天下無道, 以身殉道, 未聞以道殉乎人者也."

13-40 　맹자께서 말씀하셨다. "군자의 교육 방식에는 다섯 가지가 있다. 때맞춰 내리는 비가 만물에 혜택을 주는 것같이 하는 방식이 있고, 덕성을 온전하게 이루어 주는 방식이 있으며, 재능을 실현하도록 해 주는 방식이 있고, 질문에 대답해 주는 방식이 있으며, 직접 배울 수 없는 사람들이 군자의 아름다운 언행을 배워서 스스로를 선하게 하는 방식이 있다. 이 다섯 가지가 군자의 교육 방식이다."

13-41 　공손추가 물었다. "(선생님의) 도는 아주 높고 아름답습니다. 그것은 마치 하늘에 오르는 것같이 그렇게 높아서 거의 도달하지 못할 듯합니다. 어째서 사람들로 하여금 거의 다다를 수 있다고 여기게 해서 날마다 부지런히 노력하도록 하지 않으십니까?" 맹자께서 말씀하셨다. "훌륭한 목수는 졸렬한 목수를 위해 먹줄 사용법을 고치거나 없애지 않고, 예(羿)는 졸렬한 사수(射手)를 위해서 활시위 당기는 기준을 변경하지 않는다. 군자는 (사람을 가르치는 것이 마치 사수와 같아서) 활시위를 당기지만 쏘지 않고, 마치 화살이 금방 튕겨 나갈 듯이 실감나게 한다. 그가 올바른 기준을 취하고 있으면 능력 있는 사람은 그것을 따를 것이다."

13-42 　맹자께서 말씀하셨다. "천하에 도가 있으면 죽을 날까지 도를 실천하고, 천하에 도가 없으면 자신을 희생해서라도 도를 지킨다. 도를 희생하여 남을 따랐다는 말은 들어 본 적이 없다."

公都子曰: "騰更之在門也, 若在所禮, 而不答, 何也?" 孟子曰: "挾貴而問, 挾賢而問, 挾長而問, 挾有勳勞而問, 挾故而問, 皆所不答也. 騰更有二焉."

騰更(등경) 등 문공의 동생으로서 맹자에게서 배웠다. 在門(재문) 문하에서 제가가 되었음을 말한다. 二(이) 조기에 따르면, 협귀(挾貴)와 협현(挾賢) 두 가지이다.

孟子曰: "於不可已而已者, 無所不已. 於所厚者薄, 無所不薄也. 其進銳者, 其退速."

孟子曰: "君子之於物也, 愛之而弗仁, 於民也, 仁之而弗親. 親親而仁民, 仁民而愛物."

孟子曰: "知者無不知也, 當務之爲急, 仁者無不愛也, 急親賢之爲務. 堯舜之知而不徧物, 急先務也, 堯舜之仁不徧愛人, 急親賢也. 不能三年之喪, 而緦小功之察, 放飯流歠, 而問無齒決, 是之謂不知務."

緦(시) 3개월 동안 상복을 입는 상례의 일종이다. 小功(소공) 5개월 동안 상복을 입는 상례의 일종이다. 放飯(방반) 조기는 크게 밥을 뜨는 것이라 한다. 流歠(유철) 조기는 길게 마시

13-43 공도자가 물었다. "등경은 선생님 문하에 들어와 있으니 예로써 대해 주실 만할 것 같은데, 그의 물음에 대답해 주지 않는 것은 무엇 때문입니까?" 맹자께서 말씀하셨다. "높은 신분을 믿고 물으며, 자신의 재능을 믿고 물으며, 자신의 나이 많음을 믿고 물으며, 자신의 공로를 믿고 물으며, (자신이 가르치는 이와) 특별한 연고가 있음을 믿고 묻는 것이 모두 내가 대답해 주지 않는 경우들이다. 등경은 그 가운데 두 가지를 가지고 있다."

13-44 맹자께서 말씀하셨다. "중지해서는 안 되는 일을 중지하면 무엇이든 중지하지 못할 것이 없고, 후하게 대우해야 할 사람에게 각박하게 대한다면 어떠한 사람에게라도 각박하게 대하지 않는 경우가 없다. 앞으로 나아가는 데 아주 빠른 사람은 뒤로 물러나는 데도 빠를 것이다."

13-45 맹자께서 말씀하셨다. "군자는 만물(금수초목)을 아끼지만 인자하게 대하지는 않고, 백성들에게는 인자하게 대하지만 친애하지는 않는다. 친지를 친애하고서 백성들을 인자하게 대하며, 백성들을 인자하게 대하고서 만물을 아낀다."

13-46 맹자께서 말씀하셨다. "지혜로운 사람은 모르는 것이 없지만 마땅히 지금 힘써야 할 일을 급선무로 여긴다. 어진 사람은 사랑하지 않는 것이 없지만 현자와 친근해지는 것을 급선무로 여긴다. 요순의 지혜로써도 사물을 두루 알지 못한 것은 먼저 힘써야 할 일을 급하게 여겼기 때문이다. 요순의

는 것이라 한다. 齒決(치결) 치결은 (마른 고기를) 이로 물어 끊는 것이다.

어진 마음으로도 사람들을 두루 사랑하지 못한 것은 현자와 친근해지는 것을 급한 일로 여겼기 때문이다. 그래서 삼년상을 지키지 못하면서 시마(緦麻)와 소공과 같은 상례를 자세히 살핀다든지, (어른 앞에서) 밥을 마구 퍼먹고 국물을 훌훌 소리 내어 마시면서도 마른 고기를 이로 끊어 먹지 말아야 한다는 것을 따진다면, 이것을 일러 힘써야 할 바를 모른다고 하는 것이다."

14 진심 하
盡心下

이 편에서 맹자는 성(性)과 명(命)에 대해 좀 더 근원적인 각도에서 설명하고 있다. 그는 감각적 욕망도 타고난 본성에 포함시킬 수 있다고 생각했다. 그러나 감각적 욕망의 충족은 우리 뜻대로 되지 않는 측면이 있다. 이 때문에 그러한 감각적 욕망은 본성에서 제외해 버리고 추구하지도 말도록 하였다. 이에 비해 도덕 의지는 운명적이라기보다는 우리의 본성에 근거해 있고 또 우리를 인간답게 만들어 주므로 그것은 끝없이 실천해야 한다. 비록 양자는 모두 인간이 타고난 것이지만 맹자는 도덕 의지만을 본성으로 인정하였고, 또 그것이 선험적이라는 측면에서 성선을 말했다.

孟子曰: "不仁哉梁惠王也! 仁者以其所愛及其所不愛, 不仁者以其所不愛及其所愛." 公孫丑問曰: "何謂也?" "梁惠王以土地之故, 糜爛其民而戰之, 大敗, 將復之, 恐不能勝, 故驅其所愛子弟以殉之, 是之謂以其所不愛及其所愛也."

糜爛(미란) 인민의 뼈와 살을 문드러지게 만드는 것이다.

孟子曰: "春秋無義戰. 彼善於此, 則有之矣. 征者, 上伐下也, 敵國不相征也."

義戰(의전) 의전은 대의명분에 맞는 전쟁을 말한다. 『춘추』에 기록된 싸움은 모두 예(禮)에 맞지 않은 것들이다. 그래서 맹자는 왕명에 의하지 않고 제후들끼리 일으킨 싸움을 문장으로 엄하게 나무라며 의로운 싸움이 없다고 한 것이다. 征(정) 조기는 '윗사람이 아랫사람을 치(토벌하)는 것'이라고 했다. 주희는 "정(征)은 사람을 바르게 하는 것이다. 제후가 죄가 있으면 천자가 그를 토벌하여 바르게 함이니 이것이 춘추에 의전이 없다고 한 까닭이다."라고 했다. 敵國(적국) 대등한 나라를 가리킨다.

孟子曰: "盡信書, 則不如無書. 吾於武成, 取二三策而已矣. 仁人無敵於天下, 以至仁伐至不仁, 而何其血之流杵也?"

武成(무성) 『서경』의 편명. 무왕이 은나라의 마지막 왕인 주를 치고 와서 그 전말을 기록한 것이다. 현재의 「무성」은 후세의 위작으로서 맹자 시대에는 그 원문이 있었을 것이다. 맹자는

14·1 　맹자께서 말씀하셨다. "양 혜왕은 정말 인하지 못하구나! 인한 사람은 자신이 좋아하는 것으로 자신이 좋아하지 않는 것까지 영향이 미치게 하는데, 인하지 않은 사람은 자신이 좋아하지 않는 것으로 자신이 좋아하는 것까지 영향을 미치게 한다." 공손추가 물었다. "무슨 말씀인지요?" (맹자께서) 말씀하셨다. "양 혜왕은 영토 때문에 백성들을 희생시키며 전쟁을 일으켰다가 크게 패했다. 그는 다시 전쟁을 일으키려고 하면서 이기지 못할까 봐 두려워서 사랑하는 자식까지 내몰아 죽게 하였다. 이것을 자기가 좋아하지 않는 것으로써 자기가 좋아하는 것에까지 영향을 미치게 하는 것이라고 말하는 것이다."

14·2 　맹자께서 말씀하셨다. "『춘추』에는 의로운 전쟁이 기록되어 있지 않다. 다만 어느 한 나라가 다른 한 나라보다 조금 더 나았던 예는 있다. 정벌은 천자가 제후를 토벌하는 것으로, 대등한 제후국끼리는 서로 정벌해선 안 된다."

14·3 　맹자께서 말씀하셨다. "『서』를 그대로 모두 믿는다면 오히려 『서』가 없는 것보다 못하다. 나는 「무성」에서는 두세 쪽만 받아들일 뿐이다. 인한 사람은 천하에 그의 적수가 없다. 가장 인한 사람(무왕)이 가장 인하지 못한 사람(주(紂))를

근본적으로 유혈 전쟁을 반대한다. 왕이 인정(仁政)을 펼치면 자연히 백성들의 마음을 얻게 되는데, 어떻게 피가 절구 공이를 뜨게 할 만큼 많은 사람을 죽이는 전쟁을 하겠는가? 이것은 있을 수 없는 일이므로 「무성」의 기록은 잘못된 것이라고 했다. 策(책) 죽간(竹簡)의 한 조각이다.

孟子曰: "有人曰: '我善爲陳, 我善爲戰.' 大罪也. 國君好仁, 天下無敵焉. 南面而征, 北狄怨, 東面而征, 西夷怨, 曰: '奚爲後我?' 武王之伐殷也, 革車三百兩, 虎賁三千人. 王曰: '無畏! 寧爾也, 非敵百姓也.' 若崩厥角稽首. 征之爲言正也, 各欲正己也, 焉用戰?"

陳(진) 진(陣)과 같은 뜻이다. 革車(혁거) 전차를 말한다. 兩(량) 전차를 세는 단위로 량(輛)과 같은 글자이다. 바퀴가 두 개이기 때문에 량이라고 쓴다. 虎賁(호분) 호랑이처럼 용맹스러운 군사이다. 正己(정기) 인한 사람이 와서 자기의 나라를 바로잡아 주는 것이다.

孟子曰: "梓匠輪輿能與人規矩, 不能使人巧."

梓匠(재장) 목수이다. 輪輿(윤여) 수레바퀴와 수레를 만드는 사람이다.

孟子曰: "舜之飯糗茹草也, 若將終身焉, 及其爲天子也, 被袗衣, 鼓琴, 二女果, 若固有之."

정벌하는데, 어떻게 피가 흘러 절구 공이가 뜰 정도였다는 일이 있을 수 있었겠는가?"

14·4 · 맹자께서 말씀하셨다. "어떤 사람이 '나는 전투에서 진을 잘 펼치고 싸움을 잘한다.'라고 말한다면 그것은 아주 큰 죄이다. 군주가 인을 좋아하면 천하에 그를 대적할 자가 없다. (탕임금이) 남쪽을 향해서 정벌해 가면 북쪽의 오랑캐가 원망하였고, 동쪽을 향해 정벌해 가면 서쪽의 오랑캐가 원망하면서 '어째서 우리들을 나중으로 돌리는가?'라고 말했다. 무왕이 은나라를 정벌할 때에는 전차가 300대였고 용맹스러운 전사들이 3000명이었다. 무왕은 '두려워하지 마라. 너희를 편안하게 해 주려는 것이지 너희 백성들을 적으로 삼는 것이 아니다.'라고 말했다. 백성들은 머리가 땅에 닿을 정도로 이마를 조아렸다. 정벌이란 말은 바로잡는다〔正〕는 뜻이다. 백성들이 모두 자기 나라를 바로잡아 주기 바라는데, 어째서 전쟁이 필요하겠는가?"

14·5 맹자께서 말씀하셨다. "목수나 수레바퀴와 수레를 만드는 기술자는 다른 사람에게 그 규구의 사용법을 가르쳐 줄 수는 있어도, 그가 뛰어난 기술을 갖도록 할 수는 없다."

14·6 맹자께서 말씀하셨다. "순임금이 거친 밥과 푸성귀를 먹을 때는 마치 그렇게 일생을 마칠 것처럼 보였다. 그러나 천자

二女果(이녀과) 두 여자는 요임금의 두 딸이다. 果는 시중드는 여자를 말한다.

孟子曰: "吾今而後知殺人親之重也, 殺人之父, 人亦殺其父, 殺人之兄, 人
亦殺其兄. 然則非自殺之也, 一間耳."

一間(일간) 한 칸의 차이, 즉 간극이 없어 거의 같다는 말이다.

孟子曰: "古之爲關也, 將以禦暴, 今之爲關也, 將以爲暴."

禦暴(어포) 도적이나 이웃나라의 군사가 국경을 침입하여 포학한 짓을 하지 못하도록 막는 것
이다. 爲暴(위포) 국경에서 세금을 걷고 여행자를 괴롭게 하는 것이다.

孟子曰: "身不行道, 不行於妻子, 使人不以道, 不能行於妻子."

孟子曰: "周于利者凶年不能殺, 周于德者邪世不能亂."

周(주) 주희는 "풍족함이니 두터이 쌓으면 쓰고도 남음이 있다."라고 했다. 殺(살) 양보권은

가 된 다음에는 화려한 옷을 입었고 거문고를 뜯었으며 두 명의 부인이 시중을 들었는데, 마치 그것을 본래부터 누리고 있었던 것처럼 생활했다."

해설   이 글은 성인은 가난하고 낮은 지위에 처하든 부유하고 높은 지위에 처하든 언제나 편안하고 안정된 생활을 한다는 것을 의미한다.

14-7   맹자께서 말씀하셨다. "나는 이제야 남의 가까운 사람을 죽이는 것이 얼마나 중대한 일인지 알겠다. 남의 아버지를 죽이면 남도 또한 그의 아버지를 죽일 것이고, 남의 형을 죽이면 남도 또한 그의 형을 죽일 것이다. 그렇다면 자기가 아버지나 형을 죽이지 않았더라도 그렇게 한 것과 별 차이가 없다."

14-8   맹자께서 말씀하셨다. "옛날에 국경의 관문을 설치한 것은 포악한 짓을 막기 위해서였지만, 오늘날 관문을 설치하는 것은 포악한 짓을 하기 위해서이다."

14-9   맹자께서 말씀하셨다. "자신이 올바른 도리를 실행하지 않으면 (그 도리가) 아내와 자식에게서도 실행되지 않고, 남을 올바른 도리로 부리지 않으면 (그 도리는) 아내와 자식에게서도 실행될 수 없다."

14-10   맹자께서 말씀하셨다. "재물이 풍족한 사람은 흉년에도 굶어 죽지 않고, 덕을 두터이 쌓은 사람은 난세에도 미혹되지

결핍되다, 곤궁하다의 뜻이라고 했다.

孟子曰: "好名之人能讓千乘之國, 苟非其人, 簞食豆羹見於色."

孟子曰: "不信仁賢, 則國空虛, 無禮義, 則上下亂, 無政事, 則財用不足."
國空虛(국공허) 조기는 "어진 이와 현능한 이를 가까이 하지 않고 신임하지 않으면 그들이 떠
날 것이고, 나라에 현인이 없으면 텅 빈 듯해진다."라고 했고, 주희는 "사람이 없는 것과 같음
을 말한 것이다."라고 했다. 無政事(무정사) 정사를 돌보지 않는 것. 조기는 "선정을 통해 사
람들에게 농사 때를 가르치지 않으면 세금이 들어오지 않기 때문에 재용이 부족한 것"이라
했고, 주희는 "생산에 원칙이 없고 취하는 데 법도가 없으며, 쓰는 데 절제가 없는 것"이 정사
를 돌보지 않는 것이라고 했다.

孟子曰: "不仁而得國者, 有之矣, 不仁而得天下, 未之有也."

孟子曰: "民爲貴, 社稷次之, 君爲輕. 是故得乎丘民而爲天子, 得乎天子爲

않는다."

14-11 맹자께서 말씀하셨다. "명예를 좋아하는 사람은 천승의 나라라도 다른 사람에게 양보해 줄 수 있지만, 진정으로 그러한 (마음을 가진) 사람이 아니면 거친 밥 한 그릇과 국 한 대접에서도 기쁘고 노한 기색이 드러난다."

해설 명예를 좋아하는 사람은 그것을 얻기 위해 자기의 감정을 속여 천승의 나라라도 사양할 수 있다. 그러나 진실로 천승의 나라를 가볍게 여길 수 있는 마음을 갖지 않은 사람이라면 그는 작은 이익에 대해서도 본색을 드러내게 된다.

14-12 맹자께서 말씀하셨다. "어진 사람과 현명한 사람을 신임하지 않으면 나라에 사람이 없는 듯하고, 예절과 의리가 없으면 상하 관계가 혼란하게 되며, 정사를 돌보지 않으면 재정이 충분하지 못하게 된다."

14-13 맹자께서 말씀하셨다. "인하지 않은데도 제후국을 얻은 경우는 있었지만, 인하지 않은데도 천하를 얻은 일은 아직 없었다."

14-14 맹자께서 말씀하셨다. "백성이 가장 귀중하고 사직은 그다

諸侯, 得乎諸侯爲大夫. 諸侯危社稷, 則變置. 犧牲既成, 粢盛既絜, 祭祀
以時, 然而旱乾水溢, 則變置社稷."

社稷(사직) 사는 토지신이고 직은 곡물신이다. 둘을 합하여 국가의 의미로 쓴다. 丘民(구
민) 주희는 들판에 있는 백성이라고 했다. 중민(衆民)의 뜻으로 백성을 의미한다. 粢盛(자
성) 기장(黍)을 자라 하고 그릇에 담긴 것을 성이라 하는데, 모두 제사 용품이다.

孟子曰: "聖人, 百世之師也, 伯夷 · 柳下惠是也. 故聞伯夷之風者, 頑夫廉,
懦夫有立志, 聞柳下惠之風者, 薄夫敦, 鄙夫寬. 奮乎百世之上, 百世之下,
聞者莫不興起也. 非聖人而能若是乎? 而況於親炙之者乎?"

風(풍) 겉으로 드러난 품격이나 기개를 뜻한다. 親炙(친자) 스승으로부터 직접 가르침을 받
는다는 뜻이다.

孟子曰: "仁也者, 人也. 合而言之, 道也."

仁也者, 人也(인야자, 인야) 조기는 "인애(仁愛)와 은덕(恩德)을 실행할 수 있는 것이 사람"이
라고 했다. 주희는 "인은 사람이 사람 되는 까닭으로서의 이치"라고 했다. 주희는 또한 어떤 사
람이 "외국 판본(고려본)에는 '인야(人也)' 아래에 의란 마땅함이고 예란 실천함이며, 지란 지
혜로움이고 신이란 진실함[義也者宜也, 禮也者履也, 智也者知也, 信也者實也.]이라는 스
무 글자가 있다."라고 말한 것을 소개하였다. 合而言之, 道也(합이언지, 도야) 조기는 "사람
과 사람다움을 합해 말하면 도(道)가 있다고 말할 수 있다." 했고, 주희는 "인은 이치[理]이

음이며, 군주는 대단치 않다. 그러므로 백성의 마음을 얻으면 천자가 되고 천자의 마음을 얻으면 제후가 되며, 제후의 마음을 얻으면 대부가 된다. 제후가 사직을 위태롭게 하면 제후를 바꿔 세운다. 이미 살찐 희생을 제물로 마련하였고 가득한 제물용 곡식도 정결하며, 때에 맞추어 제사를 지냈는데도 가뭄이 들거나 수해가 나면 사직의 신을 바꿔 세운다."

14-15 맹자께서 말씀하셨다. "성인은 백세(百世)의 스승이니 백이와 유하혜가 이러한 사람이다. 그러므로 백이의 풍모와 도량을 들은 사람 가운데 탐욕스러운 자는 청렴하게 되고, 나약한 자는 자신의 뜻을 세우게 된다. 유하혜의 풍모와 도량을 들은 사람 가운데 야박한 자는 돈후하게 되고, 편협한 자는 마음이 너그러워진다. 백세 이전에 분발하여 한 일에 대해 백세 이후에 듣게 된 사람들이 감동하여 분발하지 않는 이가 없다. 성인이 아니라면 이와 같을 수 있겠는가? 하물며 직접 성인의 가르침을 받은 사람은 어떻겠는가?"

14-16 맹자께서 말씀하셨다. "인(仁)이란 사람다움이다. 인과 사람을 합쳐서 말하면 도(道)이다."

해설 맹자는 인을 사람이 사람답게 되는 본질로서 그것을 도덕성이라고 보았다.

고 사람은 존재〔物〕이다. 인의 이치를 사람과 합하여 말하면 그것이 바로 도(道)이다. 정자도 『중용』에서 말하는 솔성지위도(率性之謂道)가 이것이다.'라고 말했다."라고 했다.

孟子曰: "孔子之去魯, 曰:'遲遲吾行也.'去父母國之道也. 去齊, 接淅而行, 去他國之道也."

孟子曰: "君子之厄於陳蔡之間, 無上下之交也."
君子(군자) 공자를 가리킨다. 厄(액) 재앙 액(厄)과 같은 뜻이다.

貉稽曰: "稽大不理於口." 孟子曰: "無傷也. 士憎玆多口. 詩云:'憂心悄悄, 慍于羣小.'孔子也.'肆不殄厥慍, 亦不隕厥問.'文王也."
貉稽(맥계) 맥은 성이고 계는 이름이다. 조기는 출사한 자〔仕〕라고 했지만 자세한 소개는 하고 있지 않다. 憎(증) 조기와 주희에 따르면 더한다〔增〕는 뜻인데, 공영달은 가차한 글자라고

14·17   맹자께서 말씀하셨다. "공자께서 노나라를 떠나실 때에는 '내 걸음이 왜 이리도 더디냐.'라고 말씀하셨다. 이것이 부모 의 나라를 떠나는 도리이다. 제나라를 떠나실 때는 밥 지으 려고 물에 담갔던 쌀을 건져 들고 떠나셨는데, 그것이 타국 을 떠나는 도리이다."

14·18   맹자께서 말씀하셨다. "공자께서 진(陳)나라와 채(蔡)나라 의 접경 지역에서 곤란을 당하신 것은 두 나라의 군주나 신 하와 교류하지 않았기 때문이다."

해설   이 사건은 『논어』 「위령공(衛靈公)」에 나오며 『사기』 「공자세가」에 자세하 게 설명되어 있다. 공자는 진나라와 채나라의 사이에 있을 때 초나라로부터 초빙을 받았는데, 그가 가려고 하자 진과 채의 대부들이 모의하여 들판에서 공자를 포위하고 갈 수 없게 하였다. 결국 양식도 떨어지고 제자는 병이 나 시 일어설 수도 없었다. 맹자는 당시 진채의 군신이 무도하여 공자가 평소에 그들과 친분을 갖지 않기 때문에 이러한 어려움을 당했다고 보았다.

14·19   맥계가 말했다. "저는 사람들에게 비방을 많이 받습니다." 맹자께서 말씀하셨다. "괜찮습니다. 선비는 이런 구설수가 더욱 많습니다. 『시』에서 '근심이 가슴에 가득 차, 하찮은 무리에게 원망을 받노라.'라고 했는데, 공자께서 그러하셨

보았고 주희는 잘못 기재된 것이라고 말했다. 詩(시) 『시경』「패풍 백주(栢舟)」와 『시경』「대아 면(緜)」이다. 悄悄(초초) 걱정하는 모양이다. 肆(사) 발어사이다. 殄(진) 끊다는 의미이다. 隕(운) 떨어진다는 뜻이다. 問(문) 문(聞)으로 소문, 즉 명예를 뜻한다.

孟子曰: "賢者以其昭昭使人昭昭, 今以其昏昏使人昭昭."

孟子謂高子曰: "山徑之蹊間介然用之而成路, 爲間不用, 則茅塞之矣. 今茅塞子之心矣."
介然(개연) 잠시 동안이라는 의미이다. 茅(모) 삘기, 즉 띠의 어린 풀이다. 여기서는 잡초로 번역했다.

高子曰: "禹之聲尙文王之聲." 孟子曰: "何以言之." 曰: "以追蠡." 曰: "是奚足哉? 城門之軌, 兩馬之力與."
追蠡(퇴려) 퇴는 종을 매다는 고리이고, 려는 나무를 좀먹는 벌레이다.

齊饑, 陳臻曰: "國人皆以夫子將復爲發棠, 殆不可復." 孟子曰: "是爲馮婦

습니다. 또 '비록 그들의 노여움을 없애진 못했으나, 명예를 떨어뜨린 일은 없으셨다.'라고 했는데, 문왕께서 그러했습니다."

14-20 맹자께서 말씀하셨다. "현명한 사람은 자신의 밝은 도리로 남들이 밝아지도록 하는데, 오늘날에는 자신의 어리석음으로 남들이 밝아지게 하려고 한다."

14-21 맹자께서 고자에게 이르셨다. "산언덕에 난 작은 길도 사람이 잠시만 밟고 다니면 큰길이 된다. (그러나) 잠시라도 (그 길로) 다니지 않으면 잡초가 길을 막는다. 지금 잡초가 그대의 마음을 막고 있구나."

해설 여기서 맹자는 성인의 도는 늘 변함없는 마음으로 배워야 진보한다는 것을 말했다.

14-22 고자가 말했다. "우임금의 음악이 문왕의 음악보다 더 뛰어난 것 같습니다." 맹자께서 물으셨다. "무엇에 근거하여 그렇게 말하는가?" (고자가) 대답했다. "종을 매다는 고리가 좀 먹어서 금방 끊어질듯 하기 때문입니다." (맹자께서) 말씀하셨다. "그것이 어떻게 충분한 증명이 될 수 있겠느냐? 성문 아래에 난 깊은 수레바퀴 자국이 어찌 두 마리 말의 힘으로 만들어졌겠느냐?"

14-23 제나라에 기근이 들자 진진이 말했다. "나라 사람들은 모두

也. 晉人有馮婦者, 善搏虎, 卒爲善士. 則之野, 有衆逐虎. 虎負嵎, 莫之敢
攖. 望見馮婦, 趨而迎之. 馮婦攘臂下車. 衆皆悅之, 其爲士者笑之."

馮婦(풍부) 성은 풍이고 이름은 부다. 본문의 고사 참조. 搏(박) 손으로 잡는다는 의미이다.
之(지) 가다라는 뜻이다. 負(부) 등지다. 의지하다라는 뜻이다. 嵎(우) 산굽이 또는 산모퉁
이를 가리킨다.

孟子曰: "口之於味也, 目之於色也, 耳之於聲也, 鼻之於臭也, 四肢於安佚
也, 性也, 有命焉, 君子不謂性也. 仁之於父子也, 義之於君臣也, 禮之於賓
主也, 智之於賢者也, 聖人之於天道也, 命也, 有性焉, 君子不謂命也."

性也(성야) 이때의 성은 자연 속성, 본능을 가리킨다. 명(命)「진심 상」13-2 참조. 객관적
제약을 말한다. 有性焉(유성언) 이때의 성은 맹자가 본성으로 인정하는 인의 등의 도덕성을
가리킨다.

선생님께서 다시 한 번 당읍(棠邑)에 있는 창고의 곡식을 풀도록 제나라 왕에게 건의할 것이라고 생각합니다. 아무래도 또 그렇게 하시면 안 될 것 같습니다." 맹자께서 말씀하셨다. "또 그렇게 한다면 풍부 같은 사람이 된다. 진(晉)나라에 풍부라 불리는 자가 있었다. 그는 맨손으로 범을 잘 때려잡았는데 나중에 훌륭한 선비가 되었다. 한번은 그가 들에 나갔는데, 사람들이 범을 쫓고 있었다. 범이 산모퉁이를 등진 채 버티고 서 있자 감히 아무도 가까이 가지 못했는데 멀리 풍부를 발견하고 달려가서 그를 맞이하였다. 풍부는 팔을 휘두르면서 수레에서 내렸다. 사람들은 모두 기뻐하였지만 선비들은 그를 비웃었다."

해설 이 글은 맹자가 풍부의 일을 비유하여 때에 알맞게 도를 지켜야 한다는 자신의 뜻을 밝힌 것이다.

14-24 맹자께서 말씀하셨다. "입은 좋은 맛을, 눈은 아름다운 색을, 귀는 좋은 소리를, 코는 좋은 냄새를, 팔다리는 편안함을 좋아하는데 이렇게 좋아하는 것은 자연적 속성(性)에 속하지만 그 좋은 것을 얻을 수 있는 것은 명(命)에 달려 있다. 그래서 군자는 그것을 본성이라고 하지 않는다. 부자 사이에는 인(仁)이, 군신 사이에는 의(義)가, 손님과 주인 사이에는 예(禮)가, 현자에게는 지혜가, 성인에게는 천도의 실행이 명(命)에 속하지만, 그것을 실현할 수 있는 것은 본성에 달려 있다. 그러므로 군자는 그것을 명이라고 하지 않는다."

浩生不害問曰: "樂正子何人也?" 孟子曰: "善人也, 信人也." "何謂善? 何謂信?" 曰: "可欲之謂善, 有諸己之謂信, 充實之謂美, 充實而有光輝之謂大, 大而化之之謂聖, 聖而不可知之之謂神. 樂正子, 二之中, 四之下也."

浩生不害(호생불해) 조기에 따르면 호생은 성이고 불해는 이름으로 제나라 사람이다.

孟子曰: "逃墨必歸於楊, 逃楊必歸於儒. 歸, 斯受之而已矣. 今之與楊墨辯者, 如追放豚, 旣入其苙, 又從而招之."

호생불해가 물었다. "악정자는 어떤 사람입니까?" 맹자께
서 말씀하셨다. "선한 사람이며 믿음성이 있는 사람입니다."
(호생불해가 다시 물었다.) "무엇을 선하다고 하고, 무엇을 믿
음성이 있다고 합니까?" (맹자께서) 말씀하셨다. "(훌륭해서)
하고자 할 만한 것을 선하다고 하고, 실제로 자신이 그 선
함을 몸에 지니고 있는 것을 믿음성이 있다고 합니다. 선행
이 충만한 것을 아름답다고 하고, 충만하면서 밖으로 광채
가 드러나는 것을 위대하다고 합니다. 위대하면서 감화시키
는 것을 성스럽다고 하고, 성스러우면서도 그 하는 일의 자
취를 알 수 없는 것을 신묘하다고 합니다. 악정자는 선함과
미더움의 가운데 있고, 아름답고 위대하며 성스럽고 신묘함
네 가지보다는 아래에 있는 사람입니다."

맹자께서 말씀하셨다. "묵적의 학설에서 빠져나오면 반드시
양주의 학설로 돌아가고, 양주의 학설에서 빠져나오면 반드
시 유가로 돌아온다. 유가로 돌아온다면 그를 받아 주기만
하면 된다. 오늘날 양주나 묵적과 논쟁하는 사람들은 마치
달아난 돼지를 쫓듯이 하여 이미 울타리 안으로 들어왔는
데도 다시 다리를 묶으려 한다."

해설 　이 장은 다른 학파에서 유가로 돌아온 사람을 관대하게 받아들이는 맹자의
태도를 말한 것이다. 당시에는 묵적의 학설과 양주의 학설이 유가의 학설과
경쟁하고 있었다. 맹자는 다른 학파에서 유가로 돌아온 사람들을 가혹하게
추궁하는 것은 달아났다가 다시 우리 안으로 돌아온 돼지의 다리를 묶는
것과 같다고 본 것이다.

孟子曰: "有布縷之征, 粟米之征, 力役之征. 君子用其一, 緩其二. 用其二而民有殍, 用其三而父子離."

布縷(포루) 여름에 걷는 세금으로 직물로 받는다. 征(정) 세금을 부과하는 방법이다. 粟米(속미) 가을에 걷는 세금으로 곡식으로 받는다. 力役(역역) 겨울에 부역하기 위해 징발하는 것이다.

孟子曰: "諸侯之寶三, 土地, 人民, 政事. 寶珠玉者, 殃必及身."

盆成括仕於齊, 孟子曰: "死矣盆成括!" 盆成括見殺, 門人問曰: "夫子何以知其將見殺?" 曰: "其爲人也小有才, 未聞君子之大道也, 則足以殺其軀而已矣."

盆成括(분성괄) 조기에 따르면 분성은 성이고 괄은 이름이다. 일찍이 맹자에게서 배웠으나 도에 이르지 못하고 떠난 뒤 제나라에서 벼슬하였다. 見殺(견살) 견(見)은 피동의 뜻으로서 피살(被殺)의 뜻이다.

孟子之滕, 館於上宮. 有業屨於牖上, 館人求之弗得. 或問之曰: "若是乎從

　　　　맹자께서 말씀하셨다. "세금을 부과하는 방법에는 직물의
징수와 곡물의 징수와 노동력의 징발이 있다. 군자는 그 가
운데 한 가지만 적용하고 나머지 두 가지는 완화해 준다. 만
일 두 가지를 동시에 적용하면 백성들이 굶주려 죽는 일이
있고, 그 세 가지를 동시에 적용하면 부모와 자식이 헤어지
게 된다."

해설　　　　여기서 맹자는 세금 거두는 방법을 통해 민본사상을 말하고 있다. 백성은
국가의 근본이므로 그들을 헤아리지 않으면 국가가 위태로워진다. 그러므
로 세금은 걷지 않을 수도 없지만 징수하더라도 시기와 방법을 적절히 적용
해야 한다. 사실 이러한 맹자의 세금 징수 방법은 당시로서는 대폭적인 세금
경감 정책이라고 할 수 있다.

14·28　　　　맹자께서 말씀하셨다. "제후의 보배는 세 가지로 토지와 백
성과 정사다. 주옥을 보배로 여기면 그의 몸에는 반드시 재
앙이 미칠 것이다."

14·29　　　　분성괄이 제나라에서 벼슬을 하고 있었다. 맹자께서 말씀
하셨다. "분성괄은 죽을 것이다!" 분성괄이 피살되자 제자
가 여쭈어 보았다. "선생님께서는 어떻게 그가 피살될 것을
아셨습니까?" (맹자께서) 말씀하였다. "그의 사람됨이 작은
재주는 있지만 군자의 대도(大道)는 들어 보지 못했으니 자
신을 죽이게 될 뿐이다."

14·30　　　　맹자께서 등나라에 가서 상궁(上宮)에서 묵었다. 들창문 위

者之廋也?"曰:"子以是爲竊屨來與?"曰:"殆非也. 夫子之設科也, 往者不追, 來者不拒. 苟以是心至, 斯受之而已矣."

之(지) 가다의 뜻이다. 上宮(상궁) 주희는 별궁(別宮)이라 하였고, 조기는 2층이라고 하였으며, 초순은 상사(上舍) 즉 상등급의 관사라고 했다. 業屨(업루) 만들고 있었지만 아직 완성되지 않은 마(麻)로 만들던 신발이다. 주희는 짜는 데 순서가 있어서 만들면서 완성하지 못한 것이라고 했다. 廋(수) 숨기다라는 뜻이다.

孟子曰:"人皆有所不忍, 達之於其所忍, 仁也, 人皆有所不爲, 達之於其所爲, 義也. 人能充無欲害人之心, 而仁不可勝用也, 人能充無穿踰之心, 而義不可勝用也, 人能充無受爾汝之實, 無所往而不爲義也. 士未可以言而言, 是以言餂之也, 可以言而不言, 是以不言餂之也. 是皆穿踰之類也."

達(달) 차마 하지 못하는 마음과 차마 하지 않는 마음을 미루어 나가면 인과 의에 도달할 수 있다는 뜻이다. 充(충) 차마 하지 못하는 마음과 차마 하지 않는 마음을 가득 채운다는 뜻이다. 穿踰(천유) 담벼락의 구멍을 뚫고 담장을 넘어가는 일로 도둑질을 의미한다. 爾汝之實(이여지실) 이여는 '너' '네까짓 것' 등 경멸하거나 천대하여 부르는 호칭이다. 실은 실정(實情)을 의미한다.

에 만들던 신발이 있었는데, 여관 사람이 찾았지만 찾지 못
했다. 어떤 사람이 맹자에게 "이렇게 없어졌으니 당신을 따
라온 사람이 숨기지 않았을까요?" 하고 물었다. (맹자께서)
말씀하셨다. "당신은 그 사람들이 신발 훔치러 왔다고 생각
합니까?" (그가) 말했다. "아마 아니겠지요. (그런데) 선생님
께서 수업하심에 떠나가는 사람은 붙잡지 않고 오는 사람은
막지 않습니다. 배우려는 마음으로 온다면 그를 받아들일
따름이지요. (그러니 개중에 나쁜 사람도 있을 수 있겠지요.)"

14·31 맹자께서 말씀하셨다. "사람은 누구나 차마 하지 못하는 마
음을 가지고 있는데, 그 마음을 확충하여 차마 할 수 있는
바에까지 도달하면 그것이 바로 인(仁)이다. 사람은 누구나
(원하지 않는 일은) 기꺼이 하지 않으려는 마음을 가지고 있
는데, 그것을 확충하여 기꺼이 하고자 하는 바에까지 도달
하면 의(義)이다. 사람이 남을 해치고 싶어 하지 않는 마음
을 확충해 나간다면 인은 이루 다 사용할 수 없고, 사람이
도둑질하지 않으려는 마음을 확충해 나간다면 의는 다 사
용할 수 없다. 사람이 남으로부터 '너, 너.' 하고 업신여기는
호칭을 받아들일 수 없는 마음을 확충해 나간다면 어디를
가든 의에 맞지 않는 것이 없다. 선비가 말을 해서는 안 될
때 먼저 말한다면 그것은 말로써 다른 사람을 떠보고 자기
의 이익을 취하려는 것이며, 말을 해야 할 때 말하지 않는다
면 그것은 침묵으로써 다른 사람을 떠보고 자기의 이익을
취하려는 것이다. 이런 것들은 모두 도둑질하는 것과 같은
종류다."

孟子曰: "言近而指遠者, 善言也, 守約而施博者, 善道也. 君子之言也, 不下帶而道存焉. 君子之守, 修其身而天下平. 人病舍其田而芸人之田, 所求於人者重, 而所以自任輕."

言近(언근) 평범하고 사실적이어서 알아듣기 쉬운 말을 뜻한다. 不下帶(불하대) 알아듣기 쉬운 일상적인 일을 말한다. 주희는 "옛사람은 보는 것이 허리띠 아래로 내려가지 않는다고 했는데, 허리띠 위라는 것은 바로 늘 눈앞에서 볼 수 있는 아주 가까운 곳을 말한다. 눈앞의 가까운 일에 지극한 이치가 존재한다. 그래서 말은 알아듣기 쉽고 뜻은 심원해야 한다."라고 했다.

孟子曰: "堯舜, 性者也, 湯武, 反之也. 動容周旋中禮者, 盛德之至也. 哭死而哀, 非爲生者也. 經德不回, 非以干祿也. 言語必信, 非以正行也. 君子行法, 以俟命而已矣."

性(성) 주희는 성(性)은 하늘로부터 온전함을 얻어 온 것으로 오염되지 않았으며 인위적인 수양이 필요 없는 지극히 성스러운 것이라고 했다. 反之(반지) 조기는 "은의 탕임금과 주의 무왕은 자기 몸에 돌이켜 실시해 보고 몸이 편안하면 남에게 실시했다."라고 하였고, 주희는 "반지란 수양하고 노력하여 본성을 회복한 다음 성인에 이르는 것이다."라고 했다.

맹자는 사람이 본래 선한 본성을 가지고 있어서 차마 하지 못하는 마음도 있고 차마 하지 않는 마음도 있다고 했다. 그리고 그 마음이 바로 인과 의의 단서로서 그러한 마음을 간직하고 길러 나갈 수 있다는 점에서 선한 본성은 이미 자기에게 갖춰져 있음을 알 수 있고 그것을 확충해 나가면 인의와 같은 덕은 이룩할 수 있다고 본 것이다.

14·32 맹자께서 말씀하셨다. "말은 알아듣기 쉬우면서도 의미는 심원한 것이 좋은 말이며, 지키기에는 간단하지만 효과는 넓게 시행되는 것이 좋은 방법이다. 군자의 말은 일상적인 일들에 대한 것이지만 그 가운데 도가 있다. 군자가 지킬 것은 자기를 수양하여 천하를 태평하게 하는 데 있다. 사람들의 병폐는 자기 밭은 버려두고 남의 밭에서 김매는 것이다. 남에게 요구하는 것은 엄중하지만 자기가 맡은 것은 가볍게 다루기 때문이다."

14·33 맹자께서 말씀하셨다. "요임금과 순임금이 인덕(仁德)을 행한 것은 본성에서 나온 것이고, 탕임금과 무왕은 수양하고 노력하여 본성을 회복하였다. 동작과 용모가 예에 부합하는 것은 미덕(美德) 가운데 가장 높은 것이다. 죽은 사람에게 곡하고 슬퍼하는 것은 산 사람에게 보여 주기 위한 것이 아니다. 도덕에 의거하여 행동하며 예를 어기지 않는 것은 작위와 봉급을 구하기 위한 것이 아니다. 말을 하면 반드시 신의를 지키는 것은 사람들에게 나의 행위가 단정하다는 것을 알리려는 것이 아니다. 군자는 법도에 따라 행하고 천명(天命)을 기다릴 뿐이다."

孟子曰: "說大人, 則藐之, 勿視其巍巍然. 堂高數仞, 榱題數尺, 我得志, 弗爲也. 食前方丈, 侍妾數百人, 我得志, 弗爲也. 般樂飮酒, 驅騁田獵, 後車千乘, 我得志, 弗爲也. 在彼者, 皆我所不爲也, 在我者, 皆古之制也, 吾何畏彼哉?"

大人(대인) 맹자 당시 대인은 지위가 높고 귀한 자, 즉 제후를 의미했다. 그러나 맹자는 여기에 도덕적 인격을 지닌 사람도 대인의 위치에 올려놓음으로서 그 개념을 확대하였다. 藐(묘) 가벼이 여긴다는 뜻이다. 巍巍(외외) 부유하고 존귀하여 높고 빛나는 모습이다.

孟子曰: "養心莫善於寡欲. 其爲人也寡欲, 雖有不存焉者, 寡矣, 其爲人也多欲, 雖有存焉者, 寡矣."

養(양) 조기는 다스리다(治)로 해석하였고, 양보쥔은 수양하다로 해석하였다. 欲(욕) 주희는 "욕은 입, 코, 귀, 눈, 팔다리의 욕망 같은 것으로서 비록 사람에게 그것이 없을 수는 없지만 많아서 조절하지 못하면 그 본심을 잃지 않는 사람이 없다."라고 했다.

이 장에서 맹자는 군자의 행위 기준에 대하여 말했다. 군자의 표상으로 제시한 요, 순, 탕, 무는 어떤 명성이나 이익을 얻기 위해서가 아니라 오로지 그것이 옳기 때문에 행위한다는 것이다.

14·34 맹자께서 말씀하셨다. "대인에게 말할 때는 그를 가볍게 보고 그의 높은 지위는 마음에 두지 말아야 한다. (대인의) 집은 높이가 몇 길이나 되고 서까래가 몇 자나 되지만, 나는 뜻을 이루더라도 그렇게 하지 않을 것이다. (대인은) 사방 열 자가 되는 상에 음식을 차려 놓고 시중드는 여자가 수백 명이지만, 나는 뜻을 이루더라도 그렇게 하지 않을 것이다. (대인은) 즐겁게 술 마시고 말을 몰아 사냥하며 뒤따르는 수레가 천승이지만, 나는 뜻을 이루더라도 그렇게 하지 않을 것이다. 그에게 있는 것은 모두 내가 하지 않으려는 것들이지만 내가 하려는 것은 모두 옛날의 제도에 부합하는데 내가 무엇 때문에 그 사람을 두려워해야 하겠는가?"

해설 여기서 맹자는 제자들이 비록 낮은 지위에 있더라도 제후들에게 진언할 때는 그들을 두려워하지 말고 오히려 당당하게 유가의 이념과 제도를 말하라고 충고한다.

14·35 맹자께서 말씀하셨다. "마음을 수양하는 데 (물질적) 욕망을 줄이는 것보다 좋은 방법은 없다. 그의 사람됨이 욕망이 많지 않으면 설사 선한 본성이 상실되더라도 그리 많지 않을 것이며, 그의 사람됨이 욕망이 많으면 설사 선한 본성이 간직되어 있더라도 매우 적을 것이다."

曾晳嗜羊棗. 而曾子不忍食羊棗. 公孫丑問曰: "膾炙與羊棗孰美?" 孟子曰: "膾炙哉!" 公孫丑曰: "然則曾子何爲食膾炙而不食羊棗?" 曰: "膾炙所同也, 羊棗所獨也. 諱名不諱姓, 姓所同也, 名所獨也."

羊棗(양조) 열매가 작고 색깔이 검고 둥근 모양의 고욤이다. 膾(회) 고기를 저며 썬 것이다. 炙(자) 구운 고기이다. 諱名(휘명) 옛날에는 부모나 군주의 이름을 부를 수도 없고 쓸 수도 없었다. 이것을 휘(諱)라고 한다.

萬章問曰: "孔子在陳曰: '盍歸乎來! 吾黨之小子狂簡, 進取, 不忘其初.' 孔子在陳, 何思魯之狂士?" 孟子曰: "孔子'不得中道而與之, 必也狂獧乎! 狂者進取, 獧者有所不爲也.' 孔子豈不欲中道哉? 不可必得, 故思其次也." "敢問何如斯可謂狂矣?" 曰: "如琴張·曾晳·牧皮者, 孔子之所謂狂矣." "何以謂之狂也?" 曰: "其志嘐嘐然, 曰: '古之人, 古之人.' 夷考其行, 而不掩焉者也. 狂者又不可得, 欲得不屑不絜之士而與之, 是獧也, 是又其次也. 孔子曰: '過我門而不入我室, 我不憾焉者, 其惟鄉原乎! 鄉原, 德之賊也.'" 曰: "何如斯可謂之鄉原矣?" 曰: "'何以是嘐嘐也? 言不顧行, 行不顧言, 則曰: 古之人, 古之人. 何爲踽踽涼涼? 生斯世也, 爲斯世也, 善斯可矣.' 閹然媚於世也者, 是鄉原也." 萬章曰: "一鄉皆稱原人焉, 無所往而不爲原人, 孔子以爲德之賊, 何哉?" 曰: "非之無擧也, 刺之無刺也, 同乎流俗, 合乎汚世, 居之似忠信, 行之似廉絜, 衆皆悅之, 自以爲是, 而不可與入堯舜之道, 故曰'德之賊'也. 孔子曰: '惡似而非者, 惡莠, 恐其亂苗也, 惡佞, 恐其亂義也, 惡利口, 恐其亂信也, 惡鄭聲, 恐其亂樂也, 惡紫, 恐其亂朱也, 惡鄉原,

14-36 증석이 고욤을 좋아했으므로 증자는 차마 고욤을 먹을 수 없었다. 공손추가 물었다. "육회나 불고기와 고욤 중 어느 것이 더 맛있습니까?" 맹자께서 말씀하셨다. "육회와 불고기가 더 맛있다." 공손추가 물었다. "그렇다면 증자는 어째서 육회와 불고기는 먹고 고욤은 먹지 않았습니까?" (맹자께서) 말씀하셨다. "육회와 불고기는 모두가 먹기 좋아하는 것이지만, 고욤은 증석만 좋아하는 것이기 때문이다. 이것은 마치 부모의 이름을 부르는 것은 피하고 성을 부르는 것은 피하지 않는 것과 같으니, 성은 공통적인 것이지만 이름은 그 사람 혼자만의 것이기 때문이다."

14-37 만장이 물었다. "공자께서 진(陳)나라에 계실 때 '어찌 돌아가지 않겠는가! 내 고향의 선비들이 뜻은 크고 실천에는 소홀하지만 진취적이면서 근본을 잊지 않는다.'라고 말씀하셨습니다. 공자께서는 진나라에 계시면서 왜 노나라의 뜻이 큰 선비[狂士]들을 생각하셨습니까?" 맹자께서 말씀하셨다. "공자께서는 '중도(中道)를 행하는 선비를 얻어서 교제하지 못할 것 같으면 반드시 제멋대로 분방하거나 대쪽같이 강직한 인물을 얻으련다. 분방한 자는 진취적이고, 강직한 자는 아무 일이나 거리낌 없이 하지는 않는다.'라고 하셨다. 공자께서 어찌 중도를 행하는 인물을 얻기 원하지 않았겠느냐? 그런 인물을 반드시 얻을 수 있는 것은 아니었으므로 그 다음가는 인물을 생각하셨던 것이다." (만장이 말했다.) "감히 여쭙겠습니다만, 어떠한 사람을 분방한 인물이라고 할 수 있습니까?" (맹자께서) 말씀하셨다. "금장과 증석 그리고 목

恐其亂德也.' 君子反經而已矣. 經正, 則庶民興, 庶民興, 斯無邪慝矣."

狂簡(광간) 주희는 "뜻하는 바는 크지만 실천함에 소홀하다."라고 하였고, 양보쥔은 '아무 거리낌 없이 제멋대로 한다(狂放)'로 해석했다. 狂(광) 조기는 "광자는 진취적이다."라고 하였고, 주희는 "광은 뜻이 있는 자로서 뜻이 있는 자는 도(道)로 나갈 수 있다."라고 했다. 獧(견) 견(狷)과 같은 글자다. 주희는 "견(獧)은 지키는 바가 있는 자로서 지킴이 있는 자는 그 자신을 잃지 않는다."라고 했다. 琴張·曾晳·牧皮(금장·증석·목피) 조기는 "금장은 자장(子張)이다. 증석은 증삼(曾參)의 부친이다. 목피와 행여는 같은 사람으로 모두 공자를 섬기는 학자다."라고 했다. 주희는 "금장은 이름이 뇌(牢)이고 자는 자장이다. 자상호(子桑戶)가 죽자 금장이 문상을 가서 노래를 불렀다는 일이 『장자(莊子)』에 보인다. 비록 반드시 그렇지는 않지만 비슷한 듯하다. 계무자(季武子)가 죽자 증석은 문에 기대어 노래를 불렀다는 일이 『예기』「단궁(檀弓) 하」에 보인다. 또 세 사람의 다른 점을 말한 것에 대한 글은 『논어』에 보이지 않는다. 목피는 알 수 없다."라고 했다. 嘐嘐(효효) 뜻이 크고 말이 과장된 모습이다. 鄕原(향원) 주희는 "향원은 (도리를) 아는 것이 없는 자이다. 원은 원(愿)과 같은 글자다. 신중하고 착실한 사람을 말한다. 그래서 향리(鄕里)에서 말하는 신중하고 착실한 사람(愿人)을 향원이라고 한다. 공자는 덕이 있는 것 같으면서도 덕이 아니므로 덕의 적이라고 했고, 집 앞을 지나가면서 들어오지 않아도 유감스럽게 생각하지 않았으며, 친히 벼슬길에 나가는 것을 보지 않은 것을 다행으로 여겼으니 아주 미워하고 증오한 것이다."라고 했다. 다시 말하면 향원은 겉으로는 신중하고 착실한 듯이 꾸미지만 부정한 짓에도 기쁘게 합류하는 무식한 자로서 속내를 감추고 세속에 영합하는 거짓 군자다. 踽踽(우우) 혼자서 길을 가 나아가지 못하는 모습이다. 凉凉(량량) (덕이) 엷어 가까이 하는 사람이 없는 모습이다. 閹(엄) 내시(內侍)를 지칭하는 엄인(閹人)의 엄과 같으니, 닫고 감춘다는 뜻이다. 媚(미) 남에게 환심을 사는 것으로 아첨한다는 의미이다. 原人(원인) 원은 정중하고 성실한 사람이다. 鄭聲(정성) 정나라의 음악으로 음탕한 음악의 대명사다. 反經(반경) 주희는 "반은 되돌아감이다. 경은 떳떳함으로서 영원히 바뀔 수 없는 떳떳한 도(道)다."라고 했다. 반경은 바로 그 떳떳한 도(常道)를 회복하는 것이다. 떳떳한 도란 바로 인의예지신(仁義禮智信)이다.

피 같은 사람이 바로 공자께서 말씀하신 분방한 인물들이다."(만장이 물었다.) "어째서 이들을 분방한 인물이라고 말하는지요?"(맹자께서) 말씀하셨다. "그들은 뜻이 높고 크며 말을 하면 과장을 잘하여 입만 열면 '옛날 사람들이여, 옛날 사람들이여.' 하고 말했지만, 그들의 행위를 살펴보면 오히려 그들의 말과 일치되지 않았기 때문이다. 분방한 사람도 쉽게 얻지 못할 것 같으면, 청렴하지 않은 일은 가까이 하지도 않는 선비를 얻어서 그를 가르치고 싶어 하셨다. 이러한 사람이 강직한 인물로서 또 그 다음가는 인물이다. 공자께서는 '내 집 문 앞을 지나가면서 내 집에 들어오지 않아도 내가 유감스럽게 생각하지 않을 사람이 있다면 그것은 오직 향원일 것이다. 향원은 도덕을 해치는 사람이다.'라고 말씀하셨다."(만장이 또) 물었다. "어떠한 사람을 향원이라고 할 수 있습니까?" 맹자께서 말씀하셨다. "(향원은 분방하고 강직한 인물을 비평하여) '(그들은) 어째서 뜻만 높고 큰가? 하는 말은 행위와 서로 맞지 않고, 행위도 말과 서로 맞지 않으면서 다만 입만 열면 옛날 사람들은 이러했는데 옛날 사람들은 이러했는데라고 말한다.' 또 '어째서 행동함에 거리낌 없이 나아가지 못하고 외로움을 자처하나? 이 세상에 태어났으면 이 세상을 위해 일하고 다만 그렇게 맞추어 살아가면서 남들이 나를 좋은 사람이라고 말만 하면 된다.'라고 말하면서 결점을 숨기고 세속에 아첨하는 자가 바로 향원이다." 만장이 물었다. "한 고장 사람들이 모두 정중하고 성실한 사람이라고 부른다면 가는 곳마다 정중하고 성실한 사람이 되지 않을 수 없는데 공자께서 도덕을 해치는 자라

孟子曰: "由堯舜至於湯, 五百有餘歲, 若禹皐陶, 則見而知之, 若湯, 則聞而知之. 由湯至於文王, 五百有餘歲, 若伊尹萊朱, 則見而知之, 若文王, 則聞而知之. 由文王至於孔子, 五百有餘歲, 若太公望·散宜生, 則見而知之, 若孔子, 則聞而知之. 由孔子而來至於今, 百有餘歲, 去聖人之世若此其未遠也, 近聖人之居若此其甚也, 然而無有乎爾, 則亦無有乎爾."

고 한 것은 무엇 때문입니까?"(맹자께서) 말씀하셨다. "(향원은) 나무라려고 해도 나무랄 수 있는 증거가 없고, 비방하려고 해도 비방할 만한 것이 없으며, 세상의 풍속에 동조하고, 혼탁한 사회에 영합하여, 가만히 있으면 충성스럽고 진실한 듯하며, 행동하면 청렴결백한 것 같아서 모두가 그를 좋아하고 그 자신도 옳다고 여긴다. 그러나 그러한 사람과는 함께 요순의 도에 들어갈 수 없다. 그래서 도덕을 해치는 자라고 말씀하신 것이다. 공자께서는 '옳은 듯하지만 그른 것을 싫어한다. 강아지풀을 싫어하는 것은 그것이 곡식의 싹을 어지럽힐까 두려워서다. 아첨하는 자를 싫어하는 것은 그가 의(義)를 어지럽힐까 두려워서다. 말 잘하는 것을 싫어하는 것은 그것이 믿음을 어지럽힐까 두려워서다. 정나라의 음악을 싫어하는 것은 그것이 고상한 음악을 어지럽힐까 두려워서다. 자주색을 싫어하는 것은 그것이 붉은색을 어지럽힐까 두려워서다. 향원을 싫어하는 것은 그가 도덕을 어지럽힐까 두려워서다.'라고 하셨다. 군자는 다만 일상의 정도를 회복해 가면 된다. 일상의 정도가 바로 잡히면 서민들도 떨치고 일어나며 서민들이 떨치고 일어나면 사악함은 없어질 것이다."

14-38   맹자께서 말씀하셨다. "요순에서 탕에 이르기까지 500여 년이 경과했는데, 우와 고요 같은 이는 직접 요순의 도를 보고서 알았고, 탕 같은 이는 전해 듣고 알았다. 탕에서 문왕에 이르기까지 또 500여 년이 경과했는데, 이윤과 내주 같은 이는 탕의 도를 직접 보고서 알았고 문왕 같은 이는 전

萊朱(내주) 조기는 "역시 탕임금의 신하다. 중회(仲虺)라고도 하는 자가 이 사람이다."라고 했다. 『춘추전(春秋傳)』에서는 "중회는 설(薛)에 살았는데 탕임금의 좌상(左相)이 되었다. 탕임금이 이윤을 우상(右相)으로 삼았으니 두 사람은 똑같이 덕이 있다."라고 했다. 散宜生(산의생) 주희는 "산은 성이고 의생은 이름으로 문왕의 어진 신하다."라고 했다. 조기는 "여상은 용기와 지략이 있어서 장수가 되었고, 산의생은 문덕(文德)이 있어서 재상이 되었다. 그러므로 재상으로 짝을 지어서 말한 것이다."라고 했다.

해 듣고 알았다. 문왕에서 공자에 이르기까지 또 500여 년 경과했는데, 태공망과 산의생 같은 이는 문왕의 도를 직접 보고서 알았고 공자는 전해 듣고 알았다. 공자로부터 지금에 이르기까지는 100여 년이니 성인의 시대로부터 떨어진 시간이 그리 멀지 않고 성인이 살던 곳과도 이처럼 아주 가깝다. 그렇지만 성인의 도를 계승한 사람이 없으니! 마침내 그렇게 할 사람이 없을 것인가!"

해설

이 마지막 장에서 맹자는 유가의 도가 전승되어 온 계보를 제시하고 공자 이후 그것이 단절될 위기에 처해 있음을 염려하고 있다. 당시에는 양주와 묵적의 학설이 유가의 존망을 위협하고 있었고, 맹자는 이들을 물리치고 유가를 일으키는 것을 자신의 사명으로 삼았다. 그리하여 그는 제후들에게 유가의 이념과 사상을 유세하는 데 필생의 노력을 기울였다.

참고 문헌

십삼경주소(十三經注疏) 『맹자(孟子)』(조기 주).

『사서집주(四書集註)』, 남송(南宋) 주희(朱熹).

『맹자독본(孟子讀本)』, 대만 장보첸(蔣伯潛).

『맹자자의소증(孟子字義疏證)』, 청(淸) 대진(戴震).

『한문대계(漢文大系)』, 일본 핫토리 우노키지(服部宇之吉) 교정.

『맹자정의(孟子正義)』, 초순(焦循).

『맹자역주(孟子譯注)』, 중국 양보쥔(楊伯峻).

『맹자금주금역(孟子今註今譯)』, 대만 스츠윈(史次耘).

『맹자(Mencius)』, D. C. Lau(홍콩 중원대학출판사본).

찾아보기

서명

동양고전연구회

원전에 충실한 주석과 현대적 해석을 통한 동양 고전 출판을 목표로 1992년 6월 출범했다. 한국 철학·선진 유가 철학·송명 유학·청 대 유학·도가 철학을 전공한 연구자들로 구성되어 있으며, 지난 25년 동안 회합하며 고전을 번역하고 주해해 왔다. 우리 전통의 발판 위에 미래 문화를 창달하기 위해 계속해서 번역 작업에 힘쓰고자 한다. 동양고전연구회의 첫 사업으로 간행한 『논어』는 《교수신문》 선정 최고의 번역본으로 꼽혔다.

이강수(李康洙)　고려대 철학과 졸업, 국립 타이완대 대학원 철학과 석사, 고려대 대학원 철학과 박사. 경희대 국민윤리학과 조교수, 중앙대 철학과 부교수, 연세대 철학과 교수 역임. 저서 『노자와 장자』·『중국 고대 철학의 이해』, 역서 『노자』·『장자』 외.

김병채(金炳采)　고려대 철학과 및 동 대학원 졸업, 국립 타이완대 대학원 철학과 석사, 대만 푸런대학 대학원 철학과 박사. 한국공자학회 회장, 한양대 철학과 교수 역임. 저서 『전통 유학의 현대적 해석』(공저), 논문 「선진 유가 철학의 도덕의식 연구」 외.

장숙필(張淑必)　고려대 철학과 졸업, 고려대 대학원 철학과 석사, 박사. 현재 고려대 민족문화연구원 선임연구원, 한양대 겸임교수. 저서 『현대 사회와 동양 사상』(공저)·『한국 유학 사상 대계 사회사상편』(공저), 역서 『성학집요』 외.

고재욱(高在旭)　고려대 철학과 및 동 대학원 석사, 대만 푸런대 대학원 철학과 박사. 베이징대 및 지린대 교환교수 역임. 한국중국학회장 및 한국중국현대철학연구회장 역임. 현재 강원대 철학과 교수. 저서 『중국 사회사상의 이해』(공저)·『처음 읽는 중국 현대 철학』(공저), 역서 『중국 사회사상사』·『중국 근대 철학사』·『일곱 주제로 만나는 동서 비교 철학』 외.

이명한(李明漢)　중앙대 철학과 졸업, 국립 타이완대 대학원 철학과 석사, 중국문화대 대학원 철학과 박사. 현재 중앙대 철학과 명예교수. 논문 「양명 양지 개념의 형성과 그 의의 연구」 외.

김백현(金白鉉) 한국외국어대 중국어과(철학 부전공) 졸업, 국립 타이완대 대학원 철학과 석사, 대만 푸런대 대학원 철학과 박사. 현재 강릉원주대 철학과 교수. 베이징대 및 쓰촨대 공동연구교수, 중국학연구회장 및 한국도가철학회장 역임. 저서『중국 철학 사상사』·『도가 철학 연구』·『莊子哲學中天人之際硏究』(대만) 외.

유권종(劉權鐘) 고려대 철학과 졸업, 고려대 철학과 석사, 박사. 현재 중앙대 철학과 교수. 저서『유교적 마음 모델과 예 교육』(공저)·Ecology and Korean Confucianism(공저)·Encyclopedia of Food and Culture(Springler)(공저) 외, 논문「위기지학의 개념화 과정」·「통합 마음 연구를 위한 마음 모형」외.

정상봉(鄭相峯) 서울대 철학과 졸업, 국립 타이완대 대학원 철학과 석사, 박사. 현재 건국대 철학과 교수. 논문「주자 심론 연구」(박사학위논문)·「주희의 격물치지와 경 공부」·「주희의 인론」·「주자 형이상의 심층 구조」·「정명도의 천리와 인성에 대한 이해」·「퇴계의 주자 철학에 대한 이해와 그 특색」·「유가의 정감 윤리학」외.

안재호(安載晧) 중앙대 철학과 졸업, 국립 타이완대 대학원 철학과 석사, 베이징대 철학과 박사. 현재 중앙대 철학과 부교수. 저서『왕부지 철학』·『공자왈, 공자는 이렇게 말했다』, 역서『송명 성리학』·『중국 철학 강의』외.

이연승(李姸承) 서울대 종교학과 졸업, 타이완대 박사. 현재 서울대 종교학과 부교수. 저서『양웅: 어느 한 대 지식인의 고민』·『제국의 건설자 이사』, 역서『방언소증』·『법언』·『사상사를 어떻게 쓸 것인가』등.

김태용(金兌勇) 한양대 철학과 및 동 대학원 졸업, 타이완대 석사, 베이징대 박사. 현재 한양대 철학과 부교수. 논문「『중용』의 '성' 개념에 대한 연구」, 저서『현대 신유학과 중국 특색의 사회주의』(공저)·『처음 읽는 중국 현대 철학』(공저) 외.

이진용(李溱鎔) 연세대 철학과 졸업, 연세대 대학원 철학과 석사, 베이징대 철학과 박사. 건국대 연구전임조교수 역임. 현재 연세대 원주캠퍼스 철학과 부교수. 저서『포박자 연구』(공저), 논문「회남자의 우주 생성론 고찰」외.

맹자

1판 1쇄 펴냄 2016년 8월 29일
1판 5쇄 펴냄 2023년 1월 10일

옮긴이 동양고전연구회
발행인 박근섭, 박상준
펴낸곳 (주)민음사
출판등록 1966. 5. 19 (제16-490호)
서울특별시 강남구 도산대로1길 62(신사동) 강남출판문화센터 5층 (우편번호 06027)
대표전화 02-515-2000
팩시밀리 02-515-2007
ⓒ 동양고전연구회, 2016. Printed in Seoul, Korea
ISBN 978-89-374-3332-0 04140
ISBN 978-89-374-3330-6 (세트)